Dr. Claudia Münch

Die Kunst der feinen Signale

Ausbildung am Boden

Das multimediale Lehrbuch geeignet zur Vorbereitung
auf die Abzeichen Bodenarbeit Stufe 1 und Stufe 2 gemäß APO 2026

Impressum

Bibliografische Information der Deutschen Nationalbibliothek
Die Deutsche Nationalbibliothek verzeichnet diese Publikation in der Deutschen Nationalbibliografie; detaillierte bibliografische Daten sind im Internet über http://dnb.dnb.de abrufbar.

2. Auflage 2025

Autorin:
Dr. Claudia Münch, Haan

Fachlektorat:
Kathrin Krage, FN-Abteilung Ausbildung, Warendorf

Lektorat:
Dr. Carla Mattis, FN*verlag*, Warendorf

Korrektorat:
Jana Scholz, Altenberge

Gesamtgestaltung:
Ute Schmoll, Captain Pixel, Bad Schwalbach

Druck und Verarbeitung:
Plump Druck & Medien GmbH, Rheinbreitbach

ISBN 978-3-88542-870-1

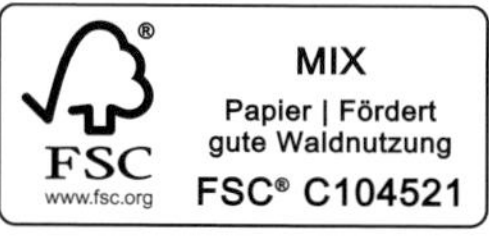

Fotonachweis

Titelfoto: Friedhelm Stoffels, Neuss
gestaltet von Ute Schmoll, Bad Schwalbach

Umschlag hinten: Friedhelm Stoffels, Neuss

Buchrücken: Ute Schmoll, Bad Schwalbach

Umschlagklappe vorne: Jennifer Wochnik, Haan

Umschlagklappe hinten: Maike Benner, Nicole Ising, Christoph Rickers, Friedhelm Stoffels, Stefanie Thormann, Ute Schmoll

Fotonachweis Inhalt

Maike Benner, Solingen: Seiten 9, 12 u.,13 u., 16 u., 17 o., 21, 32, 34 o., 45, 50 (2), 53, 62, 66 o., 102, 111, 112, 122, 126, 130, 148, 149, 182 (2)

Cavallo/Reitenbach: Seiten 74, 90 o.

Nicole Ising, Solingen: Seiten 5 (2), 14 u., 16 o. 20, 26 re., 30, 35, 36 o., 39 u., 43 u., 52, 66 u. (2), 69 u., 71, 78, 81 o. 86, 91, 96, 100, 113, 115 u., 117 (3), 120 (2), 121 o. (3), 127 u., 128, 131 (2), 132, 134, 135 (2), 141 o., 144, 145 u., 150 (4), 152, 156, 158, 160 (4), 162, 165, 168 (2), 175 o., 177 o., 179

Vanessa Joest, Burscheid: Seiten 13 o., 137, 139, 171

Lavidagrafie Photographie, Mönchengladbach: Seiten 17 u., 55 o.

Ralf Matzerath, Haan: Seiten 70 o., 119

Dr. Claudia Münch, Haan: Seiten 24 u. (3), 177 u.

Christoph Rickers, Rheinberg: Seiten 15 u., 23, 24, 25 u., 26 u., 33, 36 u. (2), 40 o., 46, 48 (5), 65, 69 (o.), 70 u., 75, 77, 82 o., 84 u., 85, 87, 94 (2), 108, 142, 143 (2), 145 o., 146 (5)

Ute Schmoll, Bad Schwalbach: Seiten 4 (2), 7, 10, 14 o., 19, 25 o., 28, 34 u., 37 o., 41 (2), 49 (4), 54, 63, 68, 76 o., 83

Friedhelm Stoffels, Neuss: Seiten 8, 18 (2), 22, 27 u., 28, 39 o., 42, 43 o., 44, 47, 51, 56, 57, 58, 59, 72, 73 (2), 79 (2), 80, 84 o., 92, 93, 95, 98, 109, 116 u., 121 u., 124, 125, 127 o., 129, 133, 151, 153, 154 (2), 157, 164 o., 167, 172, 174 u., 181 u.

Stefanie Thormann, Wuppertal: Seiten 15 o., 81 u., 88, 103, 104, 105, 106 u., 107 o., 118, 155, 169, 174 o., 178 o., 181 (2)

Inge Vogel, Langwedel: Seiten 12 o., 27 o., 38, 76 u. 89, 114, 115 o., 116 o., 136, 140, 141 u., 163, 164 u., 173, 175 u.

Jennifer Wochnik, Haan: Seiten 101, 106 o.

Redaktion Zeitschrift „Mein Pferd" (Archiv): Seite 176

Videoaufnahmen:
Tom Gatzka, Haan, Videoproduktion
Wulf-Christian Schmoll, Bad Schwalbach
gesprochen von: Dr. Claudia Münch

Illustrationen und Zeichnungen:
Ute Schmoll, Captain Pixel, Bad Schwalbach
Uwe Spenlen, Rösrath: Seite 23 (entnommen aus Prof. Dr. Bodo Hertsch: Anatomie des Pferdes. Warendorf 3. Auflage (Nachdruck 2017), Seite 15)

Haftung

Die Benutzung dieses Buches und die Umsetzung der darin enthaltenen Informationen erfolgt ausdrücklich auf eigenes Risiko. Alle textlichen, tabellarischen, grafischen und bildlichen Darstellungen in diesem Buch, insbesondere Angaben, Anregungen und Empfehlungen zu Thematik und Sachverhalt des Werkes erfolgen nach bestem Wissen und Gewissen. Sie sind als Beispiele zu verstehen und entbinden alle, die mit Pferden umgehen, nicht von jeglicher Eigenverantwortung. Jede Umsetzung muss individuell und aktuell geprüft werden.
Verlag und Autor übernehmen keine Gewähr für die Aktualität, Korrektheit, Vollständigkeit und Qualität der bereitgestellten Informationen. Druckfehler und Falschinformationen können nicht vollständig ausgeschlossen werden. Verlag und Autor übernehmen keinerlei Haftung für Schäden die sich aus solchen ergeben.

Haftung für Links

Unser Angebot enthält Links zu externen Webseiten Dritter, auf deren Inhalte wir keinen Einfluss haben. Deshalb können wir für diese fremden Inhalte auch keine Gewähr übernehmen. Für die Inhalte der verlinkten Seiten ist stets der jeweilige Anbieter oder Betreiber der Seite verantwortlich. Die verlinkten Seiten wurden zum Zeitpunkt der Verlinkung auf mögliche Rechtsverstöße überprüft. Rechtswidrige Inhalte waren zum Zeitpunkt der Verlinkung nicht erkennbar. Eine permanente inhaltliche Kontrolle der verlinkten Seiten ist jedoch ohne konkrete Anhaltspunkte einer Rechtsverletzung nicht zumutbar. Bei bekannt werden von Rechtsverletzungen werden wir derartige Links umgehend entfernen.

Haftung für Inhalte

Als Diensteanbieter sind wir gemäß § 7 Abs.1 TMG für eigene Inhalte auf diesen Seiten nach den allgemeinen Gesetzen verantwortlich. Nach §§ 8 bis 10 TMG sind wir als Diensteanbieter jedoch nicht verpflichtet, übermittelte oder gespeicherte fremde Informationen zu überwachen oder nach Umständen zu forschen, die auf eine rechtswidrige Tätigkeit hinweisen.
Verpflichtungen zur Entfernung oder Sperrung der Nutzung von Informationen nach den allgemeinen Gesetzen bleiben hiervon unberührt. Eine diesbezügliche Haftung ist jedoch erst ab dem Zeitpunkt der Kenntnis einer konkreten Rechtsverletzung möglich. Bei Bekanntwerden von entsprechenden Rechtsverletzungen werden wir diese Inhalte umgehend entfernen.

Hinweis

Wenn die männliche Form verwendet wird, meint sie die Funktion und nicht die konkrete Person und spricht gleichberechtigte Angehörige jeden Geschlechts an. Alle erwähnten Bestimmungen gelten für Pferde und Ponys, sofern für Ponys nicht ausdrücklich eine andere Regelung aufgeführt ist.

Inhaltsverzeichnis

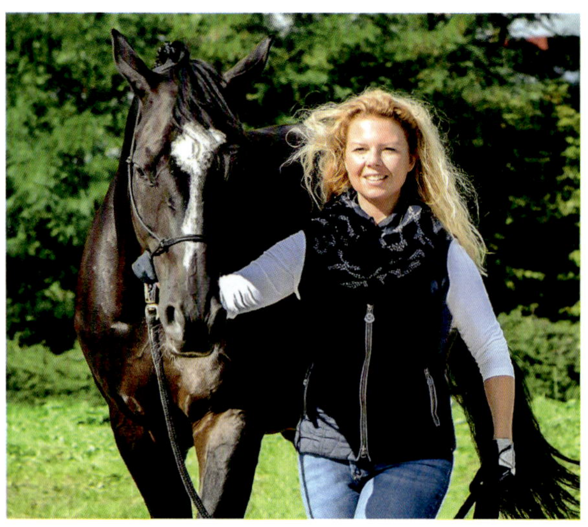

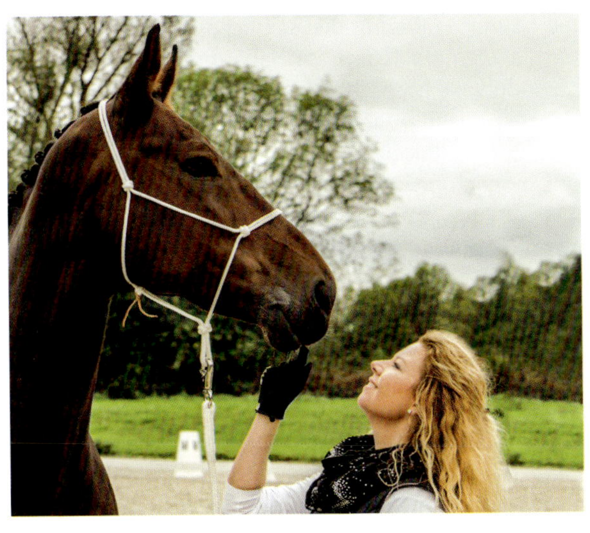

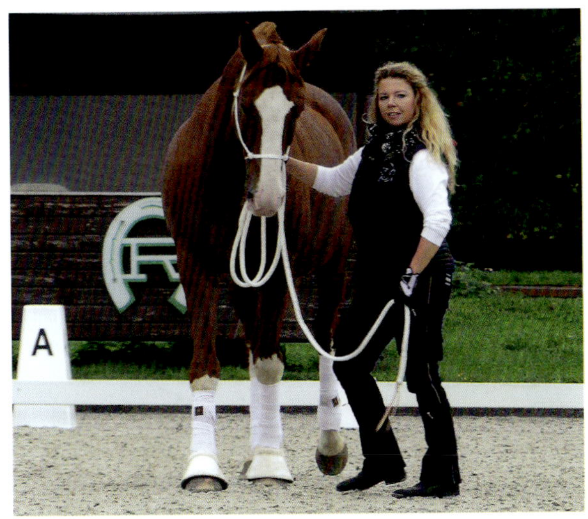
A

Danksagung

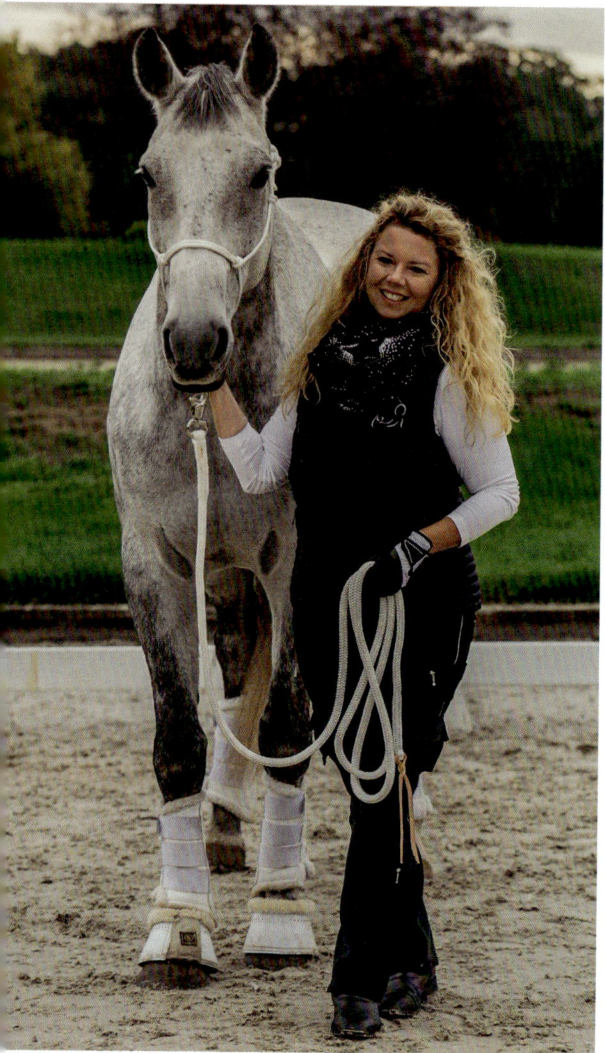

Danke sagen ist mir zu Beginn dieses Buches sehr wichtig. Der größte Dank gilt meinem Team! Ich habe im Laufe der letzten Jahre ganz wundervolle Menschen kennengelernt. Sie lieben die gefühlvolle Arbeit mit den Pferden genauso wie ich. Die vielen Veranstaltungen und Publikationen wären ohne dieses tolle Team niemals möglich gewesen.

Vielen Dank an die Reitanlage Wittenbergshof in Sonsbeck und die Landesreit- und Fahrschule in Langenfeld für die Gastfreundschaft bei den Fotoshootings und Drehterminen.

Ebenso ein großer Dank an die Mitwirkenden von den Fotoshootings und Videoaufnahmen: Barbara Fecker, Giulia Fecker, Yannick Fischer, Sibylle Hakenberg, Elena Kaumanns, Tanja Kaumanns, Inge Niesler, Gaby Pohlmann, Judith Müller, Kerstin Rameil, Leni Rieske, Nadja Schmitz, Birgit Spohr, Angelina Albrecht, Nicole Bobek, Jutta Wagner und Eileen Zietz.

Bedanken möchte ich mich auch beim **FN***verlag* für die gute langjährige Zusammenarbeit. Mein ganz besonderer Dank gilt Herrn Siegmund Friedrich, der mir schon sehr früh sein Vertrauen geschenkt hat und immer für neue Ideen aufgeschlossen war.

Einen bedeutenden Baustein in meinem Werdegang bilden auch der Pferdsportverband Rheinland und die Landesreit- und Fahrschule in Langenfeld. Ich glaube, wir hätten noch vor wenigen Jahren alle nicht geglaubt, dass das Thema Bodenarbeit so viele Menschen begeistert. Ich danke dem gesamten Team für die Unterstützung und die so herzliche Kooperation.

Und das Wichtigste kommt zum Schluss: Eine wunderbare Familie – ein toller Mann, mein zauberhafter Sohn und Eltern, die immer für mich da sind, machen es erst möglich, dass ich mich mit so viel Zeit und Eifer für das Thema Bodenarbeit einsetzen kann.

Danke Euch allen!

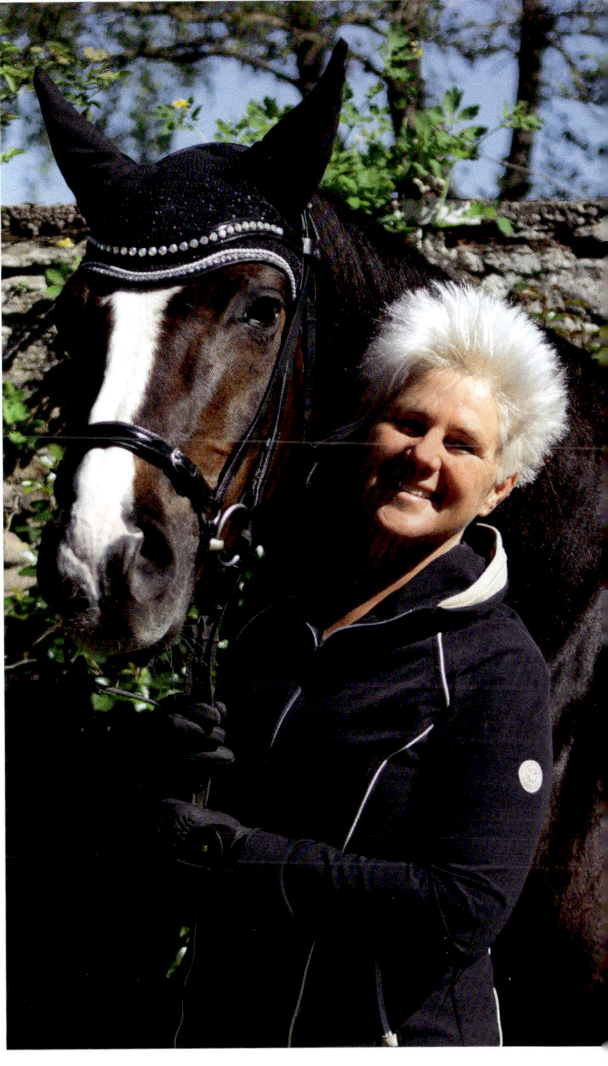

Als mich der **FN***verlag* fragte, ob ich das Vorwort für dieses Buch schreiben möchte, habe ich gern zugesagt. Ich habe Claudia im September 2019 zum ersten Mal live gesehen und danach haben wir uns lange unterhalten.

Schnell kristallisierten sich einige Gemeinsamkeiten zwischen uns heraus. Die Art, wie Claudia an Mensch und Pferd herangeht habe ich immer als sehr einfühlsam empfunden. Das Ergebnis der Arbeit sehen wir den Pferden wirklich an: Sie sind hochmotiviert und geben sich sehr viel Mühe uns zu „gefallen".

Vom Nutzen der Bodenarbeit muss man mich nicht mehr überzeugen. Ich weiß aus eigener Erfahrung, wie viel wir Pferden vom Boden aus beibringen können, wie wunderbar die Bodenarbeit für die Entstehung eines tiefen Vertrauensverhältnisses ist und wie auch wir Sportreiter davon profitieren, wenn die Pferde insgesamt gelassener und weniger schreckhaft werden.

Durch ihr Engagement hat Claudia einen entscheidenden Teil dazu beigetragen, die Bodenarbeit einem breiten Publikum näherzubringen – dies empfinde ich als eine große Bereicherung für den gesamten Reitsport.

In ihrer Arbeit ist sie sehr klar strukturiert und erklärt für jeden verständlich, wie er sein Pferd am Boden ausbilden kann. Jeder spürt, dass sie mit Herzblut bei der Sache ist. Ich glaube, das ist auch der Grund für ihre große Anhängerschaft, die sie in kürzester Zeit aufbauen konnte.

Ich freue mich, dass Claudia frischen Wind in die Ausbildungswege der Bodenarbeit bringt und wünsche ihr weiterhin viel Erfolg!

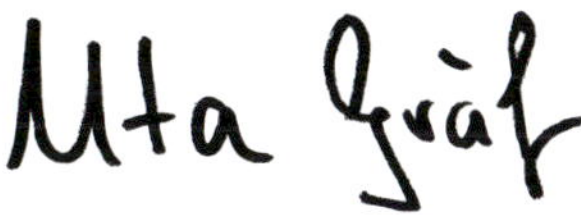

Uta Gräf

1 Einleitung

1.1 Zielsetzung des multimedialen Lehrbuches

Mit diesem multimedialen Lehrbuch erhält der Leser ein abwechslungsreiches und zugleich klar strukturiertes Werk zur Ausbildung am Boden. Mit der vielseitigen Kombination aus Text, Fotos, Zeichnungen und Videos werden die ersten Schritte zum Einstieg bis hin zu anspruchsvollen Lektionen der Bodenarbeit vorgestellt und erklärt.
Fotos allein können niemals das bewegte Bild ersetzen. Und gerade bei der Arbeit mit Pferden sind der geschulte Blick für die Bewegung und die harmonische Verbindung zwischen Führperson und Pferd besonders wichtig. Deshalb sollen die Inhalte dieses Buches lebendig werden. Die einzelnen Lektionen werden im Buch ausführlich beschrieben und mit Fotos und Zeichnungen näher erläutert. Dazu gibt es die passenden Filmsequenzen. Der Leser kann ganz einfach den jeweiligen QR-Code mit seinem Handy oder Tablet scannen und sich so oft er möchte die Videos anschauen.

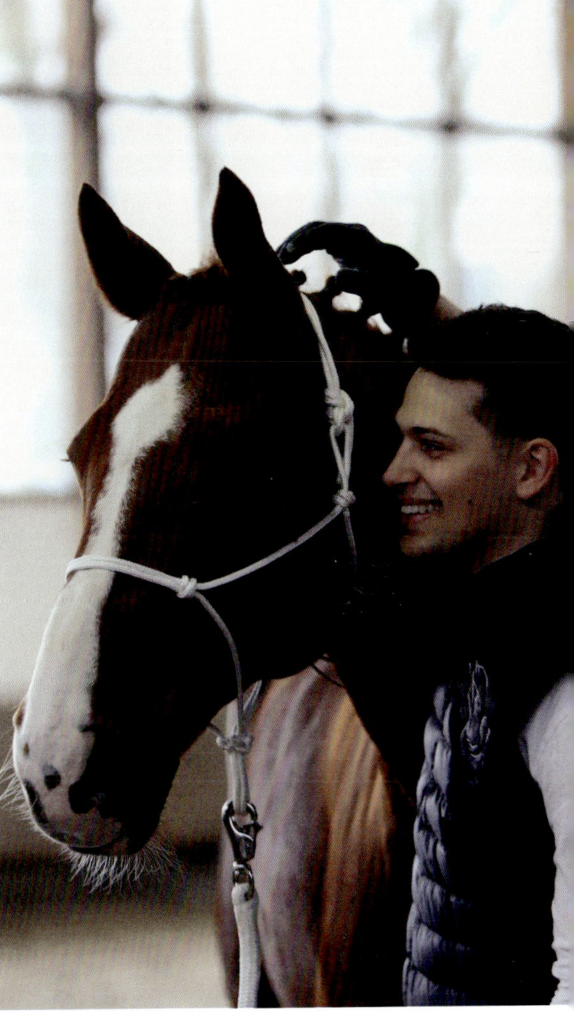

Richtig Loben ist bei der Ausbildung ganz wichtig.

Die hier vorgestellte Ausbildung am Boden geht in einigen Bereichen neue Wege und strebt dabei stets das Ziel einer minimalen und fast unsichtbaren Hilfengebung an.
Eine Bodenarbeit, die sich diesem Ziel verschrieben hat, möchte nicht nur Abwechslung in den Alltag mit den Pferden bringen, sondern auch insgesamt die Ausbildung der Pferde und die reiterliche Entwicklung unterstützen.
Das Buch wird erklären, warum wir, um dieses Ziel zu erreichen, mit einem Knotenhalfter und einem Bodenarbeitsseil arbeiten und auf eine Gerte ganz bewusst verzichten, auch wenn der Einsatz einer Gerte nach der Ausbildungs- und Prüfungsordnung (APO) der FN erlaubt ist.

Eine moderne Ausbildungsmethode, die größten Wert auf den richtigen Einsatz von Lob und Korrektur setzt, wird nachvollziehbar dargestellt und liefert Antworten auf folgende Fragen: Wie gelingt es mir, dass ich mein Pferd mehr motiviere und für die Arbeit gewinne? Wie schaffe ich es, dass mein Pferd nicht ständig abgelenkt ist und sich besser auf mich konzentriert? Wie lobe und korrigiere ich richtig? Wie baue ich das Training am Boden sinnvoll und individuell auf? Wie lässt sich die Arbeit am Boden für das Reiten nutzen?

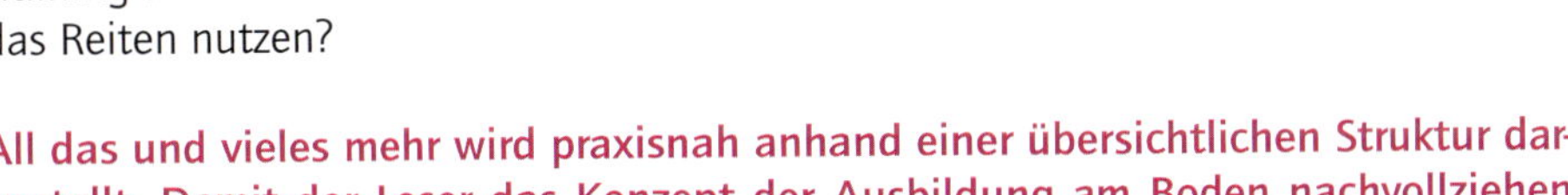

All das und vieles mehr wird praxisnah anhand einer übersichtlichen Struktur dargestellt. Damit der Leser das Konzept der Ausbildung am Boden nachvollziehen kann, werden die Lektionen in jedem Kapitel nach dem gleichen Schema erläutert:

1. Aufgabe
2. Ziel
3. Durchführung
4. Mögliche Probleme und Lösungsansätze

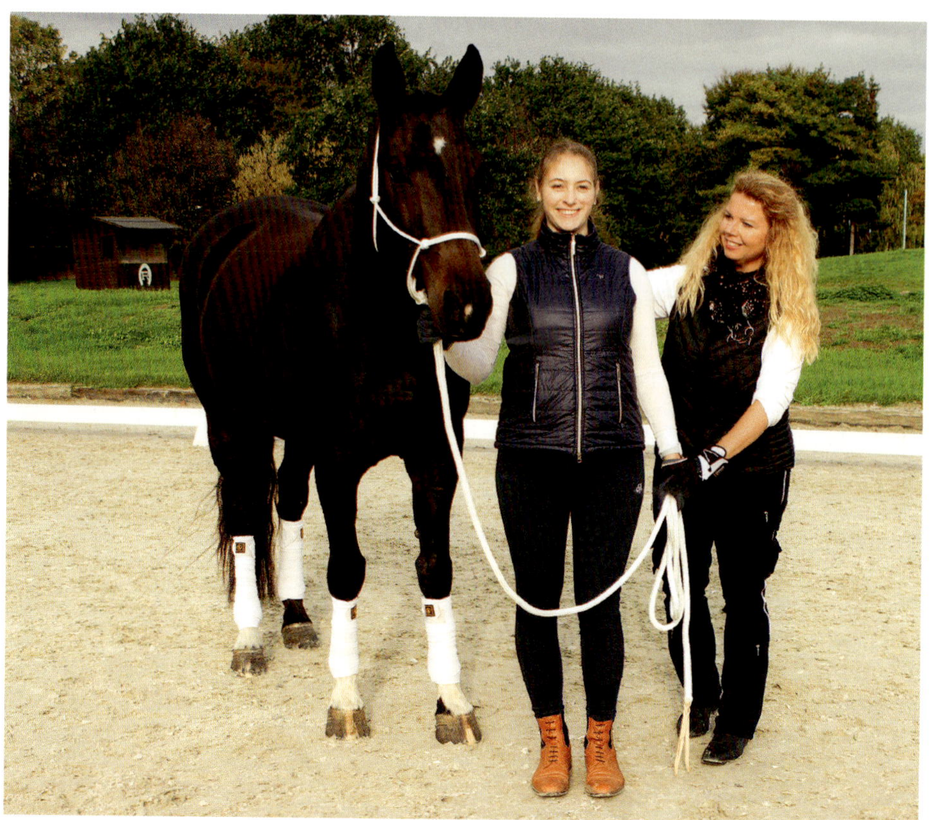

Für alle Übungen werden Tipps fürs Training gegeben.

Punkt 1 benennt die vorgestellte Aufgabe.
Punkt 2 stellt das Fernziel der Aufgabe und die Teilziele vor. Zudem wird bei jeder Aufgabe explizit darauf eingegangen, welchen Nutzen das Erlernen dieser Lektion für die gesamte Ausbildung des Pferdes, insbesondere aber für die reiterliche Entwicklung besitzt.
Unter **Punkt 3** wird sehr detailliert erklärt, wie die Aufgabe durchgeführt wird. Schrittweise werden die Hilfengebungen wie Körpersprache, taktile Hilfen und Stimmkommandos erläutert.
Punkt 4 greift schließlich Probleme auf, die entstehen können und gibt gezielt Tipps und Lösungsansätze für das Training.

Der inhaltliche Schwerpunkt dieses Buches liegt auf den beiden Bodenarbeitsabzeichen (nach APO).

Damit ist dieses Lehrbuch ein übersichtliches Nachschlagewerk für die Ausbildung am Boden, in dem sich der Leser sehr gut zurechtfinden kann.

Die hier vorgestellte Ausbildungsform ist selbstverständlich auch geeignet für die Vorbereitung und die Durchführung der Abzeichen Bodenarbeit Stufe 1 und Stufe 2, für die Stationsprüfungen Bodenarbeit in den Reitabzeichen und für die Ergänzungsqualifikation Bodenarbeit für Trainer.

Der inhaltliche Schwerpunkt liegt auf den beiden Bodenarbeitsabzeichen, da hier auch Prüfungsanforderungen und Beispielprüfungsaufgaben genannt werden.

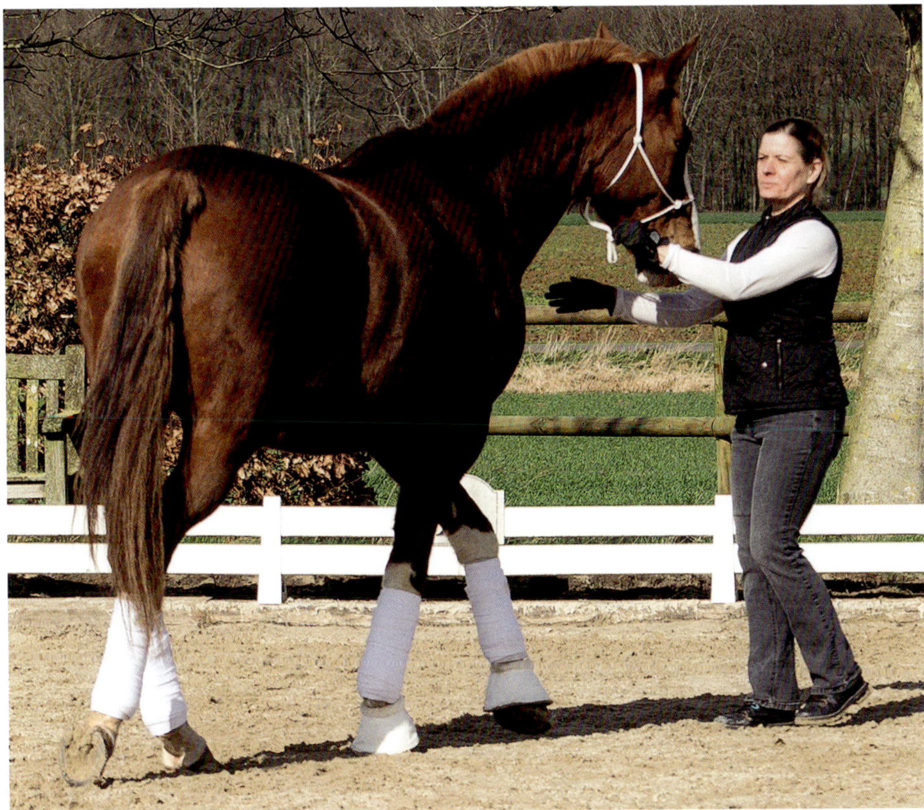

Das Buch liefert einen Trainingsleitfaden bis zum Erlernen anspruchsvoller Lektionen.

1.1.1 Wie arbeite ich mit dem Buch?

Das Lehrbuch folgt einer sehr klaren Gliederung. Alle Übungen bauen aufeinander auf und es gibt immer wieder Querverweise zu vorherigen Lektionen. Es wird hervorgehoben, wie wichtig es ist, die Grundlagen sorgfältig zu trainieren. Erst wenn die Basisübungen sicher sitzen und Signale und Körpersprache sicher beherrscht werden, sollte mit der nächst schwierigeren Lektion begonnen werden. Deshalb wird bei jeder Lektion benannt, welche jeweiligen Vorübungen mühelos funktionieren müssen.

Der Aufbau des Buches orientiert sich an meiner jahrelangen Erfahrung in der Ausbildung von Pferden am Boden und folgt einem klaren Konzept. Selbstverständlich gibt es immer wieder individuelle Herausforderungen, bei denen andere Wege eingeschlagen oder kleine Brücken gebaut werden müssen. Das Buch betont allerdings, dass es sich bei der Ausbildung am Boden wie bei der Ausbildung unter dem Reiter um einen stufenweisen Trainingsplan mit verschiedenen Lernzielen handelt. Auch wenn gerade am Boden die Versuchung groß ist, zu schnell voranzugehen, führt diese Vorgehensweise meist zu Überforderung und damit zu Demotivation.

Diese sollten stets vermieden werden. Der etwas längere und stringente Weg lohnt sich, da er in einer abwechslungsreichen Arbeit mit motivierten Pferden mündet, die sowohl dem Pferd als auch dem Menschen viel Freude macht.

1.2 Bodenarbeit in der APO 2026

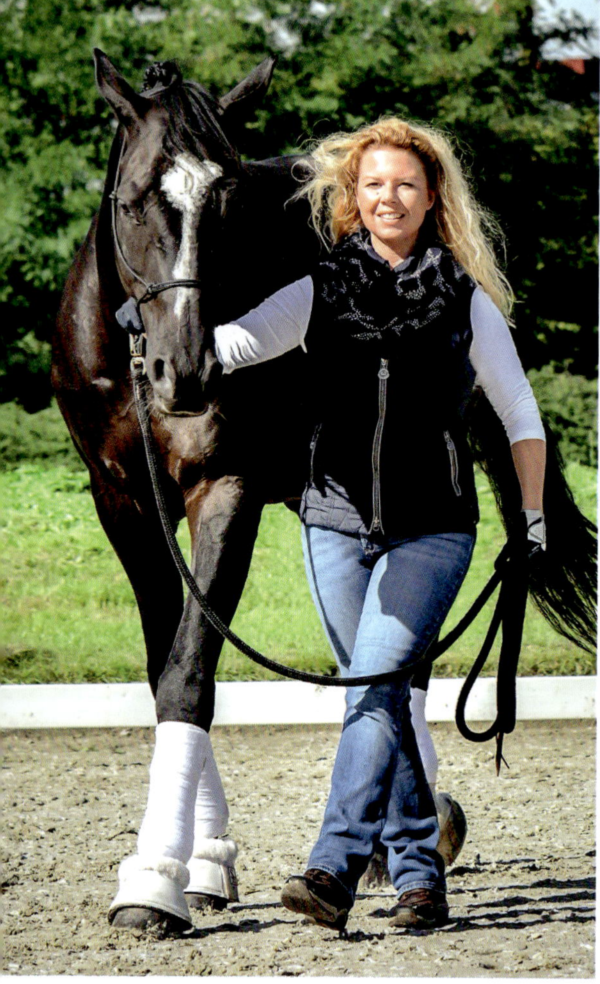

Bodenarbeit ist die Erziehung und die Ausbildung des Pferdes vom Boden aus. Sie dient als Grundlage für eine harmonische Verständigung zwischen Mensch und Pferd und ist damit für jeden relevant, der mit Pferden umgeht. Bodenarbeit lässt sich mit allen Arten des Pferdesports verbinden und bildet somit eine Verbindung zwischen den unterschiedlichen Disziplinen.

Die Ausbildung der Pferde am Boden erfreut sich bei allen Reitern immer größerer Aufmerksamkeit und Beliebtheit.
Die Deutsche Reiterliche Vereinigung e.V. (FN) hat auf diese Entwicklung reagiert und das Thema Bodenarbeit 2014 in die Ausbilldungs-Prüfungs-Ordnung (APO) integriert.
Die Bodenarbeit wurde in Form von Stationsprüfungen in den Reitabzeichen 10–5 aufgenommen. Sie ist außerdem Bestandteil der Longier- und Fahrabzeichen und des neuen Pferdeführerscheins „Umgang mit dem Pferd".
Für alle, die sich noch intensiver mit dem Thema Bodenarbeit beschäftigen möchten, hat die FN 2014 zudem ein eigenständiges Abzeichen Bodenarbeit Stufe 1 geschaffen.
Das Abzeichen Bodenarbeit Stufe 1 besteht aus einem theoretischen und einem praktischen Teil. In der Theorie werden Themen wie Verhaltenslehre, Wahrnehmung und Lernfähigkeit sowie der Nutzen der Bodenarbeit für Pferde und Menschen behandelt. Der praktische Teil beinhaltet Führ-, Gelassenheits- und Geschicklichkeitstraining. Das Abzeichen Bodenarbeit vertieft somit die Inhalte der Stationsprüfungen Bodenarbeit in den Reitabzeichen.

Um auch die Ausbilder im Thema Bodenarbeit fortzubilden, wird seit 2014 zusätzlich eine Ergänzungsqualifikation Bodenarbeit für Trainer angeboten.

Das Vorwärts-seitwärts-übertreten-Lassen ist Bestandteil des Bodenarbeitsabzeichens Stufe 1.

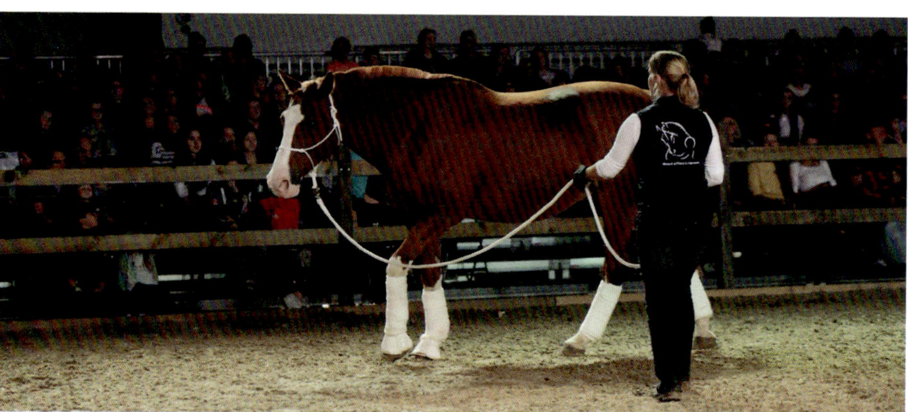

Immer mehr Menschen sehen in der Bodenarbeit eine schöne Abwechslung und eine wertvolle Ergänzung zur reiterlichen Ausbildung des Pferdes.

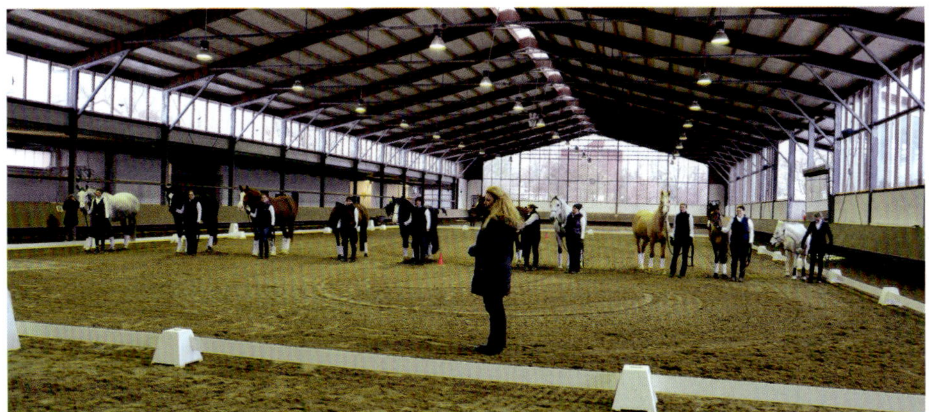

Prüfung zum Pilotprojekt Bodenarbeitsabzeichen Stufe 2

Mit der APO 2020 wurde dem Thema Bodenarbeit nun noch mehr Bedeutung zuteil, da zusätzlich das neue Bodenarbeitsabzeichen Stufe 2 für alle, die ihre Kenntnisse erweitern möchten, aufgenommen wurde.

Das Bodenarbeitsabzeichen Stufe 2 ist so konzipiert, dass es sowohl im theoretischen als auch im praktischen Teil an die Inhalte des ersten Abzeichens anknüpft. Die Theorie thematisiert die Verhaltensbiologie und den Zusammenhang von Ethologie und Ausbildung am Boden. Insbesondere soll auf das individuelle Lernverhalten, die Deutung von Ausdrucksverhalten und den Zusammenhang von Pferdetyp und Trainingsstil eingegangen werden. Das praktische Modul schließt sich systematisch an die praktischen Übungen aus dem ersten Bodenarbeitsabzeichen an und umfasst u. a. gymnastizierende Lektionen, Geschicklichkeitstraining mit Stangen und die Arbeit am langen Seil mit einem erhöhten Schwierigkeitsgrad.

Die Bodenarbeit ist sehr vielfältig und geht somit über den alltäglichen Umgang mit dem Pferd hinaus. Sie stellt einen eigenständigen Bereich des Pferdesports dar.

Die Bodenarbeit ist sehr vielfältig und geht somit über den alltäglichen Umgang mit dem Pferd hinaus. Sie stellt einen eigenständigen Bereich des Pferdesports dar und umfasst unter anderem die

- geführte Bodenarbeit, wie Führ-, Geschicklichkeits- und Gelassenheitstraining,
- die Freiarbeit mit einer größeren Distanz zum Pferd, beispielsweise in einem Longierzirkel oder in einer Halle/Reitplatz,
- die seillose Bodenarbeit, also Führ- und Geschicklichkeitstraining ohne Seil oder Zügel,
- unterschiedliche Formen des Longierens
- sowie die Arbeit an der Doppellonge und am langen Zügel und
- im erweiterten Sinne die zirzensischen Lektionen (vgl. Deutsche Reiterliche Vereinigung: Pferde verstehen. Umgang und Bodenarbeit. Warendorf 2015, S. 102).

Auch das Traben an der Hand gehört zum Führtraining.

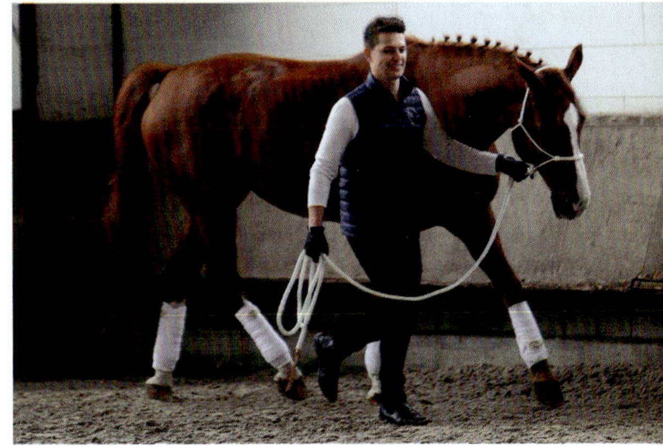

Die Abzeichen Bodenarbeit Stufe 1 und Stufe 2 sind der geführten Bodenarbeit zuzuordnen. Das vorliegende Buch beinhaltet die Vorstellung und Erläuterung der praktischen Prüfungselemente beider Bodenarbeitsabzeichen gemäß aktueller APO.

1.3 Warum ist Bodenarbeit so sinnvoll?

Die Beschäftigung mit den Pferden am Boden dient grundsätzlich der Verbesserung des gegenseitigen Verstehens von Pferd und Mensch. Die Vorteile sind so vielfältig, dass immer mehr Reiter dazu übergehen, ihre Pferde zusätzlich am Boden auszubilden.

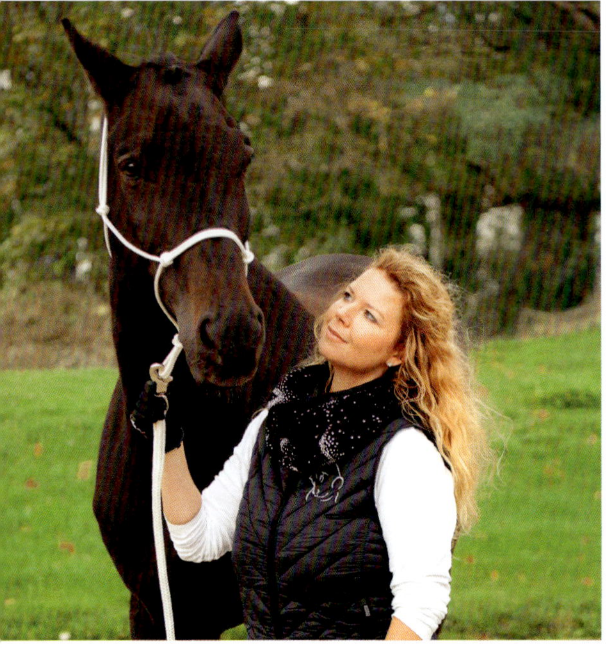

Durch die Bodenarbeit lernen wir unsere Pferde besser kennen.

1.3.1 Ausdrucksverhalten lesen lernen

Ein sehr großer Vorteil der Bodenarbeit liegt darin, dass wir unser Pferd dabei auch beobachten können. Wir sind also förmlich auf Augenhöhe und können sehen, wie unser Pferd aussieht, wenn es etwas verstanden hat, wenn es gestresst ist oder wenn die Konzentrationsfähigkeit nachlässt. Auf diese Weise lernen wir unser Pferd über die Arbeit am Boden sehr gut kennen.

Allerdings funktioniert das genauso umgekehrt: Auch das Pferd kann uns sehen und beobachten. Damit sind Pferde, die sowieso Profis im Lesen von Körpersprache ihrer Artgenossen sind, in ihrem Element. Jetzt ist es natürlich unerlässlich, dass wir lernen, unsere Körpersprache zu beherrschen und sie bewusst einzusetzen.

Ein Bestreben der Bodenarbeit besteht darin, dass unser Pferd mehr auf uns achtet. Deshalb müssen wir auch eindeutig „lesbar" sein. Wenn wir uns unsere Wirkung mehr bewusst machen und Körpersprache sowie taktile und verbale Kommandos gezielter einsetzen, verbessern wir auch unsere koordinativen Fähigkeiten und die eigene Selbstwahrnehmung.

Ein Ziel der Bodenarbeit besteht darin, dass unser Pferd mehr auf uns achtet. Deshalb müssen wir auch eindeutig „lesbar" sein.

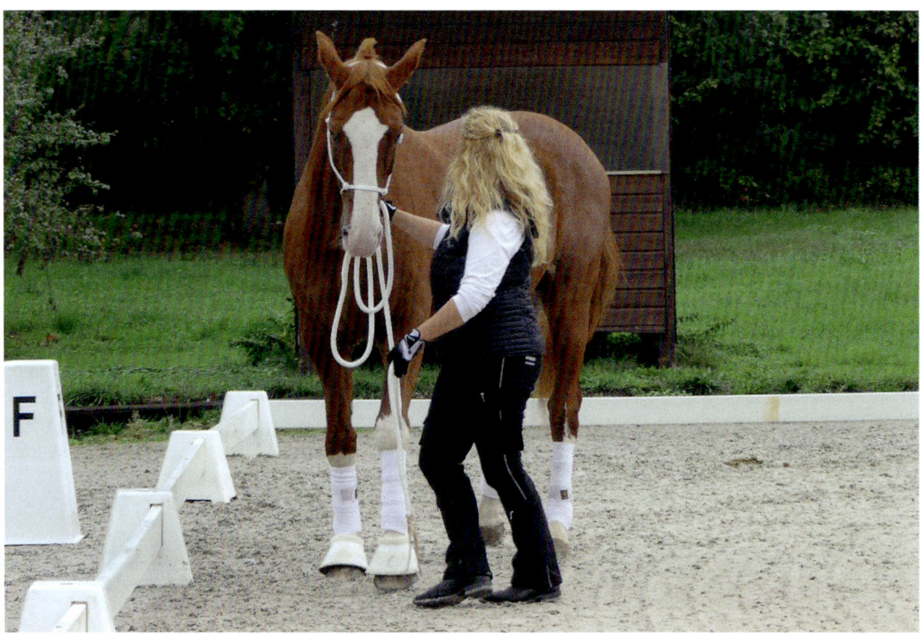

Die Ausbildung am Boden schult unser Körpergefühl.

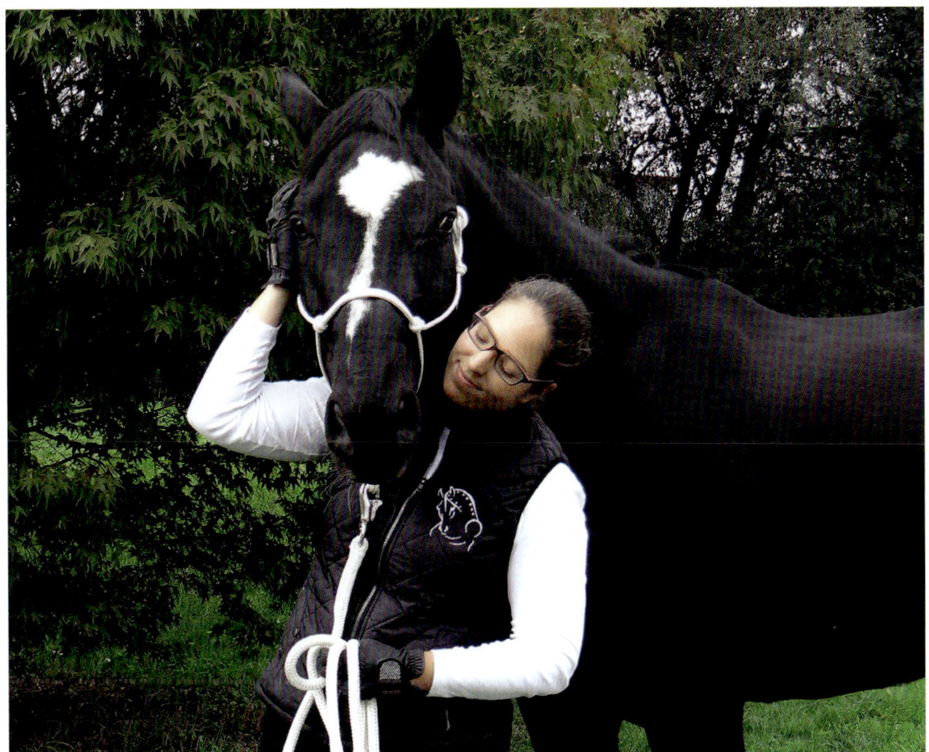

Das gegenseitige Vertrauen lässt sich durch die Bodenarbeit stark vertiefen.

Die Vielfalt der Ausbildung am Boden

1.3.2 Vertrauen schaffen

Gelingt es uns, Missverständnisse auszuräumen, hilft uns eine gefühlvolle Ausbildungsmethode, die Kommunikation mit unserem Pferd zu verbessern. Ich bin nach jahrelanger Erfahrung fest davon überzeugt, dass die Bodenarbeit am besten dazu geeignet ist, gegenseitiges Vertrauen aufzubauen und zu festigen.

Selbstverständlich kommt es auf die Trainingsmethode an. Leider gibt es auch Strömungen in der Bodenarbeit, die eher zum Ziel haben, die Pferde extrem unterzuordnen. Bei diesen Pferden nimmt man deutlich wahr, dass sie Aufgaben eher aus Angst vor Druck oder Strafe ausführen.

Das Ziel meiner Ausbildungsmethode ist, dass das Pferd Vertrauen zu uns Menschen aufbaut. Dies gelingt, wenn uns die Pferde als souverän wahrnehmen. Sind wir im täglichen Umgang und in der Ausbildung souverän, gradlinig und verlässlich, stellt sich bei den Pferden auch der unbestreitbar wichtige Respekt gegenüber uns Menschen ein.

All das gelingt aber nur durch konsequente und kontinuierliche Arbeit mit dem Pferd. Vertrauen stellt sich nicht allein durch eine

Richtig loben und auch einmal eine Pause machen, ist ganz wichtig.

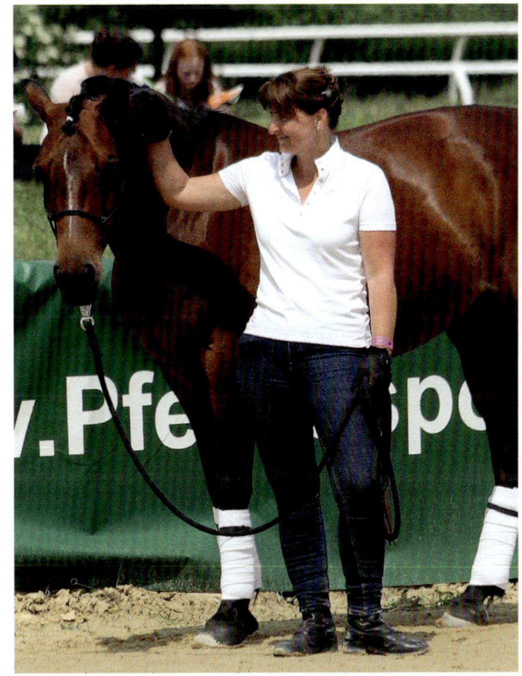

Wenn wir am Boden lernen, mit einer sehr feinen Hand zu führen und flexibel zu reagieren, profitieren wir auch beim Reiten davon.

„gute Pflege" des Pferdes, sondern durch das richtige Timing und die angemessene Dosierung von Hilfengebung sowie das individuell passende Maß von Lob und Korrektur ein.

1.3.3 Unterstützung der reiterlichen Ausbildung

Ich möchte mit der Ausbildung am Boden auch gerade die reiterliche Entwicklung von Pferd und Mensch unterstützen. Aus diesem Grund achte ich sorgsam auf die Körperhaltung der Führperson und die Entwicklung ihrer koordinativen Fähigkeiten. Wenn wir am Boden lernen, mit einer sehr feinen Hand zu führen und flexibel zu reagieren, profitieren wir auch beim Reiten davon.

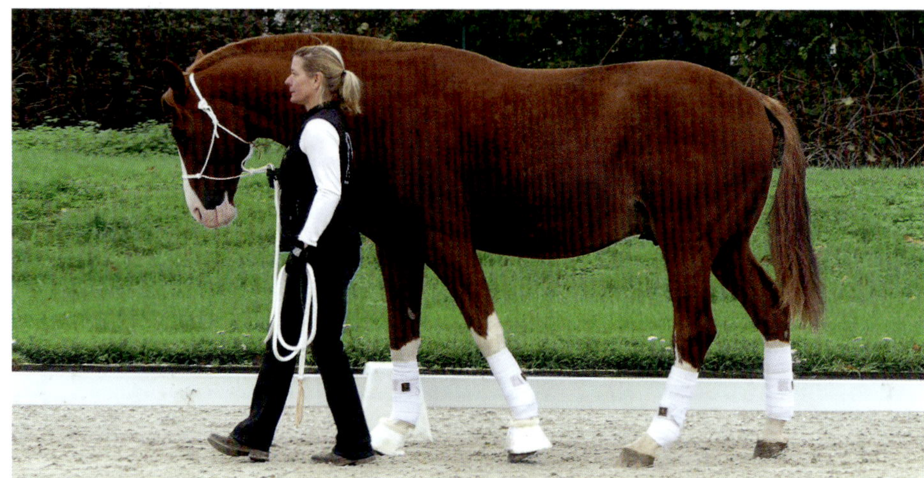

Das korrekte Rückwärtstreten-Lassen im Zweitakt kann am Boden ausgezeichnet trainiert werden.

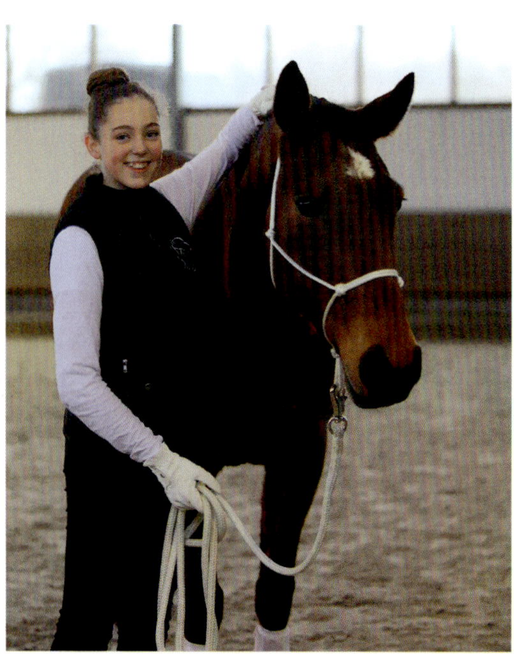

Bodenarbeit verleiht Jugendlichen viel Sicherheit im Umgang mit ihrem Pferd.

Die Schulung des Körpergefühls ist mir also besonders wichtig und erklärt auch, warum ich bewusst auf den Einsatz von einer Gerte verzichte: Mir liegt am Herzen, dass die Pferde in erster Linie auf die Körpersprache ihrer Führperson achten und auf feine Hilfen wie Veränderungen der Körperhaltung und auf Stimmkommandos reagieren. Das ist teilweise nicht ganz einfach, aber es verbessert auch ungemein unser Gefühl für Hilfengebung und unser Gespür für den richtigen Moment!
Da dies Eigenschaften sind, die wir uns beim feinen Reiten wünschen, kommt damit diese Form der Ausbildung am Boden der reiterlichen Entwicklung zugute.

1.3.4 Mehr Sicherheit

Bodenarbeit kann uns natürlich auch dabei helfen, im Umgang mit Pferden mehr (Selbst-)sicherheit zu erlangen. Souveränität und Entscheidungssicherheit können am Boden gezielt trainiert werden. Somit kann Bodenarbeit insbesondere Kindern und Jugendlichen sowie Reitanfängern beziehungsweise Nicht-Reitern wichtige Grundlagen im Umgang mit Pferden vermitteln und einen angstfreien Zugang ermöglichen.

Bei den vielfältigen Vorteilen steht natürlich eine effektivere Unfallverhütung ganz vorn. Auf Pferde, die am Boden ausgebildet sind, können wir grundsätzlich in schwierigen Situationen besser einwirken. Dies zahlt sich in zahlreichen Situationen, wie beim Tierarztbesuch, im Gelände oder bei Turnieren, aus. Die Pferde sind ausgeglichener und gelassener. Insgesamt wird der gesamte Umgang stressfreier und sicherer.

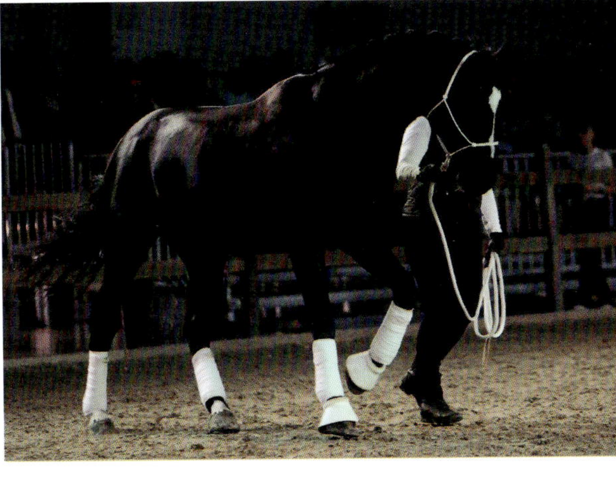

Pferde lernen durch die Bodenarbeit, sich auch in ungewohnten Situationen auf unsere Hilfengebung zu konzentrieren.

1.3.5 Erleichterung der Jungpferdeausbildung

Insbesondere im Bereich der Jungpferdeausbildung kann Bodenarbeit die Ausbildung unterstützen und das Anreiten erleichtern. So können die Stimmhilfen für Schritt, Trab, Galopp und Halten vom Boden in den Sattel übertragen werden und dann mit den reiterlichen Gewichts-, Schenkel- und Zügelhilfen kombiniert werden.

Viele Lektionen, wie beispielsweise das Rückwärtsrichten oder das seitliche Verschieben, können am Boden erlernt und dann schonend auf das Reiten übertragen werden.

Die Erfahrung zeigt, dass Pferde, die das Bewegungsmuster am Boden einmal verstanden haben, zum Beispiel auch Seitengänge wie Schulterherein oder Travers, schneller unter dem Reiter erlernen.

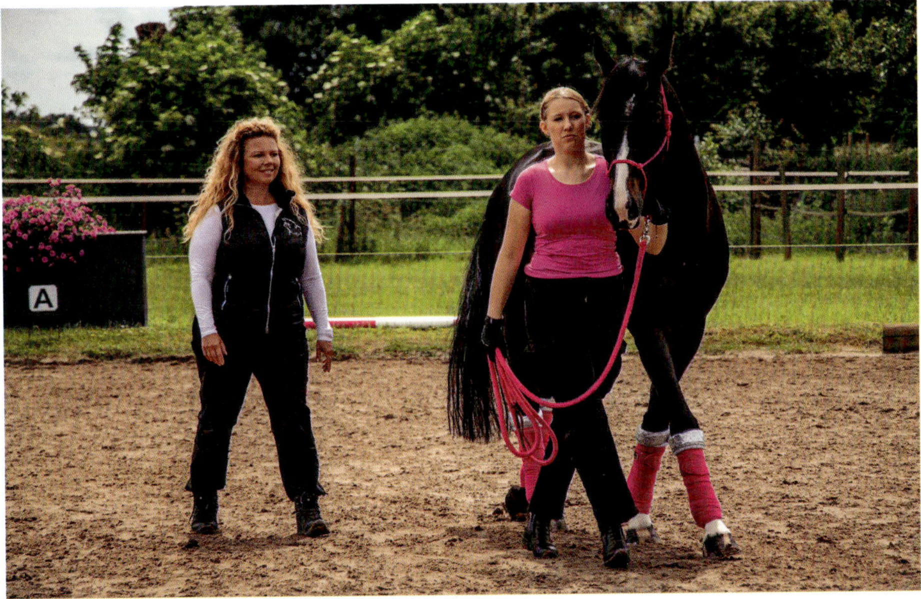

Vorwärts-seitwärts-übertreten-Lassen kann bereits vor dem Anreiten am Boden trainiert werden.

1.3.6 Abwechslung und Motivation

Bodenarbeit und Reiten können sinnvoll miteinander verbunden werden. So kann Bodenarbeit vor oder nach dem Reiten zum Auf- beziehungsweise Abwärmen des Pferdes (und auch des Menschen) dienen. Ebenso kann beispielsweise die Arbeit mit Stangen zuerst geführt erlernt und dann anschließend unter dem Reiter fortgesetzt werden.

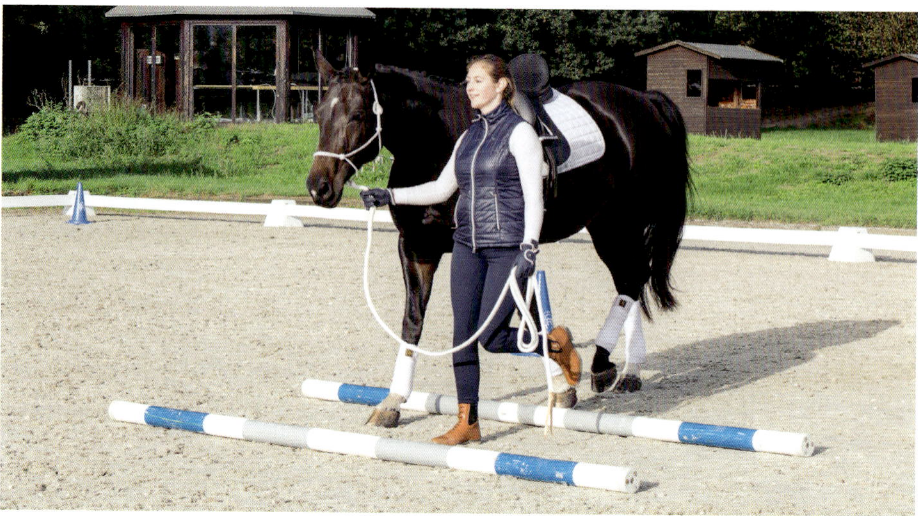

Führen über eine Stangengasse

Wir können gezielt Muskelaufbau und Dehnungsübungen betreiben und so auch gesundheitsfördernd mit den Pferden arbeiten.

Ist Reiten beispielsweise aus gesundheitlichen Gründen von Pferd oder Mensch nicht möglich, bietet uns die Bodenarbeit vielfältige Alternativen, um das Pferd sinnvoll zu trainieren und zu gymnastizieren. Auch ältere Pferde sind mit großem Eifer beim Training am Boden dabei und freuen sich auf Abwechslung. Zudem können wir gezielt Muskelaufbau und Dehnungsübungen betreiben und so auch gesundheitsfördernd mit den Pferden arbeiten.

Bodenarbeit verlängert die Konzentrationsfähigkeit und verbessert die Motivation.

Bodenarbeit ist also eine sinnvolle Abwechslung und Ergänzung im täglichen Trainingsplan. Sie verlängert die Konzentrationsfähigkeit und verbessert die Motivation.

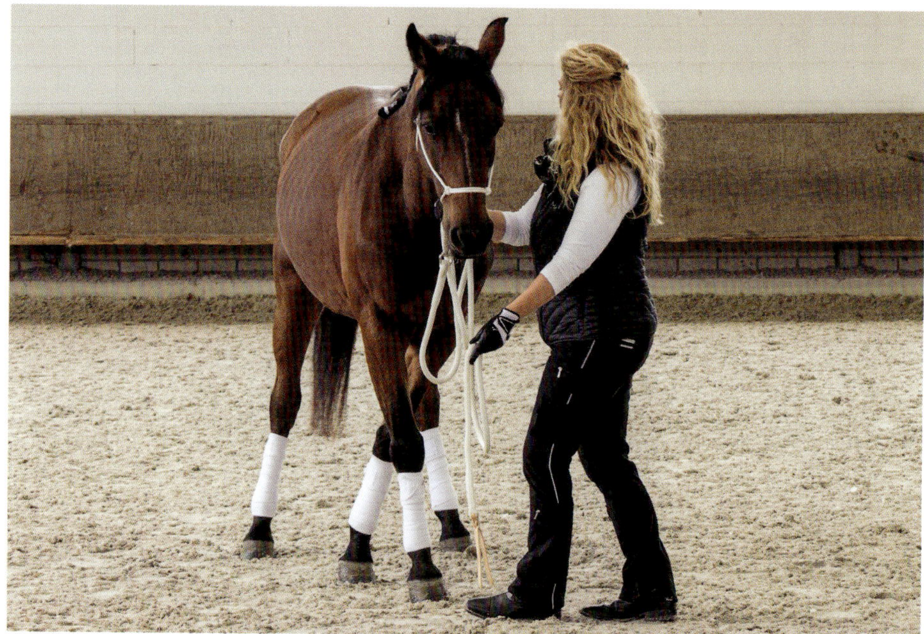

Abwechslungsreiche Übungen zum Dehnen

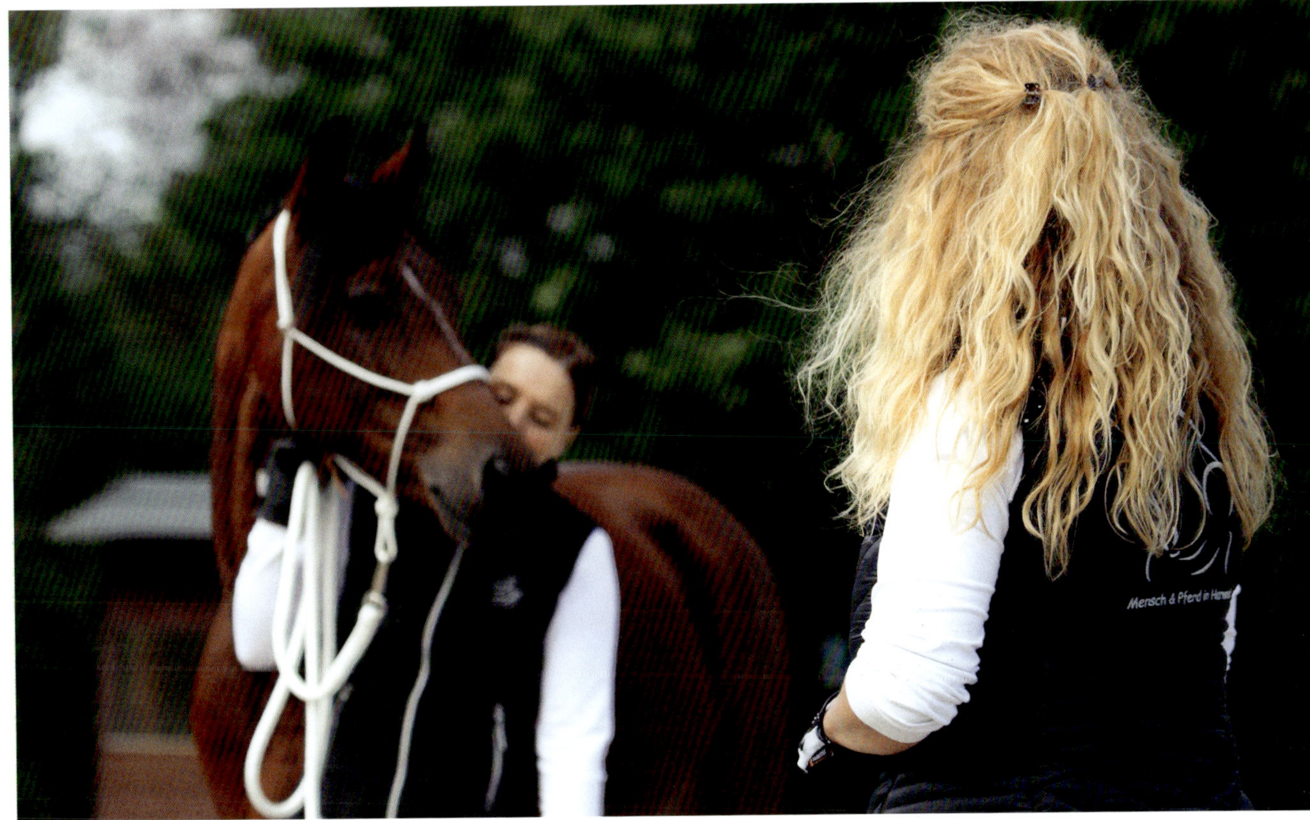

1.4 Ausbildungsphilosophie

Ich wünsche mir hochmotivierte Pferde, die sich durch nahezu unsichtbare Signale bewegen lassen. Dabei gehe ich stets von der Grundannahme aus, dass ein Pferd gern lernt und uns gefallen möchte. Pferde sind Herdentiere und suchen Kontakt sowohl zu Artgenossen als auch zu uns Menschen. Die Ausbildung der Pferde am Boden bis hin zur Freiarbeit ist kein Geheimnis von sogenannten Pferdeflüsterern. Jeder kann, wenn er denn möchte, durch Training und die Berücksichtigung bestimmter Verhaltensweisen und Grundregeln in ähnlicher Weise mit seinem Pferd umgehen. Die Basis dafür sind die natürliche Lernbereitschaft der Pferde, konsequentes und faires Handeln und ein klares Trainingskonzept.

Pferde sind großartige Lehrmeister für Körpersprache, Klarheit und Präsenz. Daher gibt Bodenarbeit viel Aufschluss über uns selbst und über unsere Wirkungsweise.

Pferde sind tatsächlich großartige Lehrmeister für Körpersprache, Klarheit und Präsenz. Daher gibt Bodenarbeit viel Aufschluss über uns selbst und über unsere Wirkungsweise. Wichtig ist, dass wir uns auf unser Pferd einlassen und ihm auch den Raum lassen, mit uns zu kommunizieren und Vertrauen zu uns zu fassen.

In der Bodenarbeit existieren verschiedene Trainingsmethoden, die sich in Ausrüstung und Hilfengebung unterscheiden. Allen gemein sollte das Ziel einer feinen Kommunikation und größtmöglicher Harmonie sein.

Es wird an die Selbstreflexion der Führperson appelliert.

Grundregeln für uns alle sollten sein:

- Ruhe, Geduld, innere Gelassenheit, selbstsicheres Auftreten, Fairness und Konsequenz
- klare Hilfengebung, also ein bewusster Einsatz von Körpersprache, taktilen Hilfen und verbalen Kommandos
- ein Trainingsaufbau nach dem Grundsatz: immer vom Leichten zum Schweren
- richtiges Timing von Lob und Korrektur
- die schrittweise Reduktion und Verfeinerung der Hilfengebung

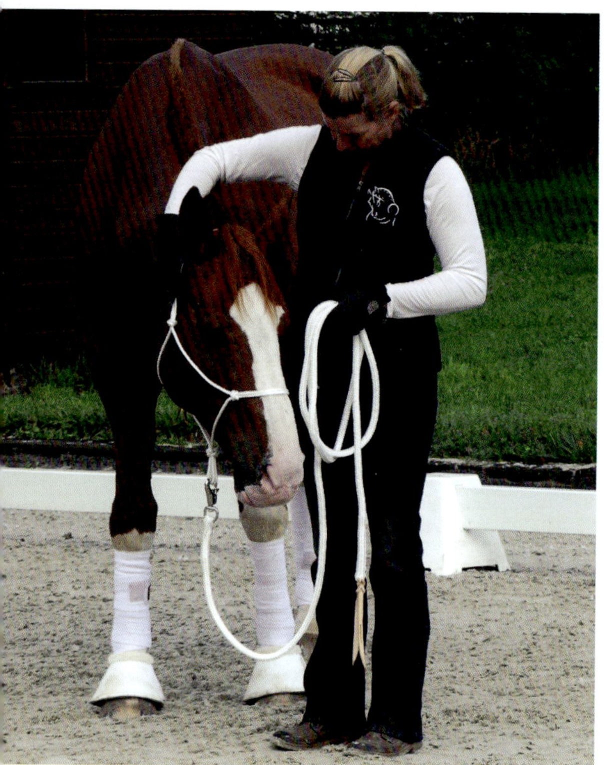

Pferde zeigen uns sehr gut, welche Form des Lobens sie genießen.

Ich folge einem systematischen Trainingsaufbau. Wie beim Reiten ist auch bei der Bodenarbeit viel Sorgfalt auf die Basisübungen zu legen. So wird dieses Buch immer wieder hervorheben, welcher Ausbildungsstand erreicht werden muss, um mit einer schwierigeren Variante zu beginnen.

Zudem wird an die Selbstreflexion der Führperson appelliert. Fragen wie: „Habe ich die Übung ausreichend vorbereitet?", „Ist mein Pferd bereits in der Lage, diese Lektion auszuführen?" oder „War meine Hilfengebung für mein Pferd verständlich?" sollten ständiger Begleiter des Trainings sein.

Eine vorrausschauende Ausbildungsform orientiert sich an folgendem Muster:

Hilfengebung → Umsetzung → Lob/Korrektur

Auf unsere Hilfengebung folgt eine Umsetzung durch unser Pferd. Reagiert es in der gewünschten Art und Weise, wird umgehend gelobt. Reagiert das Pferd anders als gewünscht, sollten wir uns zunächst fragen, ob unsere Hilfengebung richtig und für das Pferd eindeutig lesbar war. Die Hilfengebung wird dann in etwas deutlicherer Weise wiederholt. Ich gebe gern den Hinweis, dass wir als Menschen einfach besser erklären müssen.

Wichtig ist, dass Lob und Korrektur immer binnen weniger Sekunden erfolgen, damit das Pferd beides in Beziehung zu seinem vorherigen Verhalten setzen kann. Bei der Korrektur ist das natürlich in der Praxis manchmal nicht ganz einfach. Hier sollte dann aber zumindest die Einleitung der Korrektur so unmittelbar angeschlossen werden, dass das Pferd eine Verknüpfung herstellen kann. Eine Korrektur, die nach längerer Zeit erfolgt, ist für das Pferd nicht deutbar und führt daher zu Missverständnissen in der Kommunikation und zu Vertrauensverlust.

Pferde zeigen sehr deutlich, wenn sie sich „fair" behandelt fühlen und belohnen uns dafür mit Motivation, Eifer und Freude am Lernen.

Der Schwierigkeitsgrad der Übungen steigert sich in kleinen Schritten je nach Lernverhalten von Pferd und Mensch. Eine Überforderung ist dabei in jedem Fall zu vermeiden. Richtschnur für das individuelle Training sind immer die jeweilige Konzentrationsfähigkeit und das Lernverhalten des Pferdes. Pferde zeigen sehr deutlich, wenn sie sich „fair" behandelt fühlen und belohnen uns dafür mit Motivation, Eifer und Freude am Lernen.

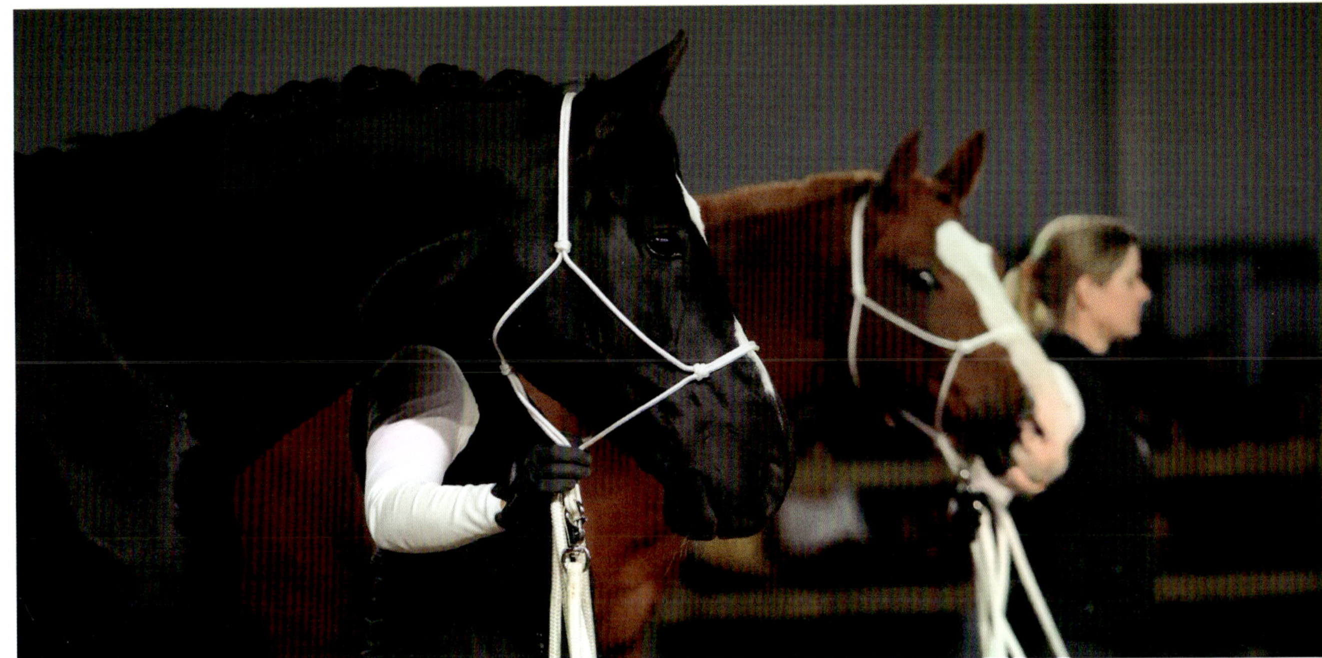

1.5 Ausrüstung und Hilfengebung

1.5.1 Ausrüstung für das Pferd

In dem weiten Feld der Bodenarbeit gibt es sehr unterschiedliche Strömungen wie Horsemanship oder die klassische-barocke Bodenarbeit und viele mehr. Die einzelnen Strömungen unterscheiden sich in Zielsetzung, Trainingskonzept, Hilfengebung und Ausrüstung. Grundsätzlich kann Bodenarbeit mit Knotenhalfter und Bodenarbeitsseil, Trense mit Zügeln oder Longe und Gerte, Halfter mit Strick, Kappzaum mit Longe oder Zügeln, Halsring oder ganz frei durchgeführt werden.
Alle diese Ausrüstungsarten haben Vor- und Nachteile und sind verbunden mit unterschiedlichen Führtechniken beziehungsweise Körperhaltungen und -bewegungen.

Dieses Buch stellt explizit die Ausbildung am Boden mit Knotenhalfter und Bodenarbeitsseil vor. Sie besitzt insbesondere gegenüber der Verwendung eines Stallhalfters mit einem Führstrick oder einer Trense mit Zügeln aus meiner Sicht verschiedene Vorteile (siehe unten). Bodenarbeit mit Kappzaum folgt anderen Regeln für Körperhaltung und Hilfengebung, da die Longe oder der Zügel oben auf dem Nasenrücken eingeschnallt ist.

Die Einsatzmöglichkeiten mit Knotenhalfter und Bodenarbeitsseil sind besonders vielfältig. Innerhalb einer Trainingseinheit kann sowohl die geführte Bodenarbeit als auch die Arbeit am langen Seil abwechslungsreich kombiniert werden, ohne dass die Ausrüstung gewechselt werden muss. So enthalten auch die Prüfungsaufgaben der Bodenarbeitsabzeichen Stufe 1 und 2 einen Wechsel der Führtechniken beziehungsweise der Distanz zum Pferd.

Die Einsatzmöglichkeiten mit Knotenhalfter und Bodenarbeitsseil sind besonders vielfältig.

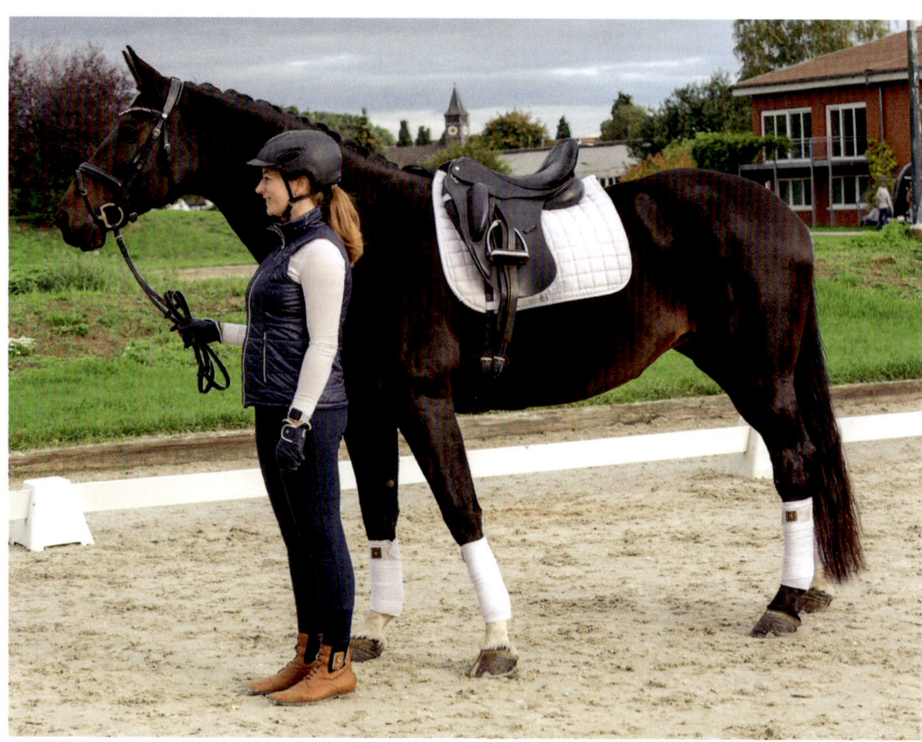

Führen an der Trense mit Zügeln

Beinhaltet allerdings beispielsweise eine Stationsprüfung zu den Reitabzeichen oder der neue Pferdeführerschein „Umgang" lediglich die geführte Bodenarbeit in unmittelbarer Nähe des Pferdes, erlaubt die APO je nach Abzeichen auch das Führen am Stallhalfter oder an der Trense mit Zügeln.

Der Verzicht auf eine Gerte in der Ausbildung am Boden führt dazu, dass die Pferde wesentlich besser lernen, unsere Körpersprache zu lesen.

Die Hilfengebung unterscheidet sich dann in einigen Punkten zur Arbeit am Knotenhalfter mit langem Bodenarbeitsseil. Mit dem Bodenarbeitsseil können wir insbesondere beim Führen im Schritt sowie bei den höheren Gangarten und beim seitlichen Verschieben treibende Hilfen geben. Grundsätzlich soll das Bodenarbeitsseil in einer neutralen Position seitlich neben der Führperson in Schlaufen herabhängen und nur bei Bedarf impulsartig zum Treiben eingesetzt werden. Mit Zügeln ist der Einsatz von treibenden Hilfen nicht möglich, weil sie zu kurz sind. Da das Ziehen an der Trense vermieden werden sollte, muss daher eine Gerte für die treibende Hilfe eingesetzt werden.

Das lange Bodenarbeitsseil ermöglicht uns also nicht nur einen Wechsel in der Distanz zum Pferd, es erleichtert uns den Seitenwechsel, da wir nur das Seil neu umfassen müssen. Zudem gestattet es uns auch den Verzicht auf eine Gerte. Der Verzicht auf eine Gerte in der Ausbildung am Boden führt dazu, dass die Pferde mehr auf unsere Körpersprache achten. Um dies zu erreichen, werden auch wir im Umgang mit unserer Körpersprache achtsamer und setzen sie feiner und bewusster ein.

Wie bereits hervorgehoben, möchte ich das Gespür für eine weiche Hand schulen. Mit einem Knotenhalfter ist eine solche präzise und feine Hilfengebung gut möglich, da ein Impuls zunächst punktgenau seitlich neben dem Nasenbein des Pferdes wirkt. Besonders wichtig ist mir, dass die Hilfengebung mit fortgeschrittenem Ausbildungsniveau immer mehr reduziert werden kann und sogar die Erarbeitung von Seitengängen am Knotenhalfter funktioniert.

Selbstverständlich sind das richtige Handling und der richtige Sitz eines Knotenhalfters Grundvoraussetzungen:

- Das Nasenteil des Knotenhalfters sollte immer über der Stelle liegen, wo das Nasenbein des Pferdes nur noch als Fortsatz vorsteht; diese Stelle lässt sich bei jedem Pferd ertasten, in der Regel liegt sie etwa 2 bis 3 Fingerbreit unter der Jochbeinkante. Jeder sollte bei seinem Pferd diese Stelle einmal gefühlt haben. Sitzt das Knotenhalfter zu tief auf dem Nasenbein, kann es zu erheblichen Verletzungen kommen. Auch Nasenbeinbrüche sind leider keine Seltenheit in Folge von grober Einwirkung.
- Die Knoten des Nasenteils dürfen sich niemals auf dem Nasenbein befinden, in der Regel liegen sie kurz unterhalb der Jochbeinkante. Sitzen sie zu weit auseinander, ist die punktuelle Wirkung nicht möglich und es wird ein unerwünschter Druck auf den Nasenrücken ausgeübt.
- Besonders hervorzuheben ist, dass das Nasenteil keinesfalls zu weit sein darf. Ist das Halfter zu groß, besteht die Gefahr, dass sich das Knotenhalfter am Kopf verzieht und ein Auge verletzt. Deshalb muss unbedingt darauf geachtet werden, dass zwischen Diamantknoten und Pferdekopf nur maximal 3 Finger passen.
- Das Genickteil sollte nicht zu eng sein. Das Pferd muss gähnen und kauen können beziehungsweise ausreichend Ganaschenfreiheit haben.
- Das Knotenhalfter muss optimal passen.
- Knotenhalfter sind immer mit Doppelknoten zu schließen.
- Niemals dürfen Pferde am Knotenhalfter angebunden oder auf die Wiese gestellt werden. Ein Knotenhalfter hat keine Solbruchstelle und kann damit nicht wie ein Stallhalfter in gefährlichen Situationen reißen, daher gilt: Das Knotenhalfter wird ausschließlich für die Arbeit am Boden angelegt.
- Hochwertiges Material ist empfehlenswert, ansonsten können sich die Knoten mit der Zeit verschieben oder öffnen.

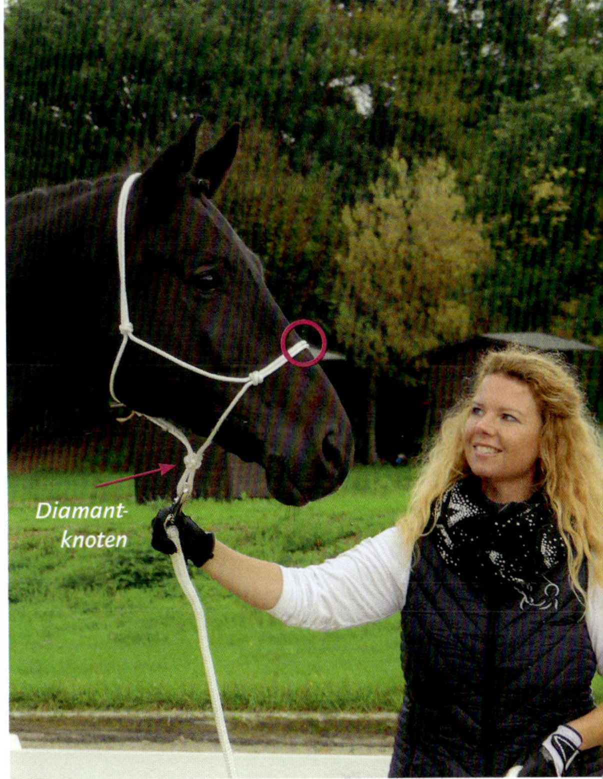

Richtiger Sitz des Knotenhalfters

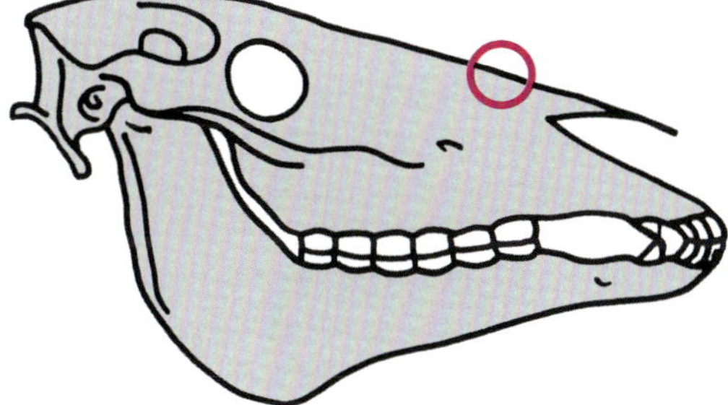

Bei dem Bodenarbeitsseil empfehle ich eine Länge von 3,7 m. Dieses Maß lässt sich schnell in Schlaufen aufnehmen und ist auch für die Arbeit am langen Seil geeignet. Das Seil darf nicht zu leicht sein und sollte mit einem Lederschlag am Ende versehen sein. Bei den Haken gibt es unterschiedliche Modelle. Ich empfehle einen sogenannten Bullsnap mit Nase. Dieser liegt gut in der Hand und öffnet sich nicht von allein.

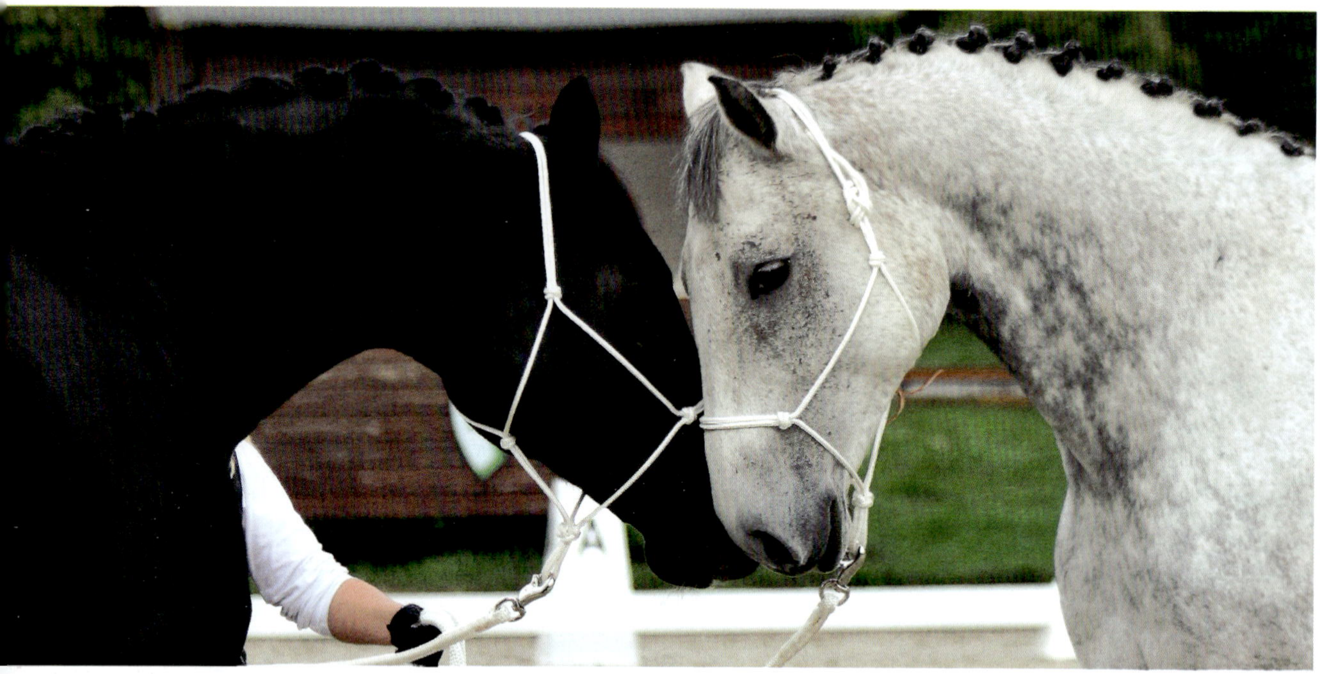

Bullsnap mit Nase

Selbstverständlich hat der Einsatz eines Knotenhalfters auch Grenzen. So sollte beispielsweise keinesfalls am Knotenhalfter longiert werden. Hier ist die oben aufgeführte Gefahr groß, dass das Knotenhalfter am Pferdekopf verrutscht und das Auge verletzt. Beinschutz für die Pferde ist insbesondere bei der Arbeit mit Stangen empfehlenswert.

1.5.2 Ausrüstung für die Führpersonen

Wir sollten bei der Bodenarbeit immer Handschuhe und festes Schuhwerk tragen, damit Hände und Füße vor Verletzungen geschützt sind.

Verknotung des Knotenhalfters

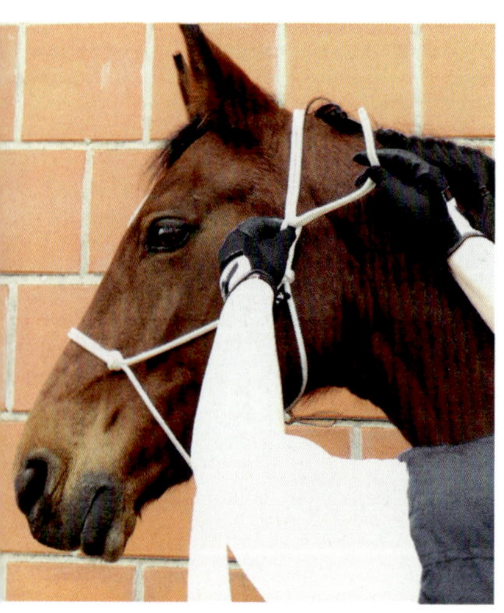

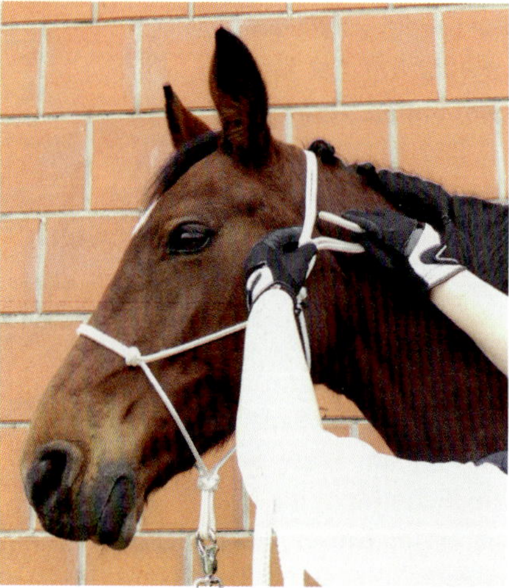

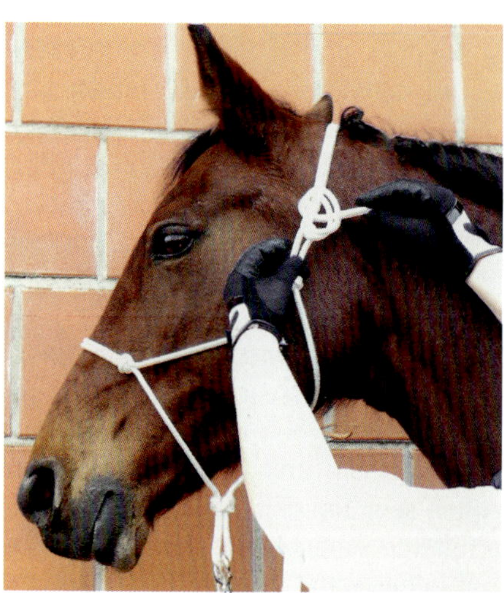

1.5.3 Hilfengebung

Die Hilfengebung in der Bodenarbeit ist immer eine Kombination aus:

- Körpersprache
- taktilen Hilfen (siehe Seite 26)
- verbalen Kommandos

Körpersprache

Die Bedeutung der Körpersprache ist je nach Bodenarbeitsstil sehr unterschiedlich. Bei meiner Ausbildung am Boden spielt die Körpersprache eine übergeordnete Rolle.
Wenn wir wirklich die „Kunst der feinen, fast unsichtbaren Signale" erlernen wollten, geht dies nur mit einer ganz gefühlvoll justierten Körpersprache. Ich finde es immer wieder von Neuem erstaunlich, wie selbst minimale Veränderungen in unserer Haltung dazu führen, dass ein Pferd beispielsweise stehen bleibt oder mit uns rückwärts tritt.
Daher lege ich sehr viel Wert darauf, dass wir unser Körpergefühl schulen.

Die menschliche Körpersprache ist immer ein Zusammenspiel von Körperhaltung, Bewegungen, Blickführung und Gestik. Dieses Zusammenspiel ist natürlich von Lektion zu Lektion unterschiedlich. Allerdings gelten allgemeine Grundsätze der Körpersprache, die insbesondere bei den Basisübungen, wie dem Führen des Pferdes auf geraden Linien, beachtet werden sollten. Ich verwende den Begriff der 1. Führposition. Gemeint ist damit eine Führposition, die sich je nach Lektion und Führtechnik zwischen Genick und Schulter des Pferdes befindet.

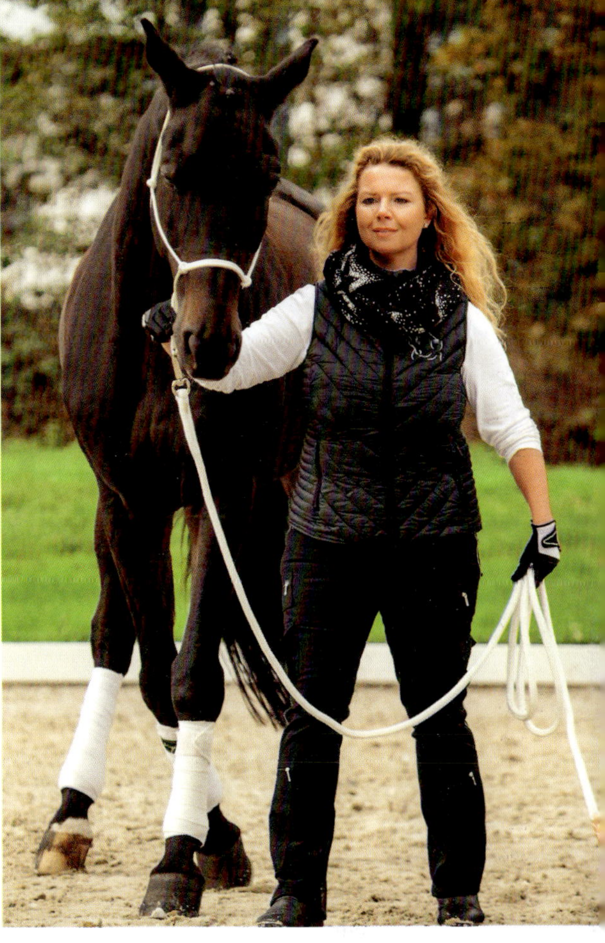

Die Hilfengebung sollte nahezu unsichtbar sein.

Ich lege sehr viel Wert darauf, dass wir unser Körpergefühl schulen.

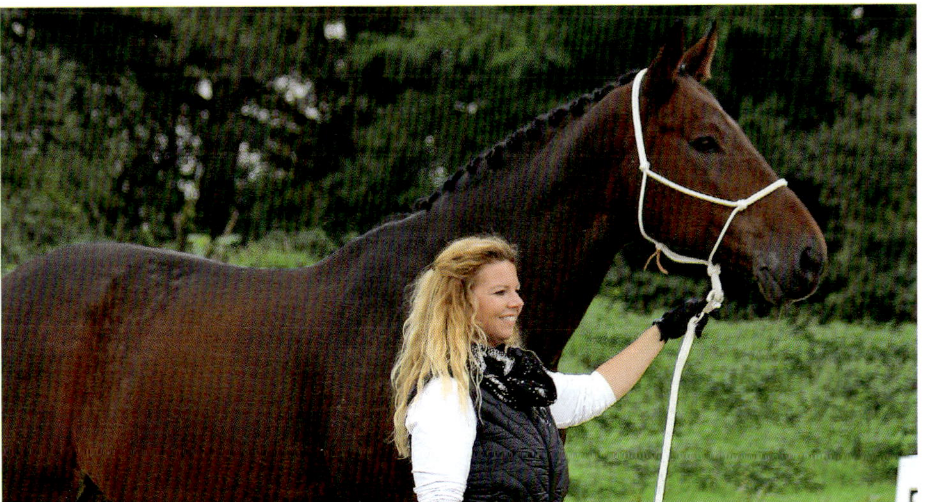

1. Führposition zwischen Genick und Schulter des Pferdes

Durch das Umfassen des Hakens ist eine sehr feine Dosierung der Hilfen möglich.

Meine Besonderheit ist eine 1. Führposition kurz hinter dem Genick des Pferdes, bei der die Führperson den Haken des Bodenarbeitsseils umfasst. Auf den ersten Blick erzeugt das Umfassen des Hakens manchmal Irritationen. Ich habe festgestellt, dass uns diese Art des Führens ermöglicht, auf sehr feine und präzise Weise auf das Pferd einzuwirken. Voraussetzung ist hier allerdings eine „weiche" Hand, die nicht mit Druck oder Zug auf den Pferdekopf einwirkt. Wenn wir ein Knotenhalfter bei der Bodenarbeit fein einsetzen und beim Führtraining auf eine weiche Hand achten, ist dies auch eine gute Übung für die Entwicklung einer weichen und unabhängigen Hand beim Reiten.

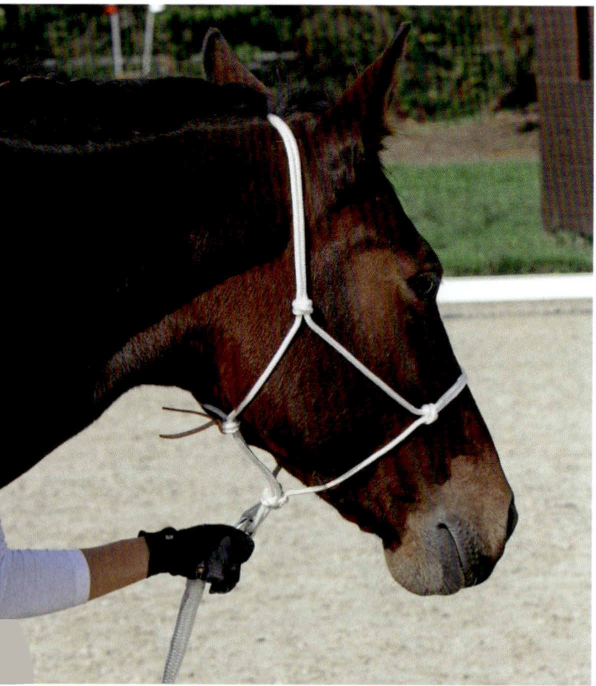

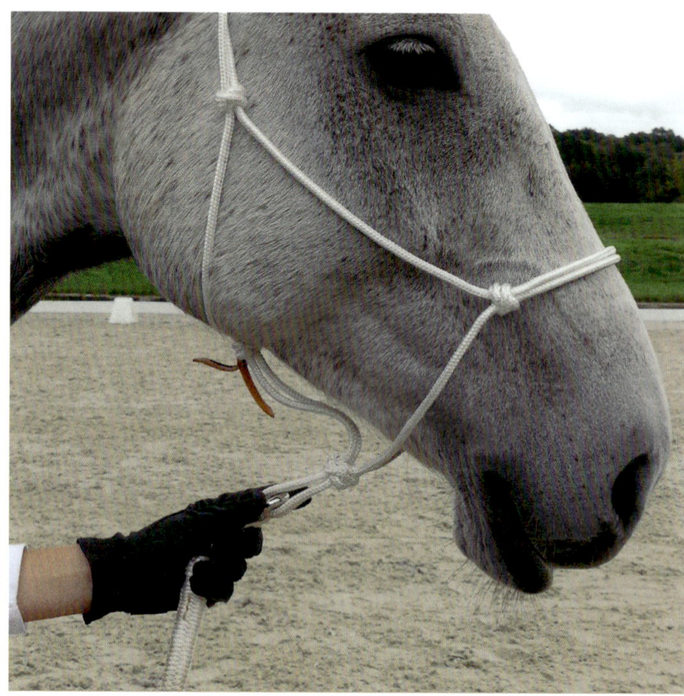

Grundsätzlich soll beim Führen kein kontinuierlicher Druck auf das Knotenhalfter entstehen. Der Haken wird von einer gefühlvollen, weichen Hand getragen.

Durch die minimale, fast schwebende Verbindung zwischen Führhand, Haken und Knotenhalfter können wir ganz unmittelbar reagieren. Wir spüren sofort, wenn das Pferd langsamer wird und sich nicht mehr exakt an unserem Tempo orientiert. Wir können in diesem Fall beim leichtesten Anzeichen mit dem Seil einen treibenden Impuls geben. Auch wenn das Pferd ungewollt beschleunigt, können wir durch einen Zupfer am Haken oder das Abwenden auf eine gebogene Linie sofort reagieren.

Ebenso spüren wir in Schrecksituationen direkt, wenn das Pferd zu einem Wegspringen ansetzt. Das Umfassen des Hakens verleiht uns hier ein größeres und schnelleres Einwirkungspotential. Gelingt es uns, rechtzeitig zu reagieren, kann die Situation in der Regel schnell kontrolliert werden.

Durch das Umfassen des Hakens lässt sich das Pferd beim Erlernen eines korrekten Rückwärtstretens besonders gut unterstützen. Die unterschiedlichen Einwirkungsmöglichkeiten und die Vorteile dieser Führtechnik werden in Kapitel 2 ausführlich erklärt.

Regeln, die beim Führen in der 1. Führposition beachtet werden sollten:

Körperhaltung:

- Die Körperhaltung ist aufrecht und gerade, die Schultern zeigen nach vorn.
- Der Kopf ist gerade und nach vorn gerichtet, der Körper sollte sich im rechten Winkel zum Pferd befinden
- Zum Pferd sollte stets ein Abstand gehalten werden, der etwa der Länge eines leicht gebeugten Arms entspricht

→ **Die aufrechte Körperhaltung vermittelt dem Pferd Präsenz und Entschlossenheit. Die Führperson signalisiert Kompetenz und Selbstsicherheit und achtet darauf, dass das Pferd den gebührenden, respektvollen Abstand zu ihm einhält.**

Bewegungen:

- Der Gang ist ruhig und fließend, die Bewegungen sind nicht hektisch und plötzlich.
- Beim Gehen werden Oberkörper und Arme möglichst ruhig gehalten, zu viel Aktivität wirkt treibend.
- Die Annäherung an das Pferd sollte stets in einer normalen Geschwindigkeit erfolgen.

→ **Das Mittelmaß zwischen Lockerheit und gezielter, kontrollierter und ruhiger Bewegung strahlt Souveränität und Ruhe aus. Zu eilige oder zu zögerliche Bewegungen würden das Pferd verunsichern.**

Blickführung:

- Beim Führen ist der Blick geradeaus gerichtet, nicht auf das Pferd und nicht auf den Boden.
- Beim Führen von gebogenen Linien soll in die Richtung geschaut werden, in die der Mensch führen möchte.

→ **Eine vorausschauende Blickführung bewirkt, dass die Bewegungen insgesamt zielgerichteter und damit für das Pferd besser lesbar werden.**

Gestik:

- Mit Armen und Händen sollen keine schnellen und unkontrollierten Bewegungen ausgeführt werden.
- Die Führhand ist entspannt, es erfolgt keine konstante Einwirkung durch Ziehen oder Drücken.

→ **Hektische Armbewegungen könnten das Pferd erschrecken und verunsichern.**

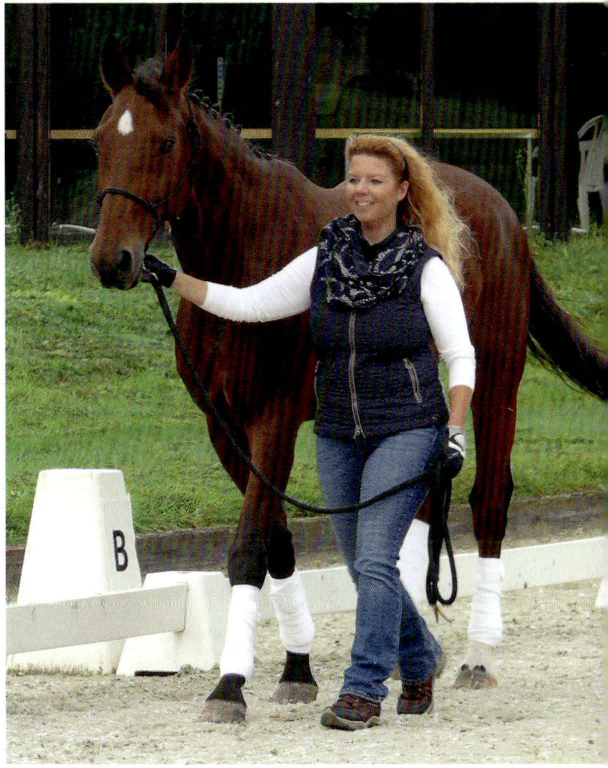

Führen in der 1. Führposition im Schritt

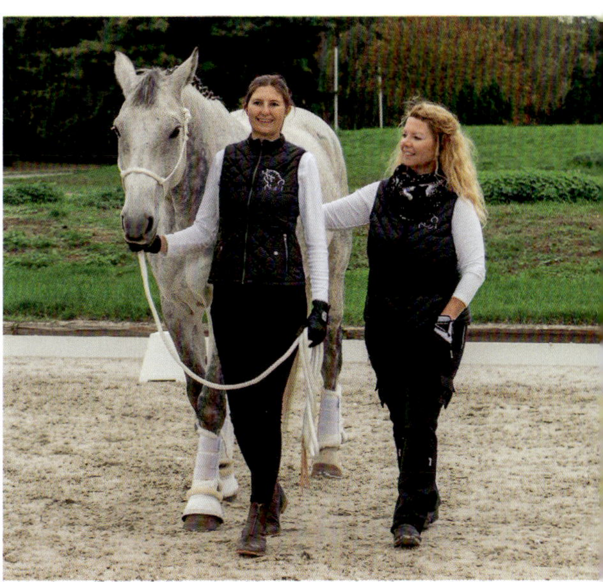

Beim Führtraining schaut der Mensch geradeaus und nicht auf den Boden.

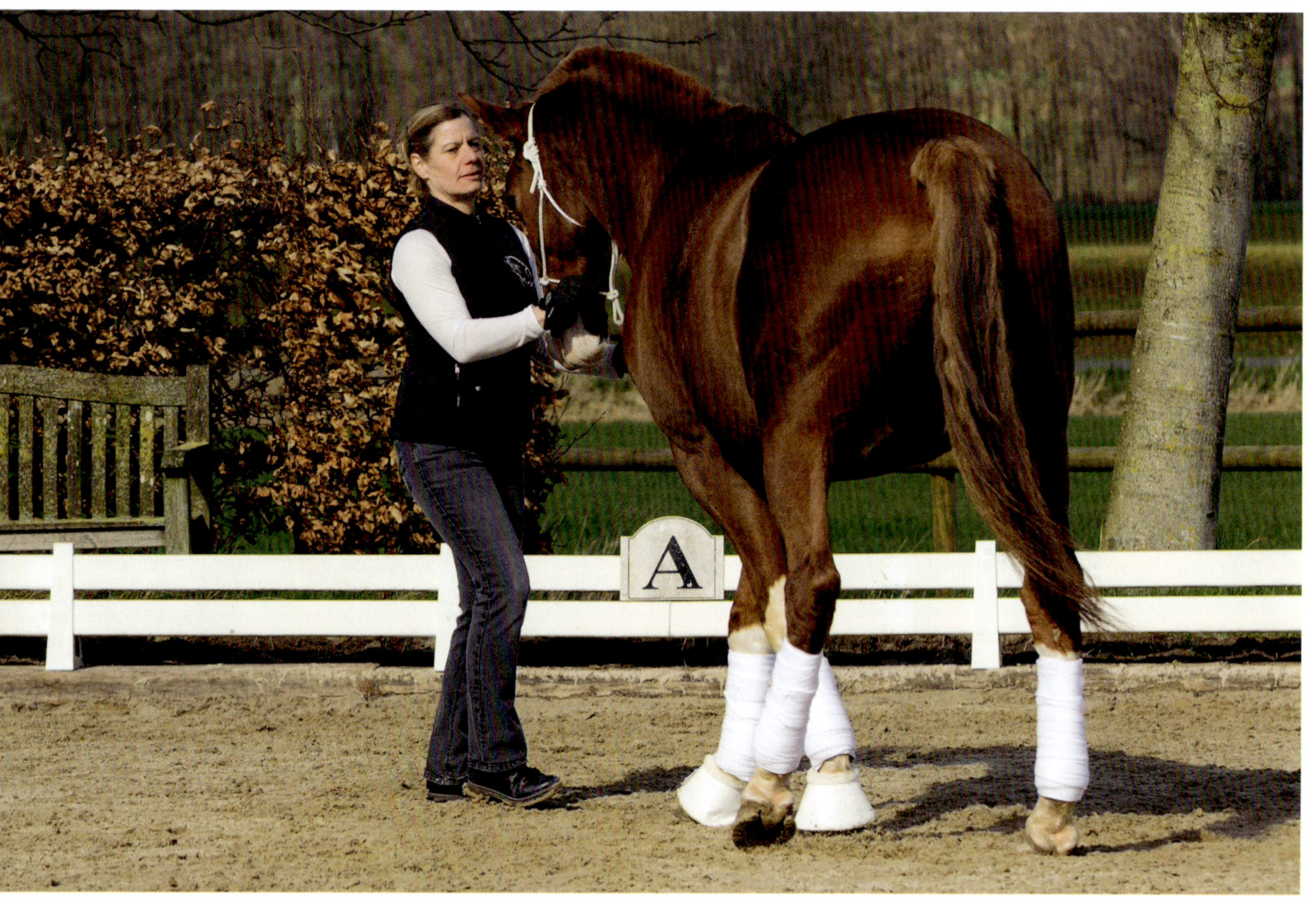

Wir folgen immer dem Grundsatz: So wenig Hilfengebung wie möglich.

Taktile Hilfen

Unter taktilen Hilfen werden alle Hilfen zusammengefasst, die durch Berührungen des Pferdes oder den Einsatz von Gerte, Seil, Händen usw. entstehen. Dazu gehören das Touchieren mit dem Bodenarbeitsseil oder mit der Gerte, Impulse am Halfter und Berührungen mit der Hand. Bei der Arbeit mit dem Bodenarbeitsseil zählen ebenfalls Hilfen wie das Schwingen des Seiles dazu.

Bei den taktilen Hilfen gelten folgende Grundsätze:

- Nur so viel wie nötig: Einsatz von Gerte oder Seil sollte immer mit Bedacht und gezielt erfolgen, nicht plötzlich, sondern für das Pferd vorhersehbar. Das Pferd muss die Hilfengebung mit seiner eigenen Handlung in Verbindung bringen können.
- Das Touchieren des Pferdes erfolgt immer punktgenau, beispielsweise an der Flanke oder vor der Brust.
- Gerte oder Seil dürfen unter keinen Umständen direkt oder in unmittelbarer Nähe des Pferdekopfes eingesetzt werden.
- Es werden nur Impulse, keine kontinuierlichen Hilfen gegeben, das heißt, es wird auch nicht im Rhythmus getrieben.

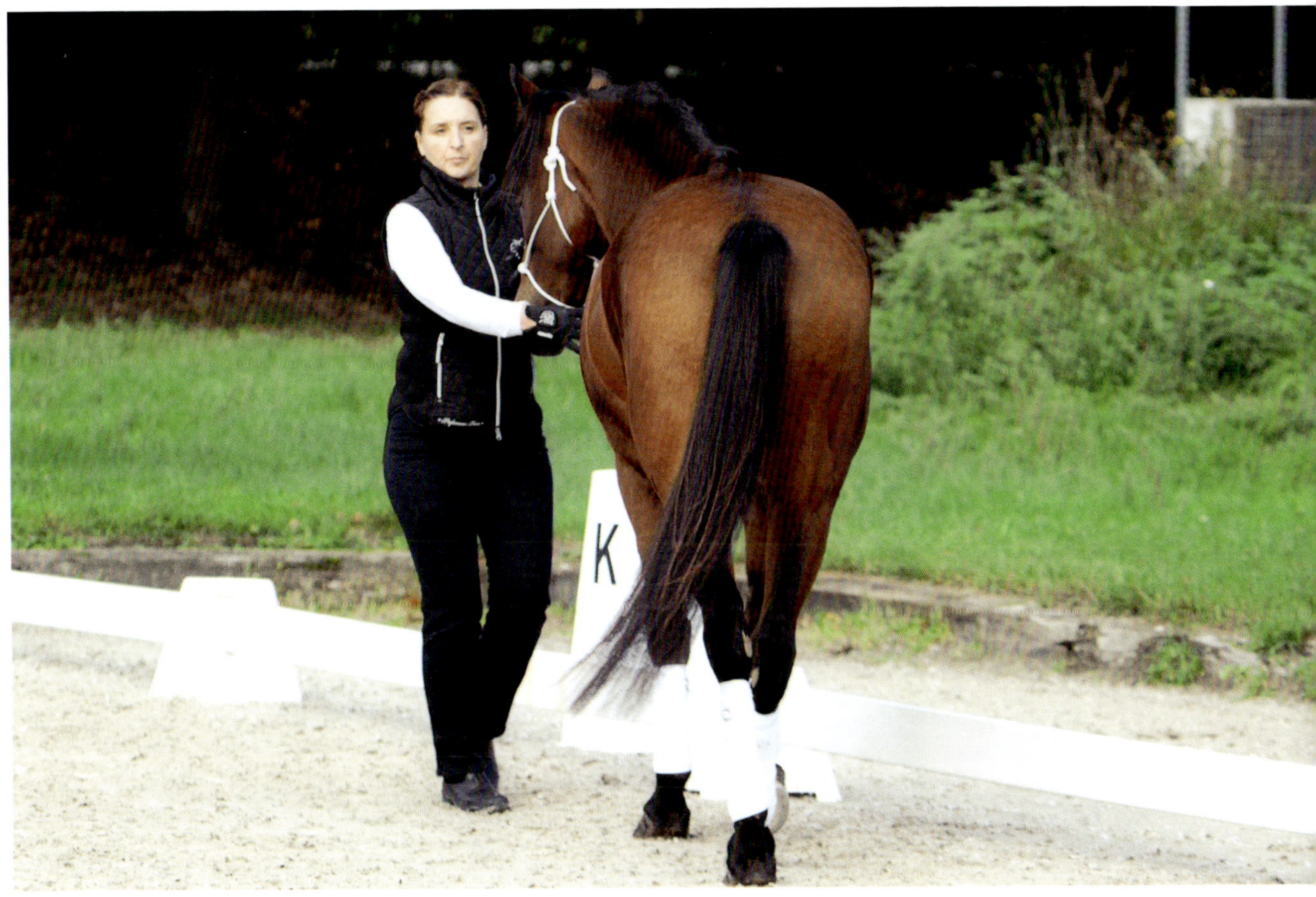

Verbale Kommandos helfen auch bei schwierigen Lektionen wie dem Travers.

Verbale Kommandos

Grundsätzlich kann man sagen, dass der Einsatz von verbalen Kommandos bei der Bodenarbeit nicht zwangsläufig notwendig ist. Allerdings zeigt die Erfahrung, dass es für Pferde immens hilfreich ist, wenn unterstützend zur Hilfengebung noch verbale Kommandos eingesetzt werden. Wie gut Pferde tatsächlich Stimmkommandos lernen können, zeigt sich immer bei den fortgeschrittenen Lektionen. Ein systematischer Einsatz von Stimmkommandos führt sogar dazu, dass teilweise das stimmliche Signal so fest etabliert ist, dass das Pferd auch ohne den Einsatz von taktilen Hilfen oder Körpersprache die gewünschte Lektion ausführt. Strebt man als Fernziel die Freiarbeit mit Pferden an, so sind die Stimmkommandos ein wesentlicher Bestandteil, da es immer wieder vorkommt, dass ein Pferd irgendwo anders hinschaut und deshalb die Körpersprache nicht sehen kann.

Ein anderes schönes Beispiel ist das Kommando für das Rückwärtstreten-Lassen. Ein Pferd wird bei dem sicher erlernten Signal für „Rückwärts" zum Beispiel kontrollierter und besser rückwärts aus dem Pferdehänger treten. Auch beim Reiten verstehen Jungpferde schneller, was sie machen sollen, da sie zu dem Stimmkommando eine Verknüpfung hergestellt haben. Außerordentlich praktisch für den Alltag ist auch die

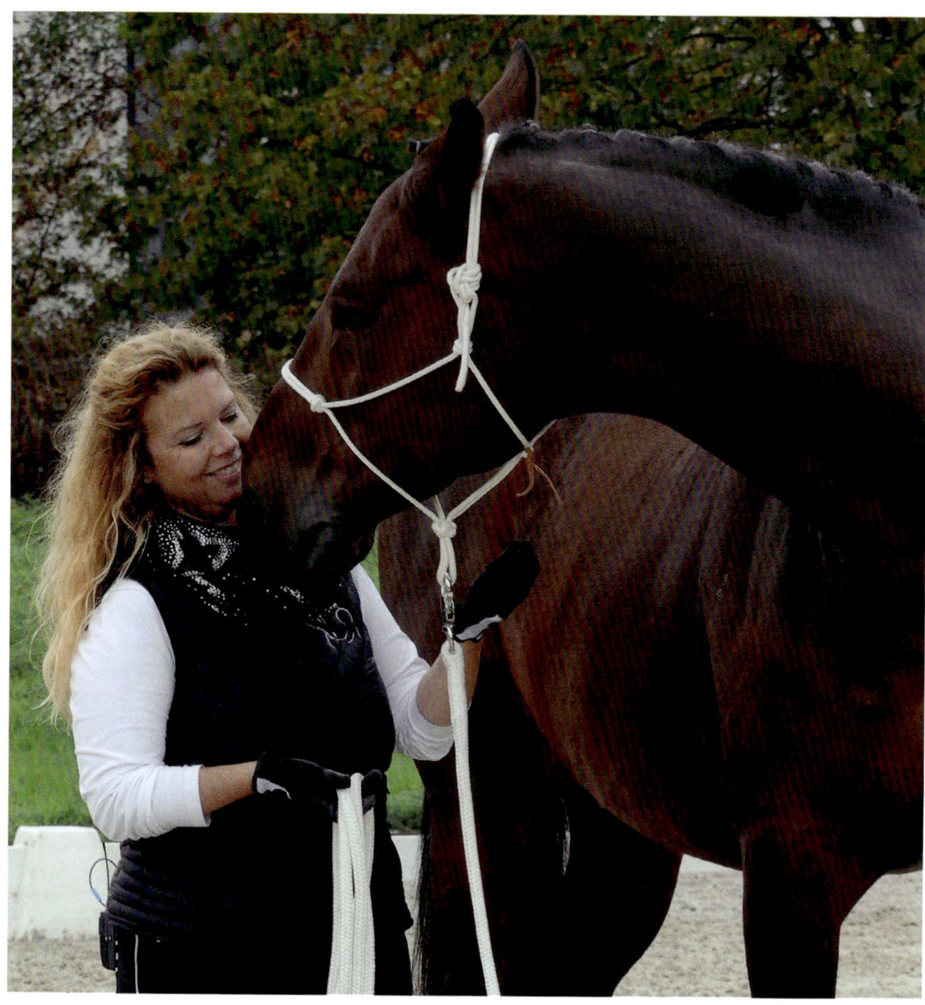

Das Loben sollte immer authentisch sein.

Konditionierung eines Pfiffes für „Kommen". Dies benötigen wir nicht nur für die Arbeit am langen Seil und die Freiarbeit, sondern es ist ebenso beim Reinholen der Pferde vom Paddock oder von der Weide hilfreich.
Das Kommando, das am besten für eine erhöhte Sicherheit steht, ist das Signal für „Halt". Ich habe schon unzählige Situationen erlebt, in denen ich extrem dankbar dafür war, dass ein Pferd auf das Stimmsignal angehalten hat.
Kurzum, ich empfehle jedem den Einsatz von verbalen Kommandos, da sie das Leben mit den Pferden so viel einfacher und sicherer machen.

Wenn wir uns einmal für ein abgestimmtes Repertoire an verbalen Kommandos entschieden haben, müssen diese wirklich immer für die gleichen Aufgaben benutzt werden.

Natürlich müssen wir auch lernen, immer nur die gleichen Kommandos zu verwenden und sie im richtigen Moment zu geben. Dazu gehört, dass wir versuchen, nicht mehr in ganzen Sätzen mit unserem Pferd zu sprechen.

Die Auswahl der Stimmkommandos ist grundsätzlich beliebig. Allerdings gibt es auch hier Kommandos, die je nach Bodenarbeitsausrichtung besser oder schlechter geeignet sind. Wenn wir uns einmal für ein abgestimmtes Repertoire an verbalen Kommandos entschieden haben, müssen diese wirklich immer für die gleichen Aufgaben benutzt werden.

Nicht zu unterschätzen ist zudem die Auswirkung der paraverbalen Kommunikation auf Pferde. Paraverbal meint unter anderem Stimmlage, Lautstärke, Sprachtempo und Sprachmelodie.
Die Pferde verfügen über eine ausgesprochen gute Differenzierungsfähigkeit. Entscheidend ist also nicht das Wort, sondern die Betonung und der damit verbundene Gemütszustand. Das Stimmkommando sollte stets an das Pferd gerichtet sein. Es ist ausreichend, wenn das Pferd das Kommando hört. Die Lautstärke muss dementsprechend gewahlt werden. Zudem muss unterschieden werden, ob es sich um ein kurzes klares Signal wie „Halt" oder „Whoa" handelt oder ob das Pferd gelobt wird. Die Stimmlage ist also der Funktion des Kommandos entsprechend zu wählen. Wenn wir zufrieden mit der Reaktion des Pferdes sind, soll sich dies in dem verbalen Lob widerspiegeln. Eine goldene Regel von mir ist daher: Sei authentisch und freu dich wirklich beim Loben.

Sei authentisch und freu dich wirklich beim Loben.

Folgendes Repertoire an verbalen Kommandos hat sich für meine Ausbildung am Boden inzwischen sehr bewährt:

Übersicht verbale Kommandos

Aufgabe	Verbales Kommando
Schritt	ein Küsschen
Trab	mehrere kurze Küsschen
Galopp	ein langgezogenes Küsschen
Halten, Verharren	Whoa
Wechsel in die langsamere Gangart	langgezogenes Whooooa
Vorwärts-seitwärts-Übertreten	Wechsel von Küsschen und Schnalzen
Rückwärtstreten-Lassen	rhythmischer Schnalztakt
seitliches Verschieben in allen Varianten (funktioniert nur in Verbindung mit der richtigen Körpersprache und den entsprechenden taktilen Hilfen)	Schnalzen, einzelne Schnalzlaute
Zum-Menschen-Kommen	Pfeifen

2 Basislektionen Bodenarbeit

(Niveau Bodenarbeitsabzeichen Stufe 1)

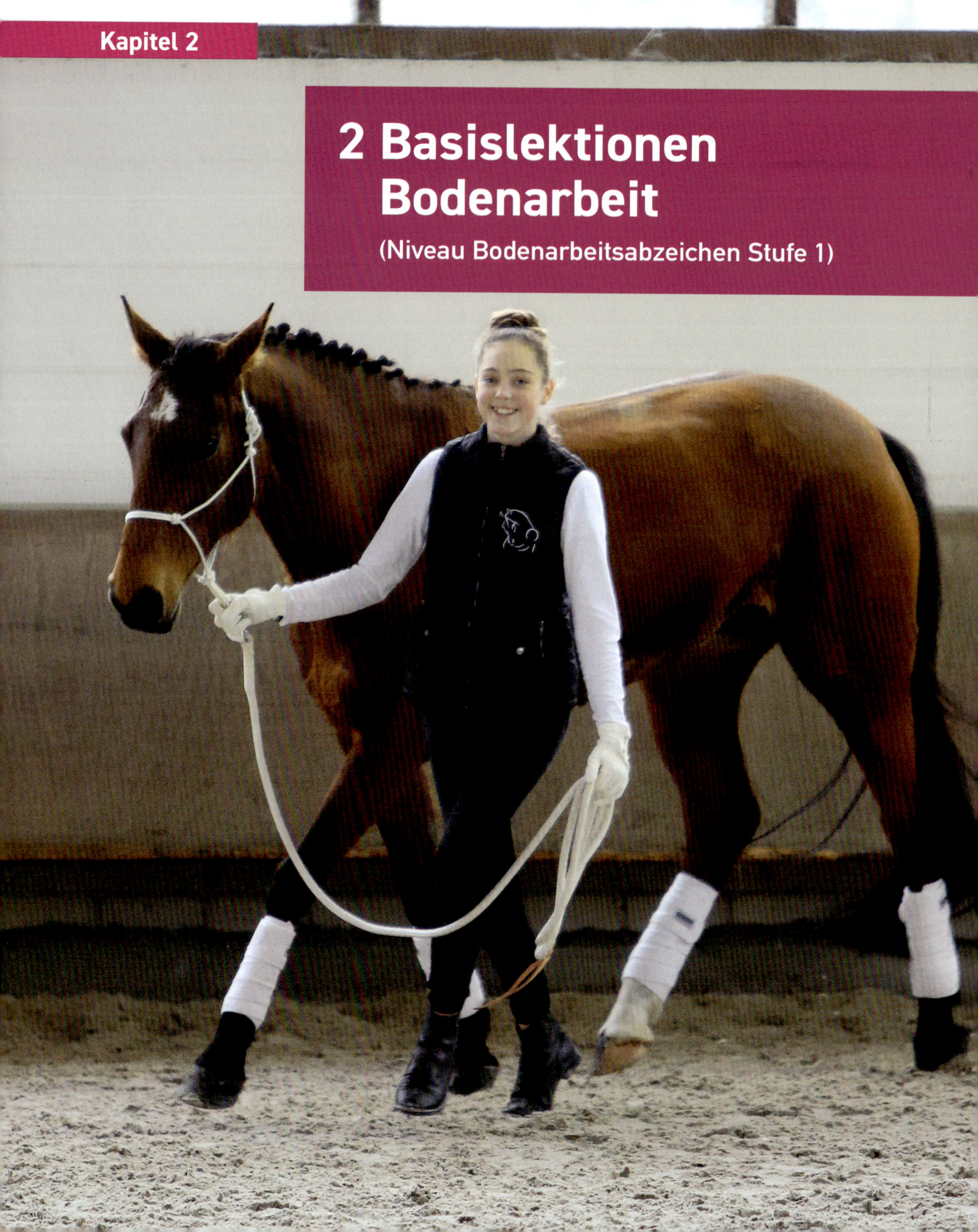

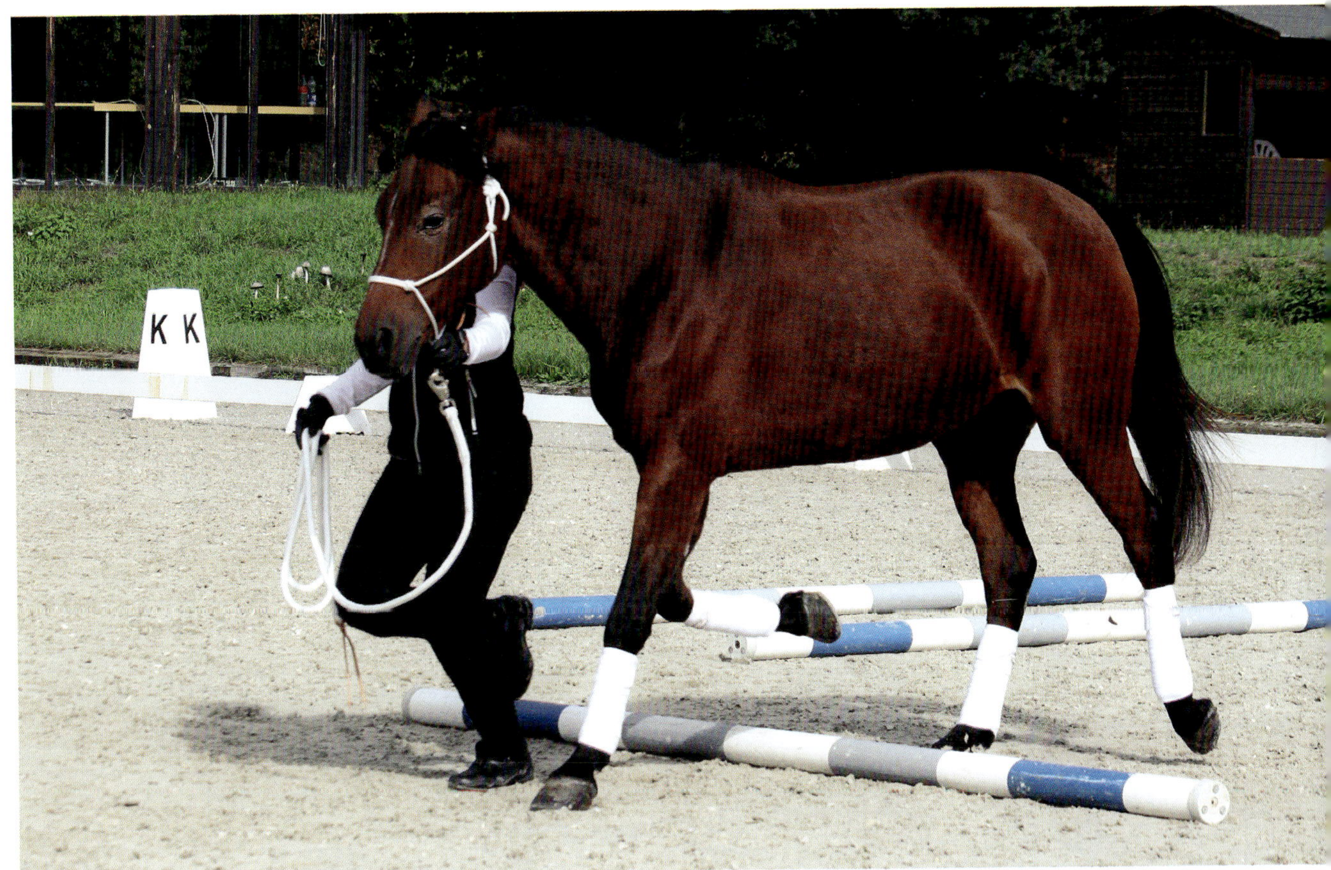

Das Geschicklichkeitstraining mit Stangen verbessert die Koordinationsfähigkeit und die Balance der Pferde.

2.1 Einführung – Wie beginne ich die Ausbildung am Boden?

Das Führtraining bildet die Basis der Ausbildung am Boden. Ich kann nur empfehlen, die Grundübungen mit viel Sorgfalt zu trainieren. Die in Kapitel 2 vorgestellten Lektionen bilden ein wichtiges Fundament für die weiterführende Bodenarbeit. Durch das Führtraining lernen die Pferde zunächst die 1. Führposition und die unterschiedlichen Hilfen kennen. Sie lernen punktgenau mit uns anzutreten, anzuhalten, das Gangmaß zu verändern, die Gangart zu wechseln oder rückwärts zu treten. Das Pferd erhält einen deutlichen Rahmen und weiß, wo es sich befinden soll. Dies gibt Mensch und Pferd viel Sicherheit und eine klare Orientierung.

Um sich diesen Rahmen erarbeiten zu können, empfehle ich zunächst, die Tempounterschiede im Schritt zu trainieren. Mithilfe dieser Übung gelingt es uns, unserem Pferd am Boden die treibenden und die verlangsamenden Hilfen zu erklären. Selbstverständlich sieht dieses Training je nach Pferdetyp ganz unterschiedlich aus. Bei einem eher triebigen Pferd müssen wir dem Einsatz der treibenden Hilfe viel mehr Beachtung schenken als beispielsweise bei einem jungen, eher nervösen Pferd, das sich leicht

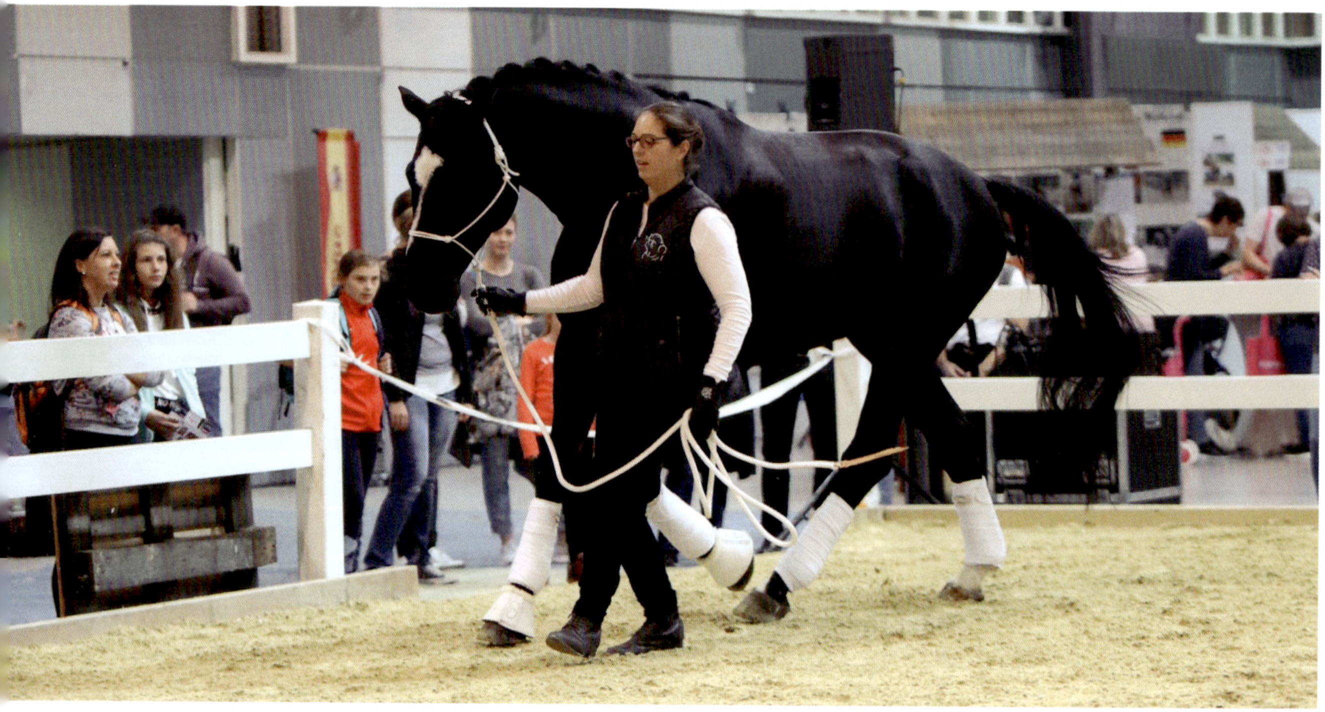

Auch der Galopp an der Hand ist in der 1. Führposition möglich.

ablenken lässt. Hier steht eher im Fokus, das Pferd auf uns zu konzentrieren. Welche Probleme auftreten können und wie wir in diesen Situationen reagieren können, wird in diesem Lehrbuch bei den jeweiligen Lektionen beschrieben.

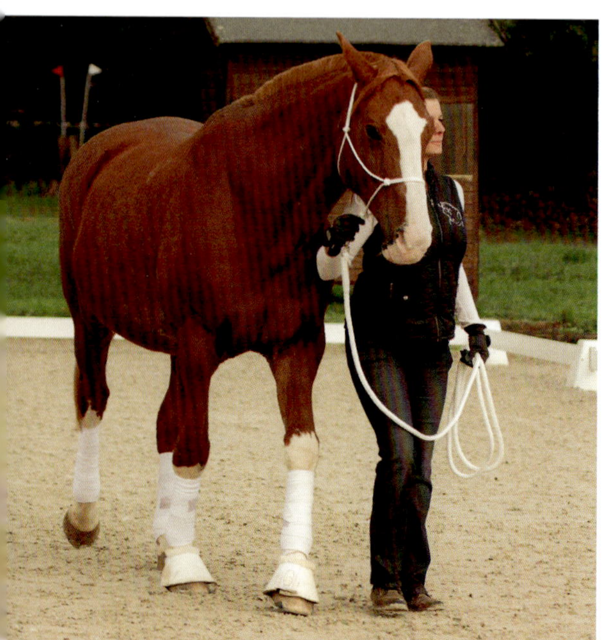

Schulterherein

Die Hilfen sollten immer weiter minimiert werden, sodass das Pferd später auf kaum sichtbare Impulse reagiert und die einzelnen Übungen willig, präzise und gelassen durchführt.

Um dies zu erreichen, ist ein klar strukturiertes Ausbildungssystem notwendig. Wie bei der Reitausbildung muss zunächst eine solide Basis gelegt werden. Die einzelnen Übungen bauen dann aufeinander auf. Sind die Grundlagen im Führtraining gelegt, gibt es ein sehr großes Repertoire an Übungen. Zunächst werden Elemente aus den Geschicklichkeits- und Gelassenheitstrainings angeschlossen.

Anschließend werden unterschiedliche Schwerpunkte gesetzt. Je nach Interesse können gymnastizierende Elemente wie seitliches Verschieben oder Seitwärts-Folgen, Führtraining im Trab und im Galopp oder aber die Arbeit in verschiedenen Führpositionen und am langen Seil weiter perfektioniert werden.

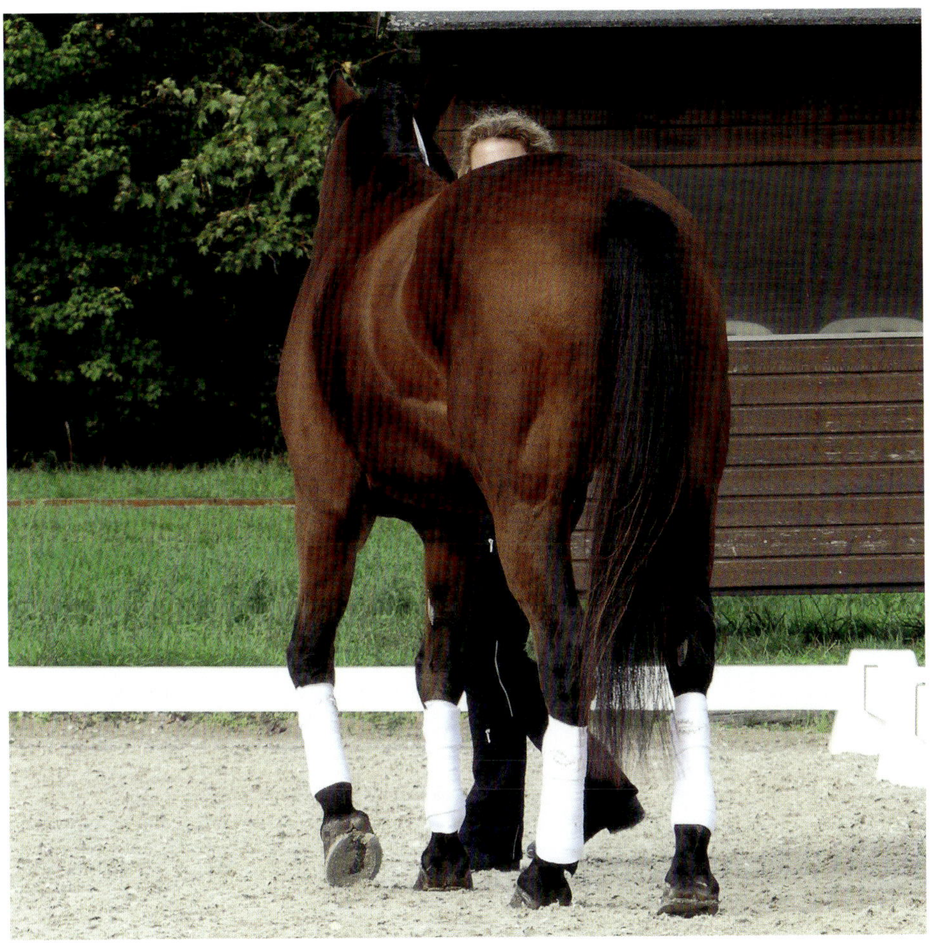

Die Entwicklung des Travers ohne Gerte

Mein Bodenarbeitstraining ist so konzipiert, dass es auch die Grundsteine für weiterführende Ausbildungsformen wie die Freiarbeit und die seillose Bodenarbeit legt.

Als mein besonderer Schwerpunkt hat sich im Laufe der letzten Jahre die gymnastizierende Arbeit herauskristallisiert. Werden die Pferde in den oben beschriebenen Modulen sorgsam ausgebildet, führt dieser Weg auch zum Erlernen von Seitengängen an der Hand. Mit fortgeschrittenem Ausbildungsniveau werden Schulterherein, Travers, Renvers und die Traversale ohne den Einsatz von Zügeln oder einer Gerte möglich. Die Pferde haben gelernt, die Körpersprache ihrer Führperson exakt zu beobachten und lassen sich mithilfe minimaler Signale stellen und biegen.

Bodenarbeit ist unglaublich vielfältig und bietet uns eine bunte Palette an Trainingsinhalten, die auch auf die jeweilige Reit-, Fahr- oder Voltigierausbildung abgestimmt werden können.

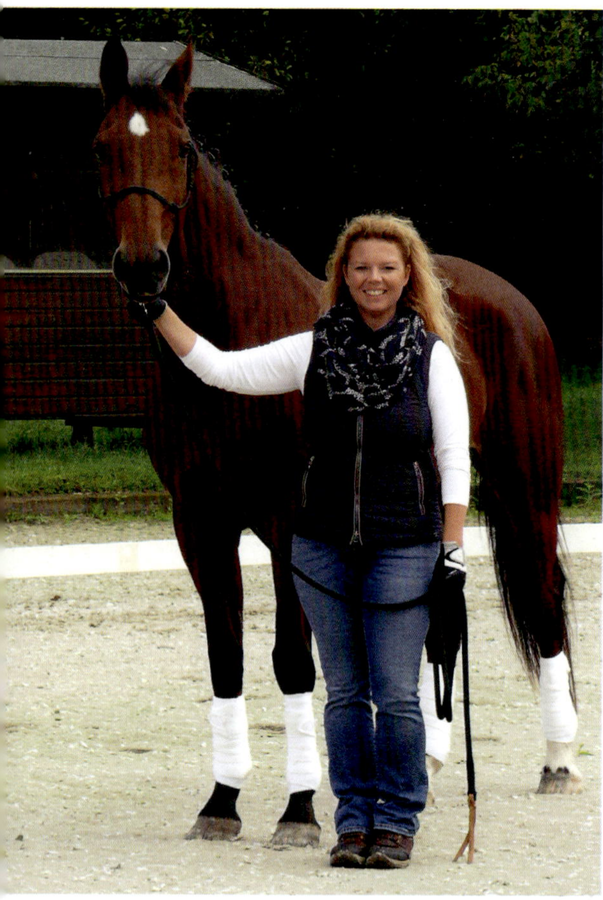

2.2 Führtraining

2.2.1 Präzises Antreten

Aufgabe:

Das Pferd tritt prompt und gemeinsam mit uns an.

Zielsetzung:

Beim Antreten soll keine sichtbare Hilfengebung notwendig sein. Das Pferd achtet selbstständig auf unsere Bewegungen und tritt, unterstützt durch unser verbales Kommando (ein Küsschen), gemeinsam mit uns an. Wird die richtige Technik des Antretens beherrscht, hilft dies auch in Situationen, in denen ein Pferd nicht an einer Gefahrenstelle vorbeigehen möchte. Das Pferd lernt also die treibende Hilfe am Boden.

Durchführung:

- Wir befinden uns in der 1. Führposition kurz hinter dem Genick des Pferdes und blicken nach vorn. Schultergürtel und Hüfte befinden sich im rechten Winkel zum Pferd.
- Unsere Führhand umfasst den Bullsnap und befindet sich unterhalb des Pferdekopfes. Der Führarm ist leicht gebeugt und bestimmt so die Distanz zum Pferd und die genaue Führposition. Das Handgelenk ist locker.

Das Ziel besteht darin, dass Pferd und Führperson gemeinsam antreten.

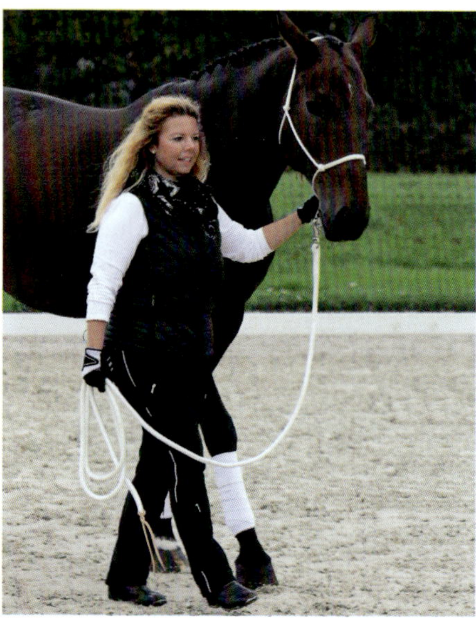

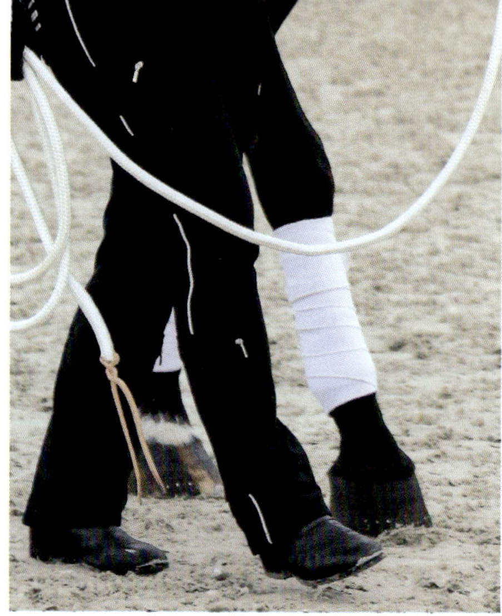

- Durch das Umfassen des Hakens ist es möglich, das Knotenhalfter ganz fein dosiert einzusetzen. Grundsätzlich soll das Knotenhalfter am Pferdekopf „schweben“ und nur bei bestimmten Aufgaben werden leichte Impulse gegeben. Ein dauerhafter Druck auf den Kopf des Pferdes ist immer zu vermeiden!
- In der anderen Hand wird das Bodenarbeitsseil in zwei großen Schlaufen gehalten (vergleichbar mit dem Halten einer Longe). Das Lederende des Seils ist etwas länger als die Schlaufen, darf aber niemals den Boden berühren. Der „treibende“ Arm hängt entspannt neben dem Körper.
- Wir geben beim Antreten das verbale Kommando für Schritt (ein Küsschen) und touchieren das Pferd, falls nötig, leicht mit dem Bodenarbeitsseil hinter uns, sodass wir das Pferd im Bereich der Schenkellage berühren.
- Beim Antreten darf keinesfalls am Knotenhalfter gezogen werden.
- Tritt das Pferd an, loben wir mit einem kurzen Stimmkommando wie zum Beispiel „brav“.

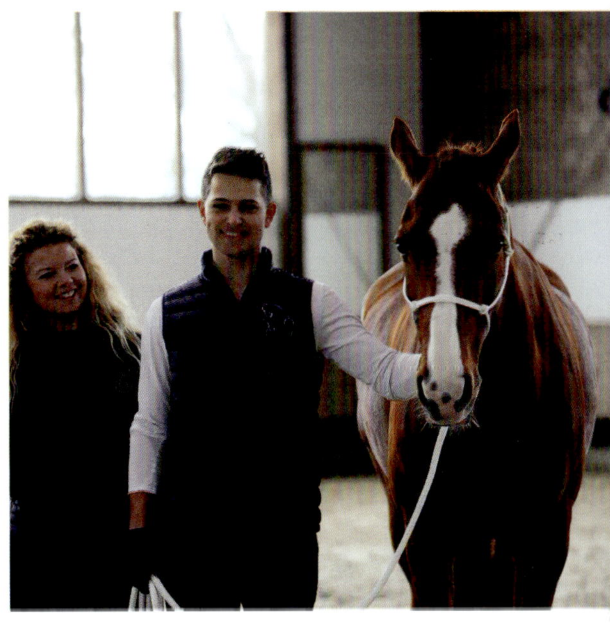

Wir schauen gemeinsam mit dem Pferd nach vorn.

Mögliche Probleme und Lösungsansätze:

Ich empfehle, das Antreten zunächst an der Bande zu trainieren. Das Pferd wird seitlich begrenzt und kann beim Einsatz der treibenden Hilfe nicht mit der Hinterhand ausweichen.

Der Beginn des Trainings sollte immer an der Bande erfolgen.

▶ Das Pferd tritt nicht oder sehr zeitverzögert an:

Zunächst sollte überprüft werden, ob unsere Führposition und Körperhaltung richtig sind. Schauen wir beim Antreten zum Pferd und sind dem Pferd somit zugewandt, wirken wir eher bremsend. Also achten wir darauf, wie beim Reiten nach vorn zu schauen beziehungsweise dahin zu schauen, wo wir hinmöchten.
Wir gehen nicht vor dem Pferd los: Ziel der Aufgabe ist es, dass Pferd und Mensch gemeinsam antreten. Wir verharren also in der 1. Führposition, schauen nach vorn und wiederholen den Einsatz der treibenden Hilfe und das Stimmkommando, bis das Pferd antritt. Entscheidend ist hierbei die richtige Dosierung der Hilfengebung. Die Hilfe darf nicht immer gleich dosiert sein, sondern muss in ihrer Intensität schrittweise leicht gesteigert werden. Tritt das Pferd dann an, loben wir sofort verbal und touchieren natürlich nicht mehr.

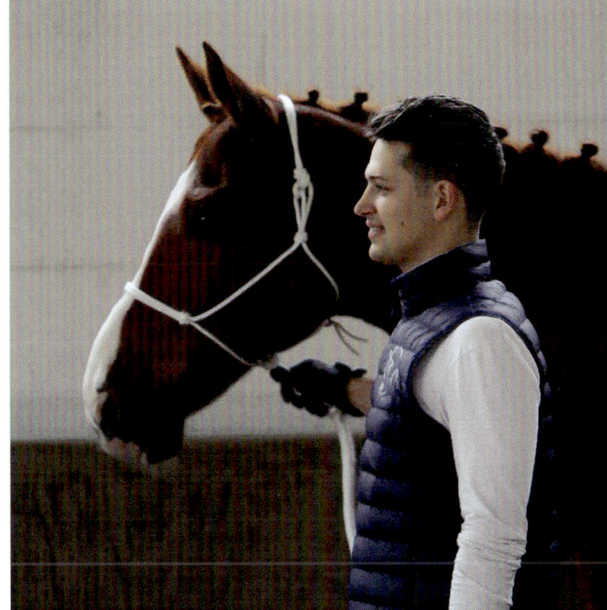

Häufig wird zum Losgehen am Halfter gezogen. Dabei entsteht ein unangenehmer Druck hinter den Ohren des Pferdes, die Pferde weichen dem Druck aus und strecken häufig Nase und Hals nach vorn. Das gewünschte prompte Antreten mit der Hinterhand wird so unmöglich. Der Impuls zum Antreten wird durch den treibenden Arm und nicht durch die Führhand gegeben.

Ziel der Aufgabe ist es, dass Pferd und Mensch gemeinsam antreten.

▶ Das Pferd rennt zu schnell los oder rempelt den Menschen an:

Bei allen unerwünschten Reaktionen des Pferdes sollten wir zuerst reflektieren, ob wir für das Pferd eindeutig lesbar sind und ob unsere Hilfengebung richtig dosiert war. Die Ursache für ein zu schnelles Antreten kann durchaus ein zu festes Touchieren des Pferdes sein. Bei vielen Pferden reicht es, wenn unser treibender Arm sich nur leicht nach hinten bewegt. Einige Pferde erschrecken bei der Berührung des Seiles. Hier gilt, sich zunächst vorsichtig mit der „Erklärung" der treibenden Hilfe vorzutasten. Allerdings ist auch zu betonen, dass jedes Pferd, egal wie lauffreudig es ist, die treibende Hilfe lernen und verstehen muss. Es wird in jedem Pferdealltag immer wieder Situationen geben, in denen ein Pferd irgendwo nicht vorbei möchte und dann muss unsere Hilfengebung klar sein.

Der treibende Arm wird beim Führtraining nur so viel wie nötig eingesetzt.

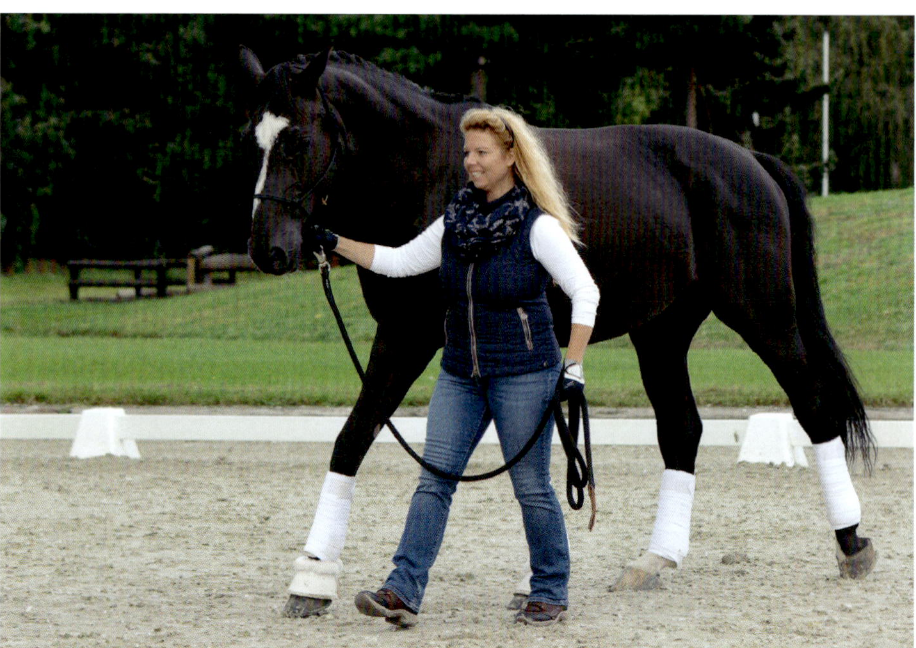

Ein zu schnelles Vorstürmen geht oft mit dem Anrempeln der Führperson einher. Häufig passiert dies auch, wenn wir die Bewegungsrichtung nicht klar vorgegeben haben. Selbstverständlich darf ein Pferd uns niemals anrempeln. Entscheidend ist allerdings, wie wir dieses Ziel erreichen. Nicht zu empfehlen ist, das Pferd mit heftigem Krafteinsatz anzuhalten oder es bestrafend rückwärts zu schicken. Das Pferd muss erst innerhalb des Führtrainings die treibenden und verlangsamenden Hilfen sowie die richtige Führposition beziehungsweise den richtigen Abstand zu uns erlernen. Pferde, die energiegeladen sind, erlernen dies am allerbesten durch die Tempounterschiede im Führtraining. Gelingt das erste Antreten also noch nicht zufriedenstellend, helfen uns die Tempounterschiede dabei, dem Pferd die Hilfen am Boden zu erklären.

2.2.2 Tempounterschiede

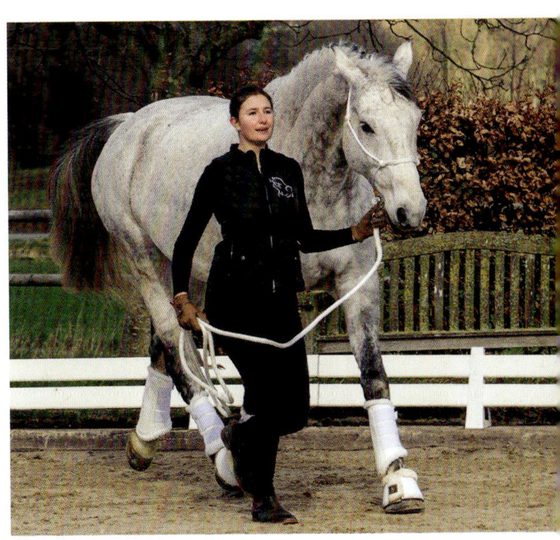

Aufgabe:

Das Pferd passt sich stets unserem Tempo beim Führen an.

Zielsetzung:

Die Übergänge sollen fließend und der Gang des Pferdes soll flüssig und taktrein sein. Die 1. Führposition bildet für Pferd und Führperson einen klaren Orientierungspunkt. Beschleunigen oder verlangsamen wir das Tempo, wünschen wir uns, dass das Pferd ohne sichtbare Einwirkung sein eigenes Tempo unserem Tempo anpasst. Diese feine Abstimmung soll auch im Trab und im Galopp in der 1. Führposition sowie aus größerer Distanz möglich sein. Das Fernziel kann nur erreicht werden, wenn die Tempounterschiede im Schritt sehr sorgfältig ausgebildet werden.

Durchführung:

- Wir behalten nach dem Antreten die 1. Führposition bei und führen unser Pferd auf dem Hufschlag. Grundsätzlich führen wir innen, blicken dabei nach vorn und schauen nicht auf den Boden. Der aufrechte Gang und die vorausschauende, nach vorn gewandte Blickrichtung sind wesentliche Elemente für unsere Ausstrahlung. Wir vermitteln dem Pferd deutlich, wo wir hingehen möchten und wirken somit souverän auf das Pferd.
- Wir beschleunigen das Tempo, indem wir das verbale Kommando für Schritt (ein Küsschen) geben und touchieren gegebenenfalls mit dem treibenden Arm im Bereich der Schenkellage, um auch unser Pferd zu beschleunigen. Erhöht das Pferd das Tempo, loben wir sofort mit einem Stimmkommando.
- Während des Führens befindet sich unsere Führhand unter dem Pferdekopf, die Hand umfasst den Bullsnap so, dass kein Druck auf das Knotenhalfter ausgeübt wird.

1. Führposition im fleißigen Schritt

Die APO nennt folgende Elemente als Bestandteil des Führtrainings im Bodenarbeitsabzeichen Stufe 1:

- Präzises Führen von beiden Seiten
- Anhalten, Stehenbleiben
- Gehorsames Stillstehen
- Rückwärtstreten-Lassen
- Tempounterschiede, Gangartwechsel (Schritt und Trab)
- Handwechsel/Seitenwechsel der Führperson
- Hufschlagfiguren

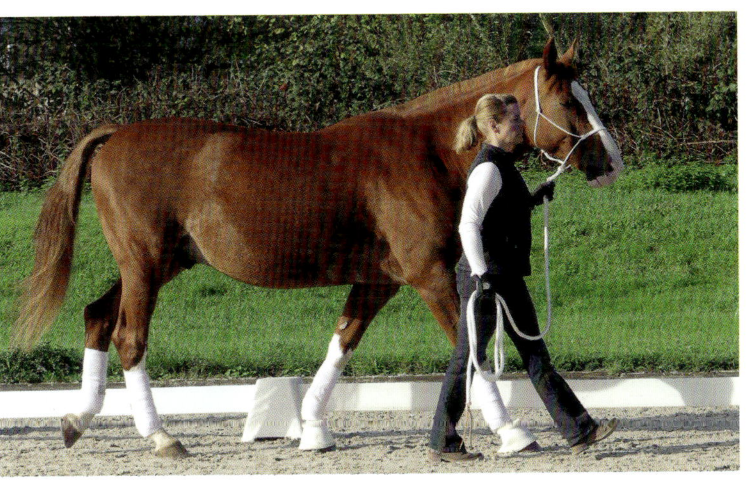

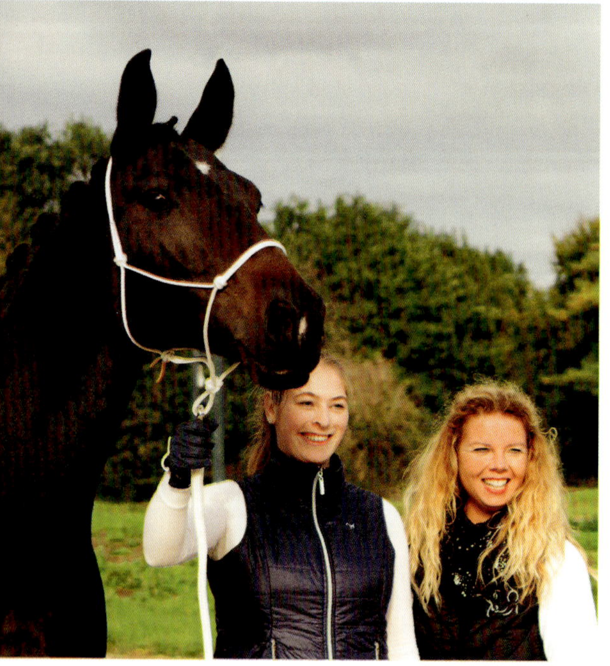

Der Arm wird selbst getragen, sodass keinerlei Druck auf den Pferdekopf ausgeübt wird.

- Zur Reduzierung des Tempos verkürzen wir unsere Schritte und geben gegebenenfalls einen kurzen, leichten Impuls am Halfter. Weder für das Beschleunigen noch für das Reduzieren des Tempos dürfen wir am Halfter ziehen.
- Die Tempounterschiede werden alle paar Meter durchgeführt, sodass das Pferd sich verstärkt auf unsere Signale konzentriert. Dabei müssen die Übergänge fließend erfolgen und der Pferdehals befindet sich in einer entspannten Haltung, wobei sich die Maulspalte nicht tiefer als das Buggelenk befinden darf.
- Es empfiehlt sich, die verschiedenen Tempi und die Intervalle der Übergänge variationsreich zu gestalten und dabei darauf zu achten, dass wir die Hilfengebung immer weiter minimieren. Auf diese Weise wird einfaches Führen zum sinnvollen Training und die Orientierung des Pferdes an uns verbessert sich.
- Als Maßstab hilft die exakte Einhaltung der 1. Führposition und das Halten des Hakens. In Perfektion muss es sich bei allen Übergängen so anfühlen, als würden wir nur einen Haken tragen. Verspüren wir Druck an der Hand, ist dies ein Indiz dafür, dass das Pferd entweder zu schnell oder zu langsam ist und wir dementsprechend die Hilfengebung einsetzen müssen.
- Eine so unmittelbare Rückmeldung gelingt nur, wenn das Pferd tatsächlich am Haken geführt wird. Würden wir das Seil beispielsweise 20 cm unterhalb des Hakens umfassen, würde diese Rückmeldung deutlich zeitverzögerter erfolgen.
- Im Endergebnis bedeutet dies natürlich, dass sich unser Pferd später auch auf größere Distanz führen lässt.
- Das vermeintlich engere Führen am Anfang dient also der feineren Ausbildung und hilft uns dabei, eine weiche Führhand zu entwickeln. Da die Rückmeldung – wie bei der korrekten Zügelhaltung beim Reiten – unmittelbar erfolgt, kann auch die Hilfengebung zur Korrektur direkt und fein abgestimmt eingesetzt werden. Lässt sich das Pferd also zurückfallen, geben wir das Stimmkommando und setzen den treibenden Arm ein. Wird das Pferd zu schnell, versuchen wir, es mit einem leichten Impuls am Knotenhalfter zu verlangsamen.
- Die Fortgeschrittenen unter uns können die Tempounterschiede dann im Trab trainieren.

Einfaches Führen wird zum sinnvollen Training und die Orientierung des Pferdes an uns verbessert sich.

Mögliche Probleme und Lösungsansätze:

▶ Das Pferd ist zu schnell:

Dass sich Pferde zu Beginn der Ausbildung am Boden nicht an unserem Tempo orientieren, ist normal und muss einfach trainiert werden. Die Tempounterschiede im Schritt sind eine elementare Aufgabe innerhalb des Führtrainings. Wenn sie sicher verankert sind, erleichtern sie uns den täglichen Umgang mit den Pferden um ein Vielfaches. Allerdings sieht das Training der Tempounterschiede in Abhängigkeit vom Pferdetyp natürlich ganz unterschiedlich aus.

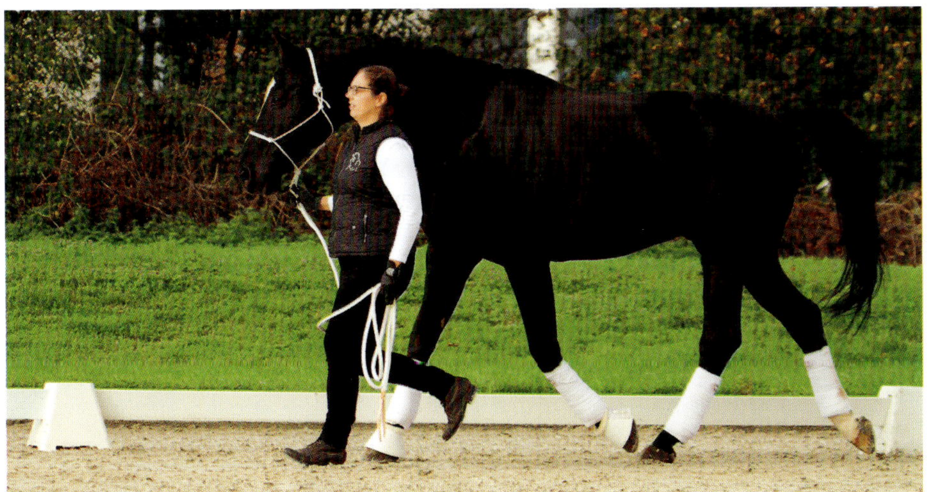

Flüssiger Trab in der 1. Führposition

Ein Kräftemessen beim Führen offenbart dem Pferd immer, dass es zweifelsfrei stärker als der Mensch ist.

Beginnen wir mit einem Pferd, das grundsätzlich zu schnell ist und sich im Schritt eher schlecht händeln lässt. Zunächst sollte die Führperson auch hier die Führtechnik überprüfen. Falls sie versucht, das Pferd durch dauerhaften Druck und viel Krafteinsatz festzuhalten, kann dies auch dazu führen, dass sich das Pferd gegen die feste Hand wehrt und noch mehr versucht, der Führperson zu entkommen.

Auch bei einem Pferd mit viel Vorwärtsdrang sollte der Führarm leicht gebeugt und locker getragen werden. Ist der Arm gerade und steif ausgestreckt, um zu versuchen, das Pferd auf Distanz zu halten, verspannt sich die Körperhaltung der Führperson und ein schnelles, weiches Reagieren wird unmöglich. Grundsätzlich wird also das Tempo des Pferdes durch Führtechnik und durch das Führen von gebogenen Linien und nicht durch Kraft bestimmt. Ein Kräftemessen beim Führen offenbart dem Pferd immer, dass es zweifelsfrei stärker als der Mensch ist.

Das beste Mittel, um das Tempo eines Pferdes zu reduzieren, ist das Führen eines Kreises. Allerdings kommt es auch dabei wieder auf die Technik und die Durchführung an.

Zunächst muss aber definiert werden, dass ein Kreis ein kreisförmiger Bogen ist, dessen Durchmesser der Aufgabe und der Größe des Pferdes angepasst wird. Ich verwende ganz bewusst den Begriff Kreis und nicht den Begriff Volte. Eine Volte ist in den FN-Richtlinien für Reiten und Fahren, Band 1, in ihrem Durchmesser klar definiert. Bei der Bodenarbeit benötigen wir aber je nach Aufgabe, Ausbildungsstand und auch Größe des Pferdes unterschiedlich große Kreisformen. Damit es keine Irritationen gibt, spreche ich grundsätzlich von Kreisen.

Analog zur Kehrtvolte wird dann auch der Begriff Kehrtkreis bei einem Seitenwechsel der Führperson verwendet.

Der Führarm ist stets leicht gebeugt.

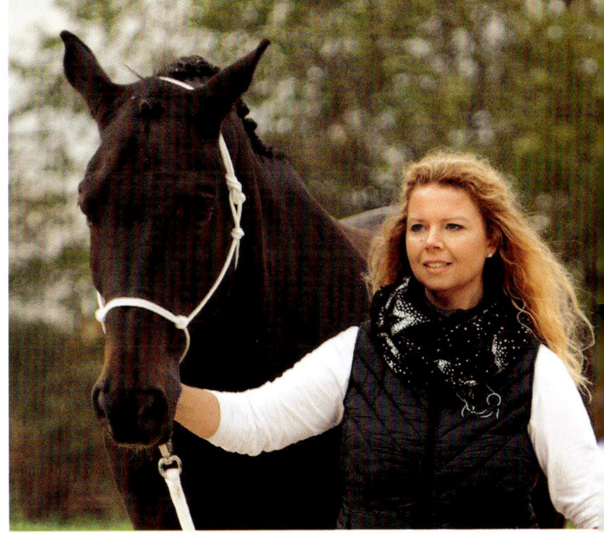

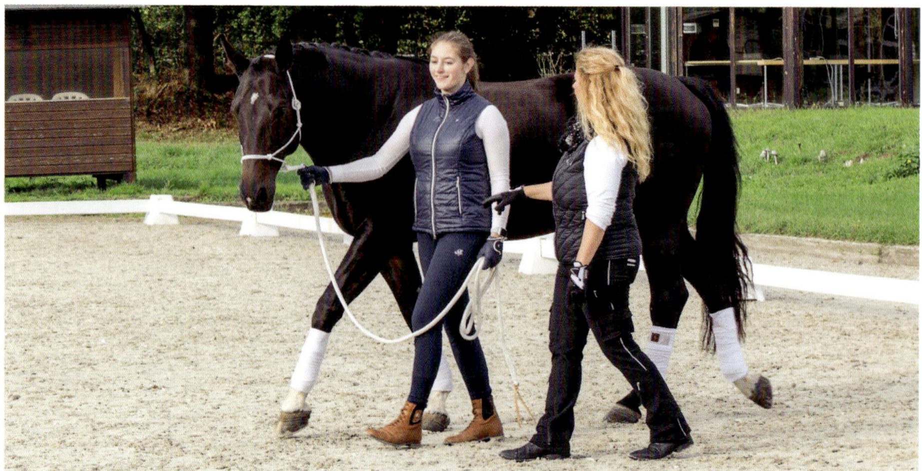

Durch das Führen eines Kreises kann das Tempo des Pferdes verringert werden.

Möchte ich also das Tempo eines Pferdes reduzieren, wähle ich eher einen etwas kleineren Kreis. Entscheidend ist, dass wir beim Abwenden auf den Kreis in das Bahninnere unsere Führposition etwas nach hinten verlegen, sodass wir uns ungefähr in der Mitte des Pferdehalses befinden und uns mit Hüfte und Schultergürtel in die Bewegungsrichtung drehen. Wir schauen in die Richtung, in die wir abwenden möchten und geben dem Pferd, falls notwendig, einen kleinen Impuls am Halfter zum Abwenden. Sehr häufig wendet das Pferd aber schon ab, wenn wir unsere eigene Achse leicht nach innen drehen.

Verlangsamt das Pferd auf der gebogenen Linie sein Tempo, sollten wir unmittelbar mit der Stimme loben. Wichtig ist, darauf zu achten, dass wir niemals dauerhaften Druck auf das Halfter ausüben. Beschleunigt das Pferd auf der geraden Linie wieder sein Tempo ohne entsprechendes Signal, wenden wir erneut mit viel Ruhe auf einen Kreis ab.

▶ Das Pferd ist zu langsam:

Mithilfe des Führtrainings kann es uns sehr gut gelingen, Pferde zu motivieren. Handelt es sich bei unserem Pferd also eher um einen „Energiesparer“ , ist dringend darauf zu achten, dass unsere Körperhaltung nicht noch zusätzlich bremsend wirkt.

Jegliche Formen des Ziehens oder Drückens am Halfter wirken eher verlangsamend und machen das Pferd zäh.

Wir sollten unsere Führposition deutlich hinter dem Genick des Pferdes einnehmen und uns nicht mit dem Schultergürtel zum Pferd wenden. Im Moment des Treibens mit dem Seil darf durch die Führhand kein Druck auf das Knotenhalfter ausgeübt werden. Jegliche Formen des Ziehens oder Drückens am Halfter wirken eher verlangsamend und machen das Pferd zäh.

Es empfiehlt sich, die Intervalle der Tempounterschiede eher kurz zu gestalten. Beschleunigt das Pferd auf die treibende Hilfe willig, war die Dosierung unserer Hilfengebung ausreichend und wir loben mit unserer Stimme. Ist die Reaktion zu verhalten, müssen wir noch einmal etwas stärker treiben, damit die Hinterhand ausreichend aktiviert wird. Unser Ziel ist ein willig voranschreitendes Pferd.

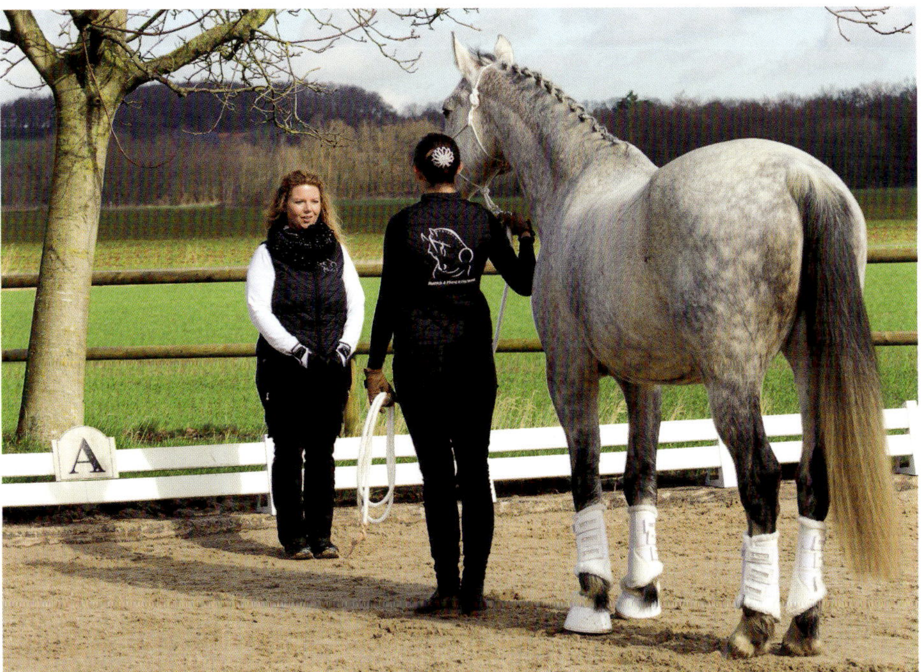

2.2.3 Anhalten und Stillstehen

Aufgabe:

Das Pferd hält auf unser Signal punktgenau an und bleibt stillstehen.

Zielsetzung:

Angestrebt wird ein promptes Anhalten unseres Pferdes auf ein verbales Kommando. Im Idealfall ist keine Einwirkung durch das Seil oder das Knotenhalfter nötig. Unser Pferd soll geschlossen auf allen vier Beinen stehen und sich erst auf ein neues Signal in Bewegung setzen. Hier handelt es sich um eine elementar wichtige Übung in der gesamten Pferdeausbildung. Ist das Stimmkommando am Boden fest etabliert, lässt es sich auch leicht auf das Reiten, Aufsteigen, Putzen oder auf viele andere Situationen übertragen.

Durchführung:

Um das Pferd prompt und punktgenau anzuhalten, müssen wir drei Signale zeitgleich geben:

- 1. Selbst stehen bleiben, 2. das verbale Kommando zum Anhalten („Whoa") nennen und 3., falls notwendig, einen kurzen Impuls am Knotenhalfter geben.
- Ich verwende stets das Kommando „Whoa" zum Anhalten. Das Wort ist kurz und akzentuiert einsetzbar. Selbstverständlich können auch andere Kommandos wie „Steh" oder „Halt" verwendet werden.

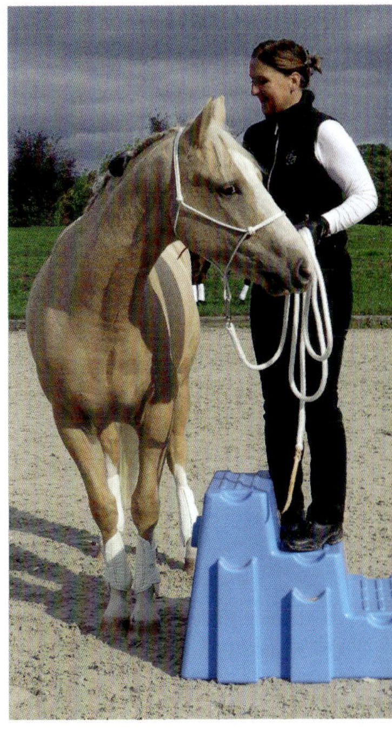

Ruhiges Stillstehen an der Aufsitzhilfe

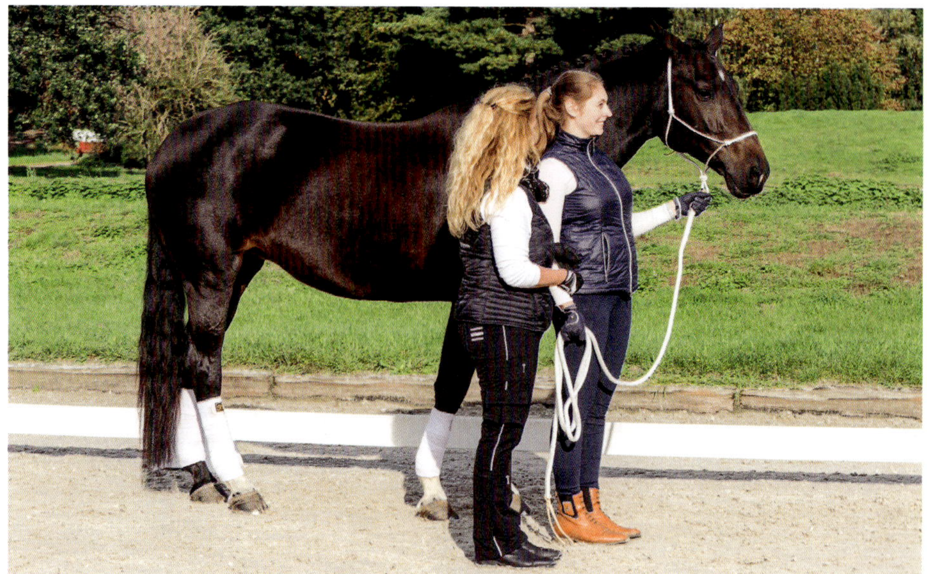

Das Anhalten sollte zunächst auf dem Hufschlag trainiert werden.

- Beim Anhalten schauen wir nach vorn, verharren in der 1. Führposition und achten darauf, dass wir das leichte Zupfen am Halfter nicht nach hinten in Richtung Pferdehals weitergeben. Nach dem Impuls geben wir sofort wieder mit der Hand nach. Auf diese Weise erhält das Pferd ein sehr klares Signal über die beiden Knoten am Nasenteil. (Ein Impuls an einem Stallhalfter wäre hier mit der Einwirkung eines Knotenhalfters nicht vergleichbar und weniger fein dosierbar).
- Das Anhalten sollte zunächst aus dem langsamen Schritt geübt werden. Nahziel ist erst einmal das sofortige Anhalten auf kaum sichtbare Hilfen. Das geschlossene Stehen kann dann besser aus einem fleißigen Schritt trainiert werden.
- Fortgeschrittene können auch das Halten aus dem Trab trainieren.

Mögliche Probleme und Lösungsansätze:

▶ Das Pferd hält nicht an:

Wie alle Basisaufgaben des Führtrainings sollten wir auch das Halten zunächst auf dem Hufschlag, im besten Fall an einer befestigten Bande trainieren. Die Bande verhindert, dass das Pferd beim Halten mit der Hinterhand nach außen weicht.

Der Einsatz von mehr Kraft beim Halten ist nicht empfehlenswert; besser geeignet sind das Führen von gebogenen Linien und die Hinzunahme von Begrenzungen. Am besten nutzen wir die verlangsamende Wirkung eines Kreises und halten das Pferd nach dem Kreis frontal vor der Bande an.

In der Regel kann unsere Hilfengebung so etwas feiner dosiert werden, unser Pferd kommt zum Halten und wir können es loben. Nach einigen Wiederholungen versteht das Pferd mehr und mehr die Bedeutung des Signals und wir können die taktile Hilfe am Halfter reduzieren.

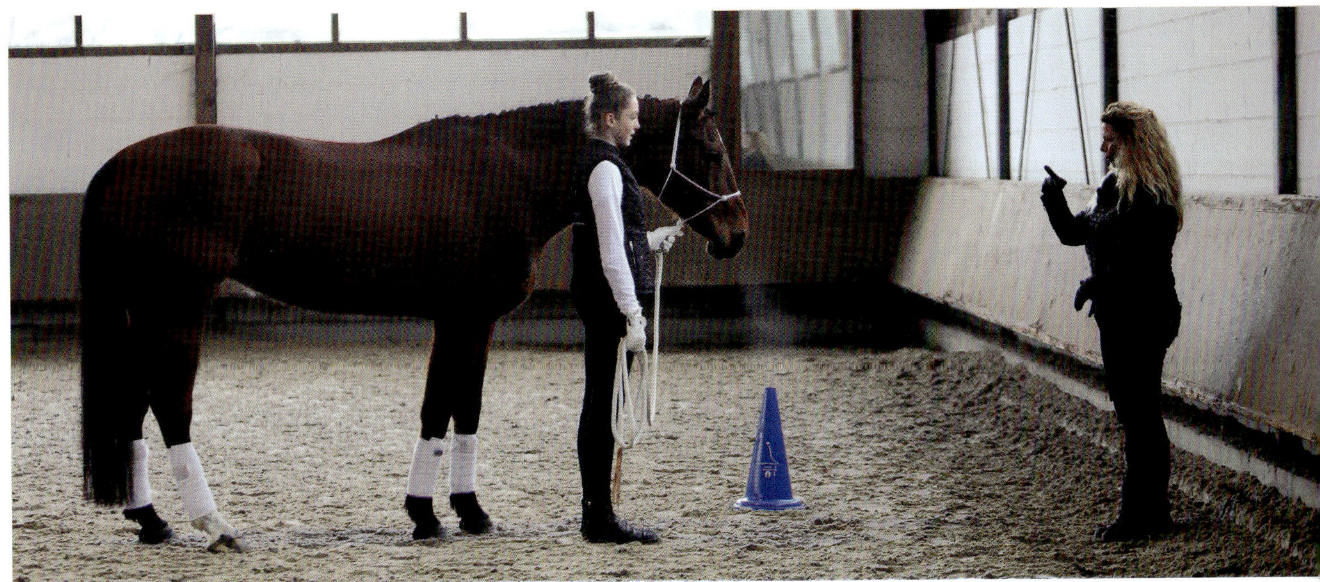

Halten vor der Bande

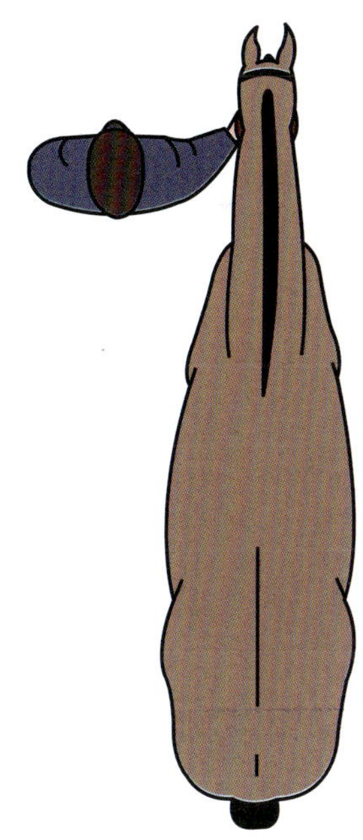

▶ Das Pferd bleibt nicht stillstehen:

Wenn wir von unserem Pferd erwarten, dass es ruhig stehen bleibt, ist es eine Grundvoraussetzung, dass wir auch entspannt und stillstehen bleiben, nur so können wir die notwendige Ruhe ausstrahlen. Auf das Knotenhalfter dürfen wir keinerlei Druck ausüben. Ein „Festhalten" ist immer kontraproduktiv.

Tritt das Pferd ungewollt an, geben wir direkt das Stimmsignal „Whoa" in Kombination mit einem erneuten Impuls am Halfter. Dabei dürfen wir nicht den Pferdekopf nach innen ziehen oder gar Druck mit dem Ellenbogen oder dem eigenen Körper ausüben.

Stemmen wir uns gegen das Pferd, spürt es sehr schnell, dass es diesem Druck mit Gegendruck begegnen und uns mit Leichtigkeit beiseiteschieben kann. Genau dieses Kräftemessen sollten wir immer vermeiden. Bleibt das Pferd auf unser wiederholtes Signal am Halfter nicht stehen, ist es zielführender, nochmals einen kleinen Kreis zu führen, wieder sicher vor der Bande anzuhalten und das Pferd zu loben:

Getreu meinem Grundsatz „Von Lob zu Lob trainieren!"

Beim ungewollten Antreten sollten wir keinesfalls ein energisches Rückwärtsschicken des Pferdes als Strafe einsetzen. Wird meterlanges Rückwärtsschicken ständig als angebliche Korrektur eingesetzt, assoziieren unsere Pferde die Rückwärtsbewegung mit Stress. Viele beginnen sich in der Erwartung einer

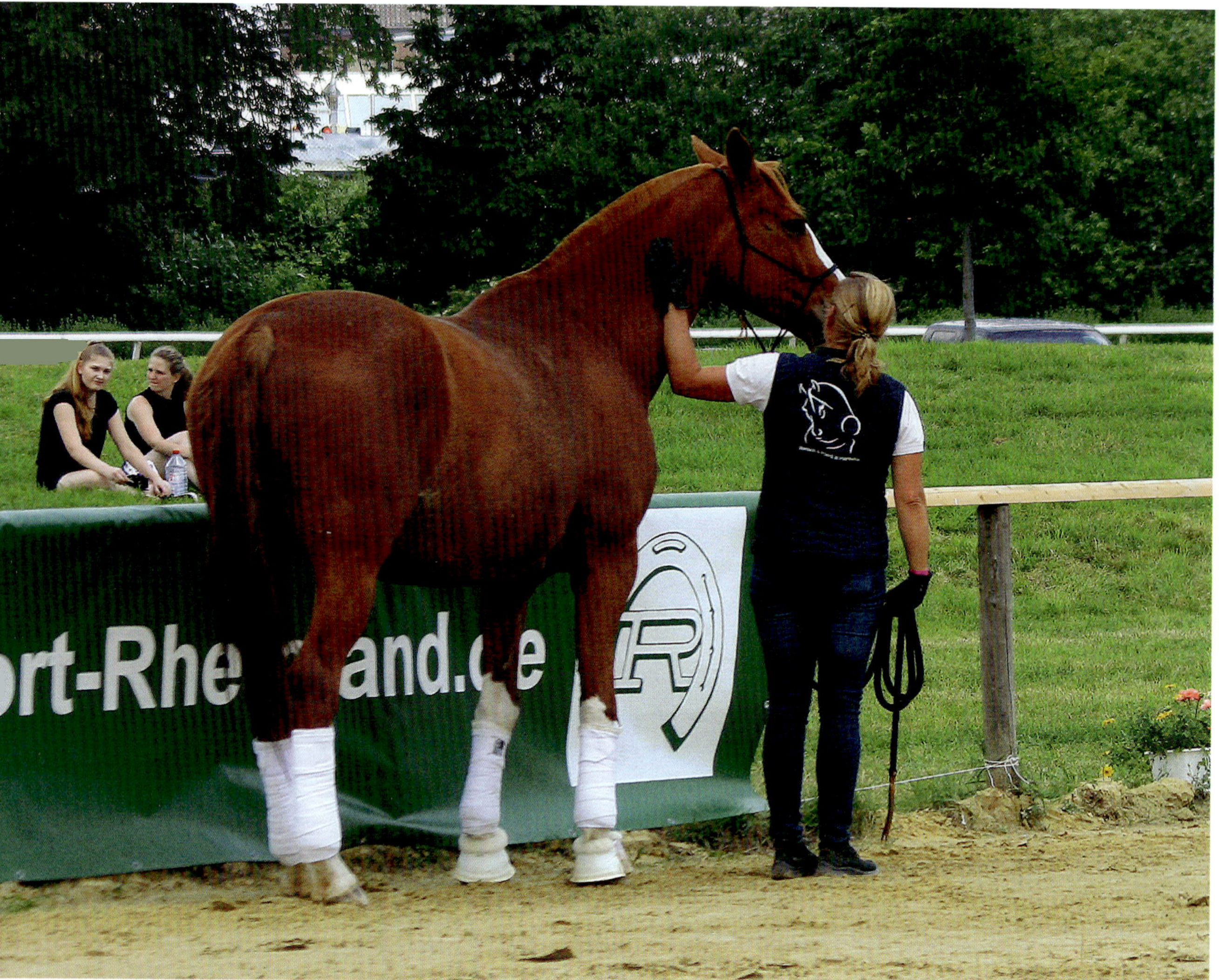

Zum Training des Stillstehens kann das Pferd dabei gekrault werden.

Strafe schon rasant rückwärts zu entziehen. Dieses Verhaltensmuster kann sich fest bei einem Pferd verankern und auch beim Reiten plötzlich einsetzen.

Das ist nicht nur sehr gefährlich und problematisch in der Ausbildung, es erschwert uns auch ungemein die Erarbeitung des Rückwärtstreten-Lassens als sinnvolle und wichtige Lektion. Pferde, die als Strafe mit viel Druck durch Seil oder Gerte rückwärtsgeschickt werden, reißen den Kopf hoch, drücken den Rücken weg, rennen rückwärts und zeigen damit genau die Körperhaltung, die beim Rückwärtstreten-Lassen nicht erwünscht ist.

Um unserem Pferd die Hilfengebung zu vermitteln, sind also nicht Krafteinsatz oder Strafe, sondern klug durchdachte, individuell auf das Pferd angepasste Linienführungen und Flexibilität beim Einsatz der Signale zielführend.

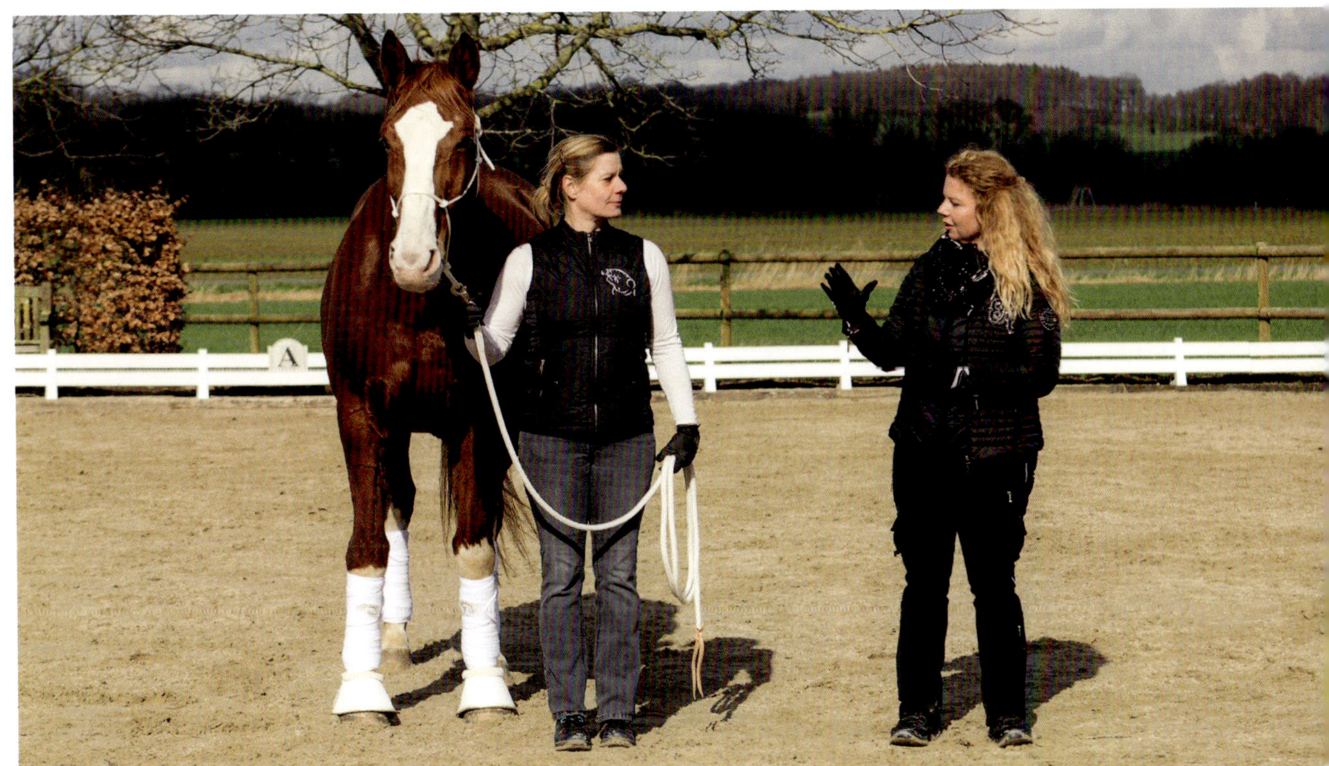

2.2.4 Handwechsel, Seitenwechsel der Führperson

Aufgabe:

Wir wechseln vor dem Pferd im Halten und im Schritt die Führseite.

Zielsetzung:

Grundsätzlich sollte das Führen von beiden Seiten selbstverständlich sein. Dazu müssen uns natürlich die Führseitenwechsel mühelos, sowohl beim ruhig stehenden Pferd als auch fließend im Schritt, gelingen.

Häufige Seitenwechsel der Führperson sind in der Ausbildung am Boden wesentlich. Der Gewinn für die Sicherheit ist dabei ganz entscheidend. Wir sollten stets in der Lage sein, auf die Seite zu wechseln, auf der wir uns zwischen der Gefahr und dem Pferd befinden. Springt das Pferd einmal weg, befinden wir uns in der weitaus sicheren Position.

Neben dem Sicherheitsaspekt ist das Führen von beiden Seiten auch für die fortgeschrittene, gymnastizierende Arbeit unerlässlich. Letztendlich sollten wir, wie beim Reiten, anstreben, dass sich alle Lektionen auf der linken und auf der rechten Hand gleich gut durchführen lassen.

Zudem schulen auch wir durch das Führen mit beiden Händen unsere Koordinationsfähigkeit und Geschicklichkeit sowie unser Gefühl in beiden Körperhälften. Damit verbessern wir durch die Bodenarbeit wichtige Fähigkeiten für das Reiten.

Durchführung Handwechsel im Halten:

- Grundvoraussetzung: Das Pferd hat gelernt, auf unser Signal anzuhalten. Für die Erarbeitung der Handwechsel im Halten sollte es ca. 2 m frontal vor einer Bande, am besten nach einem Kreis, angehalten werden. Befinden wir uns auf der linken Seite

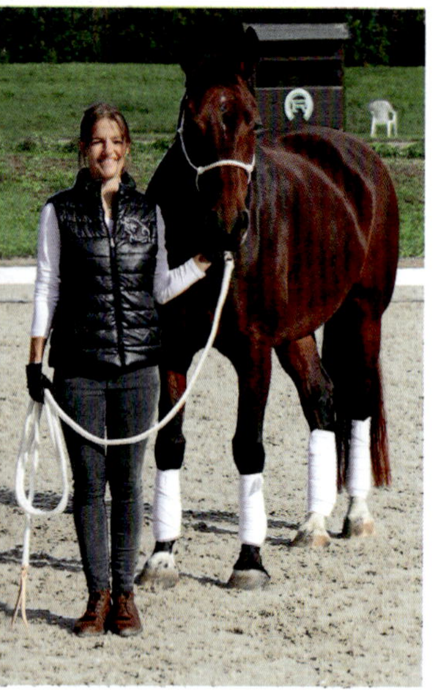

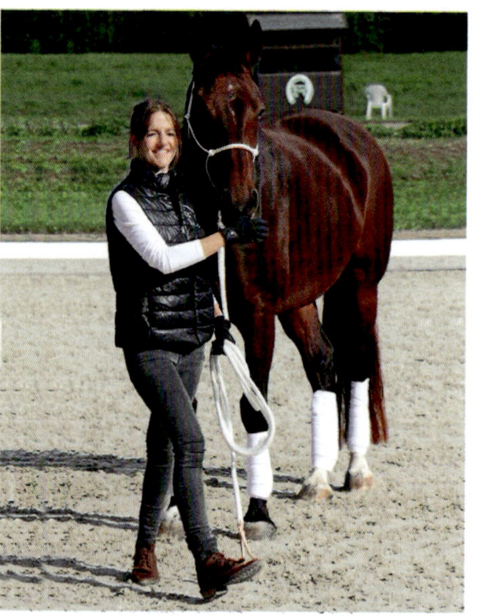

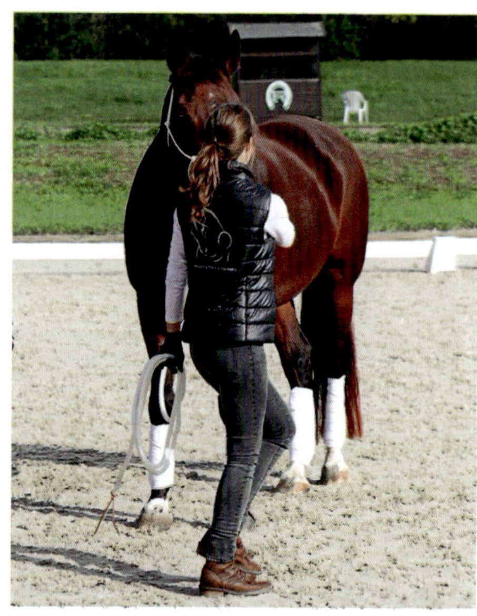

Beim Seitenwechsel soll das Pferd ruhig stehen bleiben.

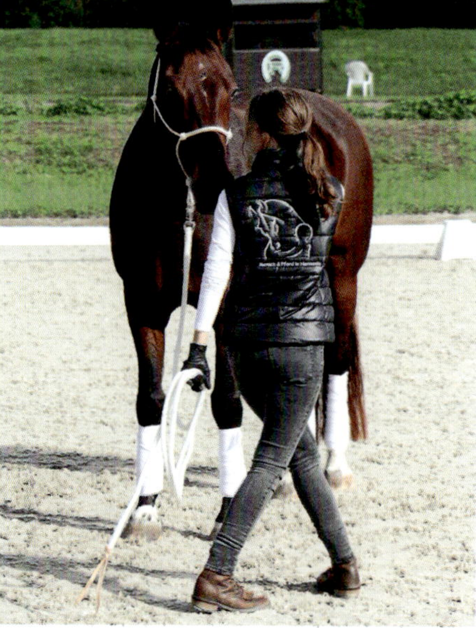

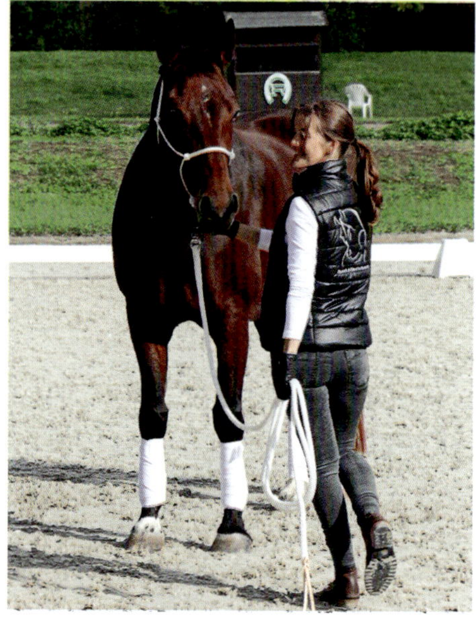

Durch das Führen mit beiden Händen schulen wir unsere Koordinationsfähigkeit und Geschicklichkeit sowie unser Gefühl in beiden Körperhälften.

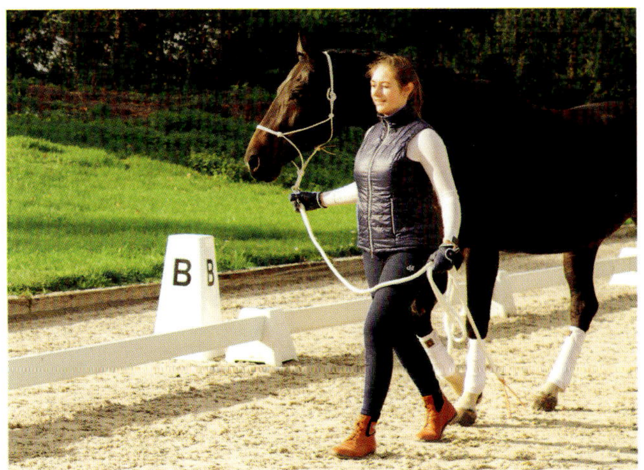

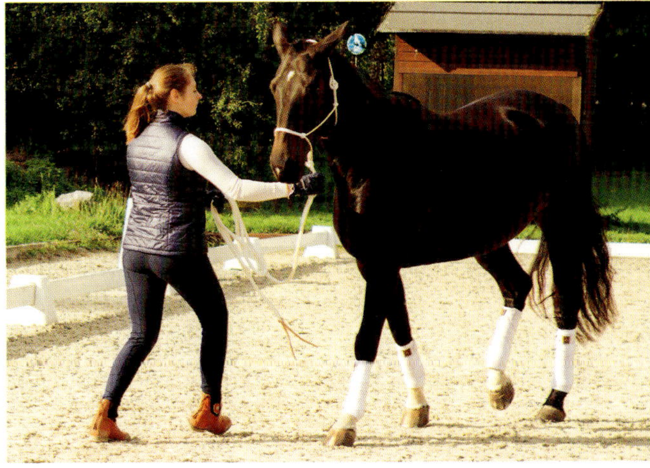

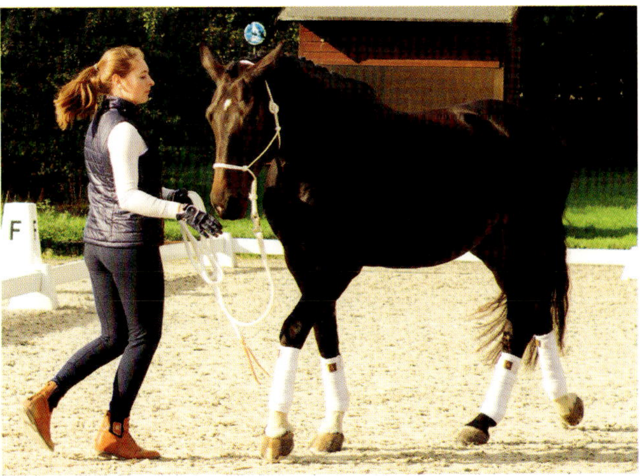

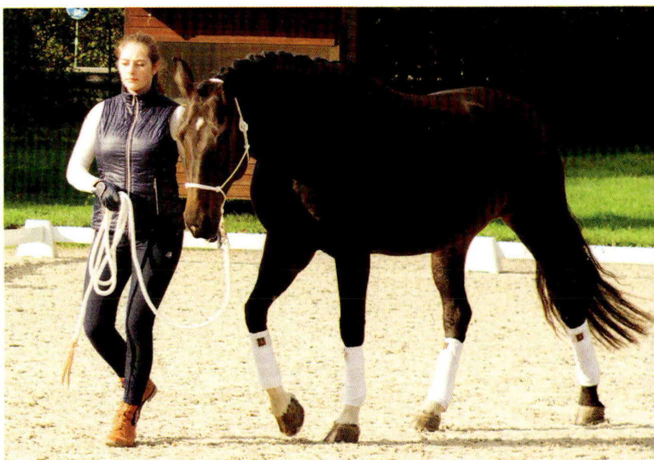

Beim Seitenwechsel im Schritt darf das Pferd sein Tempo nicht beschleunigen.

des Pferdes, machen wir mit dem rechten Bein einen großen diagonalen Schritt vor das Pferd, dann folgt das linke Bein mit einer Drehung unseres Körpers in Richtung Pferdekopf. Auf der rechten Seite des Pferdes erfolgt ein weiterer Schritt mit dem rechten Bein und dem Beistellen des linken Beins, sodass wir wieder die 1. Führposition kurz hinter dem Genick des Pferdes einnehmen.

- Während des Handwechsels soll das Pferd stillstehen bleiben. Beim ersten Schritt vor das Pferd lassen wir den Haken mit der rechten Hand los und greifen mit dieser die Schlaufen des Seils. Auf der neuen Seite des Pferdes angekommen, umfassen wir mit der linken Hand den Haken. Die Wechsel sollten unbedingt mit dem Gesicht zum Pferd vorgenommen werden, da wir unser Pferd so die ganze Zeit im Blick haben und, falls nötig, umgehend reagieren können.

Durchführung Handwechsel im Schritt:

- Im Schritt wechseln wir die Führseite auf die gleiche Weise mit dem Gesicht zum Pferdekopf, ohne das Pferd in seinen Bewegungen zu stören.

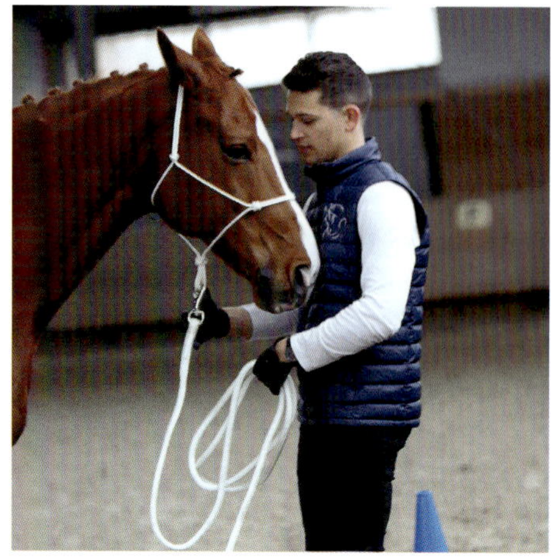
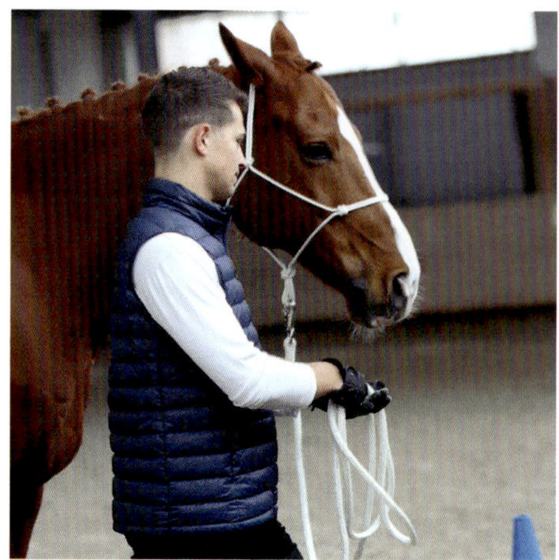

Das Seil darf nicht verdreht werden.

- Entscheidend für das gute Gelingen ist wieder die Linienführung. Wir führen den Seitenwechsel im Schritt nach einem Kehrtkreis auf dem Rückweg in Richtung Bande durch. Durch die optische Begrenzung der Bande lässt sich der Schritt unseres Pferdes leichter verlangsamen und wir können es nach dem Seitenwechsel direkt wieder auf dem Hufschlag führen.
- Das flüssige Herumtreten um das Pferd und das sichere Handling des Seils sollten wir im Halten ausreichend üben. Den Handwechsel im Schritt führen wir zügig und fließend durch. Das Pferd erhält seinen taktmäßigen Gang. Auf der neuen Seite sollten wir sofort wieder in der 1. Führposition in der Lage sein, die Hinterhand zu aktivieren und mit dem Führtraining fortzufahren.
- Fortgeschrittene können die Handwechsel auch im Trab durchführen.

Basislektionen Führtraining

Mögliche Probleme und Lösungsansätze:

▶ Pferd bleibt nicht stehen:

Um dem Pferd einen erneuten Impuls am Halfter zum Halten zu geben, können wir während des Seitenwechsels mit einer Hand am Halfter verbleiben.

▶ Das Seil ist nach dem Wechsel verdreht:

Die Übergabe des Seils erfolgt so, dass die Schlaufen wieder ordentlich in der neuen Hand liegen. Hilfreich ist es, die Übergabe des Seils erst einmal im Stehen ohne Pferd zu üben. Dabei sind beide Hände geöffnet und die Daumen zeigen nach oben. Übergeben wir das Seil so, verdreht es sich nicht und liegt direkt wieder richtig in unserer Hand.

Tipp: Damit das Führen mit der linken Hand genauso selbstverständlich wird, sollten wir das Training häufig auf der rechten Hand beginnen und alle alltäglichen Strecken mit links führen.

▶ Das Pferd tritt auf der neuen Hand nicht gemeinsam mit uns an:

Nach dem Wechsel vor dem Pferd muss unsere neue Führhand direkt den Haken umfassen; so ist es wesentlich leichter, wieder die 1. Führposition einzunehmen. Befinden wir uns zu weit vorn und setzen dann die treibende Hilfe ein, touchiert das Seil das Pferd fälschlicherweise vor der Brust. Damit wirkt unsere Hilfe nicht treibend, sondern sogar rückwärtsweisend.

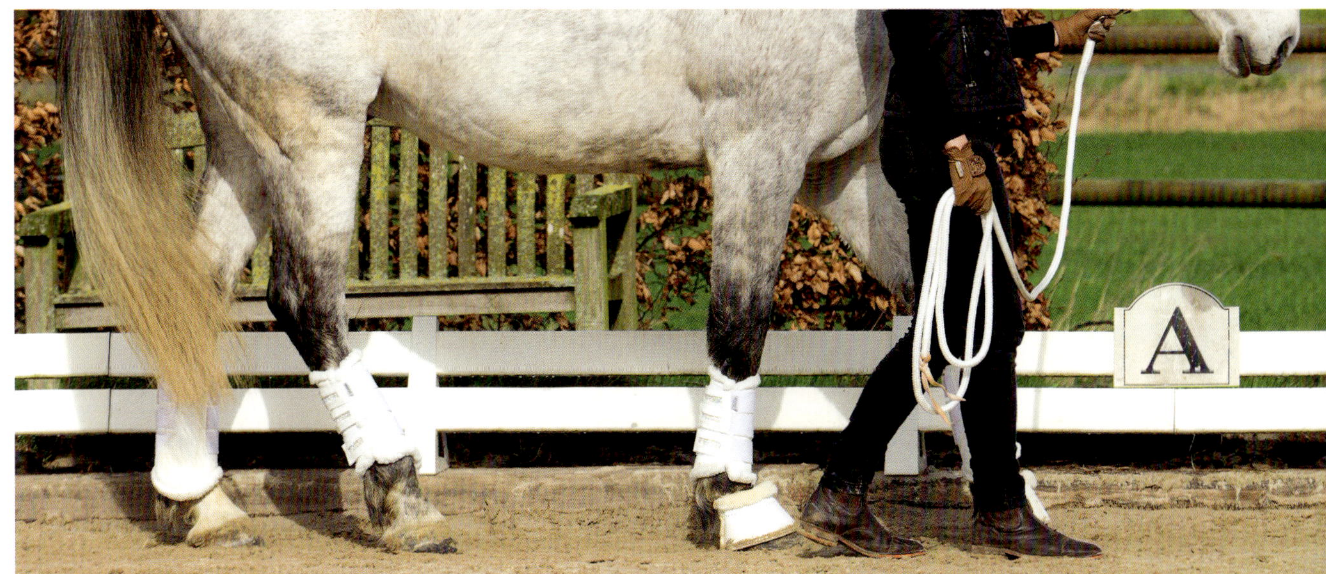

2.2.5 Rückwärtstreten-Lassen

Aufgabe:

Wir lassen das Pferd durch kaum sichtbare Hilfen rückwärtstreten.

Zielsetzung:

Es gibt 5 Kriterien für das perfekte Rückwärtstreten-Lassen des Pferdes:

- prompt
- flüssig
- gerade
- leicht aufgewölbter Rücken
- taktrein (diagonale Fußfolge)

Das Rückwärtstreten-Lassen ist eine sehr sinnvolle Lektion, die wir innerhalb des Führtrainings mit viel Sorgfalt ausbilden, sodass die fünf Kriterien nur durch Einsatz unseres Stimmkommandos erfüllt werden. Pferde, die gelernt haben in dieser Manier völlig stressfrei rückwärts zu treten, bieten dies auch unter dem Reiter, beim Verladen, beim Einspannen oder in der Freiarbeit an.

Sitzt diese Lektion sicher, erleichtert es uns den Alltag extrem und zudem trainiert ein taktreines Rückwärtstreten mit leicht aufgewölbtem Rücken in besonderem Maße die Bauch- und Rückenmuskulatur unseres Pferdes. Laut Richtlinien Band 1, Grundausbildung für Reiter und Pferd (Hrsg. Deutsche Reiterliche Vereinigung e.V. (FN)) werden durch das korrekte Rückwärtstreten-Lassen auch die Durchlässigkeit, der Gehorsam und später die Versammlung gefördert. Mit der Bodenarbeit können wir also bei der richtigen Durchführung der Lektionen bestimmte Muskelgruppen sinnvoll stärken.

Rückwärtstreten-Lassen in der 1. Führposition mit aufgewölbtem Rücken

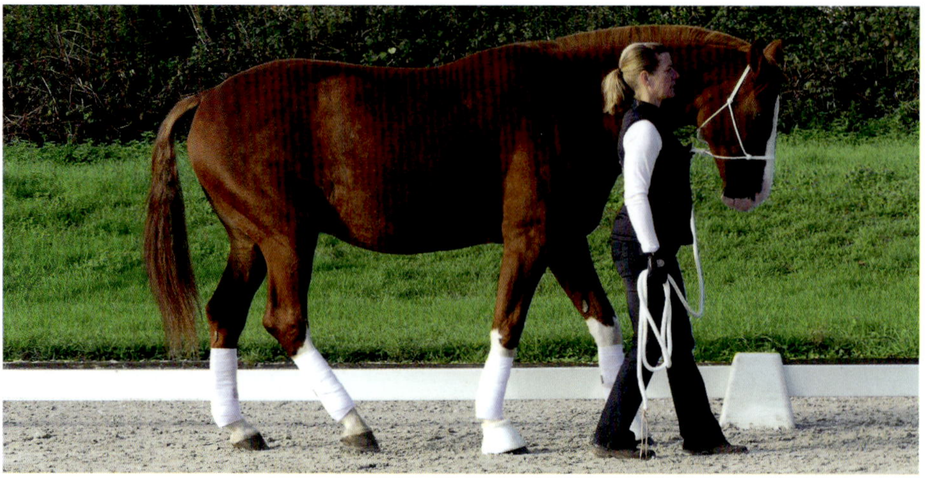

Durchführung:

- Wir nehmen im Halten die 1. Führposition kurz hinter dem Genick des Pferdes ein, umfassen den Haken, schauen wie das Pferd nach vorn, geben das verbale Kommando für rückwärts (Schnalztakt) und gehen gemeinsam mit dem Pferd rückwärts.
- Wichtig ist, dass wir die Führposition beibehalten und mit dem Pferd im gleichen Tempo rückwärtsgehen. Währenddessen sollten wir nicht am Halfter ziehen und der Pferdekopf sollte durch unsere Führhand stets gerade positioniert sein. Ein Pferd kann nur gerade rückwärts treten, wenn es auch gerade ist.
- Das Korrigieren des Pferdekopfes ist mit minimaler Einwirkung nur möglich, wenn unsere Führhand den Haken trägt. Würden wir das Seil weiter unten umfassen, wäre diese feine, zentimetergenaue Hilfengebung nicht möglich. Entscheidend ist bei der Durchführung die Interaktion zwischen dem Pferd und uns. Wir spüren sofort, wenn das Pferd schief im Hals wird, können es unmittelbar wieder richtig positionieren und dann mit der Hand erneut weich werden.
- Die Vorteile der 1. Führposition und das Umfassen des Hakens lassen sich meiner Erfahrung nach bei der Erarbeitung des Rückwärtstretens gut nachvollziehen. Die APO erlaubt allerdings auch das Rückwärtstreten-Lassen mit einer zum Pferd gewandten Führposition.
- Im Verlauf des Trainings sollte zunächst darauf geachtet werden, dass die Pferde prompt auf die Körpersprache und das Stimmkommando rückwärtstreten. Die Erarbeitung der Kriterien „flüssig" und „gerade" sind eng miteinander verknüpft und bilden gemeinsam die Voraussetzungen für die Fernziele leicht aufgewölbter Rücken und den reinen Zweitakt.
- Anzumerken ist noch, dass wir den Kopf des Pferdes nicht durch Druck nach unten arbeiten sollten. Druck am Kopf bewirkt eher, dass sich die Pferde verspannen und nicht die gewünschten flüssigen Bewegungen erlernen. Schwebt das Knotenhalfter am Pferdekopf, wird sich der Hals mit vermehrter Routine von alleine mehr entspannen und senken. Die Maulspalte sollte sich allerdings nicht tiefer als das Buggelenk befinden, damit die fünf Kriterien für das perfekte Rückwärtstreten-Lassen erfüllt werden können (s. Seite 51).

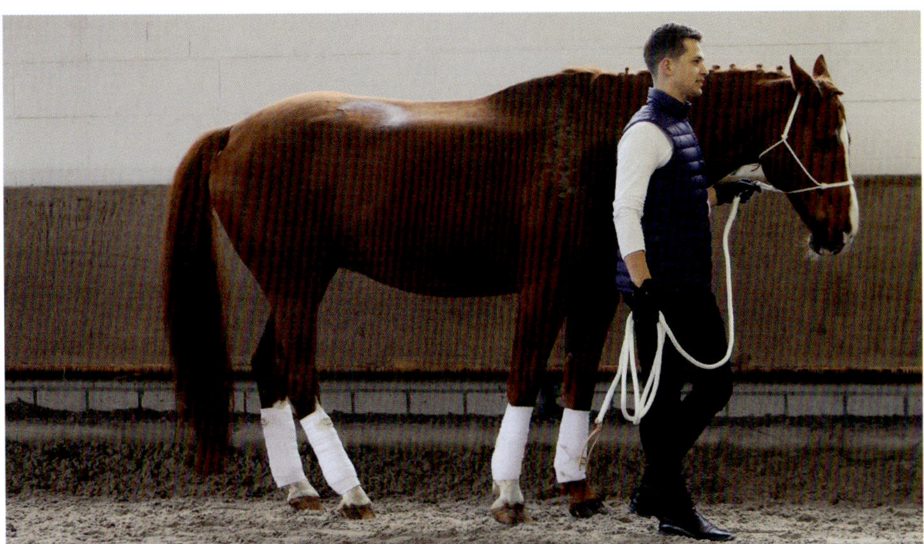

Das Rückwärtstreten-Lassen beginnen wir zuerst an der Bande.

Mögliche Probleme und Lösungsansätze:

▶ Das Pferd tritt nicht rückwärts:

Tritt unser Pferd zunächst nicht rückwärts, kann der treibende Arm mit dem Bodenarbeitsseil einmal kurz die Pferdebrust touchieren. Es ist zu beachten, dass es sich hierbei nur um eine Verdeutlichung der Erklärung für das Pferd handelt und dass wir das Pferd niemals direkt mit dem Touchieren der Brust überfallen sollten. Das Einhalten der Reihenfolge – Führposition, Blickrichtung, Körperhaltung und Stimmkommando – ist unerlässlich. Das Touchieren der Brust sollte also nur danach als kurzer Impuls eingesetzt werden.

Tritt das Pferd dann rückwärts, loben wir mit der Stimme. Keinesfalls trainieren wir das Rückwärtstreten durch kontinuierliches Ziehen am Halfter oder durch rhythmisches Touchieren der Brust. Meine Bodenarbeit beruht auf der Idee der impulsartigen Signalgebung und eben nicht auf einer dauerhaften Einwirkung.

▶ Das Pferd geht schief rückwärts:

Tritt unser Pferd schief rückwärts, kann dies unterschiedliche Ursachen haben. Zunächst achten wir darauf, dass wir bei der Übung wirklich nach vorn und nicht zum Pferd schauen und somit auch selbst eine gerade Linie rückwärtsgehen. In dem Moment, in dem sich unser Blick auf das Pferd richtet, besteht die Gefahr, dass wir leicht ins Bahninnere laufen. Somit gilt wie beim Reiten, mit festen Blickpunkten zu arbeiten und auf diese Weise die eigene Ausrichtung zu stabilisieren.

Auch wenn wir eine gerade Linie rückwärtsgehen, kann es passieren, dass das Pferd mit der Hinterhand ins Bahninnere tritt. Hierfür können zwei Dinge die Ursache sein:

- Zum einen können wir mit der Führhand das Pferd versehentlich nach außen stellen und so bewirken, dass sich die Hinterhand ins Bahninnere bewegt. Hier sollten wir

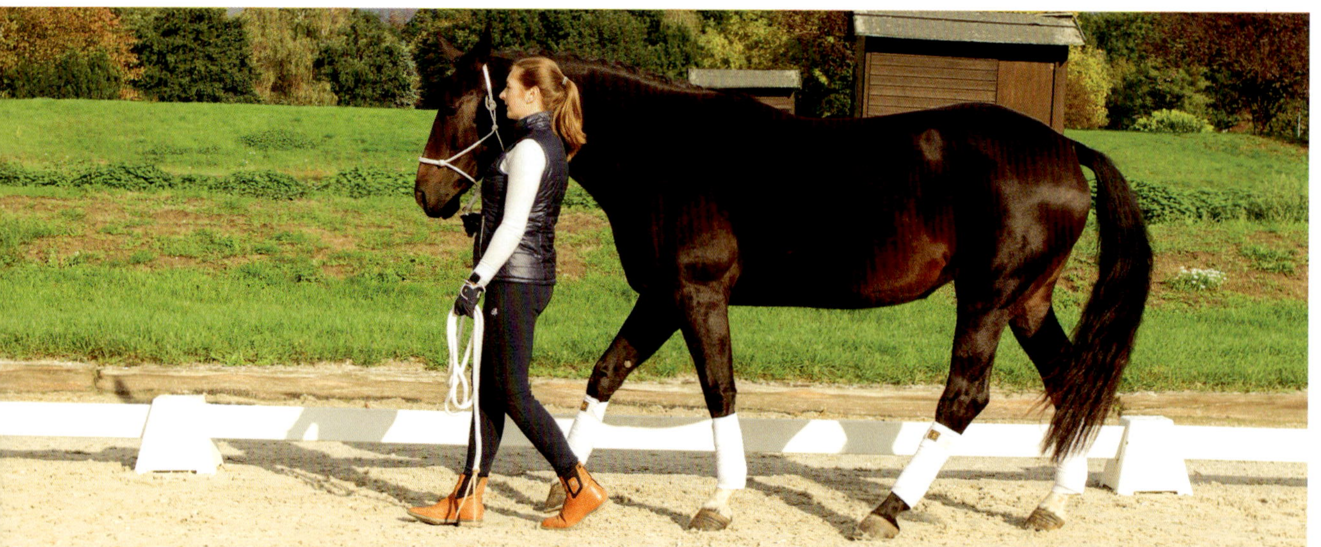

Beim Rückwärtstreten sollte der Pferdekopf gerade sein.

versuchen, unseren Fehler zu korrigieren und besonders darauf achten, dass sowohl das Pferd und wir selbst gerade nach vorn gerichtet sind.

- Zum anderen kann die Begründung in der natürlichen Schiefe des Pferdes liegen. Gemeint ist damit eine Krümmung der Wirbelsäule. Betrachten wir den Pferderücken von oben, stellen wir eine unterschiedlich stark ausgeprägte Links- oder Rechtskrümmung der Wirbelsäule fest (vgl. Deutsche Reiterliche Vereinigung e.V. (Hrsg.): Pferde verstehen – Umgang und Bodenarbeit. S. 92 ff.). Ist unser Pferd beispielsweise links hohl, so bereitet ihm das gerade Rückwärtstreten auf der linken Hand durchaus Probleme. Die Hinterhand weicht nach innen aus. Das Umfassen des Hakens hält auch für diesen Fall eine gute Problemlösung bereit. Um die Hinterhand wieder gerade auszurichten, stellen wir das Pferd während des Rückwärtstretens leicht nach innen, indem wir am Haken den Pferdekopf nach innen positionieren.

Keinesfalls sollte als Korrektur innerhalb der Rückwärtsbewegung plötzlich unser treibender Arm die Flanke des Pferdes touchieren, damit die Hinterhand wieder raustritt. Dies ist die Hilfengebung für die Vorwärtsbewegung und würde das Pferd an dieser Stelle immens verunsichern und zu Missverständnissen in der Hilfengebung führen.

▶ Das Pferd entzieht sich rückwärts:
Unsichere Pferde oder Pferde, die schlechte Erfahrungen mit dem Rückwärtsschicken als Strafe gemacht haben, zeigen häufig ein eiliges Rückwärtsentziehen, das sich sogar bis zum Rückwärtsrennen steigern kann.

Diesem Verhalten können wir nur mit sehr viel Ruhe und kleinschrittigem Training begegnen. Unser Ziel sollte sein, das Pferd nur auf unser Stimmkommando maximal ein bis zwei Tritte rückwärtstreten zu lassen, dann kurz zu verharren und wieder vorwärts zu führen. Je nach Stressfaktor des Pferdes kann die Überblendung der schlechten Erfahrungen einige Zeit in Anspruch nehmen und sollte unbedingt gemeinsam mit einem erfahrenen Trainer erfolgen.

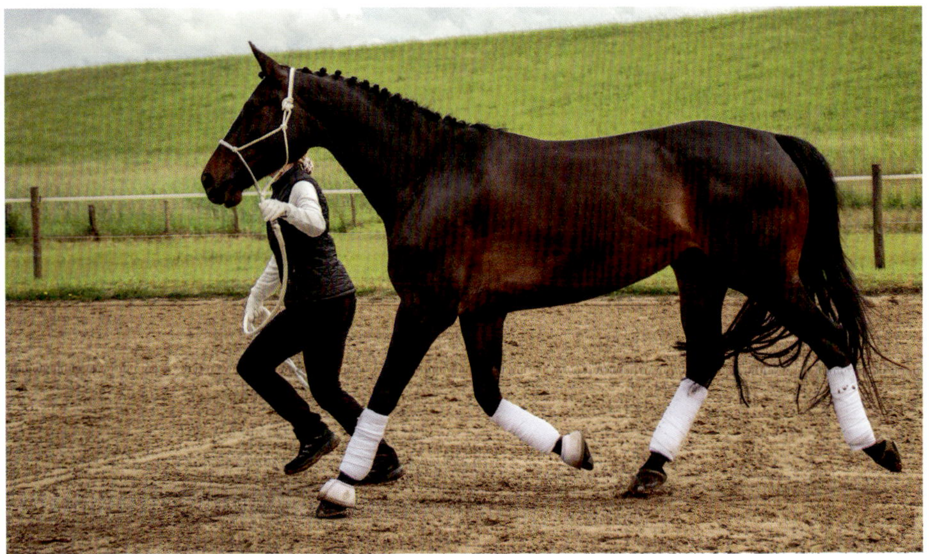

2.2.6 Trab auf geraden und gebogenen Linien

Aufgabe:

Das Pferd trabt punktgenau mit uns an und orientiert sich stets an unserem Tempo.

Zielsetzung:

Das Antraben des Pferdes in der 1. Führposition soll mit fast unsichtbarer Hilfengebung möglich sein. Angestrebt wird, dass das Pferd auf unser Stimmkommando für Trab willig und prompt antrabt. Der Trab soll bei entspannter Oberlinie gleichmäßig und taktrein sein. Möglich sind zudem Tempounterschiede im Trab, da sich das Pferd unserem Tempo selbstständig anpasst.

Das Durchparieren erfolgt ebenfalls zeitgleich mit uns, ohne den Einsatz sichtbarer Signale.

Als weitere Steigerung können wir das Traben auf gebogenen Linien und auf Kreisen miteinbeziehen. Integrieren wir die Trabarbeit an der Hand in die Ausbildung am Boden, erhalten wir dadurch auch ein verlässliches Antraben an der Hand im Alltag, welches beispielsweise beim Tierarzt zum Feststellen von Lahmheiten wichtig sein kann. Aber auch beim Anreiten junger Pferde oder beim Longieren erleichtert uns das etablierte Stimmkommando für Trab die Arbeit.

Der Mensch schaut beim Traben wie das Pferd in die Bewegungsrichtung.

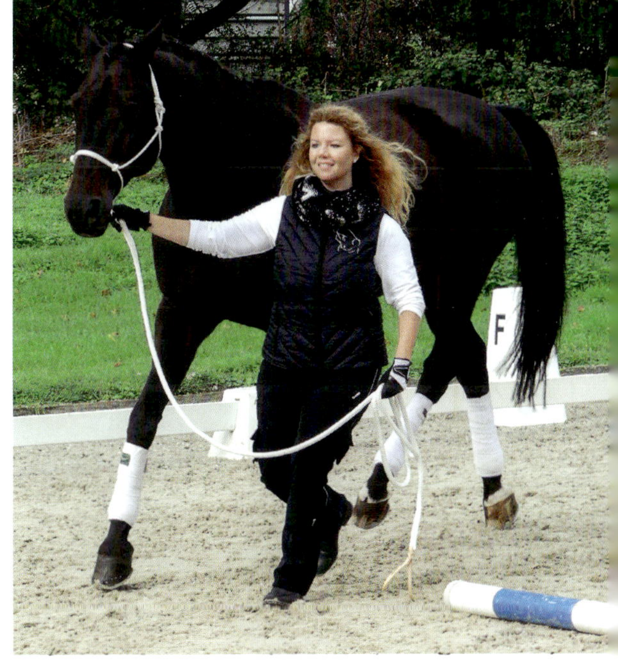

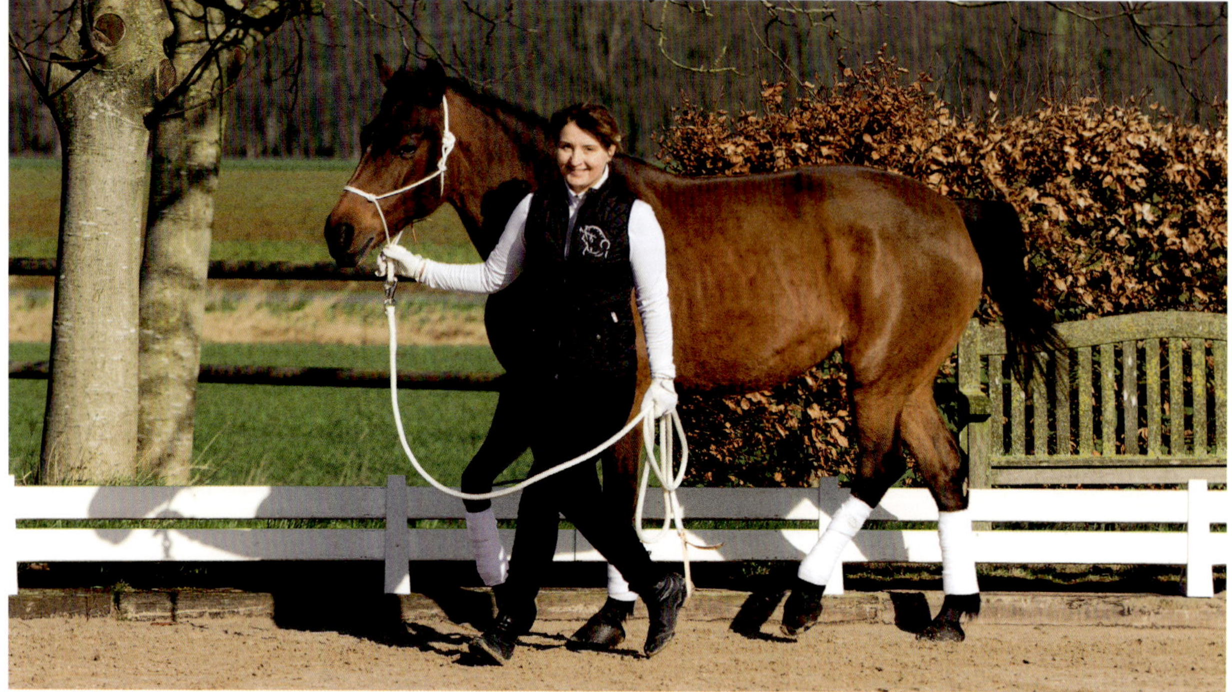

Traben auf einer gebogenen Linie

Durchführung:

- Wir nehmen die 1. Führposition ein, geben das verbale Kommando (mehrere Küsschen) für Trab und laufen gemeinsam mit dem Pferd los.
- Trabt das Pferd nicht an, touchieren wir einmal mit dem Bodenarbeitsseil im Bereich der Schenkellage. Die Hilfe kann mit minimal gesteigerter Intensität wiederholt werden, bis das Pferd antrabt. Dann loben wir sofort mit der Stimme.
- Sobald das Pferd angetrabt ist, müssen wir darauf achten, dass wir die 1. Führposition beibehalten. Das gemeinsame Laufen mit uns muss für das Pferd stressfrei sein. Zunächst passen wir uns daher dem Tempo des Pferdes an und üben keinen Druck am Haken aus. Mit zunehmender Sicherheit wird sich unser Pferd immer mehr an unserer Geschwindigkeit orientieren und sich durch unsere verbalen Kommandos steuern lassen.
- Zum Durchparieren setzen wir das Stimmkommando (ein langgezogenes „Whoooa") ein, schauen weiterhin nach vorn, lassen den treibenden Arm entspannt in seiner neutralen Position und wechseln selbst in den Schritt.
- Zum Abwenden auf einen Kreis im Trab schauen wir nach vorn in unsere Bewegungsrichtung, drehen Hüfte und Schultergürtel leicht nach innen und achten darauf, dass sich unsere Führposition auf der gebogenen Linie etwas weiter hinten, also ungefähr in der Mitte des Pferdehalses, befindet. Die Führhand bleibt unter dem Pferdekopf und trägt den Haken. In der Regel kann beim Abwenden ein leichtes treibendes Signal mit dem Bodenarbeitsseil hilfreich sein, um das Pferd im Fluss zu behalten. Selbstverständlich werden unsere taktilen Hilfen im Laufe der Ausbildung immer weiter reduziert, bis das Stimmkommando ausreichend ist.

Rückwärtstreten-Lassen und Trab

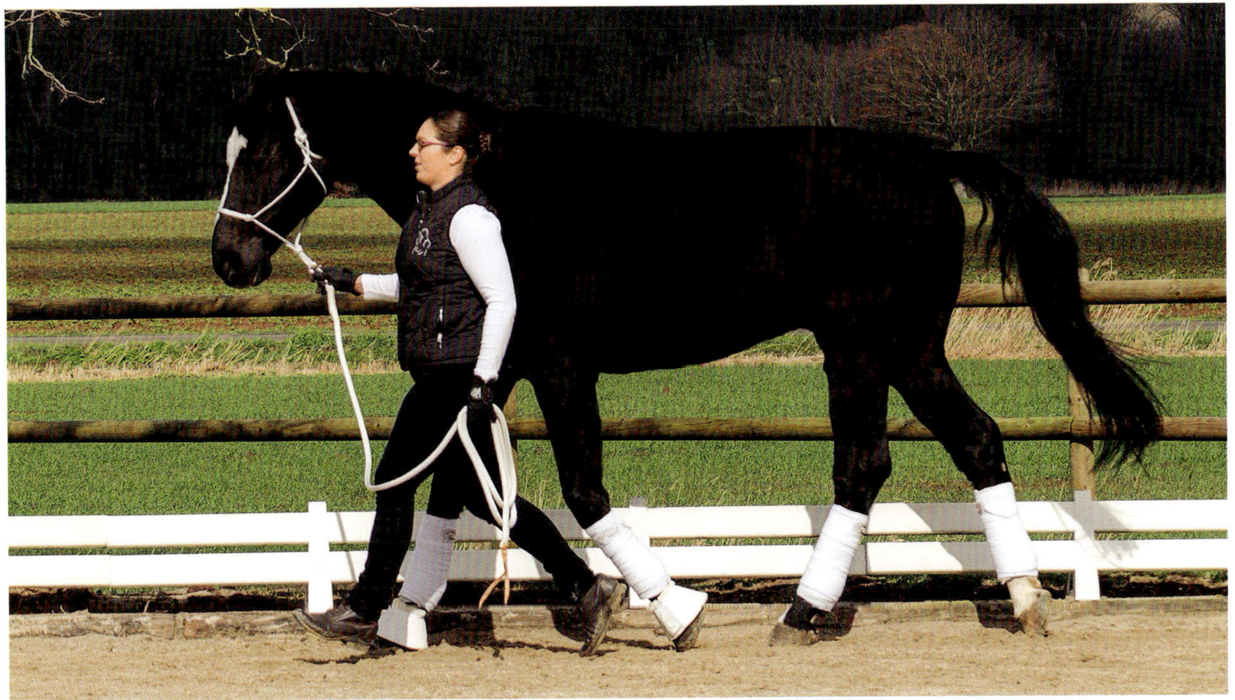

Beim Traben befindet sich die Führposition immer deutlich hinter dem Genick des Pferdes.

Mögliche Probleme und Lösungsansätze:

▶ Das Pferd trabt nicht an:

Das gemeinsame Antraben mit dem Pferd stellt für viele von uns eine Herausforderung dar. Dabei sind unser Timing und die Dosierung unserer Hilfengebung ganz entscheidend.

Laufen wir zu schnell los und geraten dadurch in eine Führposition vor den Pferdekopf, wirken wir mit unserem Körper bremsend auf das Pferd. Neben der bremsenden Wirkung ist es aus dieser Position unmöglich, unser Pferd mit dem Bodenarbeitsseil an der richtigen Stelle, also im Bereich der Schenkellage, zu berühren. Für die Aktivierung der Hinterhand beim Antraben ist ein solcher taktiler Impuls aber ratsam.

Sind wir sehr weit vorn, landet das Seil vor der Brust des Pferdes. Dies sollten wir unbedingt vermeiden. Das Pferd würde diese taktile Hilfe beim Antraben als komplett missverständlich erleben, da sie eine bremsende Wirkung hat. Es reagiert auf derartige Missverständnisse erfahrungsgemäß häufig gestresst.

Es ist also unsere Aufgabe, je nach Naturell des Pferdes, den richtigen Moment und die angemessene Intensität der Hilfen zu wählen.

▶ Das Pferd rennt im Trab:

Selbstverständlich gibt es auch viele Pferde, bei denen das Touchieren mit dem Bodenarbeitsseil Stress auslöst. Bei einem etwas nervöseren Pferdetyp ist es hilfreich, das

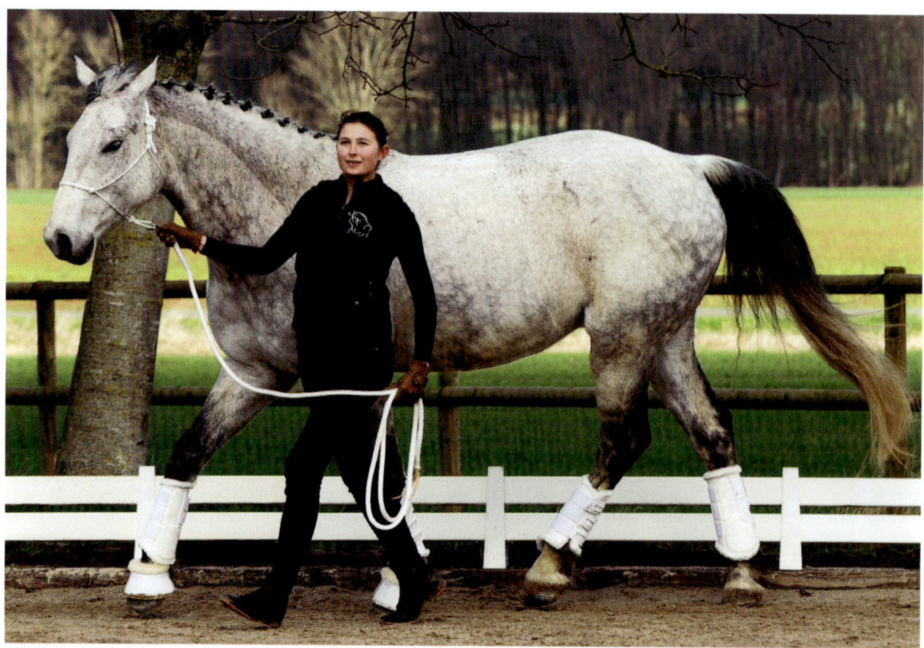

Körperhaltung beim Abwenden in den Kreis

Antraben aus einem schnellen Schritt zu entwickeln. Hier ist es meistens ausreichend, wenn der treibende Arm kurz etwas nach hinten genommen wird und wir mit dem verbalen Kommando das Pferd auffordern zu beschleunigen, bis es sich in einem ruhigen Trab befindet. Ist dies gelungen, loben wir sofort mit der Stimme und parieren zeitnah wieder durch.

Bleibt der treibende Arm hinten, nimmt er eine dauerhaft beschleunigende Funktion ein. Wie bei allen Hilfen müssen wir also darauf achten, dass wir den Arm nur impulsartig einsetzen und ihn dann wieder entspannt in der neutralen Position seitlich neben unserem Bein hängen lassen.

Ein häufiger Fehler beim Traben an der Hand ist auch der Versuch, das Pferd mit Kraft zu halten. Pferde versuchen diesem Druck auszuweichen, indem sie ihren Kopf weit nach oben nehmen und den Rücken wegdrücken oder immer mehr beschleunigen, um ganz zu entkommen. Mit einem harmonischen Miteinander im Trab von Pferd und Führperson hat dies natürlich nichts zu tun.

Die Größe der Kreise müssen wir der Aufgabe und dem Pferd entsprechend wählen.

Bei einem Pferd, das im Trab zu stark beschleunigt, hilft uns das Traben von Kreisen. Wie beim Schrittführen verlangsamt auch im Trab die gebogene Linie die Geschwindigkeit des Pferdes. Die Größe der Kreise müssen wir der Aufgabe und dem Pferd entsprechend wählen. Wir wollen das Pferd zwar verlangsamen, es muss aber auch in der Lage sein, weiterzutraben.

Entscheidend sind allerdings auch hier unsere richtige Körpersprache und die fein justierende Hilfengebung. Ziehen wir beispielsweise andauernd am Knotenhalfter nach innen, wird die Hinterhand des Pferdes auf dem Kreis nach außen ausbrechen.

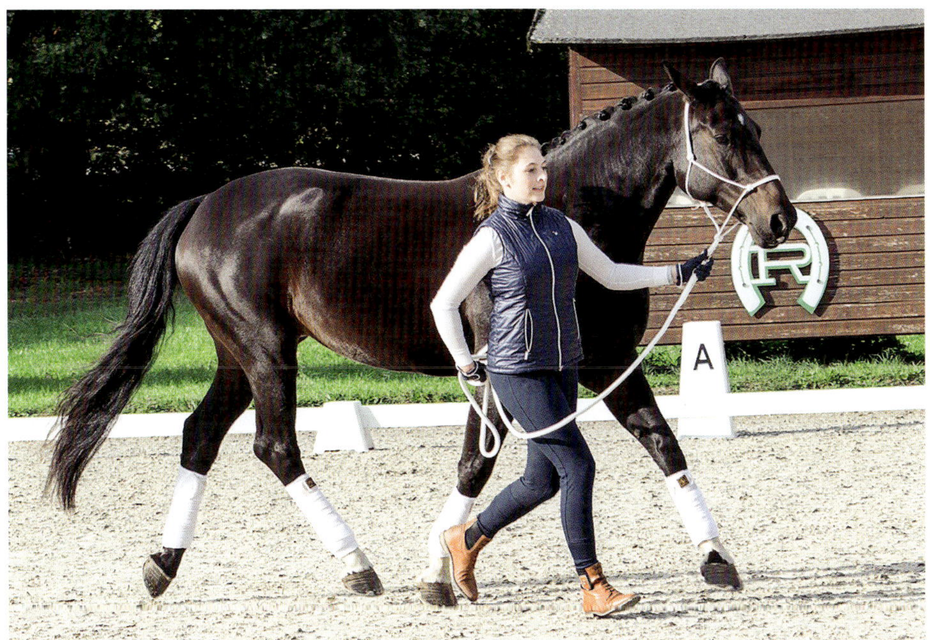

Einsatz des treibenden Armes bei einem Rechtskreis im Trab

Das Umfassen des Hakens ermöglicht uns, immer wieder nachzugeben oder das Pferd richtig zu positionieren. Wendet es in den Kreis und verlangsamt sein Tempo, so geben wir, falls nötig, nach und loben mit der Stimme.

Dies ist ein entscheidender Moment im Lernprozess unseres Pferdes. Die Verknüpfung Anpassen an unser Tempo, Lob und das Nachgeben der Hand entsteht. Auf diese Weise lernt das Pferd sehr nachvollziehbar und nachhaltig den Einsatz von Lob und Korrektur.

▶ Das Pferd pariert nicht zum Schritt durch:

Das Durchparieren sollten wir keinesfalls durch Ziehen am Knotenhalfter nach hinten erwirken. Die meisten Pferde reagieren auf Druck mit Gegendruck. Als Reaktion auf den Zug nimmt das Pferd den Hals nach innen und drängelt auch mit seinem Körper nach innen. Damit wird es für Mensch und Pferd sehr unkomfortabel, das heißt, wir fühlen uns durch das Pferd bedrängt und reagieren häufig mit noch stärkerem Ziehen. Außerdem kann das Pferd so nicht das Durchparieren auf minimale Signale verstehen. Lektionen wie ein Übergang vom Trab zum Schritt wären nicht durchführbar.

Beim Durchparieren sollte der Pferdehals immer gerade sein. Es darf keinen Kontakt mit unserem Köper, wie Ellenbogen oder gar Rücken, zum Pferd geben. Tut sich unser Pferd beim Durchparieren schwer, so empfiehlt es sich, wie bei den Tempounterschieden im Schritt, nach einem Kreis auf dem Weg zur Bande die Hilfengebung zu trainieren. Gebogene Linie und visuelle Barriere wirken bremsend, unsere Hilfengebung kann so dezimiert wie möglich eingesetzt werden und wir können schnell loben.

Übrigens ist das feine Durchparieren genauso wichtig wie das gefühlvolle Antraben. Verbinden Pferde mit dem Traben ein ruppiges Durchparieren, werden sie diese Lektion nicht gelassen, flüssig und taktrein erlernen und ausführen.

▶ **Das Pferd fällt beim Traben von Kreisen aus:**
Beim Traben von Kreisen an der Hand offenbart sich uns die unterschiedliche Seitigkeit von Pferd und Mensch. Beim Training werden wir häufig feststellen, dass das Traben eines Kreises den Pferden auf einer Hand viel leichter fällt als auf der anderen. Ursachen hierfür sind die natürliche Schiefe und die motorische Seitigkeit der Pferde. Pferde, denen es zum Beispiel schwer fällt, einen Kreis auf der rechten Hand zu traben, fallen sofort in den Schritt, wenn wir uns zu weit vorn befinden und uns mit der rechten Schulter zu ihnen drehen. Bei einigen Pferden reicht es sogar, wenn wir das Pferd nur anschauen. Dieses Zuwenden und das Anschauen des Pferdes haben bremsende Wirkung.

In einem Linkskreis müssen wir also unsere innere, linke Schulter leicht nach hinten nehmen, unseren inneren, linken Arm entspannt hängen lassen und nur bei Bedarf einen treibenden Impuls geben. Unsere rechte Hand, also unsere Führhand bei der Linksvolte, muss sehr gefühlvoll agieren.

Diese Übung stellt höchste Anforderungen an uns als Führpersonen. Insbesondere den Rechtshändern unter uns fällt die minimale Hilfengebung mit der linken Hand, während sie sich selbst in einer Laufbewegung befinden, häufig schwer.

Allerdings schult diese Form des Führens unsere Koordinationsfähigkeit ungemein und ist damit auch sehr nützlich für das Reiten. Wir lernen viel über unseren Körper und entwickeln Feingefühl. Trabt unser Pferd einen Kreis in der Größe einer Volte gleichmäßig mit uns in der 1. Führposition, ist das ein schönes Indiz für unsere richtig dosierte Hilfengebung.

Führposition im Kreis im Trab

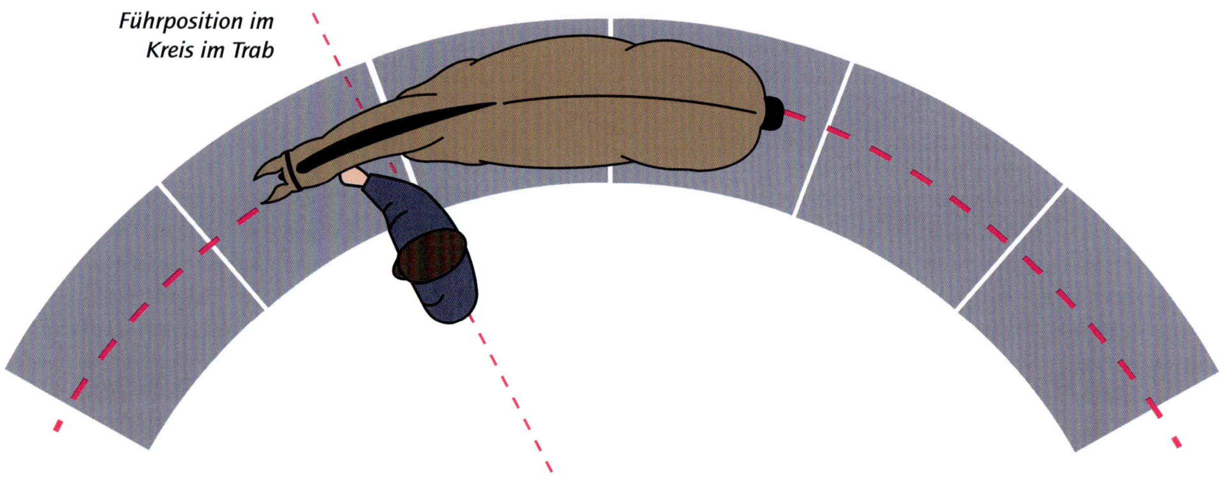

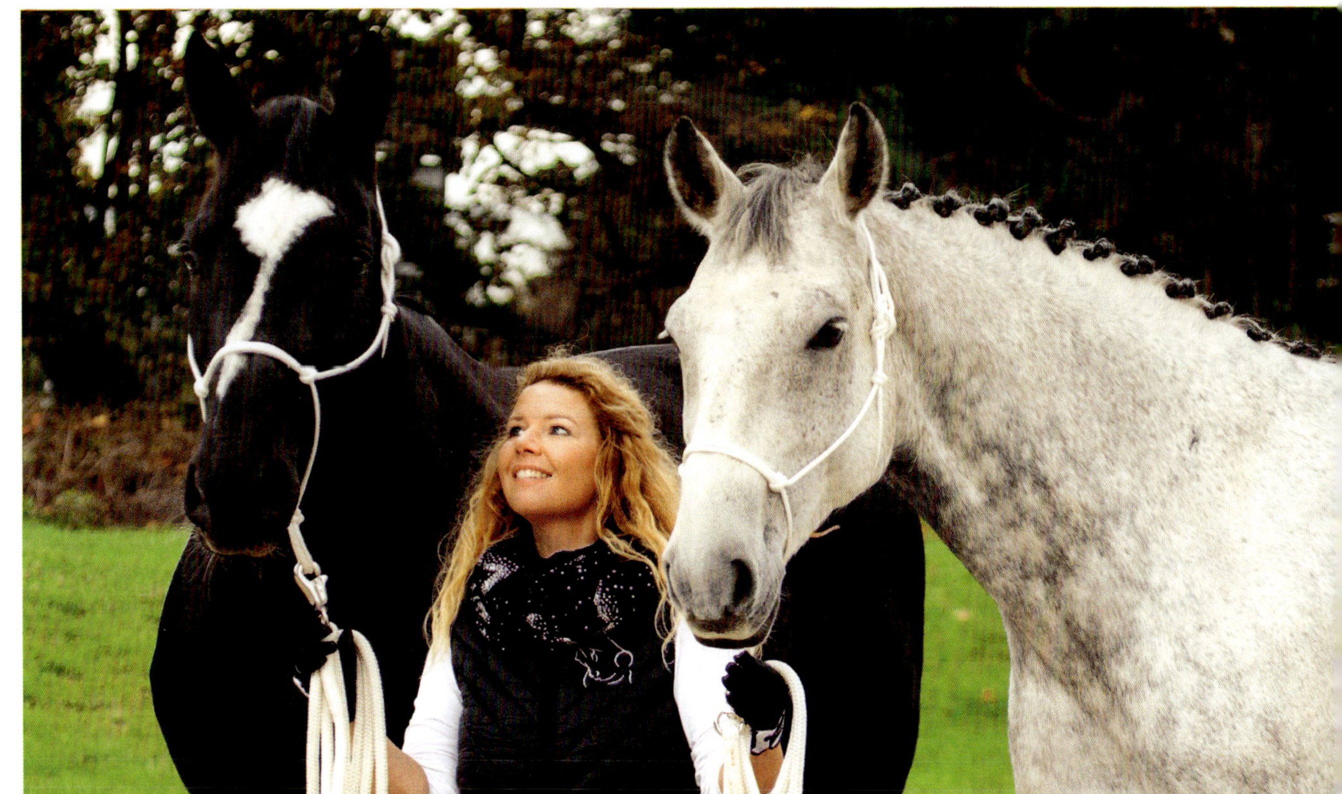

2.2.7 Hufschlagfiguren

Aufgabe:

Das Führen im Schritt und im Trab kombinieren wir auf beiden Händen mit Hufschlagfiguren.

Zielsetzung:

Die einzelnen, zuvor genannten Lektionen fügen wir zu einer Aufgabe zusammen. Angestrebt werden punktgenaue Übergänge, das Führen von geraden und gebogenen Linien, Tempounterschieden und Gangartwechsel sowie Seitenwechsel der Führperson mit nahezu unsichtbarer Hilfengebung.

Durchführung und Tipps für Training:

- Innerhalb des Trainings sollten wir früh damit beginnen, kleine Aufgaben zu kombinieren. Das Ziel, Gangartwechsel punktgenau durchzuführen, schult unser Gefühl für Timing und Dosierung der Hilfengebung extrem.
- Daher sollten wir auch im Training mit Pylonen arbeiten und Übergänge sowie Linienführung exakt trainieren.

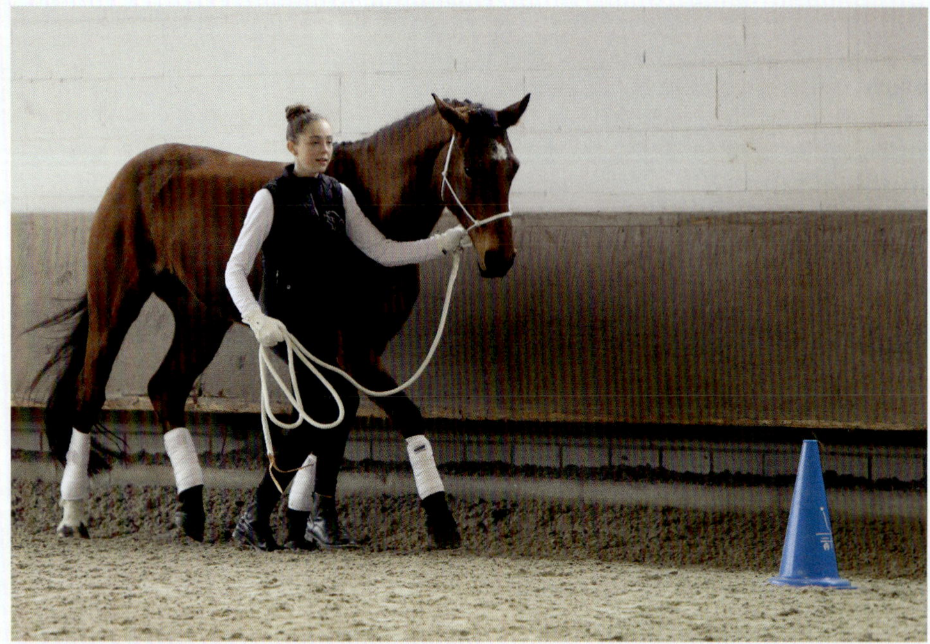

Punktgenaue Übergänge an Pylonen

Aufgabenbeispiel für das Führtraining:

Hinweis: Das FN-Merkblatt zum Thema Bodenarbeit verwendet den Begriff Volte. Ich bevorzuge, wie auf Seite 41 erläutert, den Begriff Kreis. Allerdings ist im FN-Merkblatt auch ein Kreis gemeint, dessen Durchmesser sich an der jeweiligen Aufgabe orientiert:

- Bei Start aufstellen, grüßen
- Im Schritt linksum zum Hufschlag führen, linke Hand
- Auf dem Hufschlag bis Pylone 1 führen, bei Pylone 1 halten
- Bei Pylone 1 rückwärtstreten lassen (mindestens zwei Pferdelängen)
- Im Schritt anführen, bei Pylone 2 antraben, durch die Ecke traben bis Pylone 3
- Bei Pylone 3 Schritt
- Kehrtvolte um Pylone 4 im Schritt
- Vor dem Hufschlag Seitenwechsel der Führperson im Schritt vor dem Pferd
- Bei Pylone 3 antraben und Volte im Trab in der Ecke, bis Pylone 2 weiter traben, dann wieder Schritt
- Ab Pylone1 Schritte verlängern, vor der nächsten Ecke wieder verkürzen
- Durch die Ecke führen, anhalten bei Pylone 5
- Rückwärtstreten lassen in die Ecke
- Im Schritt bis Pylone 6 und nach 6 Kehrtvolte
- Seitenwechsel der Führperson, im Halten vor dem Hufschlag vor dem Pferd
- Mitte der kurzen Seite abwenden auf die Mittellinie
- Auf Höhe Pylone 2 eine Acht im Schritt führen: Beginn Volte nach links, dann Handwechsel auf der Mittellinie im Schritt und Volte nach rechts
- Auf der Mittellinie geradeaus nach links zu den Richtern abwenden, anhalten und grüßen

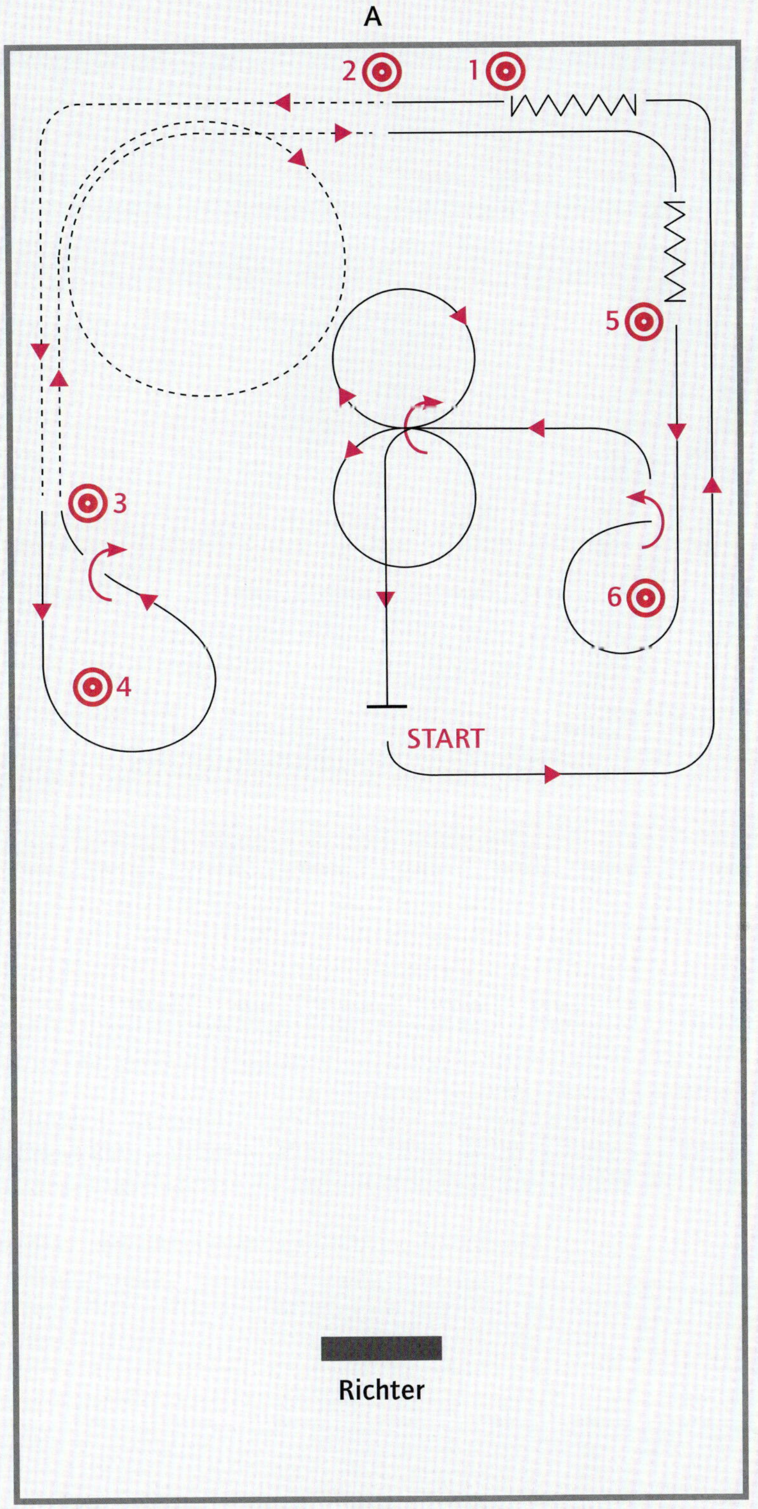

Beispielaufgabe Führtraining

Schritt
Trab
rückwärts
Seitenwechsel der Führperson
Pylone

Aufgabe orientiert sich am FN-Merkblatt zum Thema Bodenarbeit, Prüfungsaufgabe Führtraining Bodenarbeitsabzeichen Stufe 1, S. 22

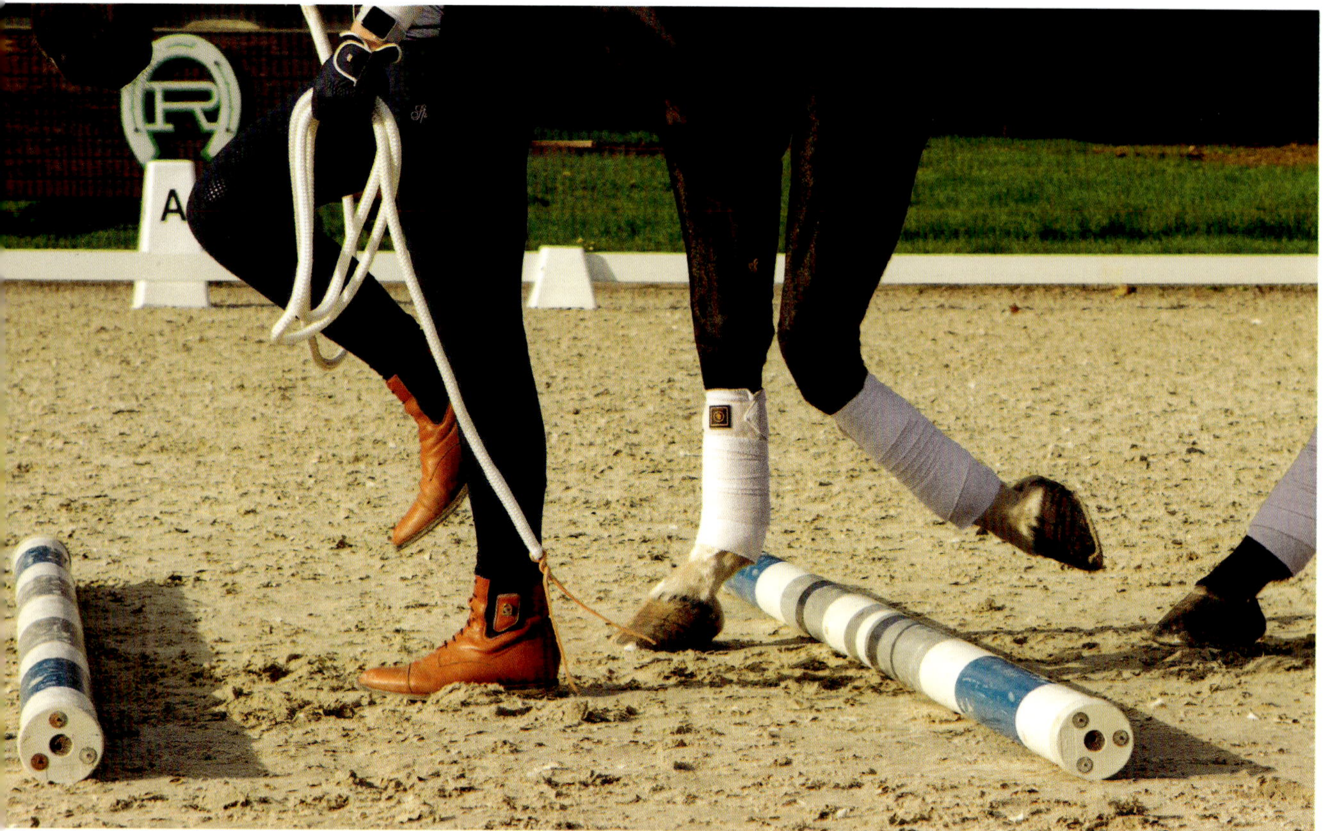

2.3 Geschicklichkeitstraining

Das Geschicklichkeitstraining baut auf dem Führtraining auf. Wenn unser Pferd die vorgenannten Übungen willig und flüssig absolviert, können wir mit dem Geschicklichkeitstraining beginnen.

Das Geschicklichkeitstraining beinhaltet zwei Schwerpunkte: Zum einen erlernen die Pferde einfache Formen des seitlichen Verschiebens und zum anderen werden Grundlagen des Trainings mit Stangen erarbeitet.

Die APO sieht 4 Elemente des Geschicklichkeitstrainings im Bodenarbeitsabzeichen Stufe 1 vor:

- Seitliches Verschieben des Pferdes
- Geführte gebogene Linien
- Stangen am Boden
- Arbeit mit Pylonen

Um dem Pferd das seitliche Verschieben, insbesondere das Vorwärts-seitwärts-Übertreten in der 1. Führposition vermitteln zu können, müssen wir zunächst das Führen von Kreisen trainieren. Während des Führens eines Kreises können wir meiner Erfahrung nach die Pferde gut mit den taktilen Hilfen für die Stellung im Genick und für die Dehnung der Längsachse vertraut machen.

Empfehlenswert ist es, die ersten Kreise in einer Ecke der Reitbahn zu führen, da so das Pferd zumindest teilweise eine seitliche Begrenzung zur Orientierung hat.

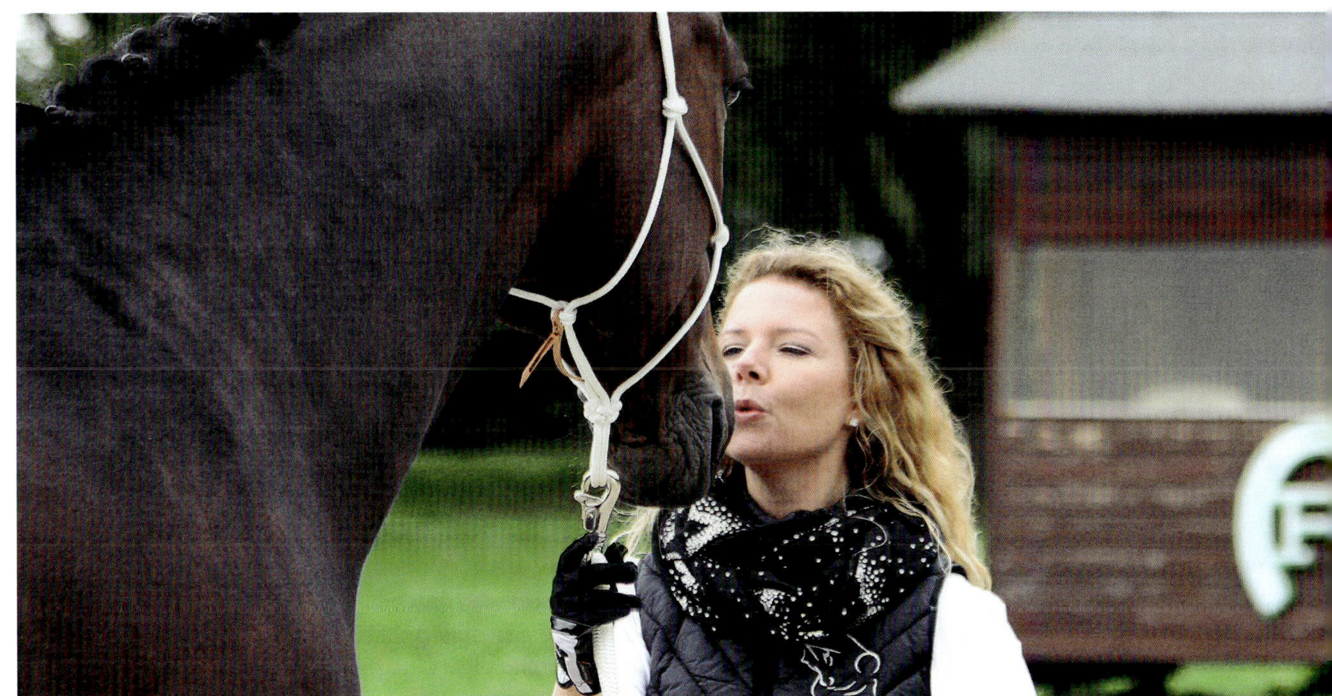

2.3.1 Führen von gebogenen Linien mit Dehnung der Längsachse

Aufgabe:

Das Pferd wird auf einem Kreisbogen mit Dehnung in der Längsachse geführt.

Zielsetzung:

Unser Pferd wird in der 1. Führposition auf einem Kreis in einer Ecke der Reitbahn geführt. Dabei stellen wir und dehnen das Pferd in der Längsachse in Bewegungsrichtung. Wir befinden uns auf der inneren Kreisbahn. Die Kreise werden gleichermaßen auf der linken und auf der rechten Hand geführt, wobei unsere Hilfengebung kaum sichtbar sein sollte. Das Pferd orientiert sich hierbei nicht nur an unserem Tempo, sondern auch an der Drehung unserer Körperachse auf der gebogenen Linie.

Bei dieser Arbeit wird deutlich, auf welcher Hand sich das Pferd leichter stellen und in der Längsachse dehnen lässt. Wir können damit Rückschlüsse auf die natürliche Schiefe unseres Pferdes ziehen und die hohle Seite identifizieren. Diese Erkenntnisse können ein systematisches Training unterstützen. Durch das Führen von korrekten Kreisbögen können wir die nicht hohle Seite dehnen. Zudem handelt es sich bei dem Führen von Kreisen um eine notwendige Vorübung für das Vorwärts-seitwärts-Übertreten. Als Fernziel soll es uns möglich sein, entsprechend große Kreisbögen in der 1. Führposition in allen drei Grundgangarten zu führen.

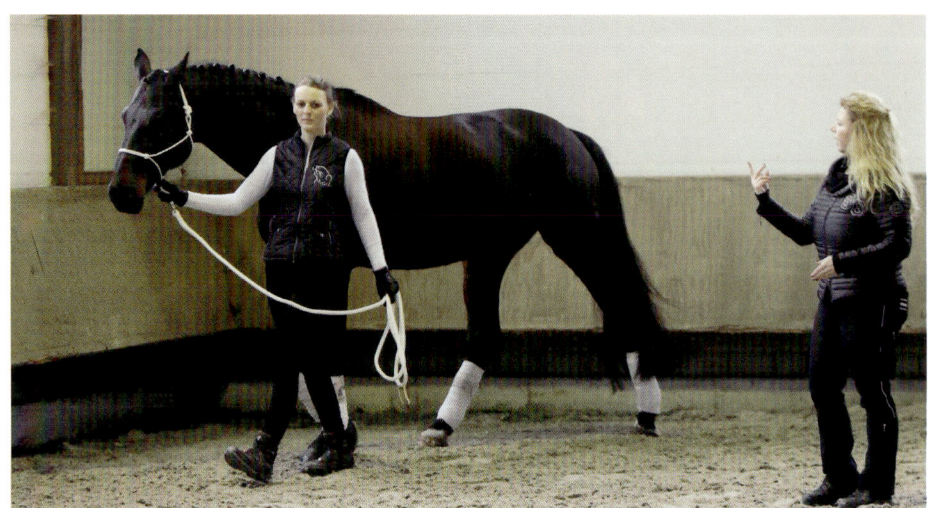

Führen eines Kreises in der Ecke der Reitbahn

Durchführung:

- Grundsätzlich befinden wir uns beim Führen der Kreise immer innen. Die 1. Führposition ist im Vergleich zum Führen auf geraden Linien etwas nach hinten verlagert, sodass wir uns ungefähr mittig neben dem Pferdehals befinden. Die Verlagerung der Führposition ist sinnvoll, damit das Pferd nach innen gestellt werden kann, ohne dass wir das Pferd in der Ausführung behindern.
- Um dem Pferd mit feinen Signalen die Stellung nach innen verständlich zu machen, greifen wir mit einem Finger der Führhand über den Diamantknoten. Dabei ist ganz wesentlich, dass die anderen Finger den Diamantknoten umschließen und sich unsere Führhand stets unterhalb des Pferdekopfes befindet. Andernfalls könnte sich das Halfter am Kopf verziehen.
- Selbstverständlich darf dieser Griff nur bei Pferden angewendet werden, die bereits die einfachen Grundlagen des Führtrainings kennen und sich sicher führen lassen.
- Mit dieser Führtechnik ist es uns möglich, dem Pferd minimale Impulse zur Erreichung einer Innenstellung zu geben. Reagiert das Pferd auf unsere feinen Impulse am Halfter und stellt sich leicht nach innen, wird die Hand sofort wieder weich und gibt nach. Aufgrund der nahen Verbindung zum Pferdekopf ist dieses Zusammen-

Umfassen des Diamantknotens für eine feine Positionierung des Pferdekopfes

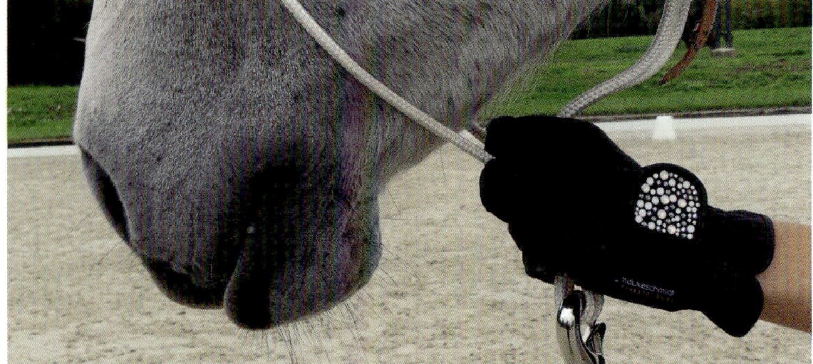

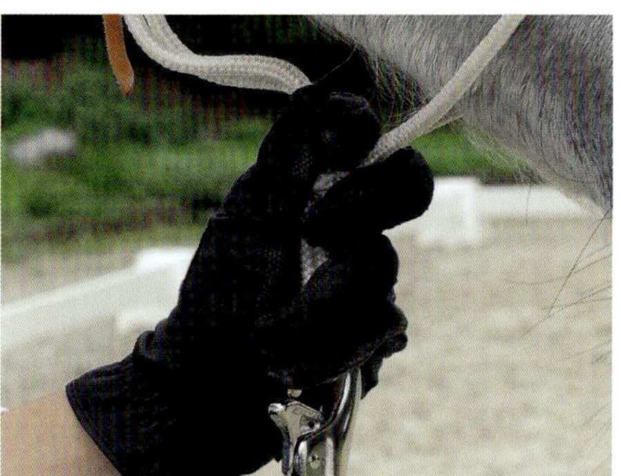

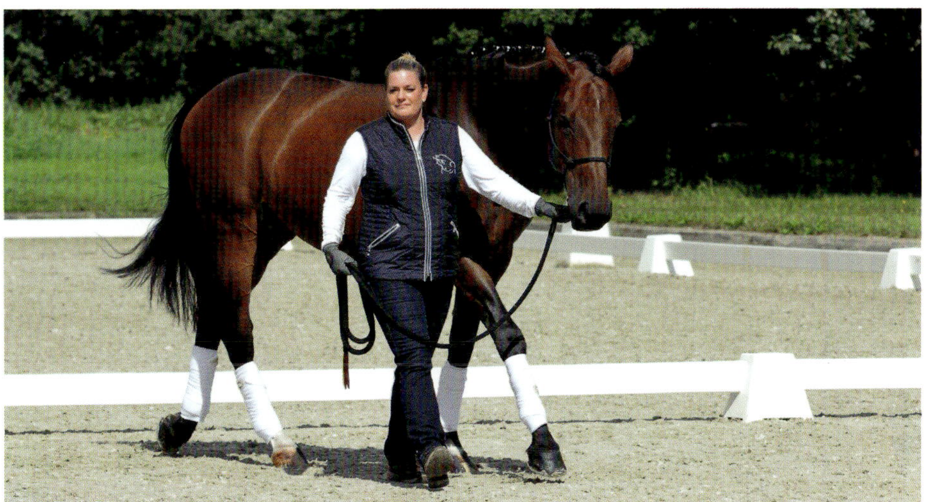

Beim Führen eines Kreises befindet sich die Führposition etwas weiter hinten, ungefähr in der Mitte des Pferdehalses.

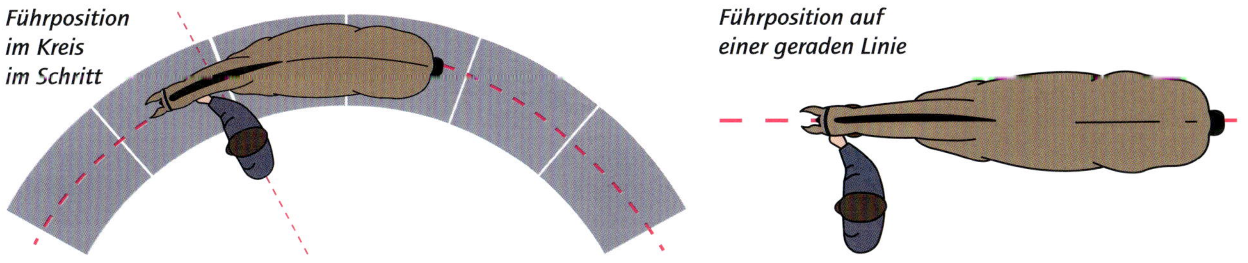

spiel von leichtem Annehmen und Nachgeben sehr fein und bewegt sich im Zentimeterbereich.

- Entscheidend für das Gelingen der Übung ist unsere korrekte Körperhaltung. Wir drehen uns innerhalb des Kreises in die Bewegungsrichtung, dabei gehen unsere innere Hüfte und unsere innere Schulter automatisch minimal nach hinten. Wir schauen nach vorn und lassen den treibenden Arm wie beim Führtraining in der neutralen Position seitlich neben unserem Körper hängen. Nur wenn unser Pferd langsamer wird, geben wir einen treibenden Impuls mit dem Bodenarbeitsseil im Bereich der Schenkellage.

Mögliche Probleme und Lösungsansätze:

▶ Das Pferd bleibt auf dem Kreisbogen stehen:

Die Übung klingt auf den ersten Blick sehr einfach, allerdings erfordert sie von uns ein sicheres Gefühl für die richtige Dosierung der Hilfen. Zunächst lässt sich festhalten, dass ein Pferd nur zu einer Dehnung der Längsachse kommen kann, wenn die Größe des Kreises durch die Führperson richtig gewählt wird. Ist der Kreis zu klein, ist es für das Pferd unmöglich, die Linie zu halten. Es wird dann mit der Hinterhand nach außen weichen. Ein Standardmaß für den Kreis kann nicht genannt werden, da viele Faktoren wie die Größe des Pferdes, die natürliche Schiefe oder der Gymnastizierungsgrad eine Rolle spielen.

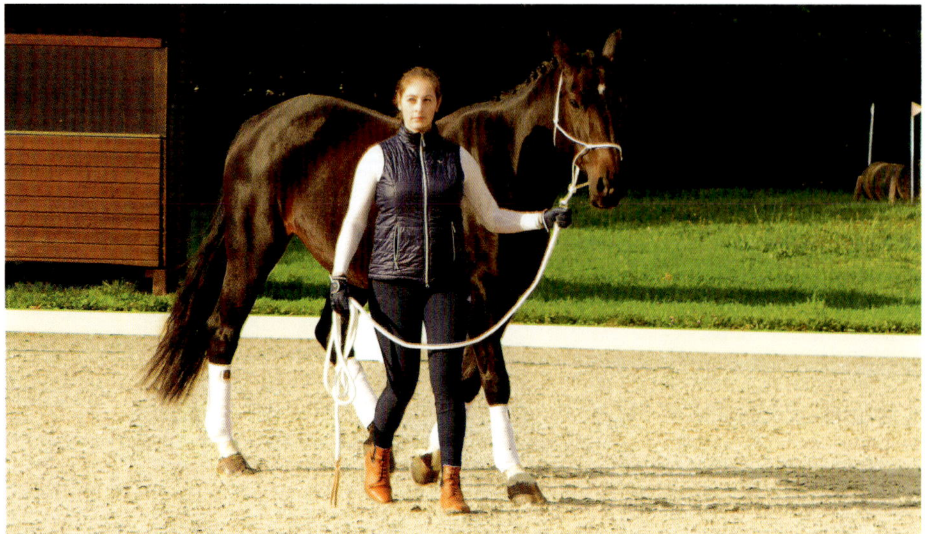

Der treibende Arm gibt nur falls nötig einen treibenden Impuls.

Grundsätzlich wirkt das Führen einer solchen gebogenen Linie verlangsamend auf das Pferd. Sollten wir uns innerhalb des Kreisbogens zu weit vorn befinden, das Pferd anschauen oder uns mit der inneren Schulter zu ihm wenden, würden wir zusätzlich bremsend auf das Pferd wirken und das Pferd könnte stehen bleiben.

Hier sind also die strikte Einhaltung der richtigen Führposition mittig zwischen Genick und Schulter des Pferdes und die feine Dosierung der treibenden Hilfen wesentlich.

▶ Das Pferd bricht auf dem Kreisbogen nach außen aus:
Fehler greifen häufig ineinander. Um die eigene Überprüfung zu ermöglichen, sollen drei wesentliche Faktoren aufgeführt werden, die zum Ausbrechen aus den Kreisbögen führen können:

1. Unser Laufverhalten: Der Kreis muss wirklich rund sein. Beim Laufen des Kreises dürfen wir nicht nach außen driften.

2. Körperhaltung: Knicken wir mit der inneren Hüfte ein, wird dies auch das Pferd mit der Hinterhand nach außen treiben. Wie beim Reiten dürfen wir nicht seitlich einknicken, sondern müssen uns gerade halten. Ebenso ist es wichtig, das angemessene Maß von Körperanspannung und -entspannung zu finden. Bei zu viel Körperspannung sind unsere Arme meist fast durchgedrückt und angespannt. Eine impulsartige und minimal dosierte Hilfengebung ist so nicht möglich.

3. Einsatz der Führhand: Ein Schlüssel für das harmonische Führen von Kreisen liegt auch in unserer Führhand. Versuchen wir, das Pferd mit Kraft oder dauerhaftem Druck auf der Kreislinie zu halten, wird es sich wehren und mit dem Körper nach außen driften. Die Signale am Knotenhalfter dürfen niemals grob sein. Es gilt: Der Weg in die Hilfe ist genauso gefühlvoll wie der Weg aus der Hilfe. Das zentimetergenaue Justieren ist eben auch nur möglich, wenn unsere Führhand in den Diamantknoten greift. Das leichte Annehmen ist in der Wertigkeit genauso wichtig wie das Nachgeben. Befindet sich unser Pferd in Innenstellung, bleibt die Hand so lange weich und ohne Einwirkung, bis der Pferdekopf erneut positioniert wird.

Der Weg in die Hilfe ist genauso gefühlvoll wie der Weg aus der Hilfe.

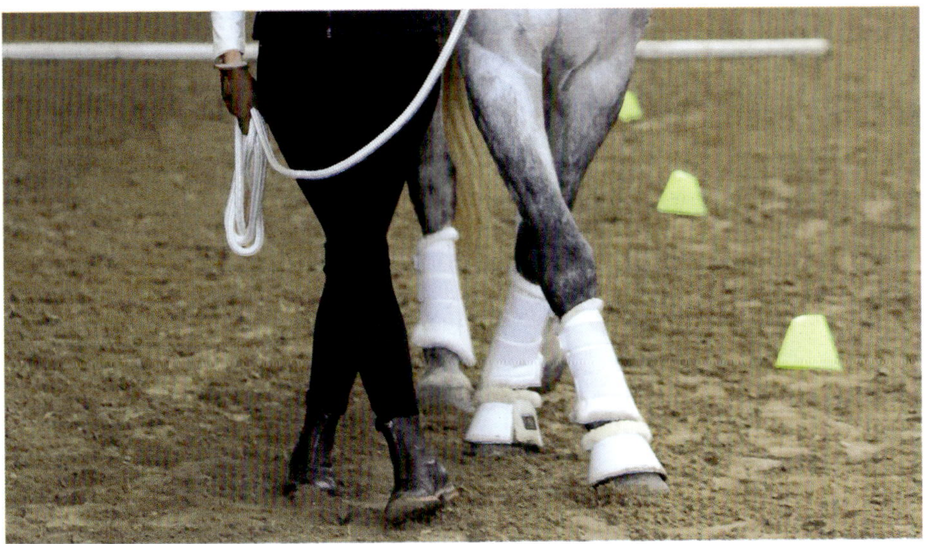

Das Vorwärts-seitwärts-übertreten-Lassen mit kaum sichtbarer Hilfengebung ist das Ziel.

2.3.2 Seitliches Verschieben – Vorwärts-seitwärts-Übertreten im Bodenarbeitsrechteck

Aufgabe:

Wir lassen das Pferd auf einer Diagonalen vorwärts-seitwärts treten.

Zielsetzung:

Unser Pferd bewegt sich gleichmäßig vorwärts-seitwärts, wobei es gegen die Bewegungsrichtung gestellt ist. Vor- und Hinterhand kreuzen gleichermaßen.

Der Abstand zu uns ist gleichbleibend und wird durch unsere Armlänge bestimmt. Unsere Hilfengebung ist nahezu unsichtbar. Später wird ein Blick in die angestrebte Richtung, also entgegen der Stellung, ein Schnalztakt und ein Kreuzen der Beine ausreichen, um unser Pferd vorwärts-seitwärts übertreten zu lassen.

Wir erarbeiten die Lektion in der 1. Führposition, damit später fließende Übergänge zwischen dem Führen von geraden oder gebogenen Linien und dem Vorwärts-seitwärts-Übertreten möglich sind. Wir bleiben also grundsätzlich in der 1. Führposition seitlich neben unserem Pferd. Außerdem ist es in der 1. Führposition auch umsetzbar, diese Lektion mit fortgeschrittenem Ausbildungsniveau im Trab oder sogar im Galopp durchzuführen, da wir uns gemeinsam mit dem Pferd vorwärts-seitwärts bewegen.

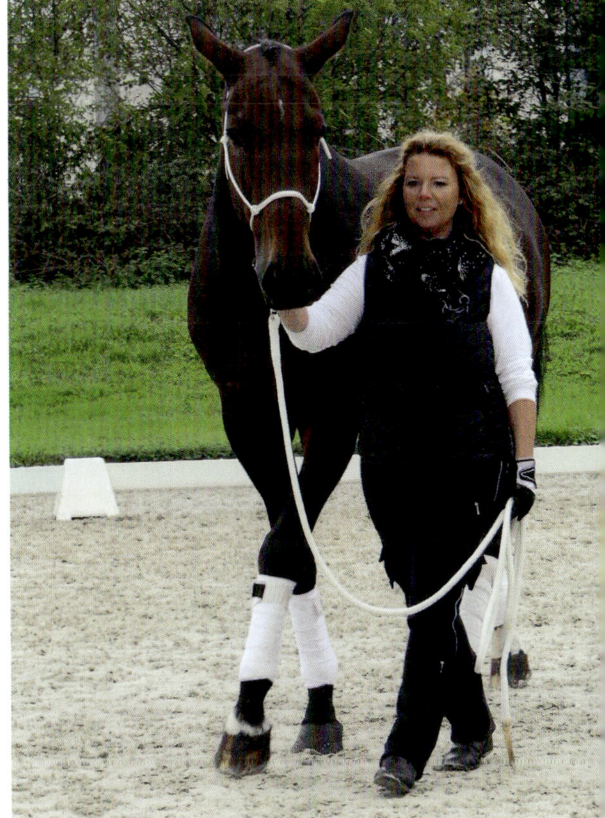

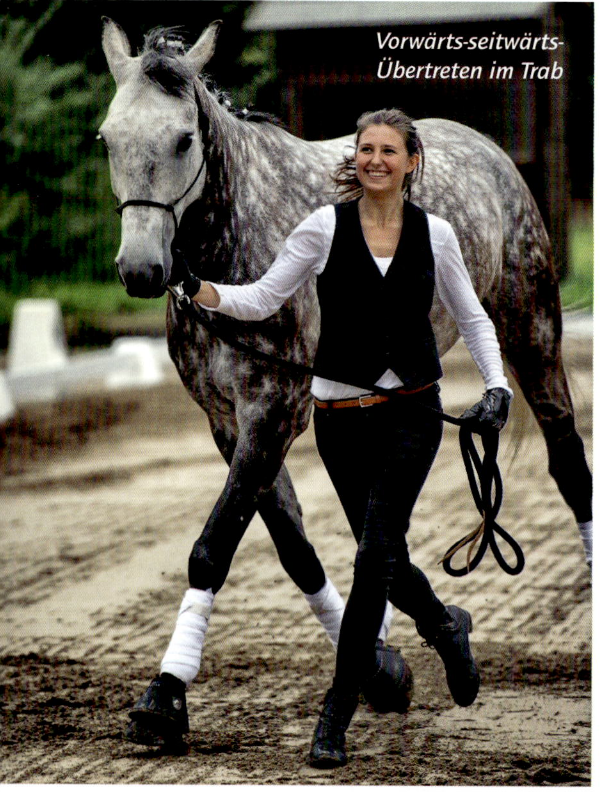
Vorwärts-seitwärts-Übertreten im Trab

Insbesondere durch das Vorwärts-seitwärts-Übertreten lernt das Pferd, minimale Änderungen in unserer Bewegungsrichtung wahrzunehmen und darauf entsprechend zu reagieren.

Diese Lektion ist in besonderem Maße dazu geeignet, die Konzentration des Pferdes auf unsere Signalgebung zu lenken. Deutlich wird mit höherem Niveau, dass die Außenreize an Bedeutung verlieren und das Pferd sich intensiv auf die Ausführung der Übung konzentriert. Selbstverständlich gilt auch hier, dass das Pferd, welches die Bewegungsmuster verstanden hat, diese leichter unter dem Reiter umsetzen kann.

Durchführung:

- Notwendige Voraussetzung für das Vorwärts-seitwärts-Übertreten ist das Führen von Kreisen mit Stellung und Dehnung der Längsachse. Meiner Erfahrung nach ist das Führen von Kreisen ein wichtiger Ausbildungsschritt für die Vorwärts-seitwärts-Bewegung. Zum einen wird das Pferd in der Längsachse gedehnt, zum anderen lernt es, auf minimale Impulse am Halfter zu reagieren und sich nach innen zu stellen. Ist das Pferd noch nicht in der Lage, einen Kreisbogen gleichmäßig mit Innenstellung zu gehen, können wir nicht mit der anspruchsvolleren Lektion beginnen. In diesem Fall müssen wir unser Pferd weiter auf den Kreisbögen gymnastizieren und dehnen.

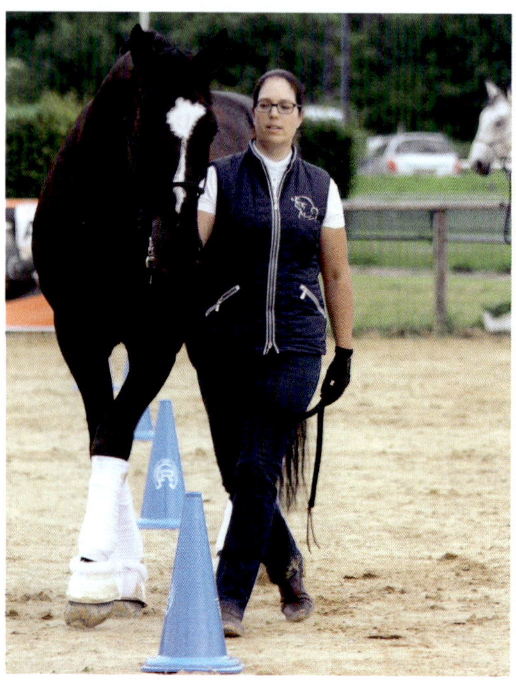

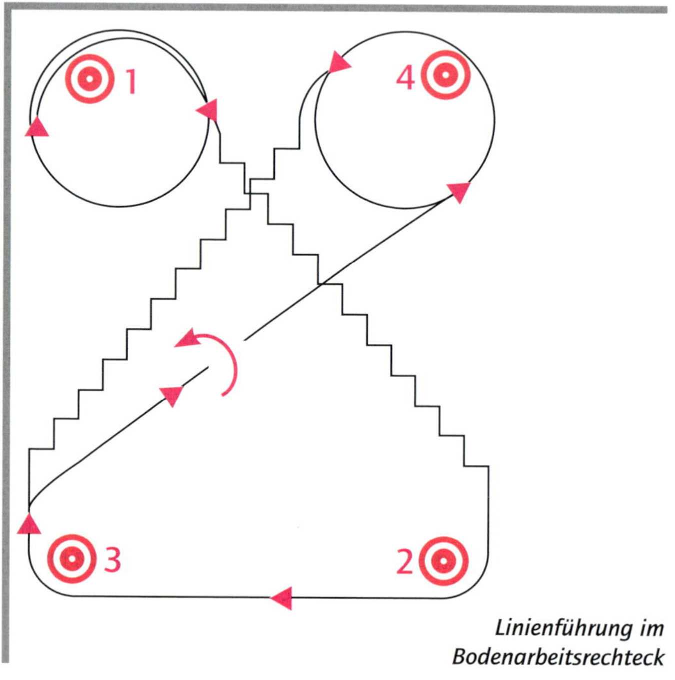

Linienführung im Bodenarbeitsrechteck

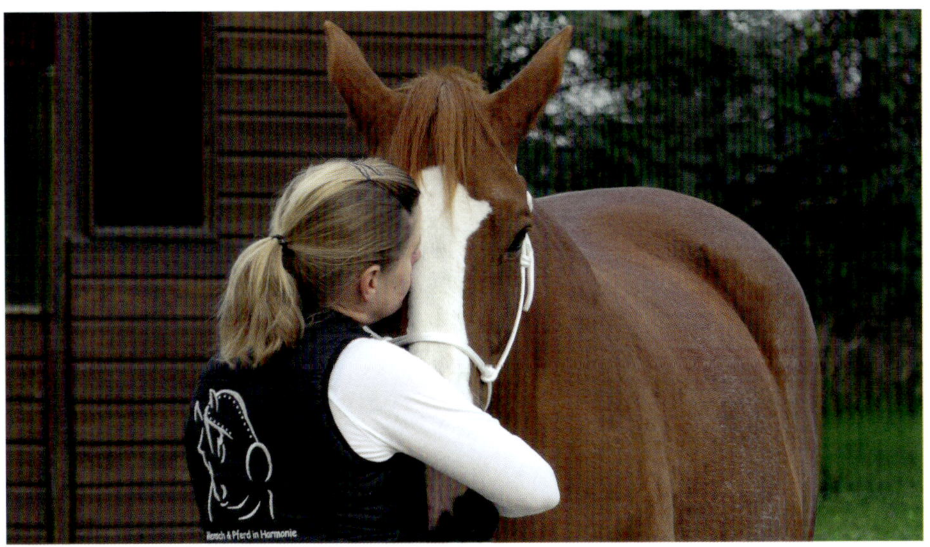

Wenn sich das Pferd viel Mühe beim Erlernen der Lektion gibt, sollte es anschließend auch gelobt werden.

Arbeit mit Pylonen:

- Klare Linienführungen erleichtern dem Pferd und uns das Erlernen von neuen Lektionen. Empfehlenswert ist es, das Übertreten in einem Bodenarbeitsrechteck aus Pylonen zu beginnen.
- Das Rechteck wird am besten in der Ecke einer Reithalle oder eines eingezäunten Reitplatzes aufgestellt. Die Pylonen werden in einem Abstand von ca. 1,5 m zur Bande aufgestellt, sodass Pferd und Mensch noch außen vorbeigehen können. Wichtig ist die klare Gliederung von langen und kurzen Seiten. Die Maße können auch hier wieder je nach Pferd variieren. Ein gutes Mittelmaß ist häufig 8 x 16 m. Hilfreich ist es, die Pylonen zu nummerieren.
- Wir führen unser Pferd beispielsweise auf der rechten Hand außen um das Bodenarbeitsrechteck herum. Die Pylonen bilden die Ausgangspunkte für die Kreise. Mit fortgeschrittenem Niveau können sich die Pylonen beim Führen der Kreise auch zwischen uns und unserem Pferd befinden.
- Als Vorbereitung für das Übertreten führen wir das Pferd immer zuerst auf einem Kreis. Dabei nehmen wir die 1. Führposition, wie oben bei dem Führen von Kreisbögen beschrieben, ein und greifen mit unserer linken Hand in den Diamantknoten.
  Nach einem Rechtskreis um die Pylone 1 wenden wir in die Mitte des Bodenarbeitsvierecks ab, um das Pferd auf der Diagonalen vorwärts-seitwärts zu Pylone 2 übertreten zu lassen. Nach dem Abwenden schauen wir minimal nach links in Richtung der Pylone 2, geben dem Pferd einen Impuls für die Innenstellung, kreuzen selbst unser rechtes über unser linkes Bein und touchieren das Pferd gegebenenfalls gefühlvoll mit unserem treibenden rechten Arm.
- Nun lassen wir das Pferd gleichmäßig vorwärts-seitwärts übertreten bis kurz vor die Pylone 2. Während des Übertretens müssen wir unsere Hilfengebung immer wieder gefühlvoll einsetzen, d.h., wenn ein erneutes Positionieren des Pferdekopfes notwendig wird, müssen wir nach dem Impuls wieder sofort nachgeben.
  Genauso verhält es sich mit dem treibenden Arm: Wir dürfen treibende Impulse nur kurz und mit der richtigen Dosierung geben. Im Endergebnis soll das Pferd parallel

Training im Bodenarbeitsrechteck

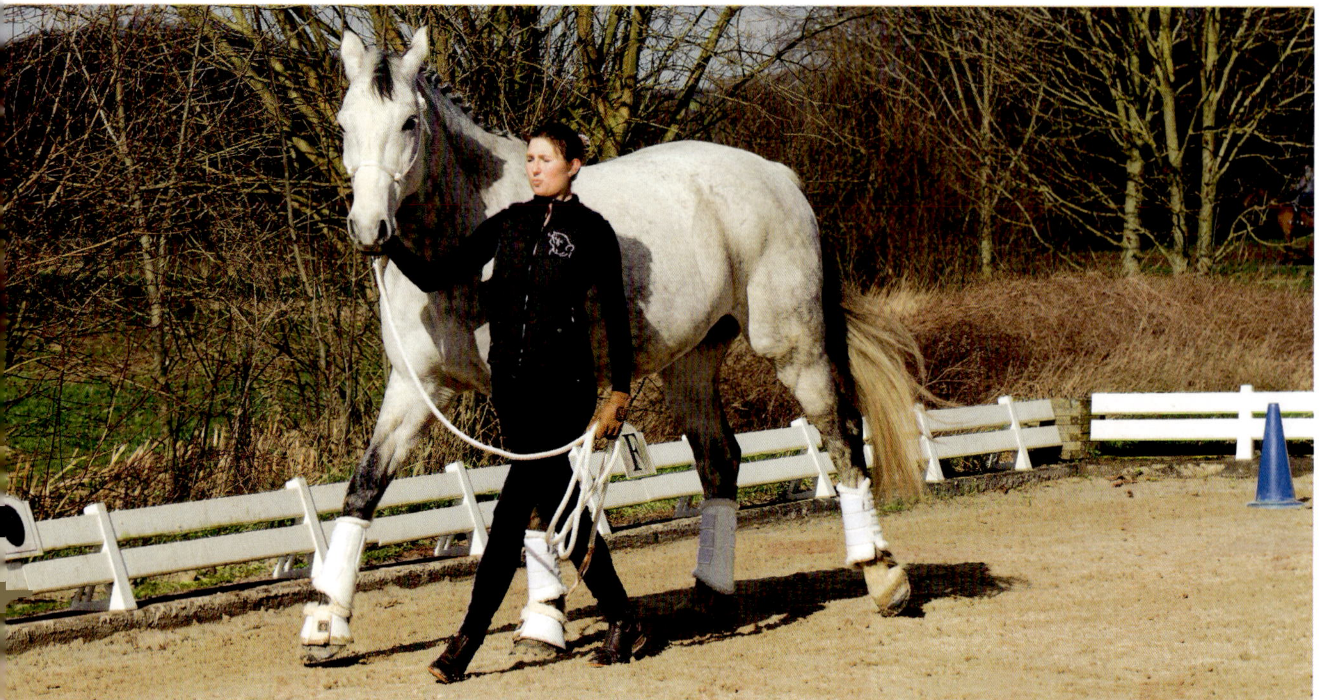

Vorwärts-seitwärts-Übertreten im Bodenarbeitsrechteck

zur langen Seite mit Innenstellung und mit Vor- und Hinterhand gleichmäßig kreuzend vorwärts-seitwärts übertreten.

- Das Übertreten soll punktgenau bis kurz vor der Pylone 2 erfolgen. Danach führen wir hinter Pylone 2 zu Pylone 3. Nach Pylone 3 führen wir auf der Diagonalen einen fließenden Wechsel vor dem Pferd bei X im Schritt durch. Auf der linken Hand führen wir dann einen Kreis um Pylone 4 und lassen das Pferd danach vorwärts-seitwärts übertreten zu Pylone 3.
- Mit dieser Arbeit im Bodenarbeitsrechteck erhalten wir und unser Pferd klare optische Bezugspunkte und eine abwechslungsreiche, gymnastizierende Aufgabe, die beide Hände gleichermaßen miteinschließt.

Mögliche Probleme und Lösungsansätze:

▶ Das Pferd weicht nicht:

Das Vorwärts-seitwärts-übertreten-Lassen stellt sowohl für das Pferd als auch für uns eine koordinative Herausforderung dar. Um auch hier wieder möglichst schnell zum Loben zu kommen, beginnen wir auf der Hand, auf der sich auch der Kreis leichter führen lässt. Allerdings bleibt zu erwähnen, dass viele Rechtshänder sich gerade mit dem Vorwärts-seitwärts-übertreten-Lassen nach links eher schwertun, da sie mit der linken Hand weniger geschickt sind. Hier hilft nur eines: Üben! Wir möchten ja auch, dass unsere Pferde die Lektionen auf beiden Händen absolvieren, also müssen wir auch an uns selbst arbeiten und das Geschick mit beiden Händen verbessern.

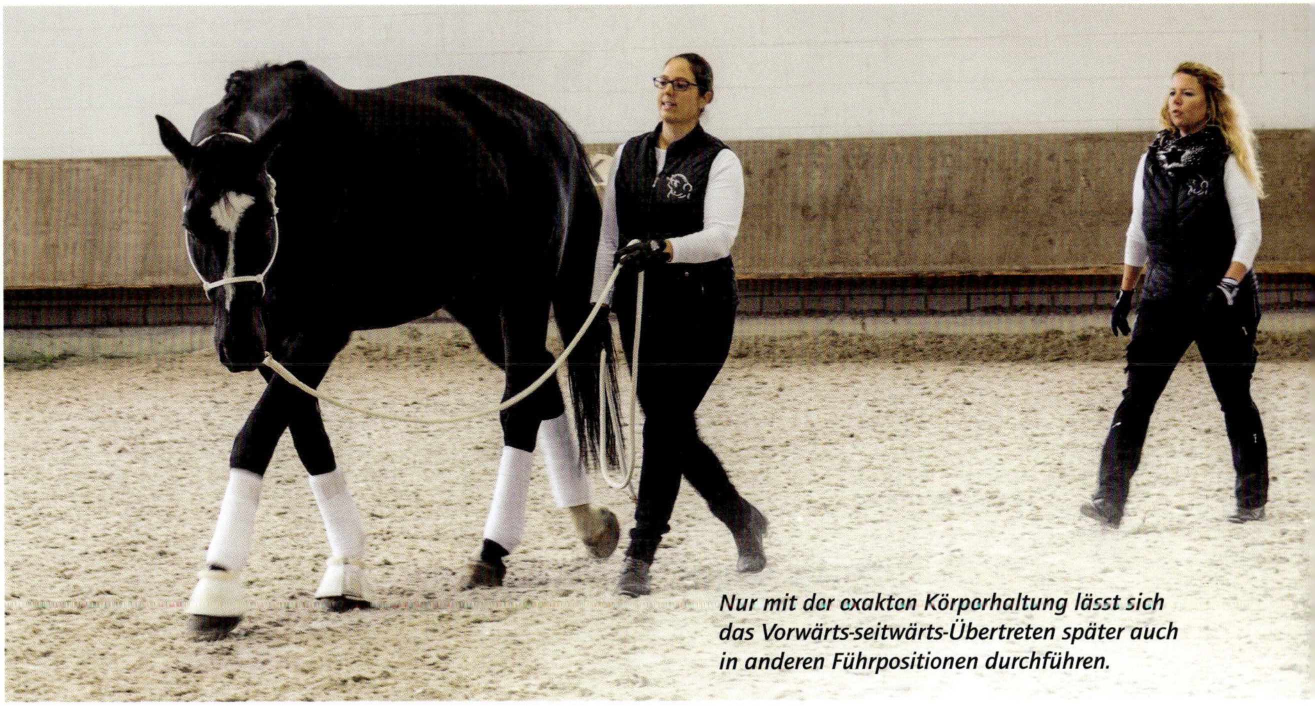

Nur mit der exakten Körperhaltung lässt sich das Vorwärts-seitwärts-Übertreten später auch in anderen Führpositionen durchführen.

Die Fehler, die sich beim Vorwärts-seitwärts-Übertreten einstellen können, sind vielschichtig, da die Signale fast gleichzeitig oder unmittelbar hintereinander gegeben werden müssen.

Das Pferd tritt nicht über, wenn wir mit unserem Körper oder unserem Ellenbogen gegen das Pferd drücken. Druck erzeugt in der Regel Gegendruck und so lehnt sich dann auch das Pferd gegen uns.

Entscheidend ist ebenfalls die gerade Haltung des Menschen. Knicken wir beim Übertreten nach rechts mit der linken Oberkörperhälfte ein, ist die Körpersprache für unser Pferd missverständlich. Wir wirken auf das Pferd nicht mehr verschiebend und sind somit nicht eindeutig „lesbar".

Gerade beim Führen von Kreisen und beim Vorwärts-seitwärts-Übertreten wird bei fast allen Pferden erkennbar, dass die Ausführung der Übungen auf der einen Hand leichter gelingt als auf der anderen. Ursächlich ist hier auch die natürliche Schiefe der Pferde. Insbesondere auf der nicht hohlen Seite müssen die Pferde also im Vorfeld gut vorbereitet und ausreichend gymnastiziert werden.

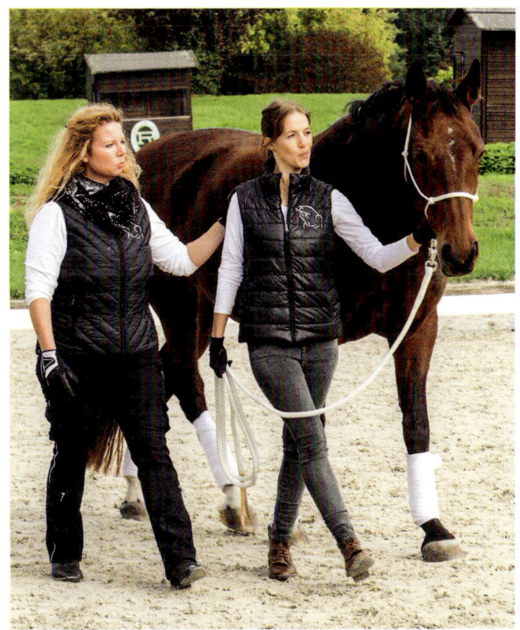

Vorwärts-seitwärts-Übertreten auf der rechten Hand – entscheidend ist der Blick der Führperson in Bewegungsrichtung, hier nach links und damit entgegen der Stellung.

Sichtbarer Impuls des treibenden Armes

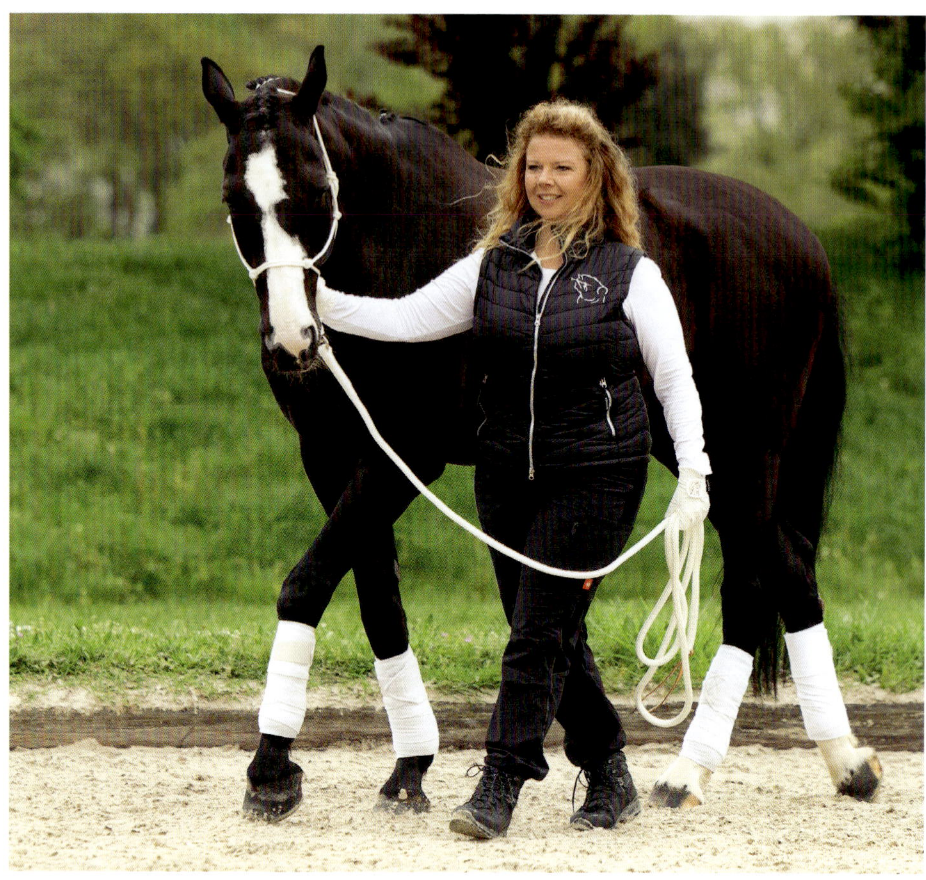

▶ Das Pferd bricht mit der Hinterhand aus:
Je nach Pferdetyp sind die Schwierigkeiten, auf die wir beim Training des Vorwärts-seitwärts-Übertretens stoßen, ganz unterschiedlich. Nervöse, sehr bewegliche Pferde tendieren dazu, beim Übertreten nach außen zu driften. Auch hier können die Ursachen unterschiedlich sein. Wie immer sollten wir uns zunächst selbst überprüfen und mögliche Fehler bei uns suchen: „Habe ich zu energisch mit dem Bodenarbeitsseil touchiert?", „Lasse ich den treibenden Arm die ganze Zeit unter Spannung abstehen und schaffe es nicht, ihn entspannt in die neutrale Ausgangsposition zu bringen?", „Halte ich mit der Führhand den Pferdekopf fest?"

Immer sollten wir uns zunächst selbst überprüfen und mögliche Fehler bei uns suchen.

Meist führen die Selbstreflektion und die Überprüfung dieser Fragen schon zu einer Verbesserung.

▶ Das Pferd stellt sich zu stark nach innen:
Die Erarbeitung der korrekten Stellung benötigt Zeit. Stellt sich das Pferd zu stark nach innen, kann unsere Führhand die Positionierung wieder korrigieren, indem sie das Pferd so viel wie nötig gerade ausrichtet. Wichtig ist hierbei, dass wir für diesen Moment auch unsere eigenen Schritte so beschleunigen, dass wir die Führposition kurz hinter dem Genick beibehalten können.

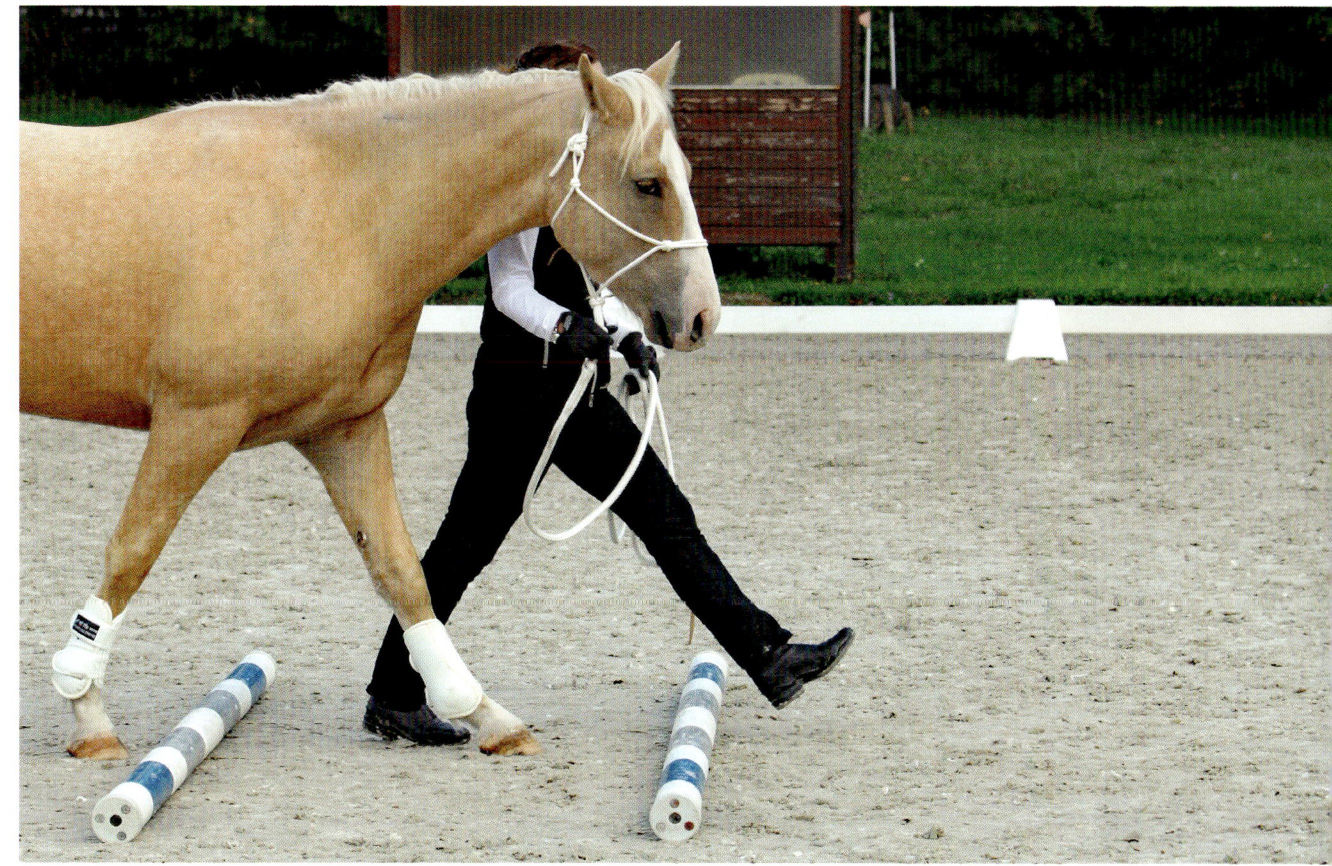

2.3.3 Arbeit mit Stangen

Wir sollten Stangen erst in die Bodenarbeit integrieren, wenn sich das Pferd willig und präzise mit minimalem Hilfeneinsatz im Schritt und im Trab führen lässt. Das bedeutet, dass das Pferd am Boden sowohl die treibenden als auch die verlangsamenden Hilfen gelernt hat. Zudem müssen wir in der Lage sein, insbesondere den treibenden Arm einzusetzen, ohne dabei mit der Führhand nach vorn zu ziehen und Druck auf das Knotenhalfter beziehungsweise auf das Genick des Pferdes auszuüben. Sind diese Voraussetzungen einmal geschaffen, beginnen wir mit dem zweiten Schwerpunkt des Geschicklichkeitstrainings, der Arbeit mit Stangen.

Grundsätzlich ist der Nutzen der Arbeit mit Stangen für die gesamte Ausbildung der Pferde sehr groß und vielschichtig. Die Pferde verbessern ihre Geschicklichkeit, sie werden trittsicherer und bekommen eine bessere Balance. Der Fokus der in diesem Buch vorgestellten Stangenarbeit liegt klar auf der Idee, dass die Pferde so achtsam werden, dass sie die Stangen nicht mehr berühren.

Gerade Jungpferde verbessern durch die Stangenarbeit ihre Koordinationsfähigkeit

Dazu gehört, dass ein Pferd auch lernt, sein Gangmaß entsprechend zu verlängern oder zu verkürzen, damit es eine am Boden liegende Stange nicht berührt. Wir legen die

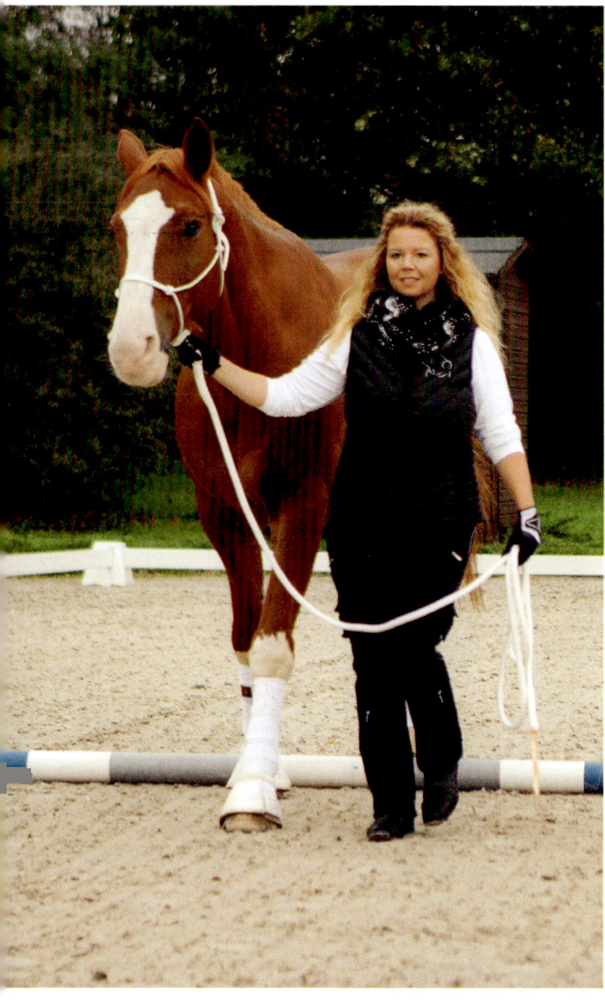

Die Arbeit mit Stangen bringt viel Abwechslung ins Training.

Abstände zwischen den Stangen bewusst nicht immer passend, um genau dieses Fernziel zu erreichen. Pferde, die ihre Balance und ihr Gleichgewicht trainieren, sind auch im Gelände oder auf unterschiedlichen Böden viel trittsicherer. Gerade Jungpferde verbessern durch die Stangenarbeit ihre Koordinationsfähigkeit und lernen, ihre Hufe kontrollierter zu setzen.

Natürlich wird durch das höhere Abfußen auch die Bauch- und Rückenmuskulatur der Pferde trainiert. Ein positiver Effekt setzt hier allerdings nur ein, wenn die Pferde die Stangen wirklich nicht berühren. Ein häufiges Touchieren der Stangen birgt eher eine Verletzungsgefahr.

Ein weiterer Gewinn durch den Einsatz der Stangen stellt sich im Bereich des Lernvermögens und der Konzentrationsfähigkeit ein. Dieses Kapitel wird eine besondere Form des Stangentrainings vorstellen, mit dessen Hilfe die Pferde anhand einer klaren Struktur und dem richtigen Einsatz von Lob und Korrektur „lernen", die Stangen nicht zu berühren.

Mir geht es stets darum, die Pferde zu motivieren. Ein motiviertes Pferd ist die unverzichtbare Voraussetzung für eine harmonische Ausbildung. Motivation erreichen wir nur durch die auf das jeweilige Pferd abgestimmte, richtige Form des Lobens. Das Loben kann sehr unterschiedliche Formen annehmen. Die Grundregel ist immer: Das Pferd muss das Lob auch als solches verstehen. Deshalb muss das Lob individuell je nach Pferdetyp, Aufgabe oder Ausbildungsstand gewählt werden.

Wenn ich loben kann, dann hat sich mein Pferd Mühe gegeben und etwas gelernt.

Mir geht es stets darum, die Pferde zu motivieren.

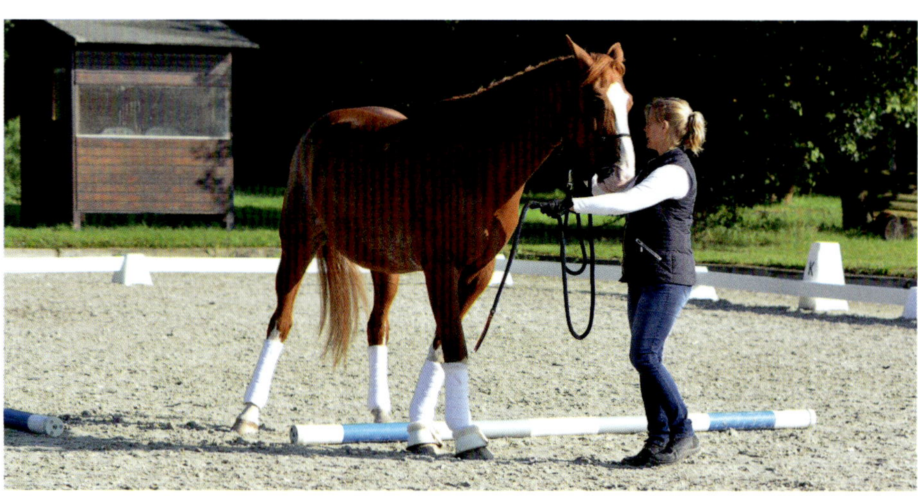

Später werden die Übungen immer anspruchsvoller, bis hin zum Side Pass über Stangen.

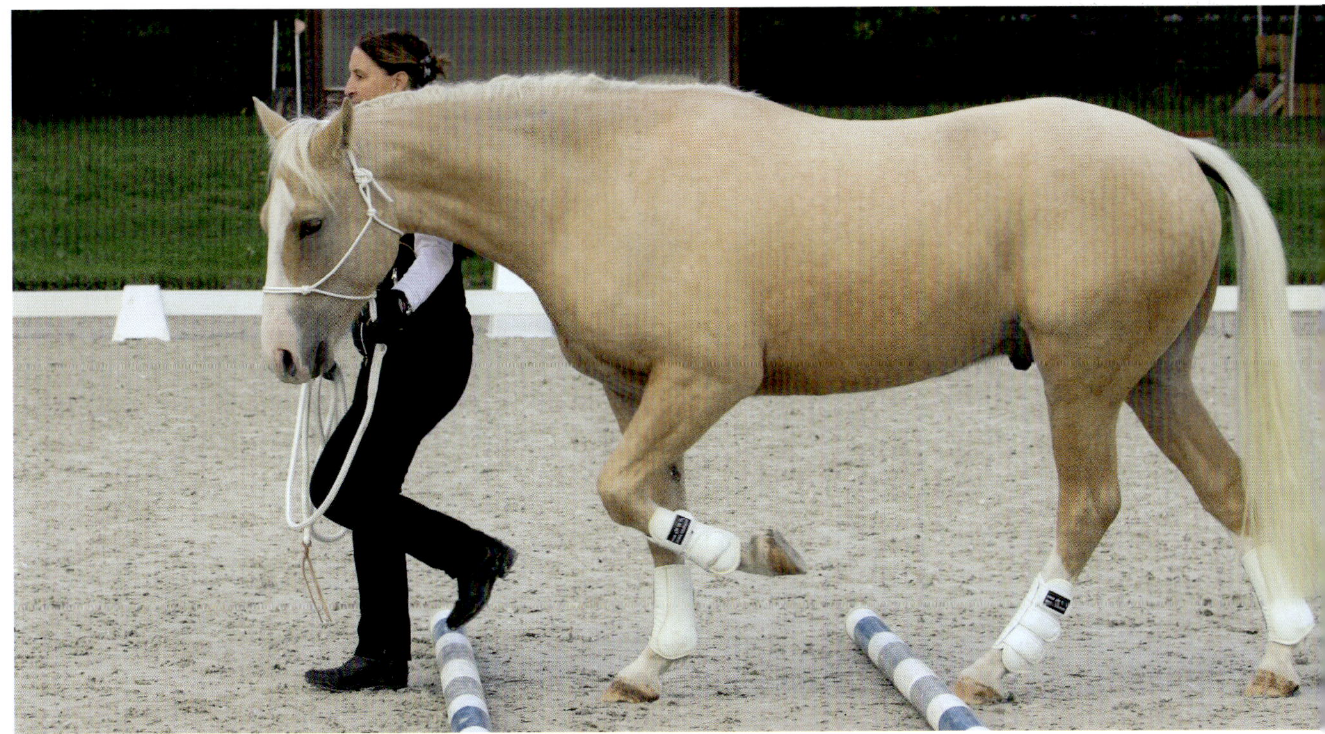

Korrektes Stangentraining ist ein ausgezeichnetes Workout für Bauch- und Rückenmuskulatur.

Bei diesem Lernprozess wird auch die Konzentrationsfähigkeit der Pferde verbessert. Optische Hilfsmittel, wie Stangen oder Pylonen helfen natürlich grundsätzlich den Pferden dabei, sich besser auf eine Aufgabe zu konzentrieren.

Eines der häufigsten Probleme in der Pferdeausbildung ist mangelnde Konzentrationsfähigkeit. Eine große Zahl der Pferdebesitzer beklagen, dass ihr Pferd ständig abgelenkt sei. Eine längere konzentrierte Arbeit sei nicht möglich, da sich das Pferd von diversen Umweltreizen ablenken ließe.
Ohne an dieser Stelle zu tief in die Verhaltenslehre einzusteigen, muss jedoch klargestellt werden, dass das konstante „Scannen" der Umwelt für ein Fluchttier keine Unart, sondern ein überlebenswichtiger Urinstinkt ist. Pferde müssen winzige Veränderungen in ihrer Umgebung wahrnehmen. Es sollte also niemals das Ziel sein, die Pferde gegen Umweltreize zu desensibilisieren bis sie abstumpfen.

Vielmehr ist es unsere Aufgabe, dem Pferd bei der Einordnung der Umweltreize zu helfen. Das Pferd soll lernen, sich auf die Führperson zu fokussieren. Die Reize beziehungsweise die Signale, die von der Führperson ausgehen, haben Vorrang, alle anderen Reize sind weniger relevant. Der Mensch wird für das Pferd so zum Hauptsignalgeber.

Der Mensch wird für das Pferd zum Hauptsignalgeber.

Wird dieses Ziel erreicht, sind wir auch immer wieder in der Lage, die Aufmerksamkeit des Pferdes auf uns zu fokussieren. Die viel beschriebene „Käseglocke" über dem Pferd-Mensch-Team kann so entstehen und im Laufe der Ausbildung immer verlässlicher werden. Dieser Effekt lässt sich dann auch im Sattel spüren.

In Kapitel 2 werden zunächst die Grundlagen des Stangentrainings beschrieben. Kapitel 3 stellt dann weiterführende Lektionen innerhalb des Geschicklichkeitstrainings mit Stangen vor.

Streben wir diese Harmonie zwischen Pferd und Mensch an, so kann das klar strukturierte Training mit Stangen hierbei unterstützend wirken.

Allerdings sind einige Regeln zu beachten:

- Das Führtraining muss vor dem Einsatz der Stangen gut funktionieren.
- Der Trainingsaufbau muss dem Lernziel „Stangen werden nicht mehr berührt" angepasst sein.
- Der Einsatz von Lob und Korrektur sollte stets angemessen und für das Pferd nachvollziehbar sein.
- Alle Übungen werden sowohl mit der linken als auch mit der rechten Hand geführt.
- Eine Überforderung der Pferde sollte vermieden werden, daher wird das Training schrittweise gesteigert.
- Bei jeder Trainingseinheit muss das richtige positive Ende gefunden werden.

Aufgabe:

Das Pferd überquert mit uns Stangen.

Zielsetzung:

Unsere Hilfengebung soll kaum sichtbar sein.

Wir möchten die Stangen in der 1. Führposition gemeinsam mit unserem Pferd überqueren, ohne die Stange zu berühren. Dabei ist die Achtsamkeit unseres Pferdes deutlich erkennbar. Das Überqueren der Stange soll flüssig absolviert und sowohl mit der linken als auch mit der rechten Führhand gezeigt werden. Unsere Hilfengebung soll kaum sichtbar sein. Beherrscht ein Pferd diese Grundübung sicher, können wir auch beim Longieren oder Reiten über am Boden liegende Stangen oder Cavalettis eine deutlich erhöhte Achtsamkeit der Pferde erkennen.

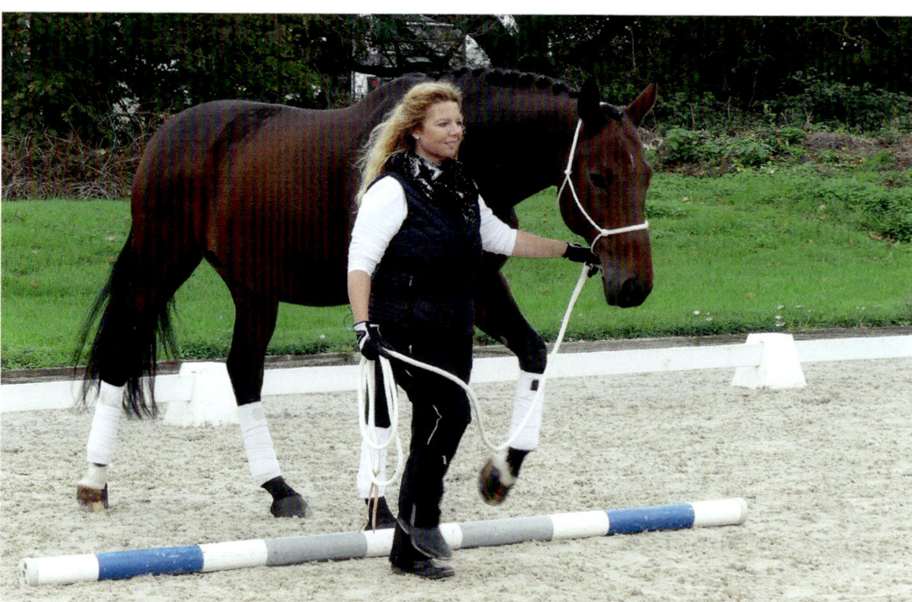

Entspanntes und zugleich achtsames Überqueren einer Stange

Durchführung:

- Vorab muss darauf hingewiesen werden, dass es durchaus Pferde gibt, die Angst vor am Boden liegenden Stangen haben. In einem ersten Schritt sollten wir also zunächst die Reaktion auf die Stange testen. Ist die Reaktion unauffällig, beginnen wir mit dem Training.
  Ich empfehle für die Pferde das Tragen eines Beinschutzes.
- Der nun vorgestellte Trainingsablauf sollte für das Pferd klar nachvollziehbar sein. Wir loben es nur dann, wenn es darauf achtet, nicht an die Stange zu stoßen. Das Pferd lernt, dass das Ziel darin besteht, die Stange nicht zu berühren. Es muss daher noch einmal hervorgehoben werden, dass es durchaus eine Vielzahl an Pferden gibt, denen das Anstoßen an eine Stange nicht unangenehm ist und sie deshalb auch keinen Grund haben, ihre Hufe mehr zu heben. Für diesen Pferdetypus muss also innerhalb des Trainings eine Motivation entstehen, warum es sich lohnt, achtsam über eine Stange zu treten.

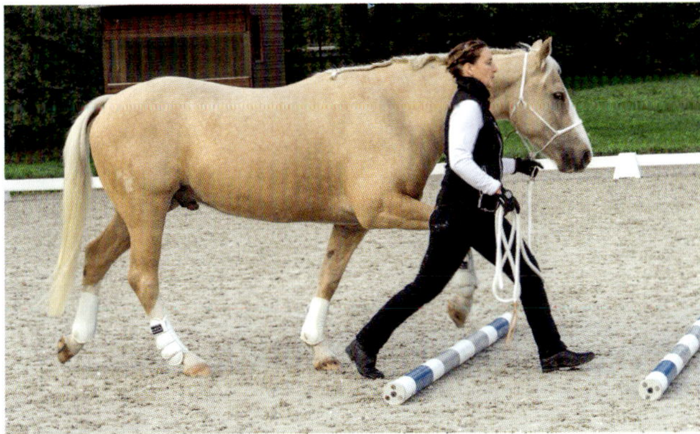

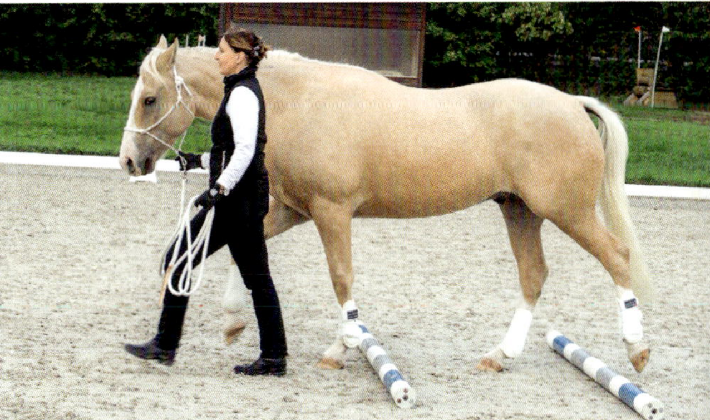

Das Überqueren der Stangen sollte immer auf beiden Führseiten trainiert werden.

- Wir führen das Pferd in der 1. Führposition mittig über die Stange. Um ein Wegrollen der Stangen zu vermeiden, können wir kleine Unterlegblöcke unter die Stangen legen oder halbe Stangen oder Kanthölzer verwenden.
- Wir müssen darauf achten, dass wir auch beim Überschreiten der Stange nicht auf den Boden, sondern nach vorn schauen, unsere Führposition korrekt einhalten und nicht am Pferdekopf ziehen. Spüren wir eine Verlangsamung des Pferdes müssen wir mit dem treibenden Arm einen Vorwärtsimpuls setzen und die Vorwärtsbewegung gegebenenfalls durch ein Stimmkommando (Küsschen) unterstützen.
- Hat das Pferd nun ohne anzustoßen die Stange überquert, loben wir unmittelbar mit der Stimme und kommen nach einigen Schritten gefühlvoll zum Halten.
- Stößt das Pferd an die Stange, wenden wir nach der Stange nach innen ab und führen direkt wieder über die Stange. Es ist ganz entscheidend, dass Lob und Korrektur immer unmittelbar erfolgen. Unser stimmliches Lob kann das Pferd sofort zuordnen.
- Bei der Korrektur kommt es darauf an, für unser Pferd die richtige Verknüpfung herzustellen. Bei der Wiederholung müssen wir darauf achten, dass das Pferd die Chance erhält, wieder gerade auf die Stange zuzugehen. Deshalb empfehle ich, nach dem Uberqueren der Stange etwas nach außen auszuholen, um dann zum Kehrtkreis anzusetzen.

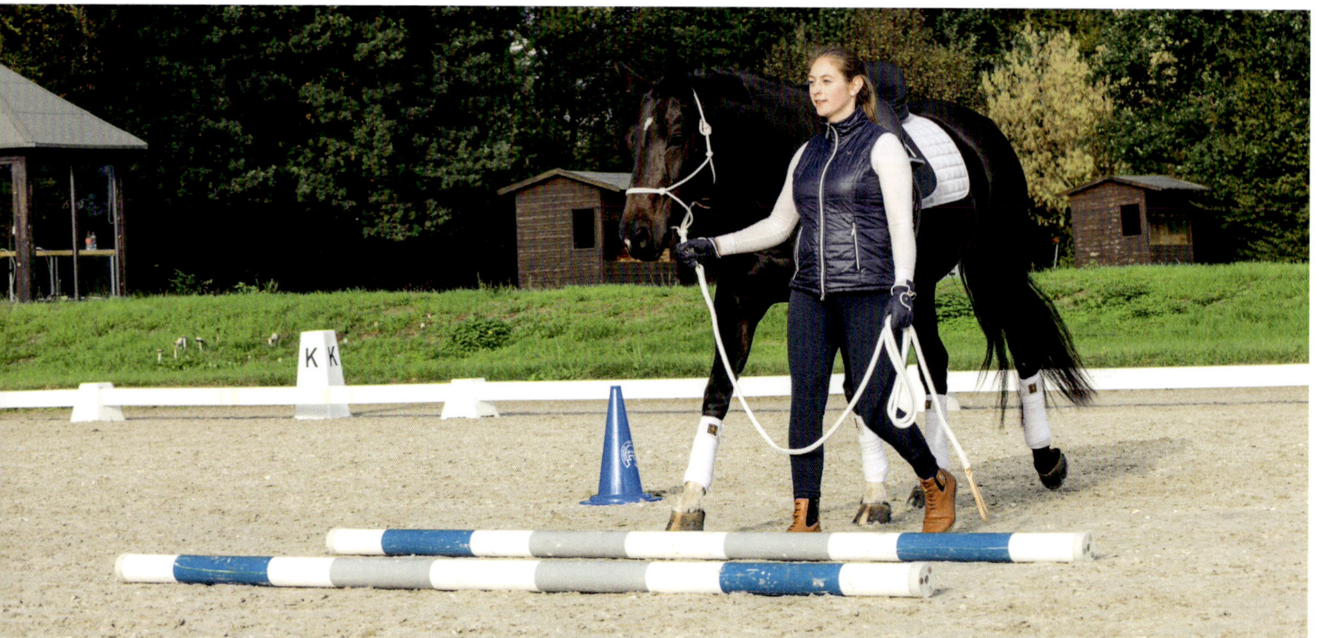

Gerade vor dem Reiten ist das Stangentraining eine gute Übung, um die Konzentration des Pferdes zu verbessern.

- Wir müssen das Pferd unbedingt nach innen abwenden, damit wir in der Wendung gegebenenfalls mit dem treibenden Arm nochmals die Hinterhand aktivieren. Bei einem Abwenden nach außen könnten wir diese unterstützende Hilfe nicht einsetzen. Hier würde vielmehr die Vorhand um die Hinterhand gewendet, sodass die Hinterhand weniger aktiv wäre.
- Wir wiederholen das Abwenden und das erneute Führen über die Stange so oft, bis das Pferd die Stange nicht mehr berührt.
- Ist das Pferd geräuschlos über die Stangen geschritten, loben wir unmittelbar mit der Stimme und halten nach einigen Schritten an.
- War das Überqueren der Stangen mit der rechten Führhand erfolgreich, wiederholen wir nach einem Seitenwechsel die Übung.
- Beim Stangentraining ist es ratsam, kleinschrittig vorzugehen. Benötigt das Pferd einige Korrekturen, um die Stange nicht zu berühren, wiederholen wir diese Übung verteilt auf einige Trainingseinheiten, bis unser Pferd klar erkennbar achtsam über die Stange tritt.
  Erst dann nehmen wir folgende Steigerungen innerhalb des Grundlagentrainings hinzu:
  - Überschreiten von zwei bis drei Stangen
  - Erhöhung der Einzelstange beziehungsweise der Stangenreihe
- Gebogene Linien über Stangen sind grundsätzlich schwieriger und sollten, ebenso wie der Trab, erst trainiert werden, wenn die Basisübungen sicher gelingen. Diese Elemente werden daher erst in Kapitel 3 beschrieben.
- Besonders wichtig ist es, immer das richtige Ende zu finden. Gerade bei der Stangenarbeit ist es nicht sinnvoll, die Übung sehr lange am Stück zu trainieren. Oft lässt dann die Konzentration nach, Fehler schleichen sich ein und es wird schwierig, ein positives Ende zu finden.

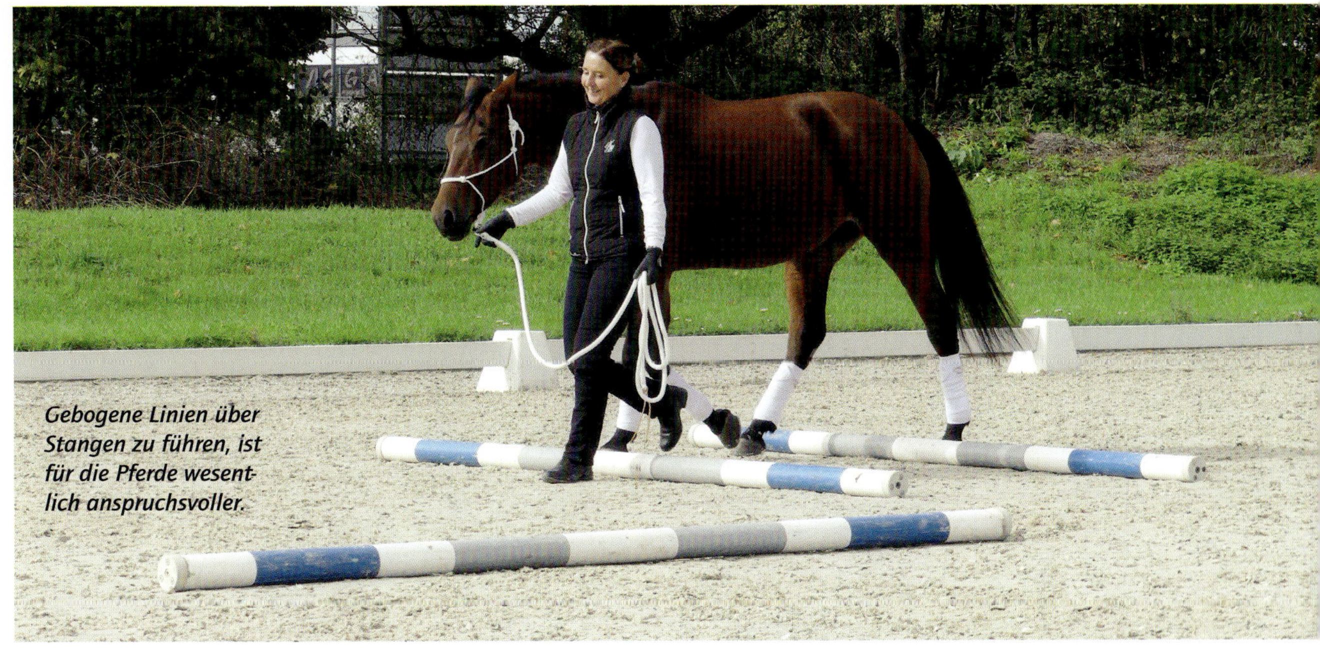

Gebogene Linien über Stangen zu führen, ist für die Pferde wesentlich anspruchsvoller.

Mögliche Probleme und Lösungsansätze:

▶ Das Pferd hat Angst vor der Stange:

Das Scheuen vor einer am Boden liegenden Stange kann ganz unterschiedliche Ursachen haben. Je nachdem, wie fest die Angst verankert ist, müssen wir sehr unterschiedliche Lösungsansätze suchen.

Schön ist, wenn die Pferde die Stangen neugierig beschnuppern.

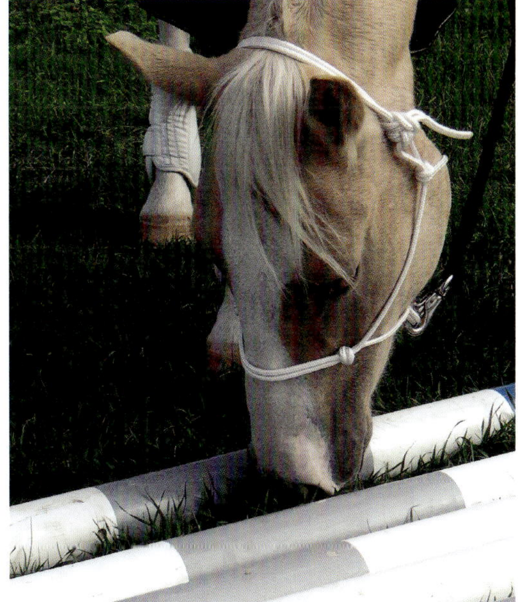

Handelt es sich um einen unsicheren Pferdetyp, der die Stange vorsichtig beäugt, können wir die Annäherung an die Stange langsam steigern. Eine gute Vorgehensweise ist es, die Stangen in das Führtraining zu integrieren, ohne diese zu überschreiten. Wir führen das Pferd an den Stangen vorbei, die Kreise werden um die Stangen angelegt. Auf diese Weise wird das Vorhandensein der Stangen selbstverständlich.

Besonders wünschenswert ist, dass das Pferd neugierig wird und die Stange selbstständig untersuchen möchte. In einem nächsten Schritt gehen nur wir in der 1. Führposition über die Stange. Auch diesen Lernfortschritt festigen wir beim Pferd so lange, bis keine ängstlichen Reaktionen mehr zu entdecken sind. In der Regel funktioniert dann das erste Überqueren mit dem Menschen gut. Möglicherweise macht das Pferd einen kleinen Satz über die Stange. Darauf sollten wir uns einstellen und das Pferd danach keinesfalls bestrafen, sondern mit der Stimme unmittelbar loben. Erfahrungsgemäß wird das Überschreiten der Stange im Trainingsverlauf immer ruhiger.

Im Moment des Überquerens der Stange muss das Knotenhalfter unbedingt am Pferdekopf „schweben".

▶ Pferd stößt trotz mehrfacher Korrekturen immer noch an die Stange:
Zunächst sollten wir beim Überqueren der Stange unsere Führtechnik überprüfen. „Befinden wir uns vor den Ohren des Pferdes?", „Wirken wir bremsend und erreichen wir mit dem Bodenarbeitsseil nicht die richtige Stelle im Bereich der Schenkellage, um das Pferd anzutreiben?"

Kontraproduktiv wirkt ebenfalls ein Ziehen am Knotenhalfter. Im Moment des Überquerens der Stange muss das Knotenhalfter unbedingt am Pferdekopf „schweben". Sind die 1. Führposition und unsere Körperhaltung korrekt, können wir kurz vor der Stange mit dem treibenden Arm einen deutlichen Impuls zur Aktivierung der Hinterhand geben und diesen verbal unterstützen. Entscheidend sind wie immer die richtige Dosierung und das Timing unserer Hilfe.

Aufgabe:

Das Pferd hält entspannt über der Stange an.

Zielsetzung:

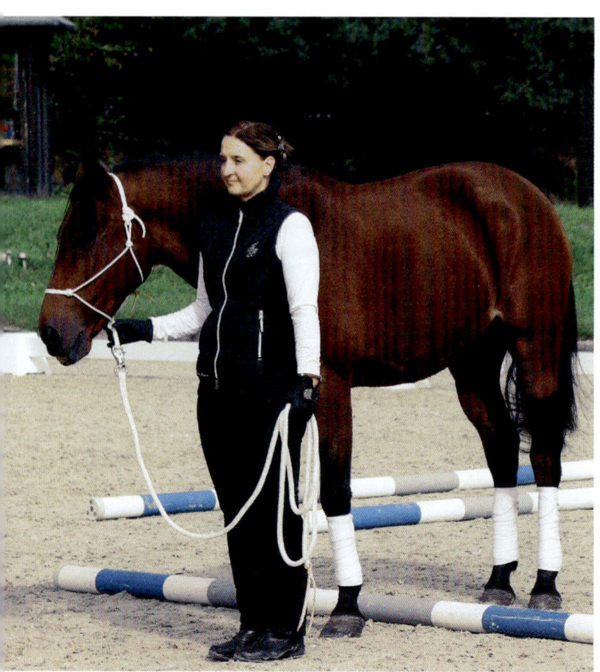

Die Vorhand sollte näher an der Stange stehen als die Hinterhand.

Wir halten das Pferd über einer Stange an, sodass sich die Stange zwischen Vor- und Hinterhand befindet. Dabei soll sich die Vorhand näher an der Stange befinden als die Hinterhand. Das Pferd wartet so lange ab, bis es von uns wieder ein Signal zum Antreten bekommt. Die Stange darf zu keiner Zeit vom Pferd berührt werden. Als Fernziel streben wir das geschlossene Stehen des Pferdes über der Stange an.

Unsere Hilfengebung sollte minimal sein. Beim Antreten über der Stange soll die Achtsamkeit des Pferdes, das heißt das erhöhte Abfußen erkennbar sein.

Das Halten über der Stange stellt eine Verfeinerung des punktgenauen Anhaltens und des Stillstehens dar. Viele Pferde bleiben ungern über einer Stange stillstehen, da ein Gegenstand unter ihrem Bauch Unbehagen hervorruft.

Lernen die Pferde auch über oder in einer Stangenformation zu verharren, zeigt dies deutlich, dass sie gelernt haben abzuwarten, bis ein neues Signal erfolgt. Dieses „Abwarten" ist für die gesamte Pferdeausbildung ein wichtiger Baustein.

Durchführung:

- Wir sollten das Halten über der Stange nicht zu früh in das Training miteinbeziehen, da es häufig dazu führt, dass die Pferde wieder an die Stangen stoßen. Als Voraussetzungen gelten ein punktgenaues Halten auch ohne Bande und das flüssige Überschreiten der Stangen, ohne diese zu berühren.

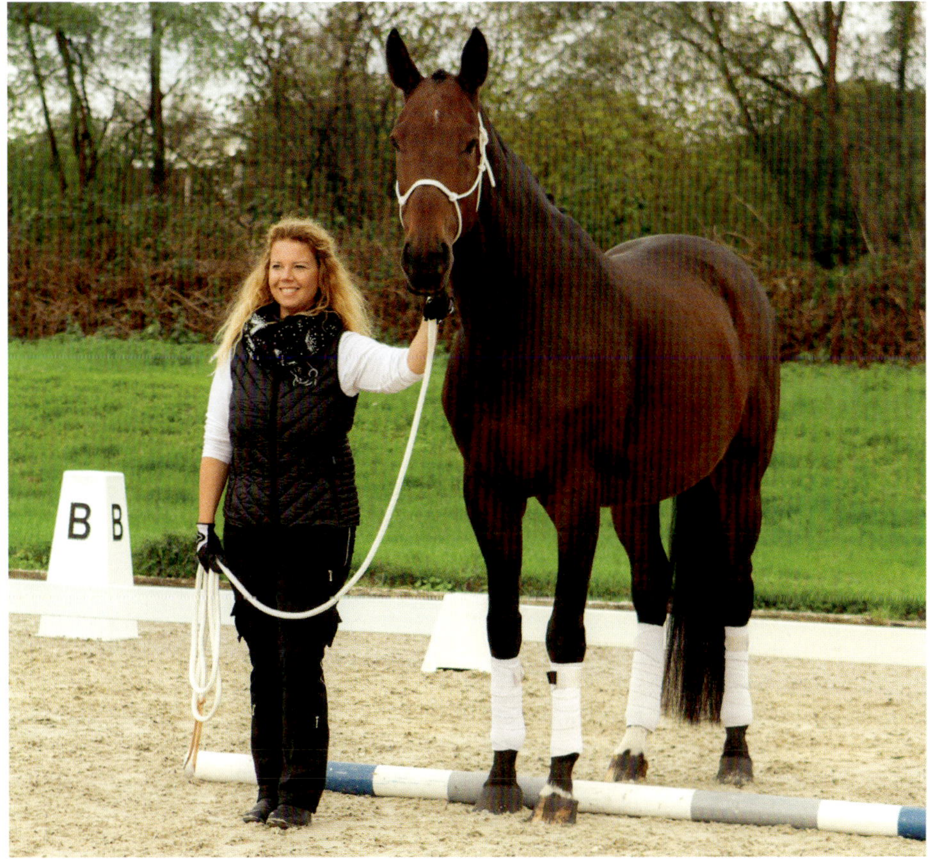

„Abwarten" ist für die gesamte Pferdeausbildung ein wichtiger Baustein.

Das Ziel ist das geschlossene Stillstehen über einer Stange.

- Zu Beginn ist es ratsam, die Stange quer auf den Hufschlag an die Bande zu legen, sodass das Pferd zumindest an einer Seite durch die Bande eine Begrenzung hat.
- Wir führen das Pferd in der 1. Führposition. Beim Halten über der Stange müssen wir im richtigen Moment die Hilfe zum Halten geben. Wird die Führposition richtig eingehalten, zupfen wir in dem Moment impulsartig am Knotenhalter und sagen „Whoa", wenn das erste Vorderbein abfußt. Dabei schauen wir geradeaus und werden nach dem Impuls sofort wieder weich in der Hand. Hat unser Pferd angehalten, loben wir es mit der Stimme.
- Zum Antreten ist es entscheidend, dass wir gefühlvoll den treibenden Arm einsetzen und anschließend gemeinsam mit dem Pferd losgehen. Da die Pferde mit den Hinterbeinen große Schritte machen müssen, um die Stange ohne Berührung zu übertreten, sollten wir die Hinterhand mit dem Bodenarbeitsseil aktivieren.

Mögliche Probleme und Lösungsansätze:

▶ Das Pferd hält nicht über der Stange an:

Es gibt verschiedene Gründe, warum diese Übung nicht gelingt. Häufig ist das präzise Halten noch nicht genug gefestigt. Dann sollten wir es zunächst ohne Einbeziehung

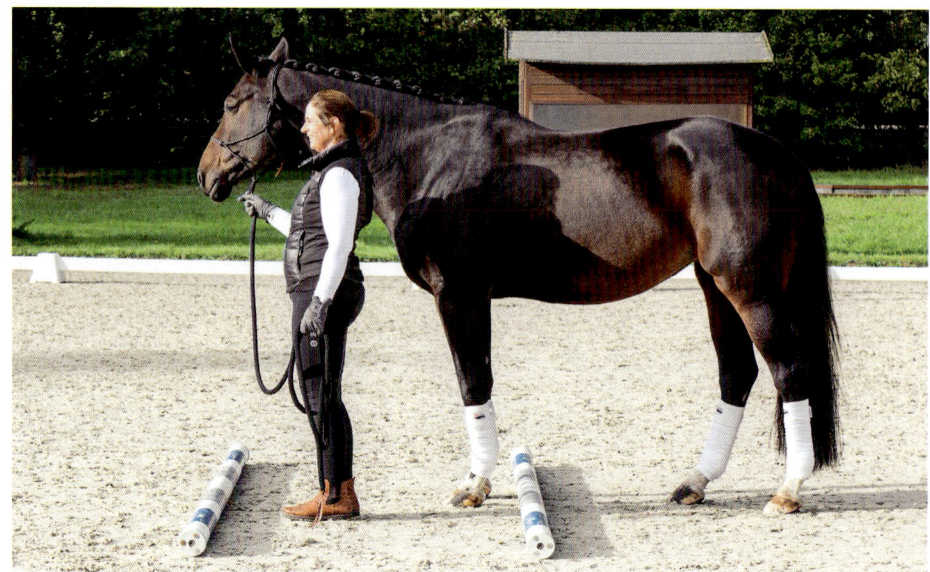

Anspruchsvoller ist das Halten über einer Stangengasse als das Halten über einer Einzelstange.

von Stangen verbessern, bis aus einem sehr flüssigen Schritt ein promptes Halten ohne Impuls am Halfter sicher ausgeführt werden kann.

Möglich ist auch, dass unsere Hilfengebung zum Halten nicht im richtigen Moment erfolgt. Die Erfahrung zeigt immer wieder, dass es vielen von uns schwerfällt, während des eigenen Überschreitens der Stange den Impuls zum Halten zu geben. Kommt dieser Impuls zu spät, haben die Pferde längst den Reflex, auch mit der Hinterhand über die Stange zu schreiten. Ziehen wir dann am Knotenhalfter, reagiert unser Pferd mit Gegendruck und läuft einfach weiter.

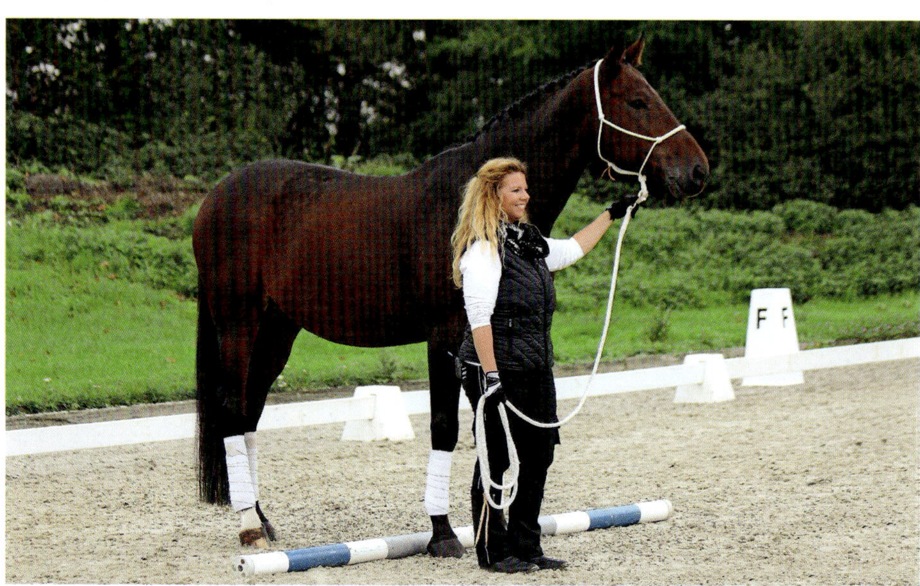

Beim Halten über der Stange muss der Mensch auch entspannt stehen.

Ein wichtiger Tipp für die Führperson:
Selbstverständlich müssen auch wir entspannt stehen. Sind wir extrem angespannt oder versuchen sogar, unser Pferd festzuhalten, wird dies nicht zu einem ruhigen Stehen des Pferdes beitragen. Ein wunderbarer Hinweis ist hier die eigene Atmung zu kontrollieren und bewusst und lange auszuatmen.

Selbstverständlich müssen auch wir entspannt stehen.

Aufgabe:

Wir treten gemeinsam mit dem Pferd rückwärts durch die Stangengasse.

Zielsetzung:

Das Pferd soll gemeinsam mit uns rückwärts durch eine Stangengasse treten, ohne an eine Stange zu stoßen. Dabei sind die fünf Kriterien für das Rückwärtstreten-Lassen einzuhalten:

- prompt
- flüssig
- gerade
- leicht aufgewölbter Rücken
- taktrein

Selbst wenn das Pferd während des Rückwärtstreten-Lassens etwas schief wird, sollten wir unter Beweis stellen, dass wir das Pferd aus der 1. Führposition heraus korrigieren können. Damit ist es möglich, die Bewegungsrichtung beim Rückwärtstreten-Lassen zu ändern. Mit dieser Lektion wird die Achtsamkeit auf unsere Hilfengebung extrem verbessert. Selbstverständlich kann das flüssige Rückwärtstreten auch unter dem Reiter durchgeführt werden.

Vor dem Rückwärtstreten-Lassen muss korrekt in der Stangengasse angehalten werden.

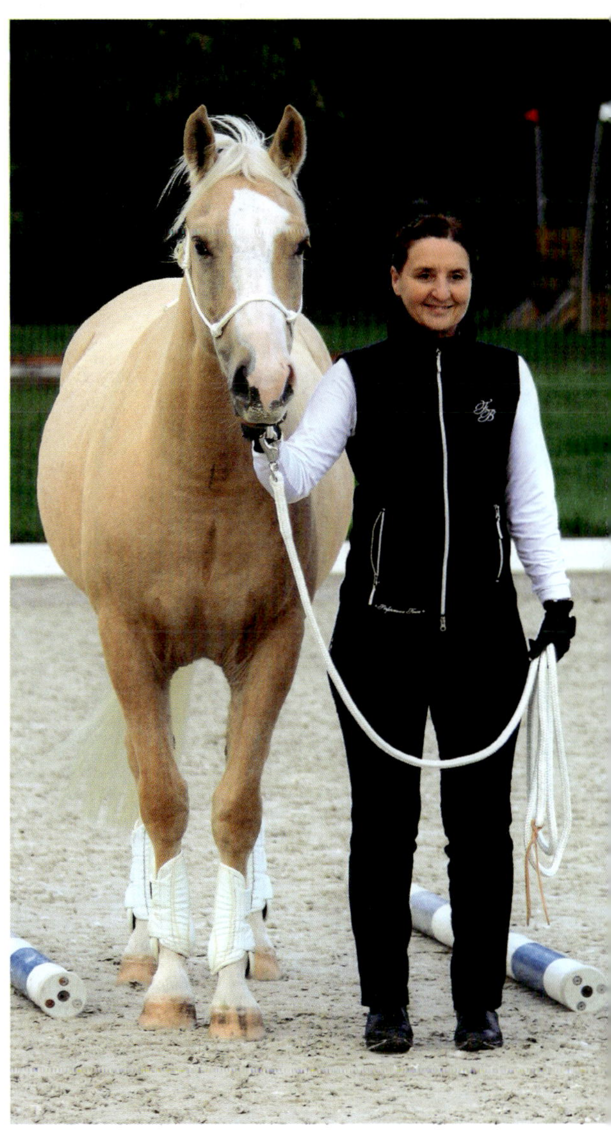

Durchführung:

- Wie schon bei anderen Lektionen muss ich auch hier wieder betonen, wie wichtig die Basisarbeit ist. Das Rückwärtstreten muss auf dem Hufschlag mindestens die ersten drei Kriterien erfüllen, bevor wir mit der Stangengasse überhaupt beginnen können.
- Wir führen in der 1. Führposition in die Stangengasse und halten das Pferd mittig am Ende der Gasse an. Ich empfehle, dass wir gemeinsam mit dem Pferd zwischen den Stangen rückwärtsgehen und beide dabei nach vorn schauen. In der APO ist auch die Möglichkeit vorgesehen, dass sich der Mensch beim Rückwärtstreten-Lassen zum Pferd wendet.
- Auf unseren Schnalztakt tritt das Pferd flüssig und gerade zwischen den Stangen rückwärts.
- Wir müssen dafür sorgen, dass Pferdehals und -kopf dabei gerade sind. Wendet das Pferd beispielsweise den Kopf nach

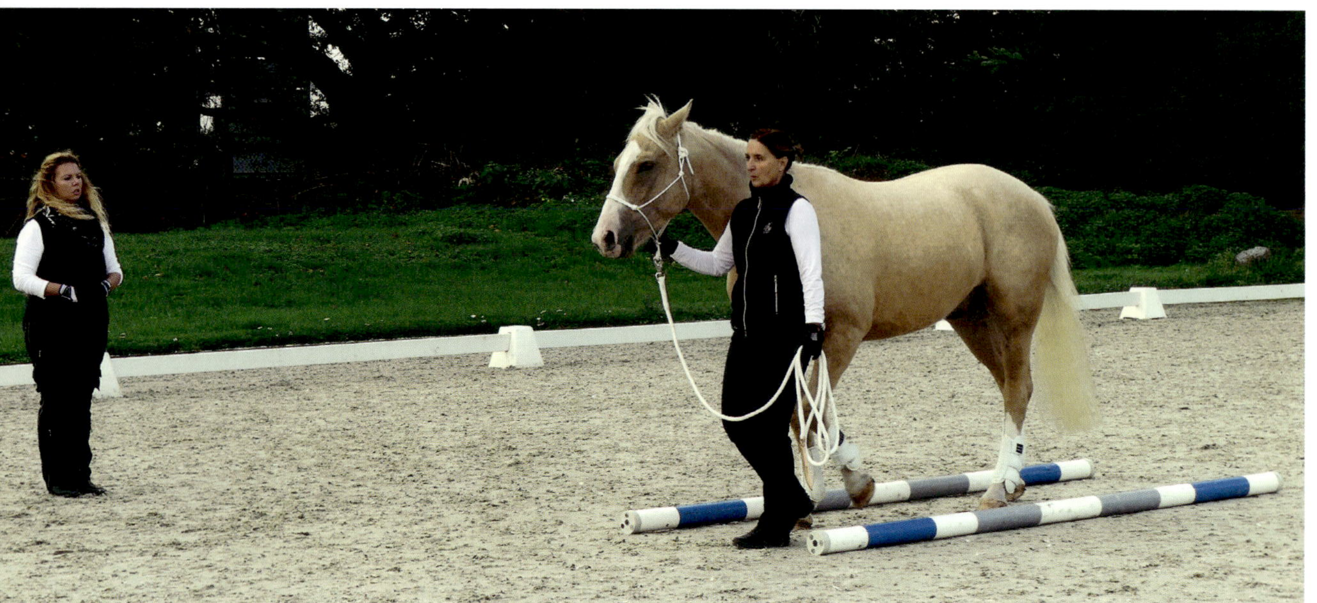

Der Mensch muss stets dafür Sorge tragen, dass der Pferdekopf gerade ist.

außen, sollte er umgehend durch unsere Führhand wieder richtig positioniert werden. Nach der Korrektur gibt unsere Hand sofort nach.

- Das Rückwärtstreten endet, wenn wir stehen bleiben und den Schnalztakt stoppen. Anschließend führen wir geradeaus im Schritt durch die Gasse.

Mögliche Probleme und Lösungsansätze:

▶ Das Pferd geht schief rückwärts:

Durch das Umfassen des Hakens sind wir in der Lage, durch geringe Einwirkung das Pferd beim geraden Rückwärtstreten zu unterstützen.

Beispiel:

Unser Pferd wurde mit der rechten Führhand in die Stangengasse geführt. Während des Rückwärtstretens bricht die Hinterhand nach rechts aus. Wir können dies korrigieren, indem wir kurzzeitig den Pferdekopf leicht nach außen (in diesem Fall nach rechts) stellen. Tritt die Hinterhand nach links aus der Geraden, müssen wir den Pferdekopf entsprechend kurz nach links stellen. Da die Führhand durch das Umfassen des Hakens eine nahe Verbindung zum Knotenhalfter hat, handelt es sich bei diesen Korrekturen nur um zentimetergenaue Bewegungen mit der Hand.

Während der Korrektur verbleibt unser treibender Arm in seiner neutralen Position. Keinesfalls sollten wir versuchen, das Ausbrechen der Hinterhand in der Rückwärtsbewegung mit einem Touchieren der Hinterhand zu korrigieren. Dies würde das Pferd irritieren, da diese Hilfe für das Vorwärtstreiben etabliert wurde. Außerdem wäre diese Korrekturidee auch nur sehr einseitig nutzbar. In der Stangengasse müssten wir uns ja immer auf der Seite befinden, wo die Hinterhand hereintritt.

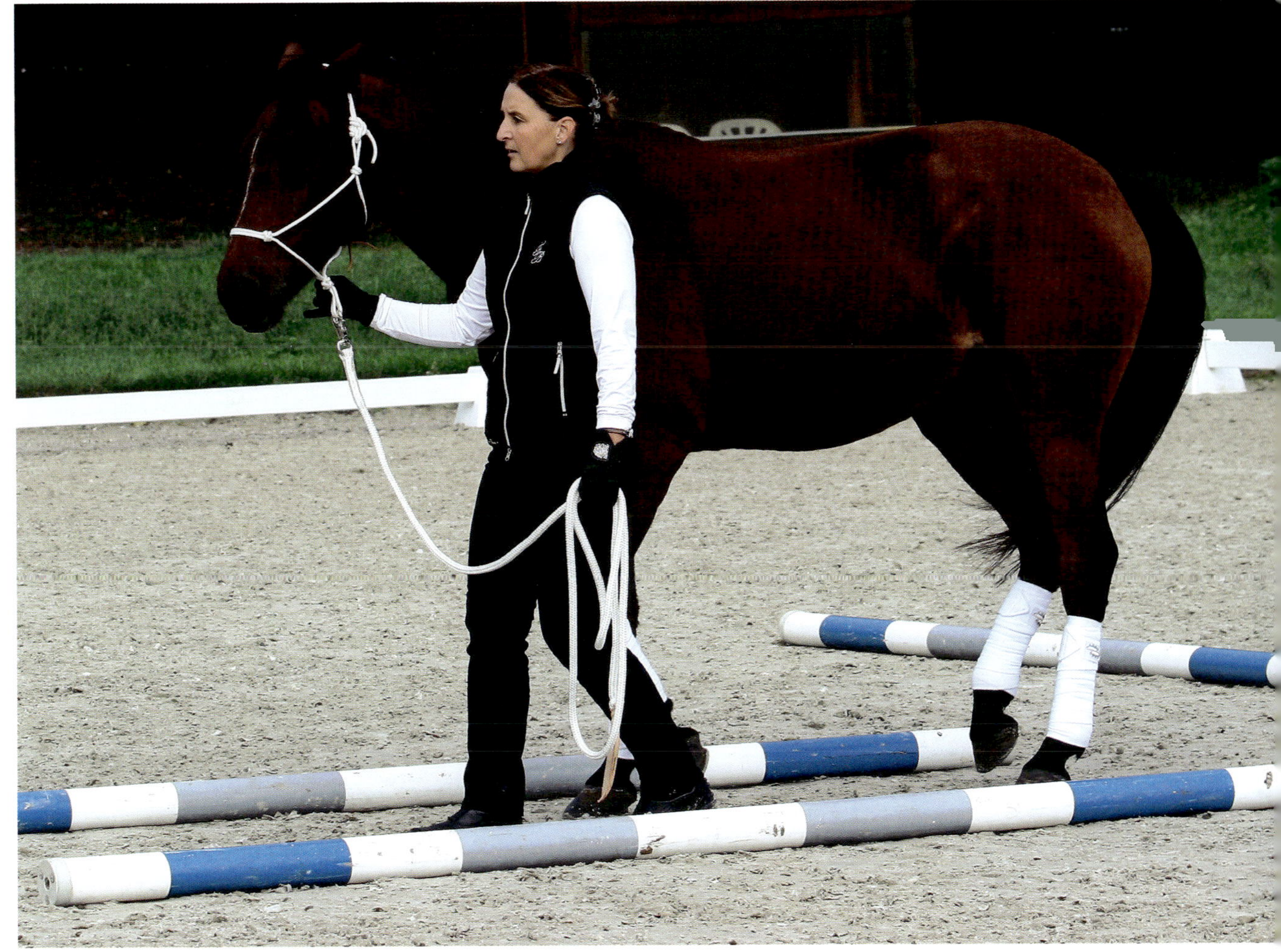

Während des Rückwärtstretens muss die Führperson dafür sorgen, dass der Pferdekopf gerade ist.

Somit ergibt sich, dass die Korrektur über die Positionierung des Pferdekopfes zwar auch wieder etwas Übung und unser Geschick erfordert, sie aber für das Pferd nicht missverständlich und gleichermaßen für beide Seiten einsetzbar ist.

Tipp:

Das Ziel ist es, bei allen Lektionen am Boden ein Gefühl dafür zu entwickeln, ob unser Pferd die Aufgabe gut absolviert. Zu der Entwicklung dieses Gefühls gehört auch, dass wir nicht immer hinschauen müssen. Auch wenn wir nach vorn schauen, können wir im Gesichtsfeld wahrnehmen, ob der Pferdekopf gerade ist oder nicht. Zudem erhalten wir auch eine Rückmeldung über unsere Führhand. Ein Umschauen verändert sofort die Körperachse und beeinflusst somit auch das Pferd. Deshalb sollten wir das Umschauen in der Bewegung vermeiden.

Wer anfangs doch mehr Sicherheit möchte, kann das Rückwärtstreten-Lassen in der Stangengasse zusammen mit einem Helfer durchführen.

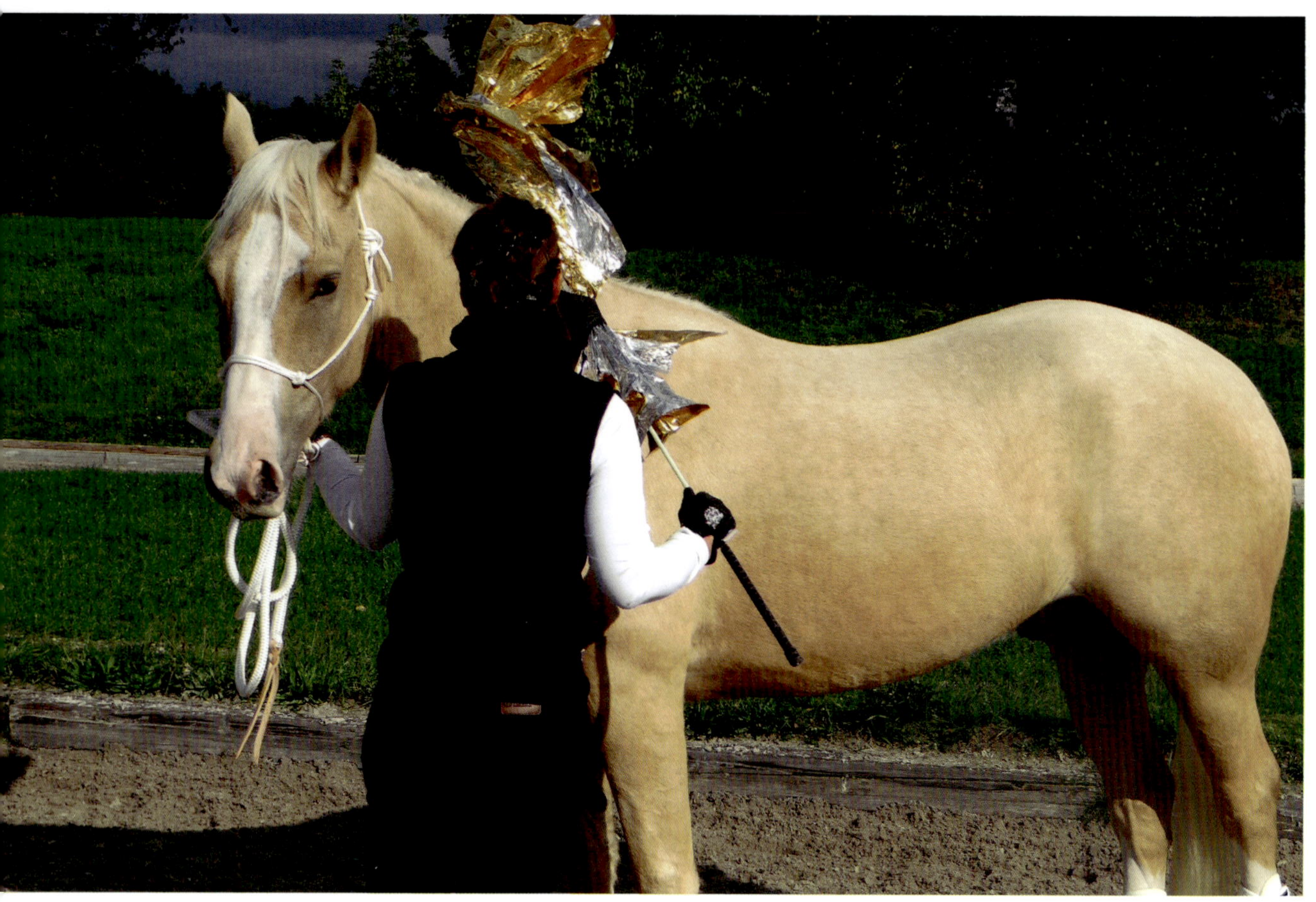

2.4 Gelassenheitstraining

Das dritte Modul im Rahmen des Bodenarbeitsabzeichens Stufe 1 ist das Gelassenheitstraining. Dieser Oberbegriff umfasst neben Hindernissen, die aus der Gelassenheitsprüfung bekannt sind, auch die Arbeit am langen Seil beziehungsweise die Arbeit an der Kurzlonge.

Zum Gelassenheitstraining im Bodenarbeitsabzeichen Stufe 1 gehören laut APO:

- Arbeit am langen Bodenarbeitsseil/ Leitseil
- Engpässe
- Hindernisse aus der Gelassenheitsprüfung (GHP)

Hinweis: Aufgrund meiner Erfahrung empfehle ich die Arbeit am langen Seil beziehungsweise das Training von Engpässen oder Schreckhindernissen erst zu beginnen, wenn die in Kapitel 2.2 und 2.3 beschriebenen Lektionen des Führ- und des Geschicklichkeitstrainings gut beherrscht werden. Begründet werden kann diese Reihenfolge vor allem mit einer erhöhten Sicherheit.

Bei der Arbeit am langen Seil befindet sich die Führperson in einer größeren Distanz zum Pferd. Um diese Aufgabe sicher zu erlernen und auf das Pferd gefühlvoll und unmissverständlich einzuwirken, ist es notwendig, dass das Pferd-Mensch-Team schon gute Vorerfahrungen besitzt.

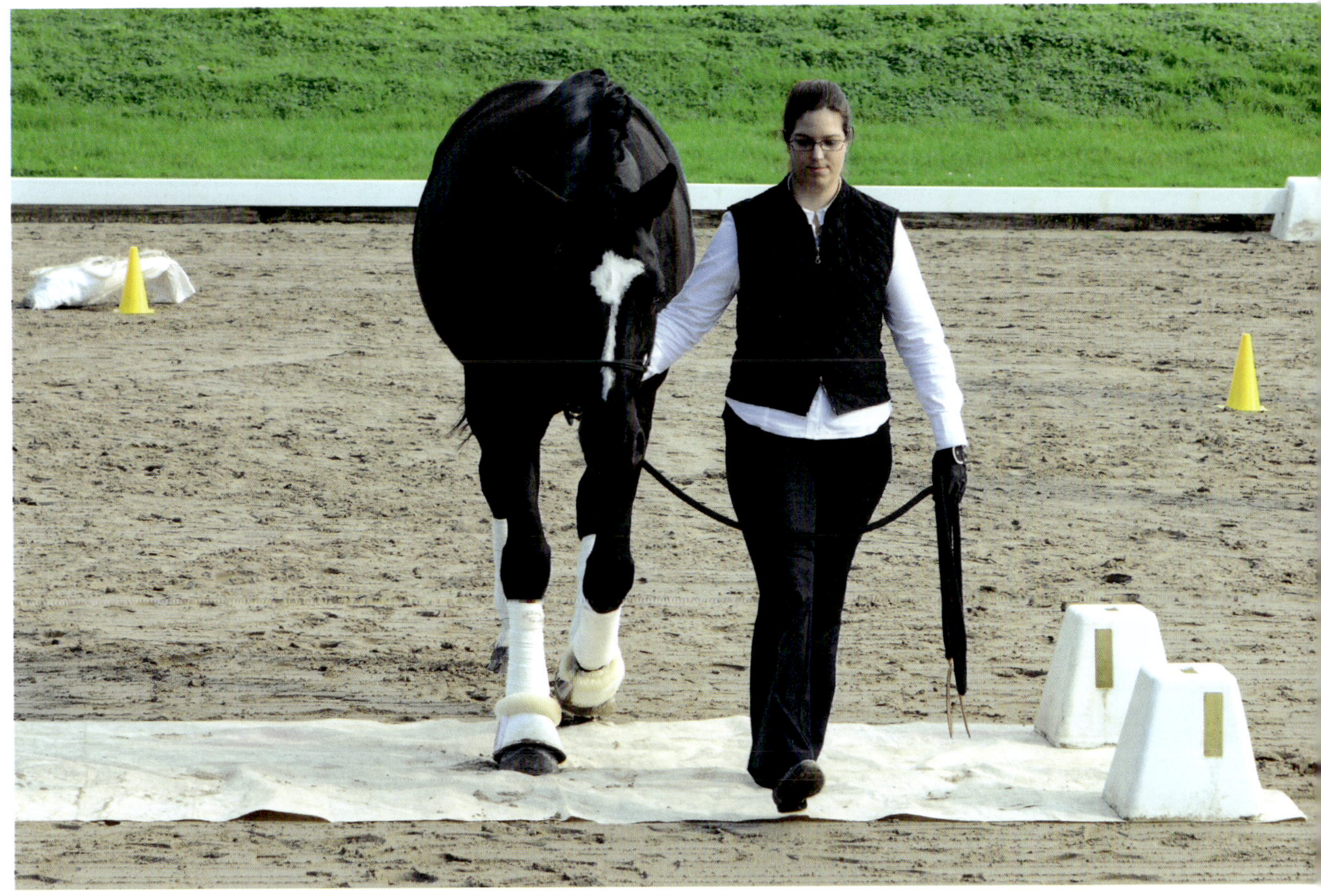

Schreckhindernisse sollten ganz selbstverständlich in das Führtraining integriert werden.

Für das Absolvieren von Engpässen müssen wir die 1. Führposition verlassen. Auch hier sollten wir erst damit beginnen, wenn treibende und verlangsamende Hilfen sicher erlernt worden und das Führen in der 1. Führposition, sowohl für das Pferd als auch uns, selbstverständlich sind.

Das Gelassenheitstraining mit Schreckhindernissen sollte keinesfalls zu Beginn einer Arbeit am Boden stehen. Nach jahrelangen Erfahrungen lässt sich eines klar festhalten: Je höher das Ausbildungsniveau von gymnastizierenden und koordinationsfördernden Lektionen, desto unspektakulärer ist das Gelassenheitstraining.

Je höher das Ausbildungsniveau von gymnastizierenden und koordinationsfördernden Lektionen, desto unspektakulärer ist das Gelassenheitstraining.

Wenn die Pferde im Rahmen des Führ- und Geschicklichkeitstrainings gelernt haben, sich auf unsere Hilfengebung zu konzentrieren und sich eine vertrauensvolle Arbeitsweise gefestigt hat, sind Schreckhindernisse wesentlich leichter integrierbar.

Vor diesem Hintergrund empfehle ich aus Sicherheitsgründen, zuerst die Elemente des Geschicklichkeitstrainings und im Anschluss daran die Übungen aus dem Gelassenheitstraining, wie die Arbeit am langen Seil oder Engpässe, in die Ausbildung aufzunehmen.

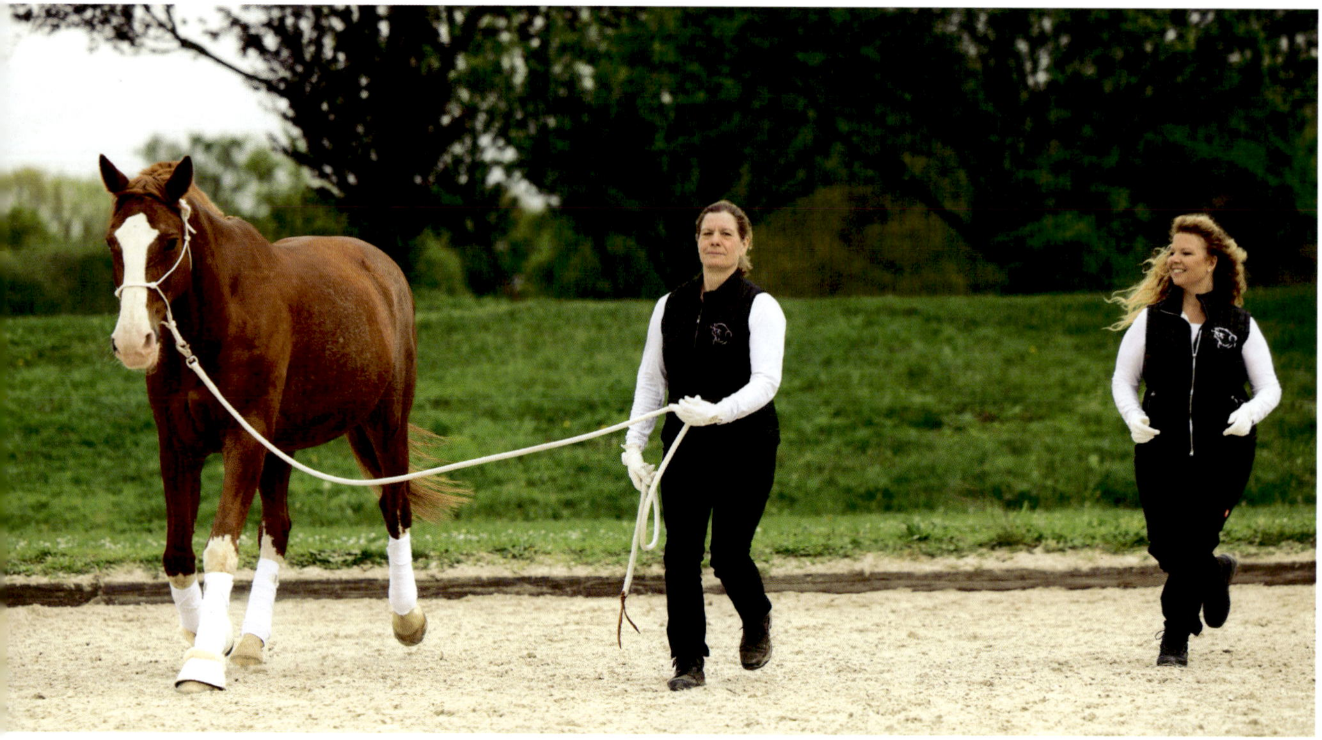

2.4.1 Arbeit am langen Seil

Aufgabe:

Das Pferd geht im Schritt Kreise am langen Seil und hält punktgenau auf beiden Händen.

Zielsetzung:

Bei der Arbeit am langen Seil bewegt sich unser Pferd an einem Bodenarbeitsseil in einem Abstand von mindestens 2,5 m bis 5 m zu uns. Es soll so lange stillstehen bleiben, bis wir die Führposition für die Arbeit am langen Seil eingenommen haben und das Pferd ein Signal zum Antreten erhalten hat. Das Pferd soll anschließend auf einer kreisförmigen Linie im Schritt um uns herumtreten. Auf eine minimale Hilfe soll das Pferd punktgenau halten, stillstehen und wieder antreten. Als Steigerung bauen wir auch Übergänge zwischen Schritt und Trab ein.

Einführung in die Arbeit am langen Seil

Das Ziel der Arbeit am langen Seil besteht darin, das Pferd auch aus einer größeren Entfernung mittels minimaler Hilfengebung bewegen und steuern zu können. Wie zuvor beschrieben, trainieren wir diese Arbeit äußerst exakt.
Ein großer Gewinn für die gesamte Ausbildung des Pferdes besteht im Stillstehen und Abwarten, bis das Pferd ein neues Signal von uns erhält. Wir trainieren, dass das Pferd stehen bleibt, obwohl wir uns entfernen. Die feste Verankerung dieser Lektion erleichtert uns vieles, wie das Longieren, Aufsteigen, Abspritzen, Verladen, das Einspannen usw.

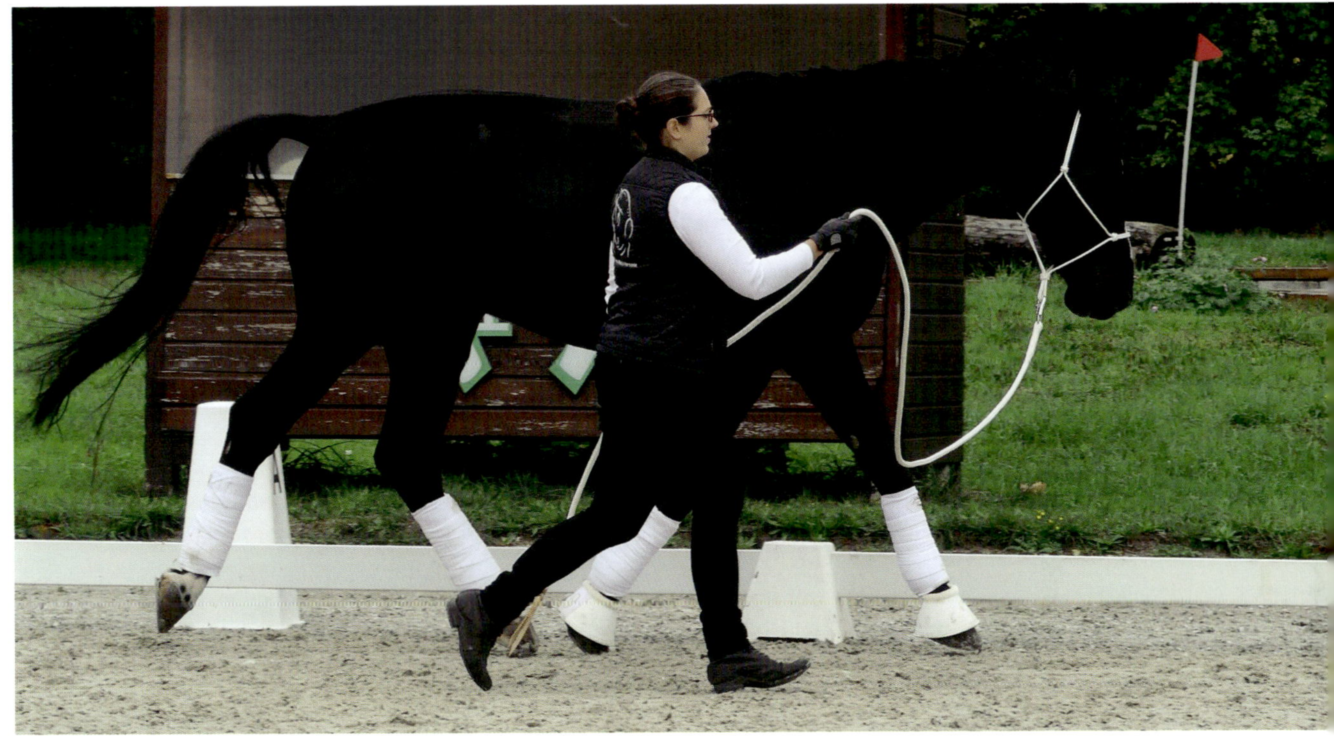

Das Ziel der Arbeit am langen Seil besteht darin, sich mit dem Pferd durch die ganze Reitbahn bewegen zu können.

Den Kern der Arbeit am langen Seil bildet die richtige Position zum Pferd in Verbindung zu einer individuell und perfekt abgestimmten Hilfengebung. Auch hier besteht das Fernziel darin, dass sich das Pferd nahezu unsichtbar beschleunigen und verlangsamen lässt.

Da die Arbeit am langen Seil viel Abwechslung in die Ausbildung am Boden bringt, sollten wir sie unbedingt integrieren. Sie bietet uns die Möglichkeit, ohne den Wechsel der Ausrüstung von der 1. Führposition und den gymnastizierenden Lektionen, einfach zur Arbeit am langen Seil überzugehen. Daher sollte das Seil tatsächlich das Mindestmaß von 3,70 m besitzen.

Im nächsten Kapitel werden weiterführende Lektionen am langen Seil erklärt, die dann dazu führen, dass wir uns mit unserem Pferd durch die ganze Bahn im Schritt und im Trab, später auch im Galopp bewegen können. Diese Form der Arbeit können wir nur mit einem langen Seil und nicht mit einer Kurzlonge durchführen, da wir mit dem Ende einer Kurzlonge nicht so treibend einwirken können wie mit einem Bodenarbeitsseil. Zu der Arbeit auf Distanz mit einer Kurzlonge müssten wir immer auch noch eine Gerte oder eine Peitsche hinzunehmen. Diese lässt sich niemals so neutral senken wie ein Seil und ist bei den Handwechseln immer etwas umständlich. Letztendlich gilt wieder das gleiche Fazit wie bei der Führarbeit ohne Gerte:

Wenn diese Lektionen auch ohne zusätzliche Ausrüstung möglich sind, sollten wir doch diesen Weg anstreben. Je weniger desto harmonischer!

Beginnen wir die Arbeit am langen Seil zu früh oder mit für die Pferde missverständlichen Signalen, birgt sie natürlich auch ein Sicherheitsrisiko.

Die Arbeit am langen Seil bietet uns einen vielfältigen Nutzen für die Ausbildung der Pferde. Neben der Tatsache, dass sie innerhalb einer Trainingsfrequenz auch immer wieder vorwärtsgeschickt werden können, um sie gegebenenfalls zu lösen, ist diese Ausbildungsform auch die notwendige Vorarbeit für die Freiarbeit.

Ich rate nicht dazu, mit einem Pferd die Freiarbeit zu beginnen, wenn die Grundlagen der Arbeit am langen Seil nicht sicher beherrscht werden. Denn Missverständnisse in der Kommunikation können zu gefährlichen Situationen führen. Freiarbeit ist, wenn sie seriös erlernt wurde, eine wunderschöne Form mit unserem Pferd zu arbeiten. Sie ist aber ein Trainingsmodul für Fortgeschrittene und sollte keinesfalls ohne Vorkenntnisse als Start für die Ausbildung am Boden dienen.

Die meisten Unfälle im Pferdesport passieren tatsächlich am Boden und daher ist es umso wichtiger, die Risiken zu minimieren. Die Ausbildung am Boden kann hier einen sehr wertvollen Beitrag leisten. Erarbeiten wir die Arbeit am langen Seil schrittweise mit bereits fortgeschrittenen Pferden, leistet sie einen wichtigen Baustein, da die Konzentration des Pferdes auf uns, auch aus der Entfernung, sicher funktioniert.

Beginnen wir die Arbeit am langen Seil allerdings zu früh oder mit für die Pferde missverständlichen Signalen, birgt sie natürlich auch ein Sicherheitsrisiko, da wir uns ähnlich der Longierposition zum Pferd wenden. Deshalb muss vor Beginn der Arbeit auch immer darauf hingewiesen werden, dass wir besonders achtsam sein sollten. Wie wir diese Arbeit nun nachvollziehbar und in kleinen Schritten trainieren, wird im Folgenden erklärt.

Durchführung:

Wie kann ich „von Lob zu Lob trainieren"?

- Wie bei allen neuen Lektionen steht wieder zu Beginn die Idee: „Wie kann ich „von Lob zu Lob trainieren"?" Das soll heißen, wie wählen wir für unsere spezielle Situation, also für das individuelle Lernverhalten unseres Pferdes den Trainingsaufbau so, dass wir möglichst schnell zum Loben kommen, da unser Pferd die Aufgabe gut ausgeführt hat?

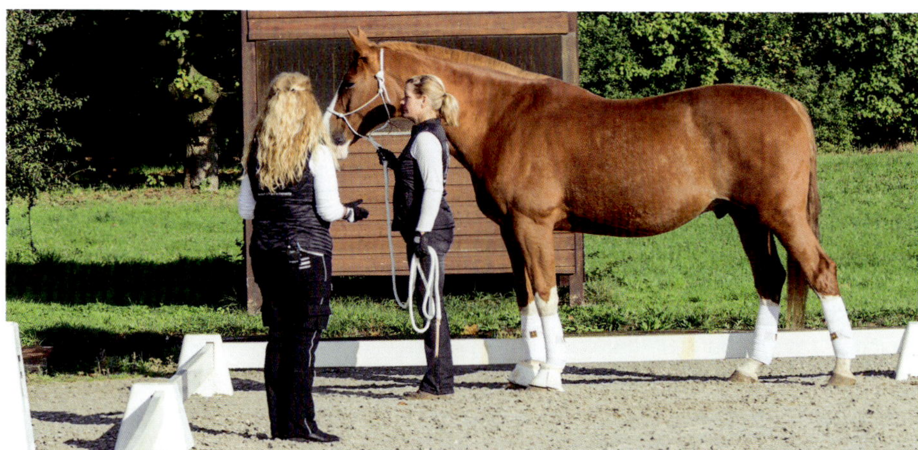

Vor dem Übergang zur Arbeit am langen Seil wird das Pferd vor der Ecke angehalten.

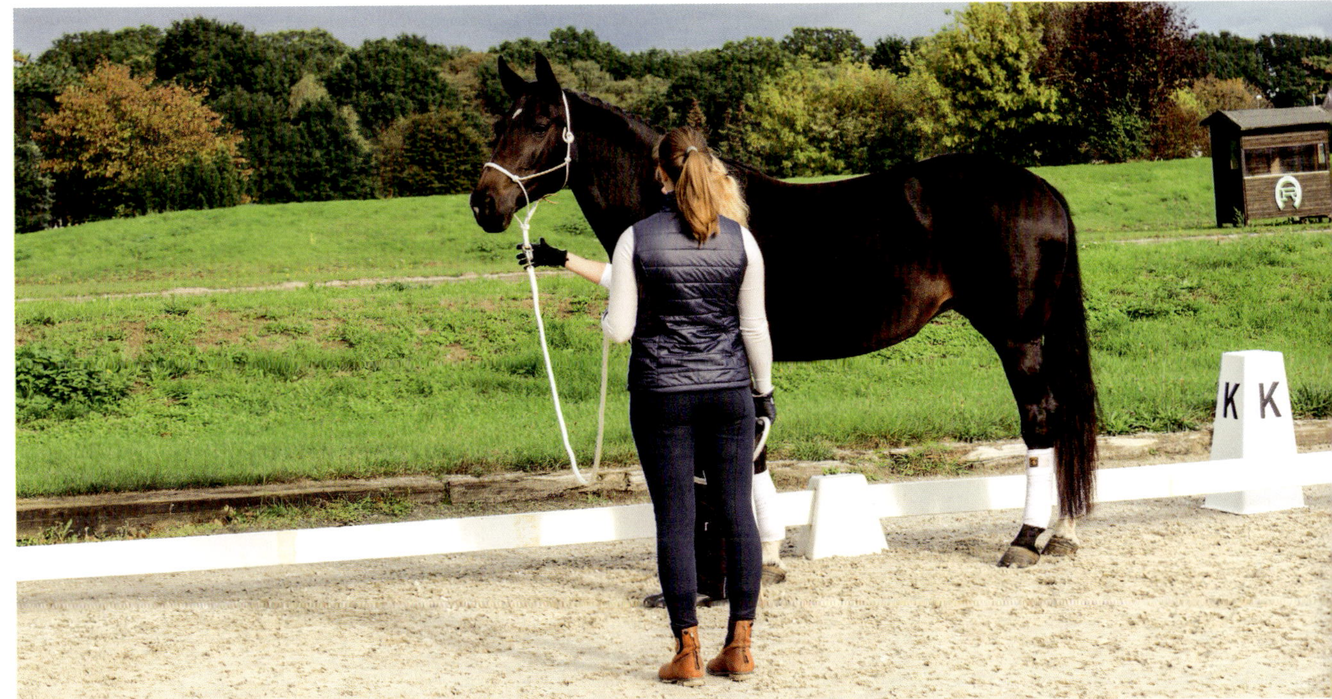

Das Pferd soll so lange stehen bleiben, bis es ein Signal zum Antreten bekommt.

- Zu Beginn der Arbeit am langen Seil gibt es sehr viele entscheidende Vorüberlegungen und Voraussetzungen: Zunächst müssen die Lektionen des Führ- und Geschicklichkeitstrainings wirklich sicher sitzen. Dazu gehört auch, dass die verbalen Kommandos ausreichend etabliert sind, um das Pferd zu beschleunigen, anzuhalten oder antraben zu lassen. Sind noch deutliche taktile Hilfen notwendig, ist es für die Arbeit am langen Seil zu früh.
- Auch der Ort für die Arbeit am langen Seil muss gut gewählt werden. Ich empfehle eine ruhige Ecke in der Reithalle mit einer Bande ohne Verletzungsgefahr.
- Es ist ratsam, den Zeitpunkt für die erste Einführung ebenfalls mit Bedacht auszusuchen. Bodenarbeit soll natürlich immer und überall funktionieren, aber für einen Trainingsbeginn ist die Lernatmosphäre immer ausschlaggebend. Die Phase, in der gerade die anderen Pferde auf die Wiese gestellt werden oder an einer Baustelle gearbeitet wird, ist nicht geeignet. Das Pferd sollte in der Trainingseinheit bereits etwas Bodenarbeit absolviert sowie grundsätzlich ausreichend Auslauf und Bewegung haben.
- Wir führen das Pferd in der 1. Führposition vor eine Ecke und halten es dort an. Zur besseren Nachvollziehbarkeit nehmen wir die linke Hand. Wir möchten nun erreichen, dass das Pferd genau in dieser Position stehen bleibt, bis wir uns ausreichend entfernt haben und ein Stimmsignal (Küsschen) zum Antreten geben.
- Dazu drehen wir uns mit dem Körper zum Genick des Pferdes und sortieren das Seil so, wie wir es später benötigen. Das Ende des Seils kommt in unsere rechte Hand und eine Schlaufe in die linke Hand. Wir sagen „Whoa" und gehen rückwärts auf Genickhöhe des Pferdes nach hinten, dabei lassen wir die eine Schlaufe fließend aus unserer linken Hand gleiten.

- Ganz wichtig: Das Seil darf niemals auf den Boden fallen! Würde das Pferd auf das Seil treten und den Kopf hochreißen, erhält es einen sehr schmerzhaften Ruck im Genick. In einigen Fällen werden Pferde nach solchen Erlebnissen kopfscheu.
- Ist das Pferd so lange stehen geblieben, bis sich der Mensch ausreichend entfernt hat, wenden wir uns mit unserer Körperachse nach rechts zum Schweif des Pferdes und geben das verbale Signal zum Antreten. Das Pferd soll nun auf der Kreislinie in gleichbleibendem Abstand um uns herumtreten.
- Während der Arbeit am langen Seil auf einem Kreis müssen wir exakt die drei Positionen zum Pferd berücksichtigen und gegebenenfalls einsetzen:

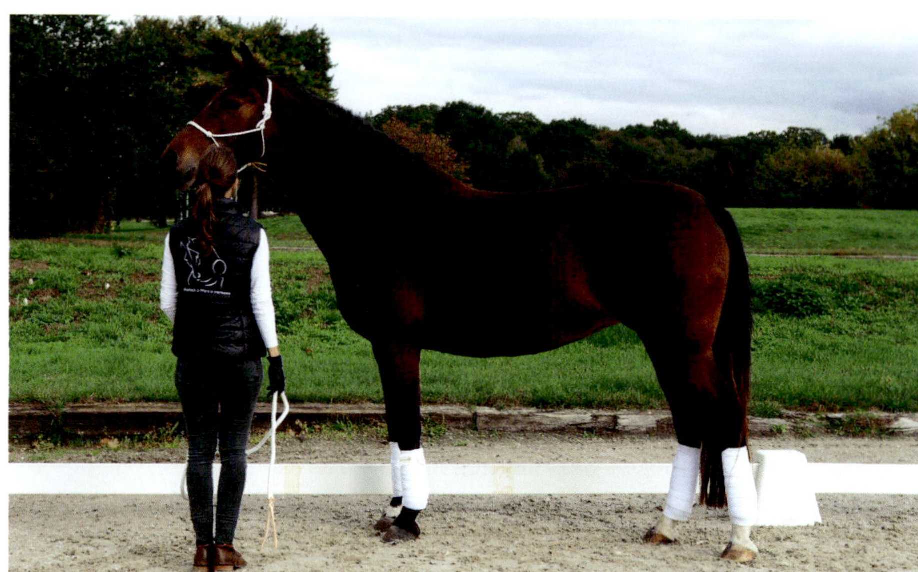

Die Führperson entfernt sich rückwärts auf Genickhöhe des Pferdes.

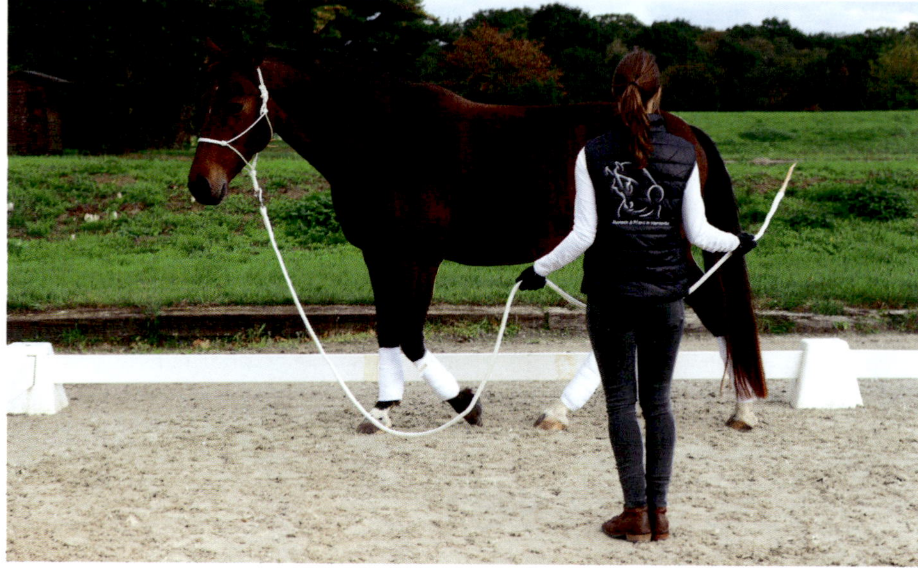

Anschließend tritt die Führperson nach rechts, blickt zum Schweif und gibt mit der Stimme und gegebenenfalls mit dem treibenden Arm ein Signal zum Antreten.

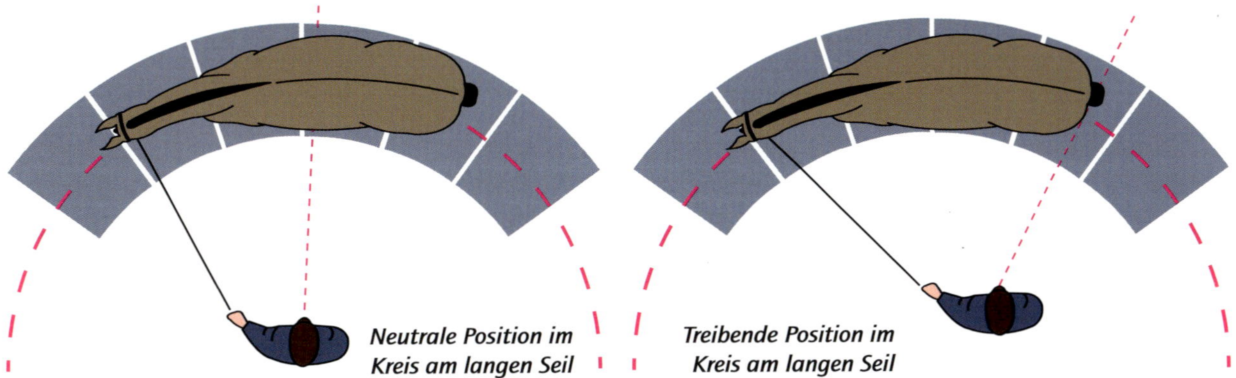
Neutrale Position im Kreis am langen Seil

Treibende Position im Kreis am langen Seil

- Befinden wir uns in der Zone vor dem Pferdekopf bis zur Schulter des Pferdes wirken wir bremsend. Befinden wir uns in der Zone des Rippenkastens, wirken wir neutral und im Bereich Kruppe, Schweif beziehungsweise hinter dem Pferd, wirken wir treibend.
- Diese Einteilung der Zonen ist gängig und nachvollziehbar. Schwierig ist es, diese auch wirklich, je nach Pferd, individuell fein abgestimmt zu bedienen. Selbstverständlich ist die Feinjustierung bei jedem Pferd anders und muss analysiert werden.
- Es bedeutet für uns höchste Konzentration, nicht immer auf den Kopf des Pferdes zu schauen. Bei vielen Pferden wirkt dies so bremsend, dass sie keine flüssige Vorwärtsbewegung auf dem Kreis zeigen.
- Möchten wir das Pferd auf der Kreislinie beschleunigen, schauen wir in Richtung des Schweifs, geben ein verbales Kommando und setzen dann mit dem Ende des Seils die taktile Hilfe ein.

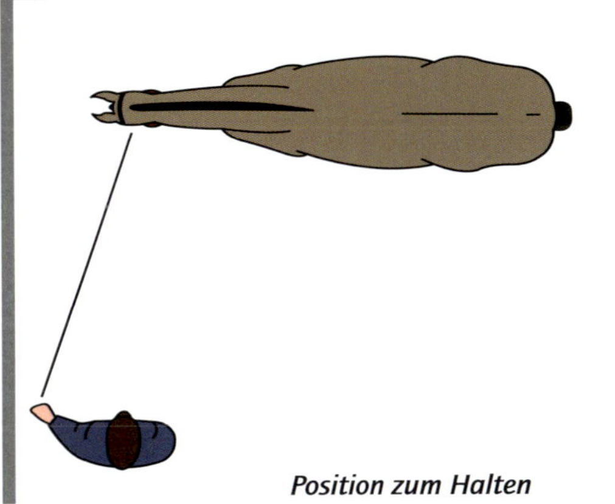
Position zum Halten

- Die Reihenfolge
  - → Körperposition,
  - → verbales Kommando,
  - → taktile Hilfe

  muss von uns unbedingt immer eingehalten werden. Sie verhindert ein „Überfallen" der Pferde und führt dazu, wenn wir sie konsequent beherzigen, dass wir die Signale immer weiter reduzieren können.
- Die taktile Hilfe mit dem langen Seil hat unterschiedliche Steigerungsformen. Minimal ist ein leichtes Pendeln mit dem Seil. Darauf treten einige Pferde schon sehr gern und willig an. Danach kann ein Schwingen aus dem Handgelenk gefühlvoll eingesetzt werden. Damit diese Hilfe fein dosierbar und sowohl mit der linken als auch mit der rechten Hand gleichermaßen gelingt, ist etwas Übung – am besten ohne Pferd am anderen Ende des Seils – notwendig.
- Die intensivste Steigerung besteht in einem Touchieren des Pferdes mit dem Ende des Seils. Dabei muss unsere Führposition absolut korrekt sein, Timing und Dosierung müssen stimmen und das Seil muss lang genug sein, damit wir einen ausreichend großen Abstand zur Hinterhand einhalten können.

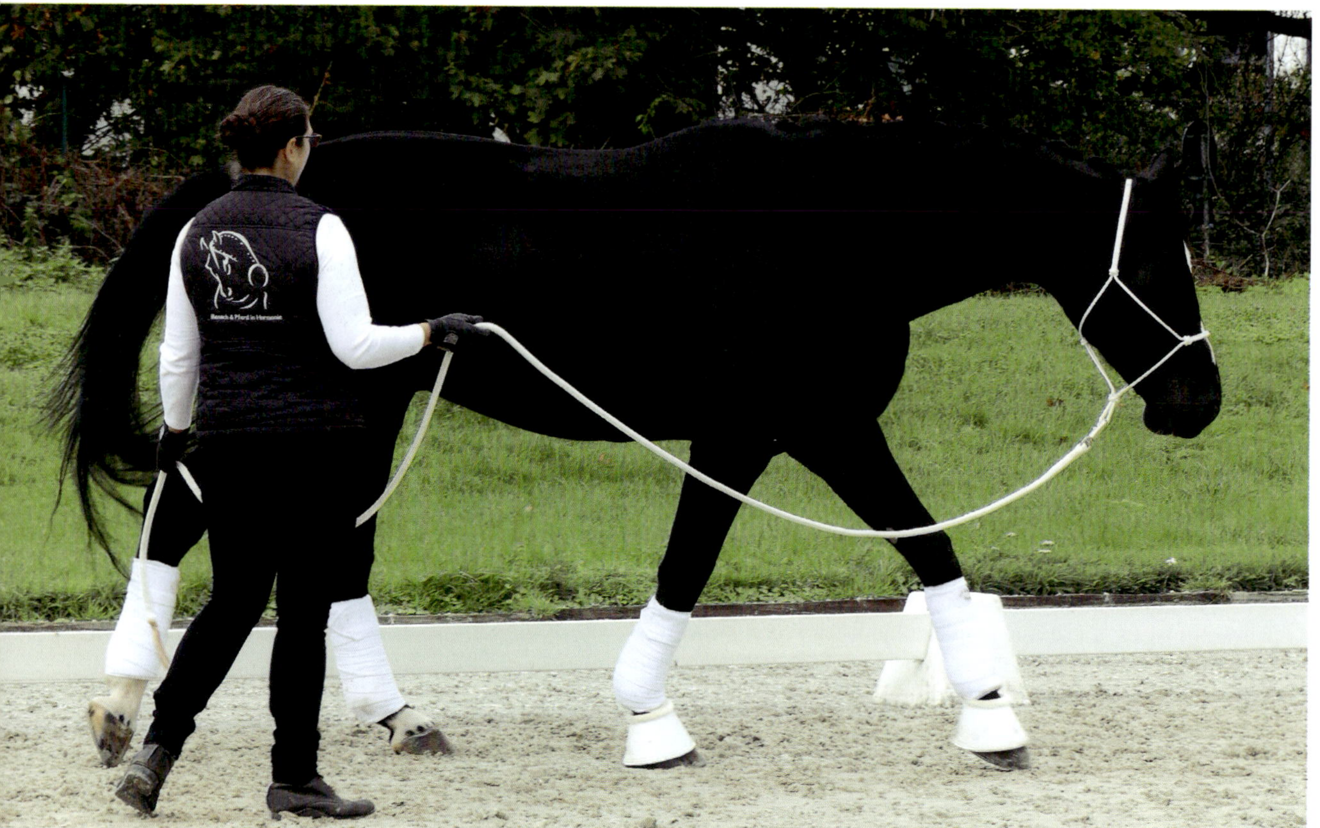

Wenn der Mensch am langen Seil treibend einwirken möchte, schaut er auf die Hinterhand des Pferdes und gibt zusätzlich das Stimmsignal.

- Möchten wir unserem Pferd das punktgenaue Anhalten beibringen, sollten wir dies immer zunächst unmittelbar vor der Ecke beginnen. Die optische Begrenzung hilft ungemein, wenn denn unsere Signale richtig gegeben werden. Es ist ein Zusammenspiel von unserer Position zum Pferd, unserem Stimmkommando und unseren taktilen Hilfen.
- Befindet sich das Pferd auf der Kreislinie kurz vor der Ecke, neutralisieren wir die treibende Hilfe. Das bedeutet, dass wir den rechten treibenden Arm wirklich seitlich neben dem Körper hängen lassen. Unser Brustbein befindet sich im Moment des Haltens auf Höhe des Pferdekopfes, unsere Schultern sind parallel zum Pferd. Meist ist zu Beginn ein Ausfallschritt mit dem linken Bein nach links notwendig. Zeitgleich geben wir das verbale Kommando zum Halten.
- Diese Körpersprache dient am Anfang nur der Verdeutlichung, im Verlauf des Trainings können wir sie sehr bald reduzieren. Es ist bei den vielen hundert Pferden, die das Halten auf diese Weise erklärt bekommen, immer wieder für alle beeindruckend zu sehen, wie nur durch die Verschiebung unserer eigenen Körperachse ohne jeglichen Druck ein Durchparieren zum Halten schon beim ersten Versuch möglich ist. Also ist auch dies wieder ein schönes Beispiel für meine Trainingsphilosophie „von Lob zu Lob trainieren" und sich gut im Vorfeld zu überlegen, wie wir dem Pferd etwas erklären.

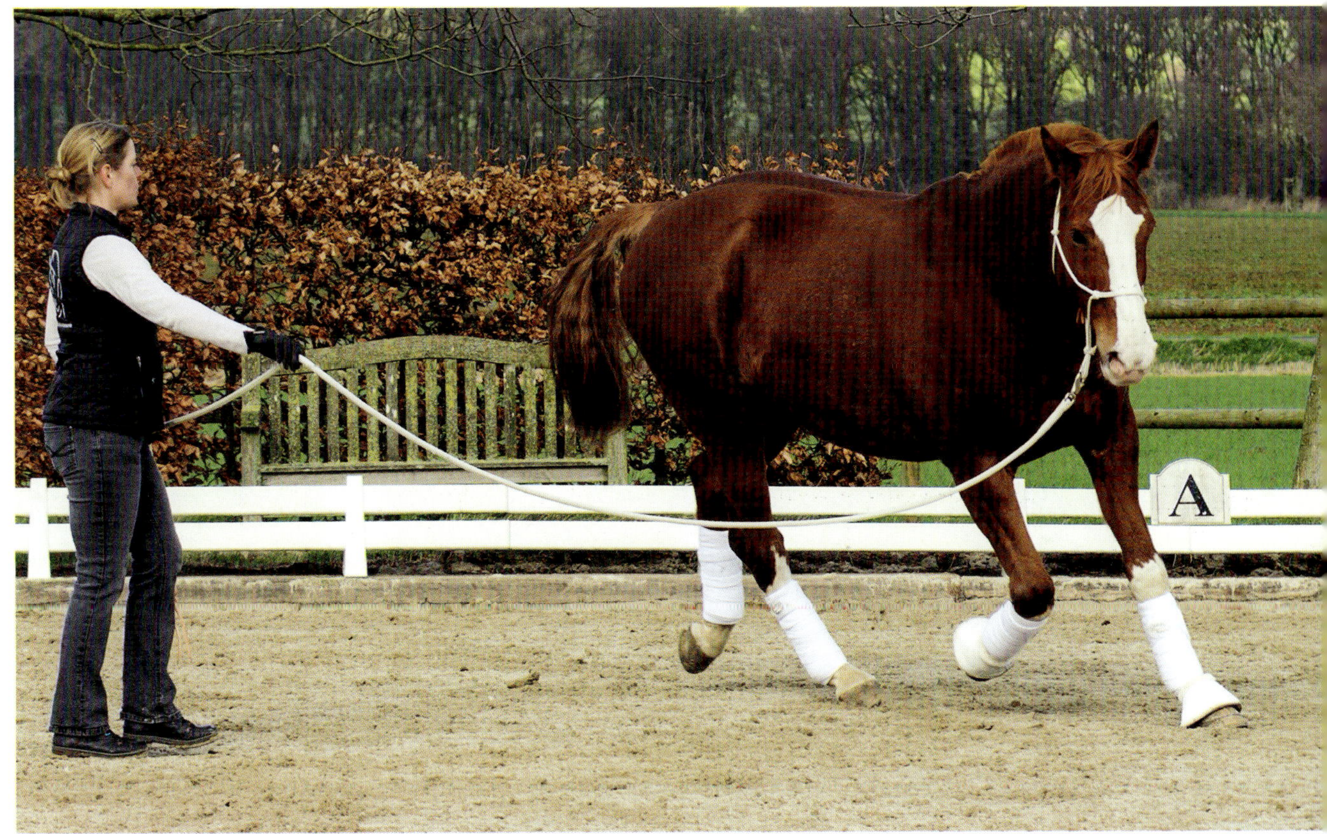

Das Seil muss immer leicht durchhängen.

Mögliche Probleme und Lösungsansätze:

▶ **Das Pferd geht auf dem Kreis nicht vorwärts:**
Läuft das Pferd auf dem Kreisbogen in der Ecke nicht flüssig, so müssen wir zuerst unsere Position zum Pferd überprüfen. Sind wir mit unserem Brustbein zum Kopf des Pferdes ausgerichtet, wirken wir die ganze Zeit bremsend.

Weiterhin ist darauf zu achten, dass kein Zug auf das Knotenhalfter entsteht. Die Arbeit am langen Seil ist natürlich kein Longieren. Mit dem Knotenhalfter dürfen wir niemals longieren, da die Gefahr bestünde, dass sich das Knotenhalfter am Pferdekopf verzieht. Im schlimmsten Fall könnte das Halfter das äußere Auge verletzen.

Das Knotenhalfter darf sich niemals am Kopf verdrehen.

Die Arbeit am langen Seil dürfen wir nur mit einem perfekt sitzenden Knotenhalfter durchführen. Ist das Halfter zu groß und üben wir dauerhaft Zug mit unserer Führhand auf das Halfter aus, kann es sich am Pferdekopf verdrehen. Das Seil soll also immer leicht durchhängen. Geschieht dies nicht, kann das fehlende Nachgeben ebenfalls bremsend wirken.

Wie bereits beschrieben, ist das 3,7 m lange Seil in der Regel ausreichend. In bestimmten Fällen empfehle ich auch ein längeres Seil. Dies trifft immer bei einem sehr großen

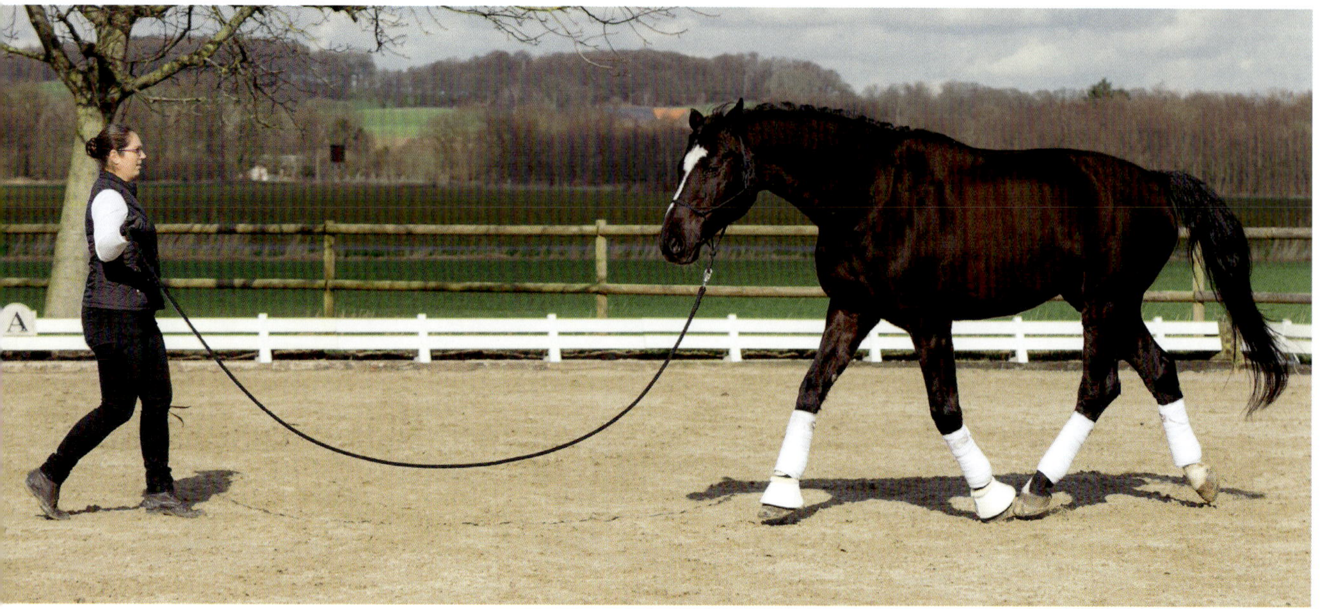

Arbeit mit einem 7 m langen Seil

Pferd zu. Hier ist die Kreislinie zu klein und das Pferd kann kein gleichmäßiges Tempo finden. Ähnliches gilt auch für einige Jungpferde, denen es ebenfalls leichter fällt, auf einem größeren Kreisbogen zu gehen.

Ein weiterer Fall sind Pferde, die zunächst deutlichere treibende Hilfen benötigen. Ist das Seil zu kurz, ist ein zielführendes, richtig dosiertes Touchieren sehr schwierig.

Die Kreisbögen an einem 3,70 m langen Seil sind immer verhältnismäßig klein. Das bedeutet, dass wir auf einer Hand immer nur wenige Kreise hintereinander durchführen.

Grundsätzlich ist noch ein ganz wichtiger Aspekt zu nennen: Die Kreisbögen an einem 3,70 m langen Seil sind immer verhältnismäßig klein. Das bedeutet, dass wir auf einer Hand immer nur wenige Kreise hintereinander durchführen. Wir sollten das Pferd niemals minutenlang auf dieser engen Kreislinie gehen lassen, da die Gelenke dadurch sehr einseitig belastet werden. Das Ziel der Arbeit am langen Seil besteht ja sowieso darin, dass wir uns mit dem Pferd gemeinsam durch die ganze Reitbahn bewegen und einen abwechslungsreichen Mix aus gebogenen und geraden Linien sowie Handwechseln absolvieren. Aber zu Beginn der Arbeit am langen Seil sind nun einmal einige Wiederholungen der Kreise in den Ecken notwendig, damit unser Pferd und wir uns aufeinander einstellen können.

Die gebogenen Linien verlangsamen, das hat schon das Führtraining gezeigt. Demnach halten wir mit einem eher triebigen Pferd den Bogen ausreichend groß und die Anzahl der Kreise minimal.

Bei den Längen der Seile gibt es unterschiedliche Vorlieben. Möchten wir nach wie vor fließend zwischen den Lektionen und den Führpositionen wechseln, reicht uns auch ein Seil mit ca. 5,5 m Länge. Für die weit fortgeschrittene Arbeit am langen Seil mit Handwechseln im Trab und im Galopp empfehle ich ein 7 m langes Seil. Alles was länger ist, ist nicht mehr gut händelbar.

▶ Das Pferd bleibt auf dem Kreis stehen und dreht die Hinterhand nach außen: So schön die Arbeit am langen Seil anzusehen ist, wenn alles harmonisch funktioniert, so schwierig ist auch der Weg dahin. Es gibt immer wieder Pferde, die auf der Kreislinie plötzlich stehen bleiben und ihre Hinterhand nach außen drehen. Damit ist die Übung erst einmal unterbrochen. Hier hilft nur, das Vorhaben des Pferdes rechtzeitig zu erkennen und sehr schnell zu reagieren, indem wir sofort wieder vorwärtstreibend einwirken. Dies erfordert von uns allerdings auch ein hohes Koordinationsgeschick. Die Ursachen, warum die Pferde dies versuchen, sind sehr unterschiedlich. Manchmal ist es durch uns initiiert, weil wir die ganze Zeit auf den Kopf schauen und somit bremsend wirken. Manchmal kommt dazu noch sehr viel Spannung im treibenden Arm und ein unkoordiniertes Schwingen. Das Pferd wird von vorn gebremst und von hinten getrieben und möchte dieser unangenehmen Situation verständlicherweise ausweichen.

Wenn wir die Hauptursache sind, lässt sich das Verhalten schnell durch eine klare vorwärtstreibende Position zum Pferd abstellen.

Leider lernen Pferde nicht nur sehr schnell schöne neue Lektionen, sondern auch „Unfug" beziehungsweise „Vermeidungsstrategien" oder eben unerwünschte Verhaltensweisen. Nehmen wir an, das Pferd hat einige Male festgestellt, dass die Übung, wenn es schnell genug stehen bleibt und die Hinterhand nach außen dreht, vorbei ist und wir zunächst nicht hinterherkommen. Dann hat das Pferd daraus durchaus etwas gelernt und die Chance, dass es dieses Verhalten wiederholt, ist gegeben.

Ich möchte an dieser Stelle keinesfalls unerwähnt lassen, dass dieses Wegdrehen des Pferdes auch aus Angst erfolgen kann. Die Pferde haben Angst vor Druck oder einer Strafe. In diesen Fällen schließt sich meist an das Herausdrehen der Hinterhand ein rasant schnelles Rückwärtsentziehen an. Ist dieses Verhalten verankert, muss unbedingt gemeinsam mit einem erfahrenen Trainer gearbeitet werden. Hier sind individuelle Verhaltensweisen des Pferdes so wichtig, dass kein Buch ein seriöser Ratgeber sein kann.

Zurück zu der Situation, in der das Pferd nicht in Panik, aber mit ausreichender Geschwindigkeit die Hinterhand herausdreht. Auch dieses Verhalten kommt nicht aus heiterem Himmel, sondern kündigt sich an. Wir müssen folglich lernen, das Ausdrucksverhalten unseres Pferdes genau lesen zu können. Leitet das Pferd auf der linken Hand eine bremsende Aktion ein, müssen wir unbedingt unsere treibende Position verstärken und das Pferd mit einem angemessenen Schwingen des Seils wieder in die Vorwärtsbewegung bringen. Gelingt dies, findet unser Pferd zurück auf die Kreisbahn und bleibt nicht stehen.

Wir müssen lernen, das Ausdrucksverhalten unseres Pferdes genau lesen zu können.

Der Vollständigkeit halber sei noch darauf hingewiesen, dass es am Boden auch Ausbildungsformen gibt, bei denen die Pferde lernen, sich am langen Seil immer zum Menschen zu drehen. Ist dies dem Pferd so beigebracht worden, kann man ihm natürlich keinen Vorwurf machen. Ich bevorzuge die Variante, in der das Pferd stets die Kreislinie beibehält, damit ich flüssige Übergänge vom Halten zum Schritt, zum Trab usw. trainieren kann.

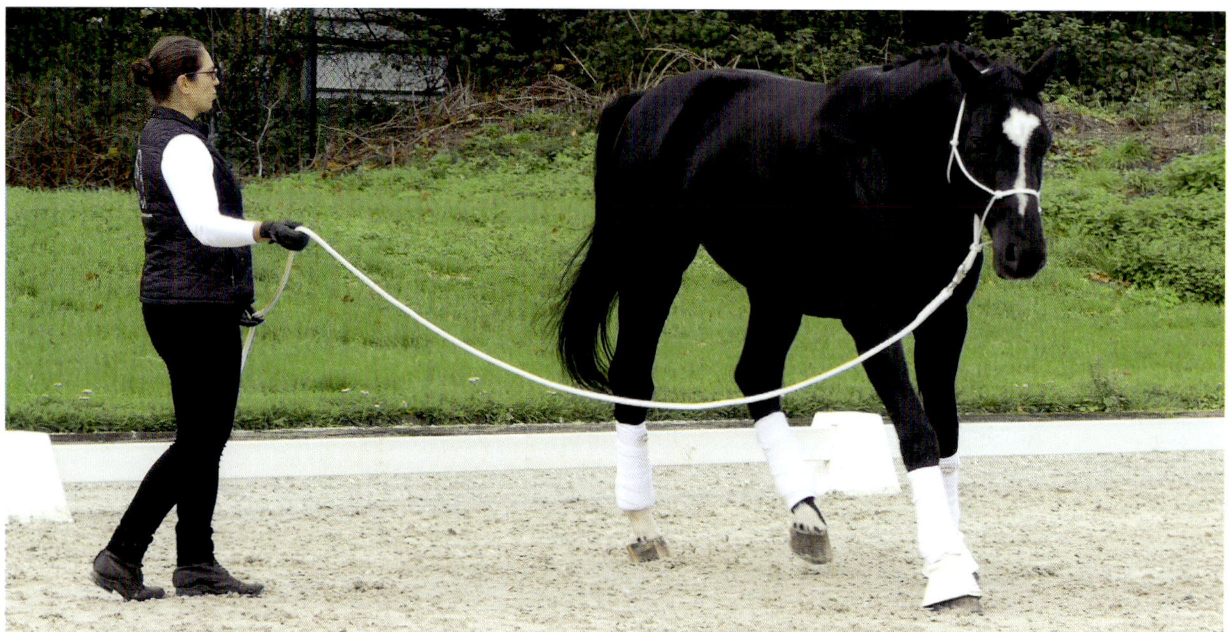

Kreis im Trab am langen Seil

Aufgabe:

Das Pferd führt Schritt-Trab-Übergänge am langen Seil aus.

Zielsetzung:

Das Pferd soll am langen Seil fließende Übergänge zwischen Schritt und Trab durchführen. Die Hilfengebung ist wieder kaum sichtbar. Da die Arbeit am langen Seil auf sämtliche weiteren Hilfsmittel wie eine Peitsche oder einen Stick verzichtet, wird die Reaktion des Pferdes auf unsere Positionierung im Endergebnis sehr fein. Auch die verbalen Kommandos etablieren sich zunehmend. Dies kann u.a. bei der Arbeit an der Doppellonge sehr unterstützend wirken.

Durchführung:

- Wir nehmen den Trab am langen Seil erst mit auf, wenn das Pferd im Schritt flüssig und willig auf beiden Händen Kreise auf größere Distanz beherrscht und wir es mit wenig Hilfengebung anhalten können.
- Befindet sich das Pferd auf dem Kreisbogen, so beginnen wir das erste Antraben immer auf der „besseren" Hand des Pferdes. Die Hilfe für das Antraben besteht aus unserer Position in Richtung Schweif des Pferdes, dem mehrfachen Küsschen für Trab und unserer angemessenen Unterstützung durch die treibende taktile Hilfe. Trabt unser Pferd willig an, loben wir unmittelbar mit der Stimme und schwingen selbstverständlich nicht mehr mit dem Seil. Das Ziel unserer Arbeit ist es ja, dass das Pferd auf ein einmaliges Signal sofort antrabt und so lange im Trab bleibt, bis es ein neues Signal erhält. Je nach Pferd können wir hier von vornherein ein längeres

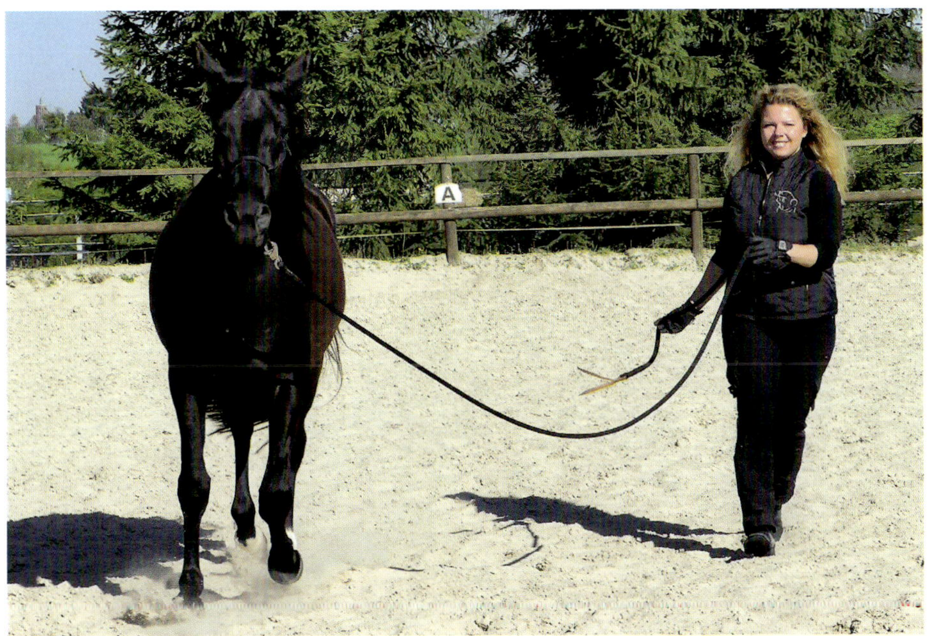

Später werden nur noch vereinzelt Kreise eingebaut.

Seil wählen. Selbstverständlich gilt die Begrenzung der Anzahl für die Kreise ganz besonders auch im Trab!

- Möchten wir das Pferd zum Schritt durchparieren, nehmen wir wieder die Energie aus dem treibenden Arm, positionieren uns auf Kopfhöhe des Pferdes, schieben gegebenenfalls unseren Schultergürtel etwas nach links (wenn wir uns weiter auf unserer linken Hand befinden und das Pferd von links führen) und geben das verbale Kommando zum Durchparieren (ein langgezogenes „Whoooa"). Pariert das Pferd durch, nehmen wir sofort wieder die neutrale Position ein, loben verbal und schauen zum Rippenkasten des Pferdes.

Mögliche Probleme und Lösungsansätze:

▶ Das Pferd fällt im Trab aus:

Wenn das Pferd immer wieder im Trab ausfällt, überprüfen wir unsere Ausrichtung zum Pferd. Es gibt durchaus Pferde, die so fein reagieren, dass sie in dem Moment, in dem wir zum Kopf schauen, durchparieren. Hier gilt, wie zuvor beim Training im Schritt, die Tendenz zur Verlangsamung rechtzeitig zu erkennen und angemessen zu reagieren.

▶ Das Pferd rennt im Trab los:

Lässt sich das Pferd nicht mit den oben genannten Hilfen verlangsamen beziehungsweise durchparieren, müssen wir dem Pferd etwas deutlicher klar machen, dass das Ignorieren der verlangsamenden Hilfen nicht erwünscht ist. Gelingt das Verlangsamen im Trab nicht, parieren wir das Pferd im Bereich der Bande zum Schritt durch. Wir sollten dazu dieselbe Stelle wie zum Anhalten auswählen.

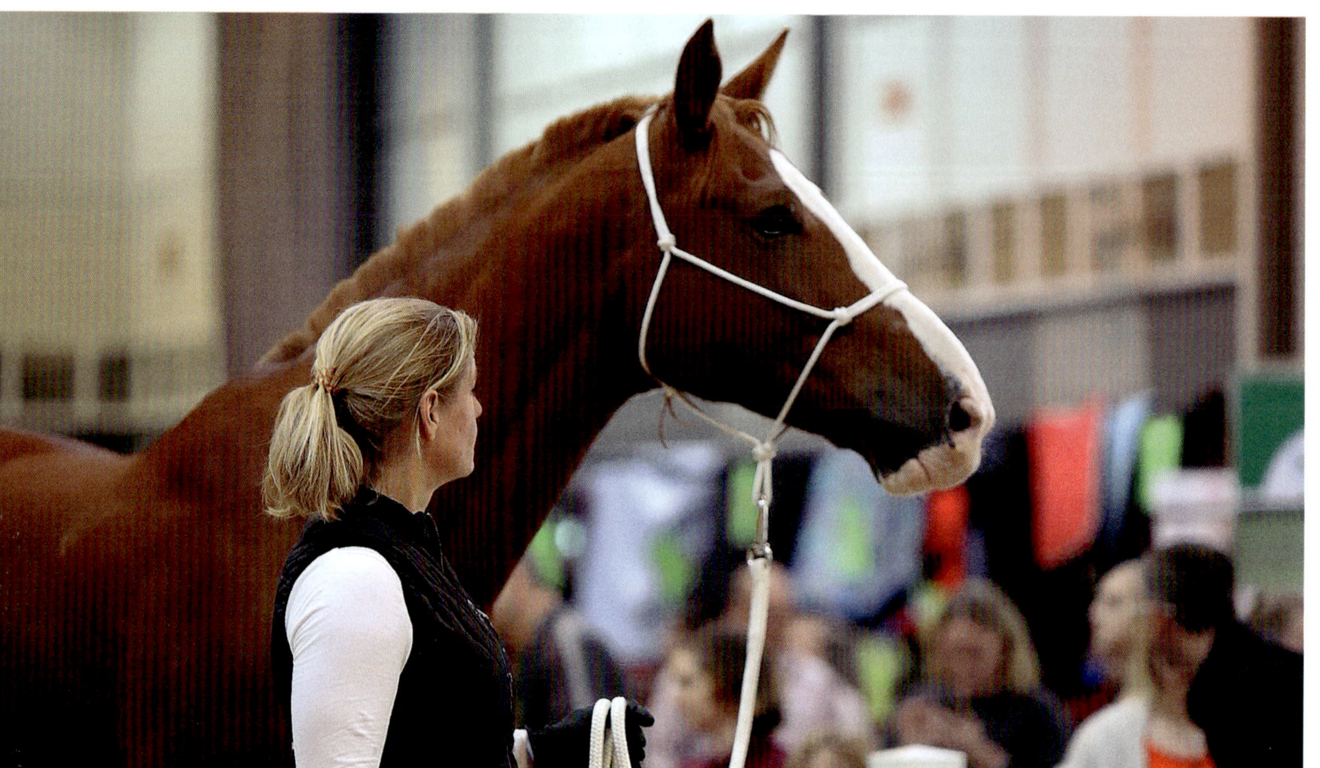

2.4.2 Engpässe

Aufgabe:

Das Pferd passiert einen Engpass.

Zielsetzung:

Das Ziel besteht in dem willigen und gelassenen Passieren eines Engpasses, der beispielsweise durch Strohballen, Hindernisse oder Ähnlichem aufgebaut werden kann. Dabei wechseln wir flüssig in die Führposition vor das Pferd.

Mit dem willigen Folgen des Menschen durch einen Engpass soll das Pferd auf Situationen im Alltag vorbereitet werden, die den Wechsel unserer Führposition notwendig machen und die das Pferd möglicherweise Überwindung kosten, da es sich um schmale Durchgänge handelt.

Wie auch bei der Arbeit am langen Seil ist es sehr ratsam, dieses Training erst im Anschluss an die Basislektionen zu beginnen. Die Pferde lernen sehr verlässlich, sich stets unserem Tempo anzupassen und dazu die 1. Führposition nicht zu verlassen. Diese Position verleiht also dem Pferd und uns eine gute Orientierung. Wird sie zu früh immer wieder verändert, kann das zu Irritationen führen.

Eine Führposition vor dem Pferd birgt auch ein Sicherheitsrisiko. Wir können unser Pferd nicht sehen, es läuft hinter unserem Rücken her. Wir haben also keine Möglichkeit, anders als in der 1. Führposition, frühe Anzeichen eines Scheuens zu erkennen. Vertrauen, aber auch Respekt sollten daher schon gut ausgeprägt sein, damit wir keine Sorge haben müssen, dass uns das Pferd von hinten in den Rücken springt oder uns umrennt. Auch wenn diese Position ein Sicherheitsrisiko birgt, gibt es doch viele Umstände im Alltag, in denen wir nicht auch noch neben unser Pferd passen. Dies können schmale Pfade im Gelände, enge Durchgänge in den Stallungen oder auch Situationen beim Verladen sein. Es ist also unerlässlich, auch die Führposition vor dem Pferd selbstverständlich werden zu lassen.

Durchführung:

- Im Fokus des Engpasstrainings steht also der fließende Wechsel der Führperson vor das Pferd und das willige Folgen des Pferdes in ausreichendem Abstand. Deshalb sollten wir auch Engpässe zu Beginn des Trainings wählen, vor denen das Pferd keine Angst hat und die sehr sicher sind, d.h. die auch bei einer Berührung nicht leicht umfallen können.
- Erfahrungsgemäß eignen sich kleine Strohballen ausgezeichnet. Sprünge sind an vielen Reitställen vorhanden; wir müssen jedoch bedenken, dass diese auch umgestoßen werden könnten.
- Wie bei allen Ausbildungsarten gilt auch hier der Grundsatz: vom Leichten zum Schweren. Daher wird der Engpass zunächst so weit aufgebaut, dass wir in der 1. Führposition gemeinsam mit dem Pferd in gut bekannter Führtechnik hindurchlaufen können. Das hat natürlich auch den Vorteil, dass wir im Falle eines Zögerns des Pferdes den treibenden Arm einsetzen können.
- Befinden wir uns vor dem Pferd, haben wir, bis auf das Stimmkommando, keine geeignete treibende Hilfe mehr (wenn klar ist, dass Ziehen keine Alternative ist). Darum ist es besonders wichtig, dass unser Pferd in dem Engpass keine Gefahr sieht. Das Überwerfen von Planen oder Decken über die Stangen gibt zwar einen wirklich abgeschotteten Engpass, es absorbiert aber zu Beginn des Trainings eher zu viel Aufmerksamkeit des Pferdes.
- Geht das Pferd willig in der 1. Führposition durch den Engpass, sollten wir außerhalb des Engpasses trainieren, bei Tempounterschieden im Schritt in der verlangsamten Phase auf dem Hufschlag einmal vor dem Pferd zu gehen. Zu Beginn schauen wir das Pferd hierbei noch an, indem wir uns etwas nach hinten über die Schulter umschauen. Die Führhand lässt den Haken erst los, wenn das Tempo des Pferdes gleichmäßig bleibt. Anschließend können wir das Seil in großen Schlaufen in einer Hand tragen.
- Funktioniert der Wechsel der Führposition von hinten nach vorn und umgekehrt problemlos, beginnen wir mit dem Training im Engpass. Dabei wird der Engpass schrittweise schmaler gestellt, bis Pferd und Führperson nur noch hintereinander durchpassen.

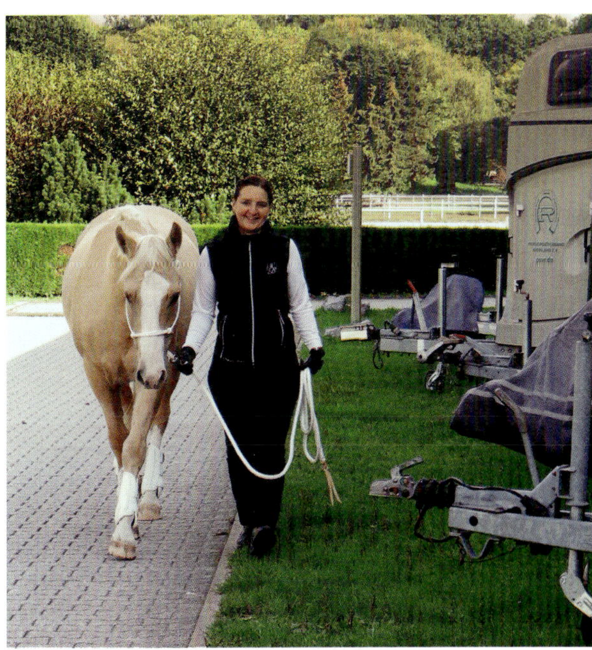

Vor dem Training von Engpässen sollte das Pferd immer so geführt werden, dass sich der Mensch zwischen potentieller Gefahr und Pferd befindet.

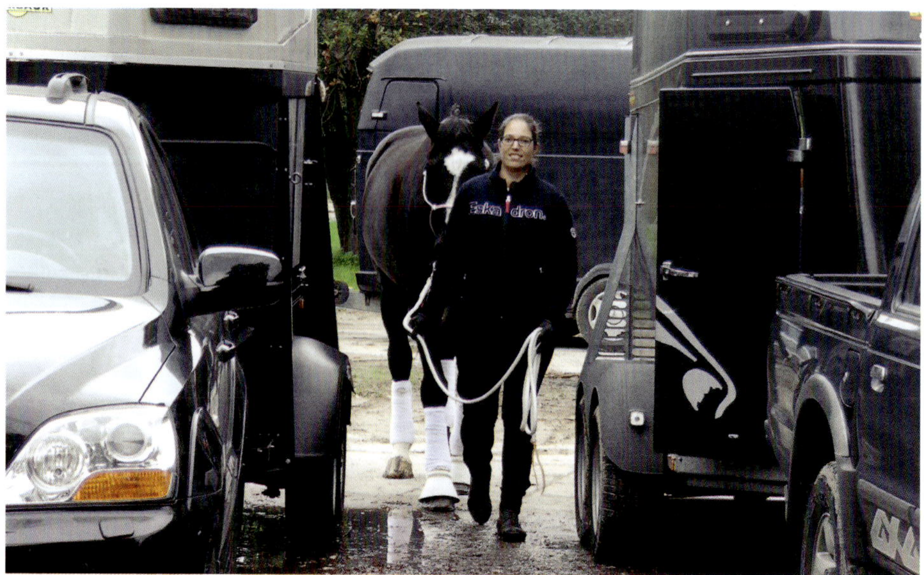

Engpässe, die uns regelmäßig im Alltag begegnen

Steigerung: Allein durch Engpässe:

Keinesfalls sollten wir Hindernisse so trainieren, dass wir die Pferde mit Leckerlies durch den Parcours locken.

- Zum Engpasstraining sind abwechslungsreiche Steigerungen möglich. So muss ein Engpass nicht immer nur schmal, er kann auch einmal niedrig sein. Hier handelt sich es aber um eine Übung für weit Fortgeschrittene, da das Vertrauen zu uns schon sehr tief sein muss, wenn sich ein Pferd bereitwillig ducken soll.
- Ebenso ist es möglich, die Arbeit am langen Seil mit Engpässen zu kombinieren und unser Pferd im Schritt, oder später auch im Trab, alleine durch einen entsprechend aufgebauten Engpass zu schicken. Funktioniert dies alles tadellos, sind solche Hindernisse auch ohne Seil möglich. Keinesfalls sollten wir derartige Hindernisse so trainieren, dass wir die Pferde mit Leckerlis durch den Parcours locken. Das Ergebnis sind Pferde, die nur auf das Fressen fokussiert sind.

Mögliche Probleme und Lösungsansätze:

▶ Das Pferd folgt uns, hält aber nicht den nötigen Abstand ein.

In diesem Fall ist es ratsam, innerhalb des Führtrainings auf dem Hufschlag, das Verlangsamen des Pferdes auch vor dem Pferd zu üben. Ein verbales Kommando zum Verlangsamen kann unterstützend wirken und sollte stärker etabliert werden. Reagiert unser Pferd nicht ausreichend, geht die Führperson rückwärts und trainiert auf diese Weise die Tempounterschiede. Frontal vor dem Pferd wirkt der Mensch bremsend.

Mit der Idee, am Seil zu schlackern, sollten wir sehr zurückhaltend umgehen. Niemals dürfen wir so stark schlackern, dass der Haken unter den Pferdekopf schlägt. Solche Maßnahmen führen nur dazu, dass das Pferd den Kopf hochreißt sowie den Rücken wegdrückt und sich im schlimmsten Fall, in Erwartung einer Strafe, immer rückwärts entzieht.

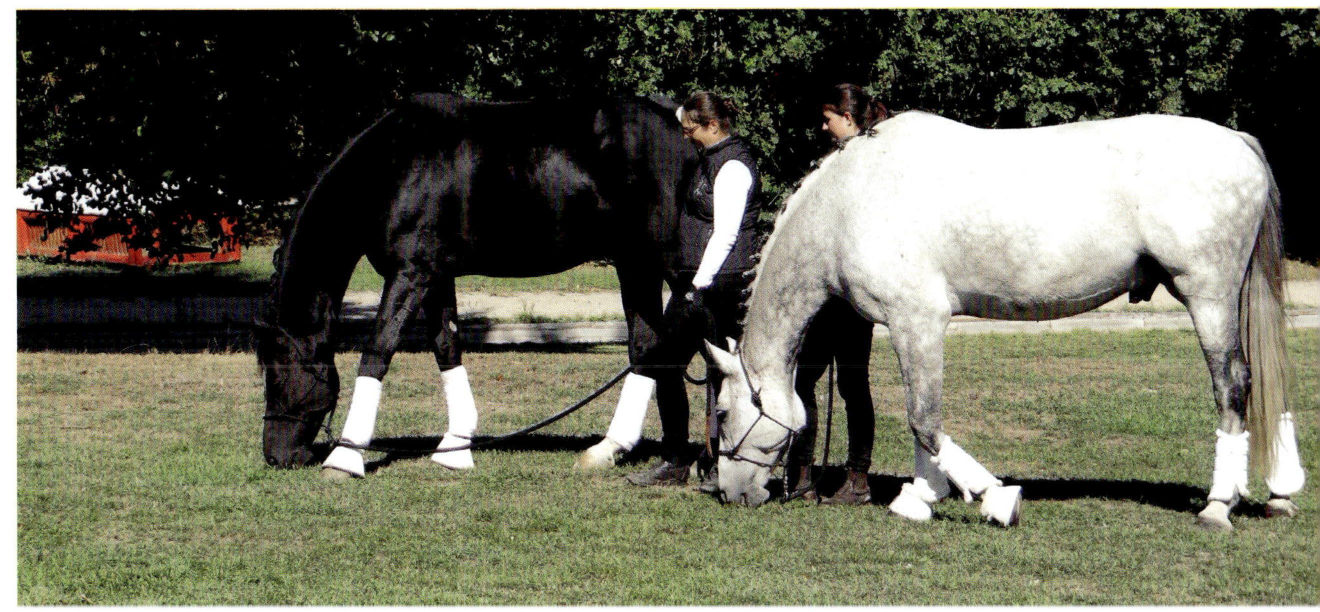

2.4.3 Hindernisse aus der Gelassenheitsprüfung

Aufgabe:

Das Pferd passiert unterschiedliche Hindernisse aus der Gelassenheitsprüfung.

Zielsetzung:

Das Pferd soll an verschiedenen Hindernissen gelassen vorbei, darunter her oder darüber gehen. Mögliche Hindernisse aus der sogenannten Gelassenheitsprüfung (GHP) könnten u.a. sein: Regenschirm, Rappelsack, Plane oder Flatterbandvorhang.

Grundsätzlich gilt auch beim Gelassenheitstraining, dass das Training dem jeweiligen Pferd-Mensch-Team angepasst werden muss und der Sicherheit oberste Priorität einzuräumen ist. Aus diesem Grund empfehle ich kein separates Gelassenheits- oder Desensibilisierungstraining in einer frühen Phase der Ausbildung am Boden.

Pferde, die am Boden gut ausgebildet sind, haben gelernt, auf unsere Hilfengebung zu achten und auf diese zu reagieren. Zudem stellt sich im Laufe der Ausbildung ein immer engeres Vertrauensverhältnis ein. Wir können dem Pferd also durchaus Sicherheit vermitteln.

Im Laufe der Ausbildung stellt sich ein immer engeres Vertrauensverhältnis ein.

Letztendlich liegt der Kern der Ausbildung darin, dass uns das Pferd immer, auch in Ausnahmesituationen wie auf einem Turnier oder einer Messe, als verlässlich anerkennt und auch in vermeintlich gefährlichen Situationen auf uns reagiert beziehungsweise unseren Signalen folgt.

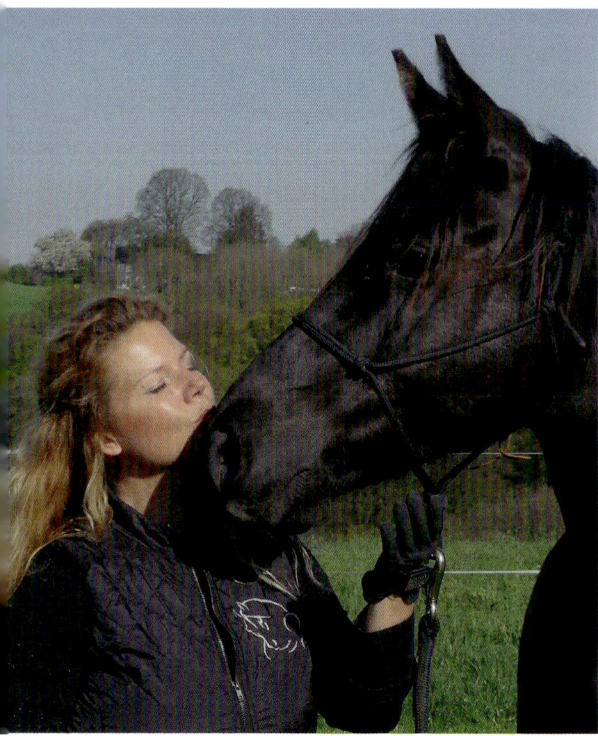

Ziel der Bodenarbeit ist es immer, dem Pferd Sicherheit und Gelassenheit zu vermitteln.

Dieser vertrauensvolle und auch respektvolle Umgang stellt sich nur durch gewissenhaftes Training und den richten Einsatz von Lob und Korrektur ein. Allerdings ist er auch nur dann wirklich nachhaltig. Ist diese Grundlage gelegt, erstaunt es uns ungemein, wenn die Pferde auf die sogenannten Schreckhindernisse eben gar nicht schreckhaft, sondern mit einer gesunden Neugierde und der gebotenen Zurückhaltung bei etwas Neuem reagieren.

Das Schöne an diesem Effekt besteht darin, dass die Hindernisse damit auch austauschbar werden. Es kann zum Beispiel vorkommen, dass wir zu Hause ein intensives Desensibilisierungstraining mit einer grünen Plane durchgeführt haben. Ist diese Plane nun plötzlich gelb, scheut unser Pferd, als hätte es noch nie eine Plane gesehen. Ich glaube, dass es durchaus machbar ist, Pferde durch eine gute Ausbildung ein Stück weit mutiger und selbstbewusster zu machen.

Bei einigen Pferdetypen ist es sicherlich nicht möglich, ein Scheuen oder Erschrecken ganz auszumerzen. Aber die Art, wie sich ein Pferd erschreckt, also insbesondere die Intensität, die Händelbarkeit und die Zeitspanne, bis es sich wieder auf die Arbeit mit dem Menschen konzentriert, lassen sich durchaus verändern.

Schreckhindernisse sollten also in einer Phase in die Bodenarbeit integriert werden, in der die Grundlagen des Führ- und

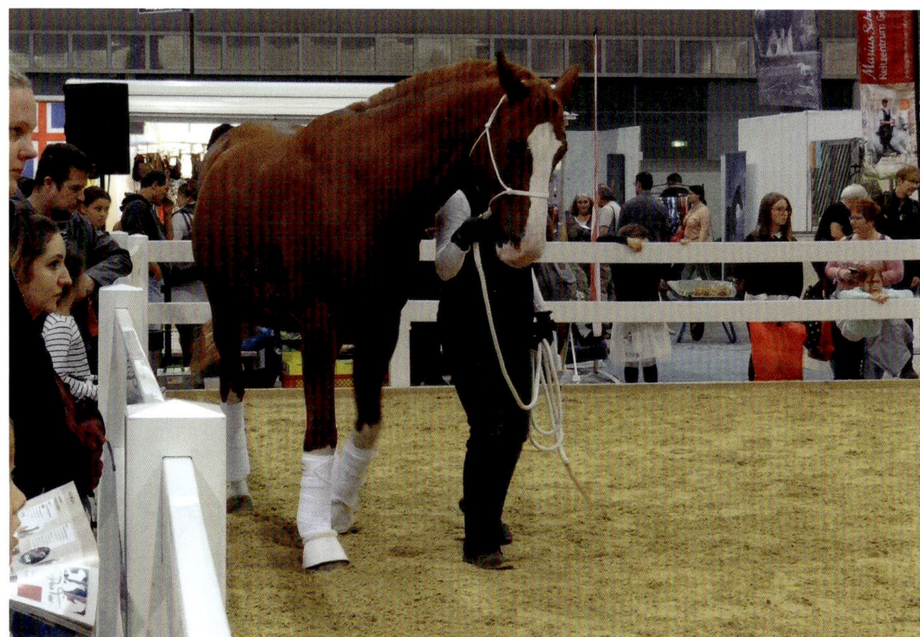

Das Pferd konzentriert sich auch bei einer Messe auf die Signale des Menschen.

Geschicklichkeitstrainings bereits gut beherrscht werden. Von einem reinen „Desensibilisierungstraining“ rate ich ab.

Bei der Arbeit an den verschiedenen Hindernissen erfahren wir auch wieder sehr viel über die Persönlichkeit unseres Pferdes. „Wie neugierig ist es?“, „Wie schnell überwindet es seine Angst?“, „Was bereitet eher Unbehagen, ein Sack, der hinterhergezogen wird, oder das Überqueren eines unbekannten Untergrundes?“, „Wie viel Sicherheit vermitteln wir tatsächlich?“

Die Arbeit mit den sogenannten Schreckhindernissen verlangt immer ein planvolles Vorgehen. Je nach Pferdetyp ist es sinnvoll, mit einem Partner zu trainieren.

Aus den verschiedenen Hindernissen der Gelassenheitsprüfung wird exemplarisch nur auf den Regenschirm und den Rappelsack eingegangen.
Bei allen Hindernissen ist zu beachten, dass sich der Mensch zwischen Schreckhindernis und Pferd befindet, damit das Pferd bei einer Fluchtreaktion vom Menschen wegspringt. Zudem gibt der Mensch, der sich ja näher an der Gefahr befindet, dem Pferd auch Sicherheit. Besonders wichtig ist ein schrittweises Training, wobei die Intensität der Schreckreize langsam gesteigert wird.

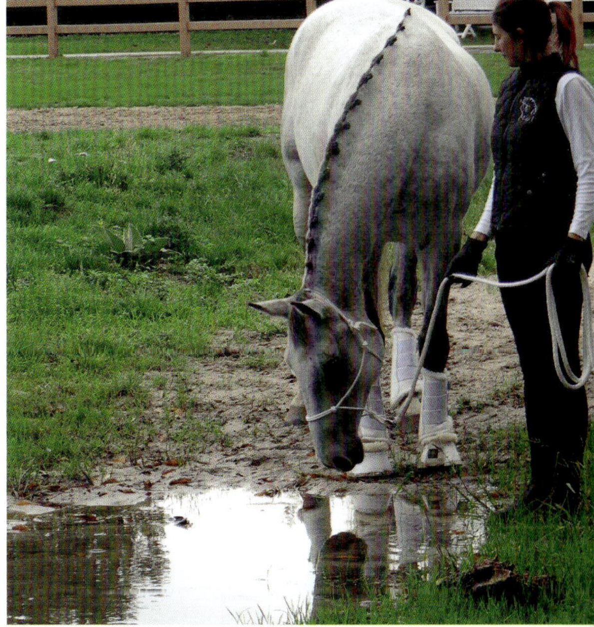

Durch die Ausbildung am Boden gehen die Pferde auch mit neuen Situationen souveräner um.

Durchführung:

Tipps fürs Training mit dem Regenschirm:

- Pferde sollten keine Angst vor Regenschirmen haben. Begegnungen mit Regenschirmen sind unvermeidlich und sollten daher Bestandteil des Trainings sein.
- Schreckhindernisse sind immer weniger unheimlich, wenn wir danebenstehen oder sie in der Hand halten. Während der Bodenarbeit sollte ein Helfer wie selbstverständlich mit einem geschlossenen Regenschirm in der Hand in der Halle stehen. Nun beginnen wir mit dem Pferd Kreise mit Dehnung in der Längsachse um den Helfer herum zu führen. Selbstverständlich befinden wir uns dabei wie immer im Kreisinneren zwischen Pferd und Schirm. Innerhalb der Übung öffnet der Helfer den Schirm nun langsam.
- Um die Aufmerksamkeit des Pferdes noch mehr auf unsere Hilfengebung zu konzentrieren, können wir den Kreisbogen auch durch seitliches Übertreten vergrößern und anschließend wieder verkleinern.
- Wird der Schreckreiz, wie in diesem Beispiel der Regenschirm, quasi beiläufig in eine Bodenarbeitslektion integriert und richtet das Pferd seinen Fokus sehr schnell wieder, wie es dies am Boden gelernt hat, auf unsere Körpersprache und unsere

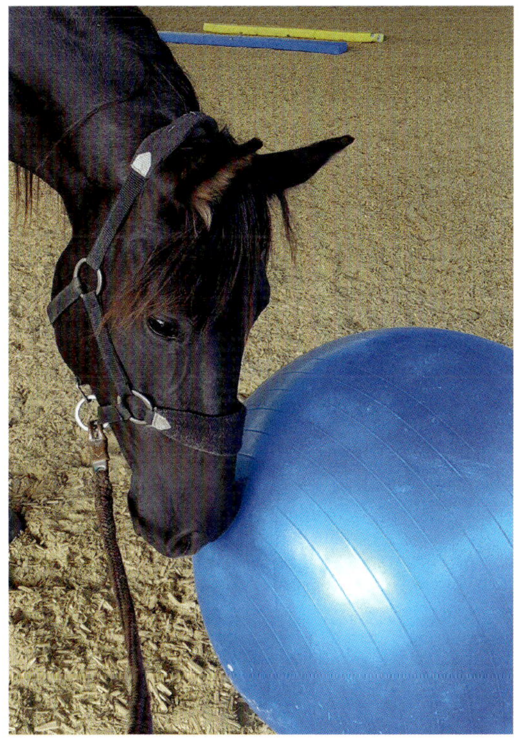

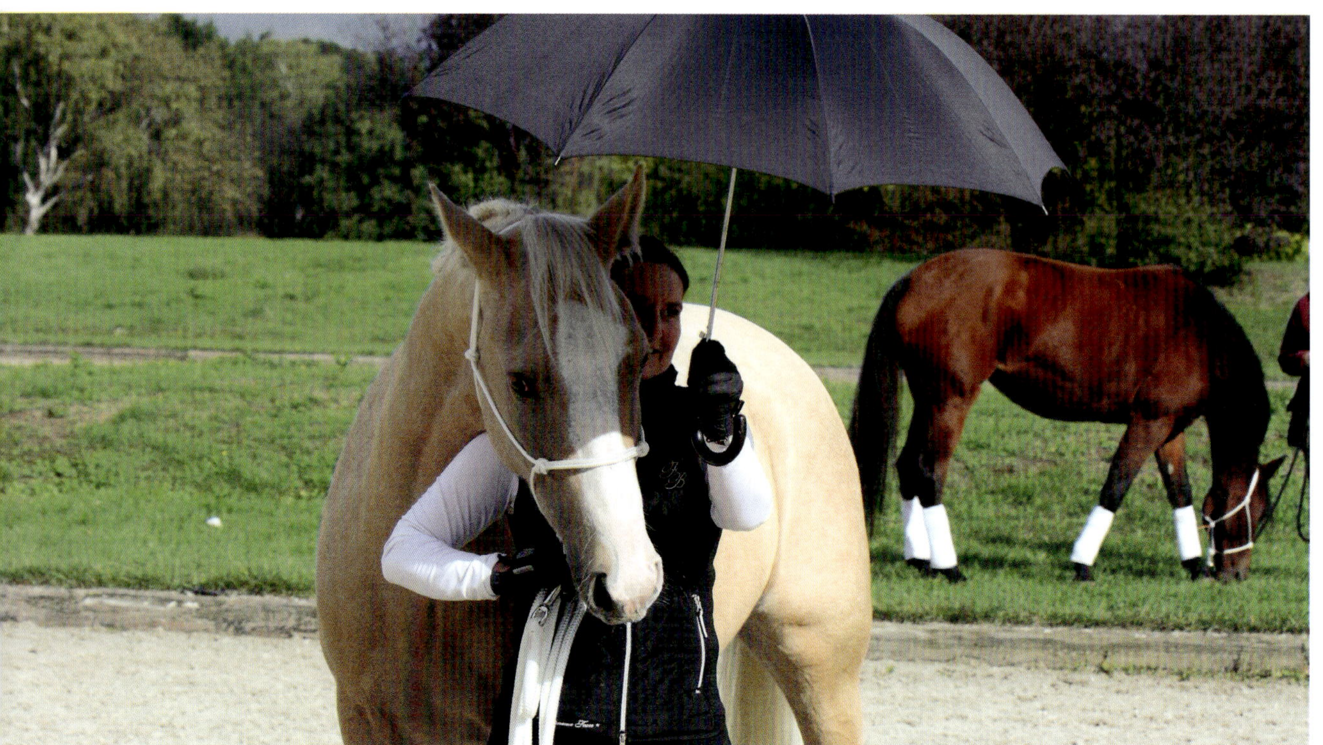

Im fortgeschrittenen Trainingsverlauf kann der Regenschirm auch beim Führen über das Pferd gehalten werden.

Signale, können wir Pferde ganz entspannt an die unterschiedlichsten Gegenstände gewöhnen.

- Das Pferd soll also sensibel bleiben, aber seinen Fokus auf die Aufgabe konzentrieren. In der Regel ist es dann sehr schnell möglich, dass der Helfer den Kreis verlässt und den aufgespannten Regenschirm alleinstehen lässt.
- Wenn das Pferd die Übung willig durchgeführt hat, halten wir an und loben es. Zeigt das Pferd Interesse und möchte es den Schirm gern untersuchen, gehen wir mit ihm gemeinsam in der 1. Führposition zum Regenschirm.
- Alle weiteren Steigerungen, wie das Aufnehmen des Schirmes oder das Öffnen und Schließen, sollten nebensächlich integriert werden. Das bedeutet, dass wir, während wir den aufgespannten Regenschirm tragen, trotzdem von dem Pferd beispielsweise Gangmaßwechsel oder ein Rückwärtstreten verlangen.
- Zu betonen ist noch, dass wir das erste Training mit dem Schirm auf beiden Händen trainieren. Hierbei müssen wir uns darauf einstellen, dass die Reaktion des Pferdes ganz anders sein kann. Dies liegt in der sensorischen Seitigkeit der Pferde begründet. Wir alle kennen das Phänomen, dass ein Pferd zum Beispiel in der Reithalle auf der rechten Hand in einer Ecke scheut, auf der linken aber nicht. Es handelt sich dabei nicht um eine Unart des Pferdes, sondern um eine von der Natur eingerichtete Besonderheit des Flucht- beziehungsweise Beutetieres Pferd (vgl. dazu ausführlich: Deutsche Reiterliche Vereinigung: „Pferde verstehen. Umgang und Bodenarbeit. Warendorf 2015. S. 94 ff.).
- An dieser Stelle sei nur darauf hingewiesen, dass die Sehnerven der Pferde, wie bei uns Menschen, über Kreuz verlaufen. Das bedeutet, dass die Informationen des

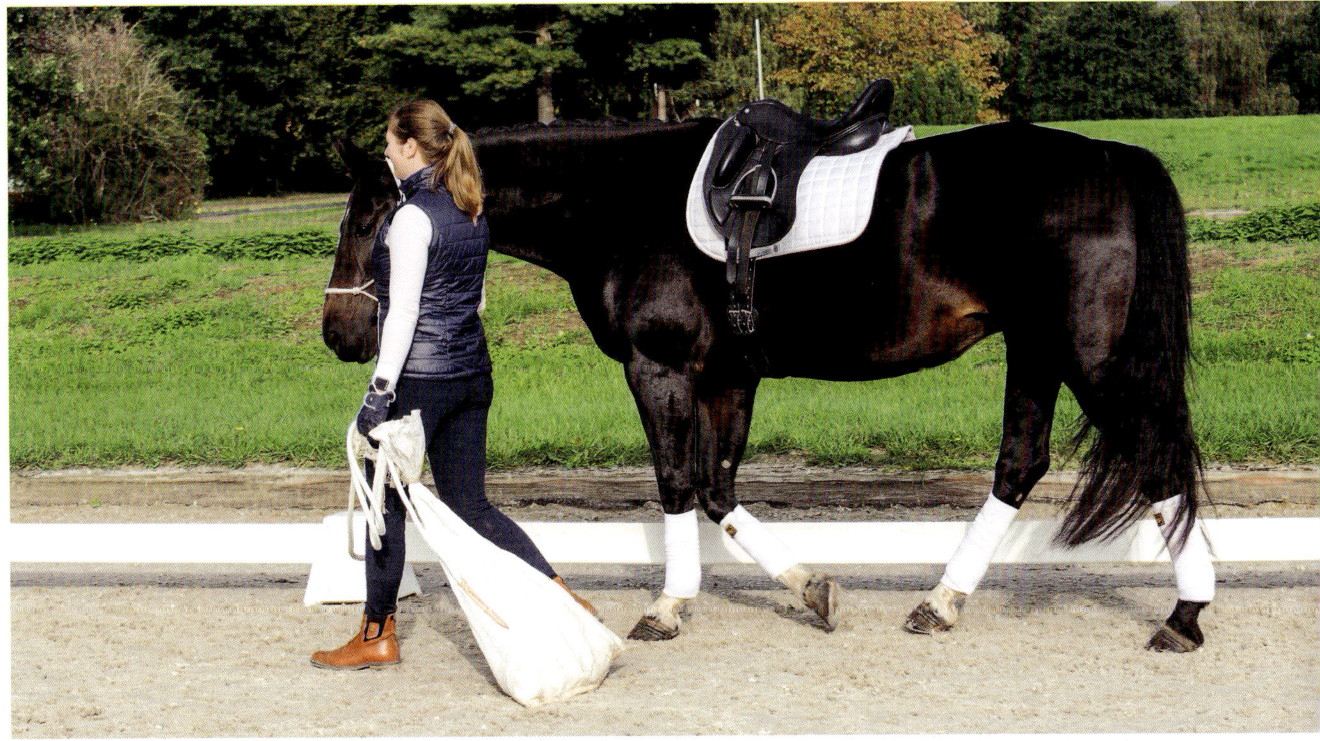

Der Rappelsack kann wie selbstverständlich ins Führtraining integriert werden.

linken Auges zunächst in die rechte Gehirnhälfte und die Informationen des rechten Auges in die linke Gehirnhälfte wandern.

- Verkürzt erklärt sind die unterschiedlichen Verarbeitungsprozesse in den Gehirnhälften ursächlich dafür, dass Reize auf der einen Seite als bedrohlicher wahrgenommen werden als auf der anderen. Dadurch ist erklärbar, warum Pferde je nach Position zu einem Umweltreiz unterschiedlich reagieren. Eine nähere Beschäftigung mit der sogenannten Seitigkeit der Pferde ist daher empfehlenswert. Wissenschaftliche Ergebnisse in die Planung der Trainingsabläufe einzubeziehen, kann also sehr hilfreich sein.

Tipps fürs Training mit dem Rappelsack:

- Das Vorgehen bei der Gewöhnung an den Rappelsack ist in der Systematik wie beim Regenschirm. Zu trainieren, dass etwas neben dem Pferd her schleift, ist durchaus sinnvoll. Auch im Alltag könnten ungewollt Situationen entstehen, in denen beispielsweise ein Führstrick am Boden entlang schleift. Hier wäre es sehr nützlich, wenn das Pferd gelassen bleibt und nicht in Panik gerät.
- Wir benötigen wieder einen Partner, der sich mit einem Rappelsack in die Reitbahn stellt. Das Pferd wird mit verschiedenen Lektionen beschäftigt. Währenddessen beginnt der Partner mit dem Sack, der noch nicht rappelt, neben uns mitzugehen, bis dies selbstverständlich ist. Der Sack könnte dann an unsere treibende Hand übergeben werden. Erfahrungsgemäß kann dann der Rappelsack beim Halten gut das erste Mal abgesetzt werden. Beim Antreten nehmen wir ihn wieder auf, so gewöhnt sich das Pferd schrittweise an die „neue Ausrüstung" während der Bodenarbeit.

Beispiel für eine Prüfungsaufgabe Abzeichen Bodenarbeit Stufe 1

Geschicklichkeit und Gelassenheit als gemeinsame Aufgabe

Hinweis: Angelehnt an das FN-Merkblatt Bodenarbeit

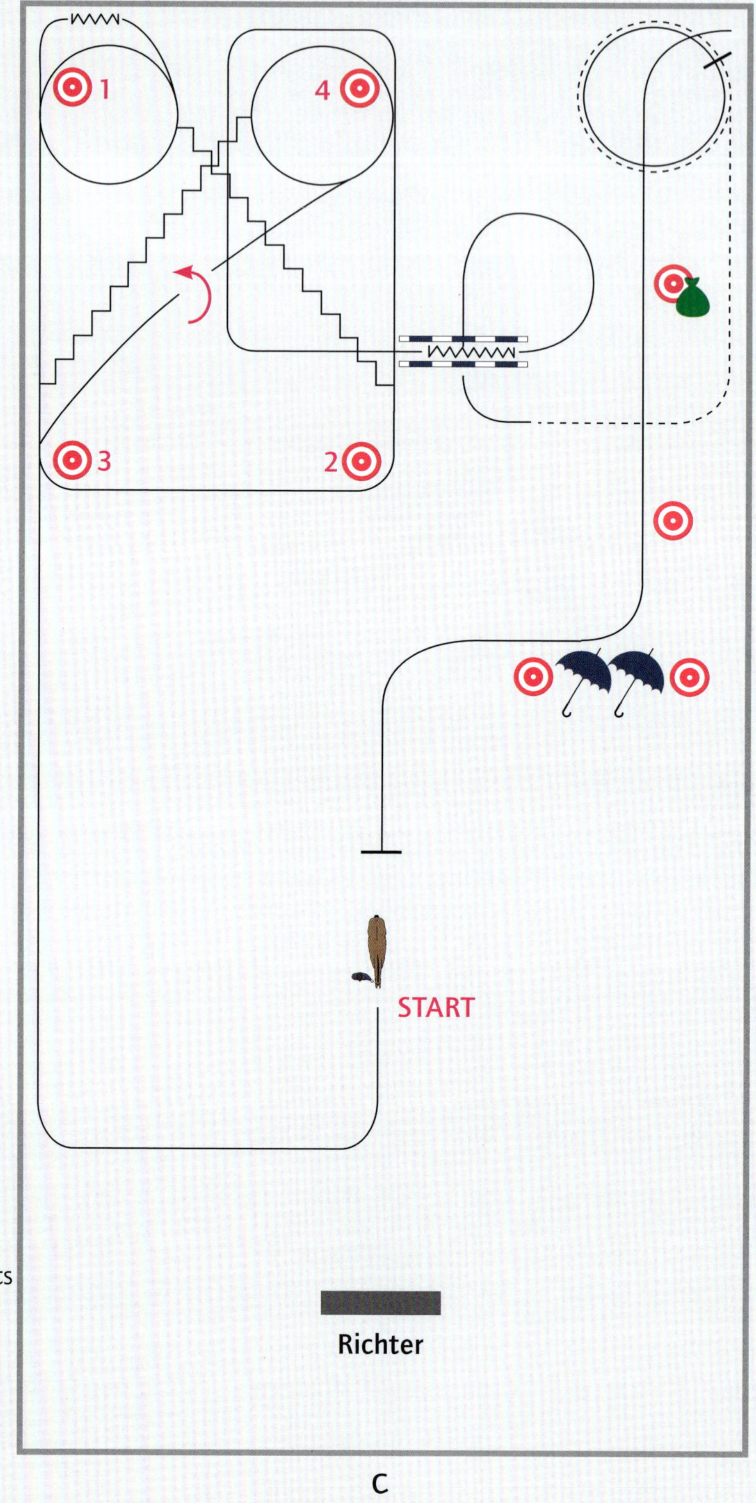

Schritt
Trab
rückwärts
vorwärts-seitwärts
Seitenwechsel der Führperson
Pylone

Bodenarbeitsabzeichen Stufe 1
Gemeinsame Prüfungsaufgabe: Geschicklichkeit und Gelassenheit

Geschicklichkeit:

- Aufstellen bei Start mit Blick zum Richter, (führen mit links)
- Anführen im Schritt zum Hufschlag, rechte Hand
- Zwischen Pylone 1 und Bande halten, eine Pferdelänge hinter der Ecke, rückwärtstreten lassen in die Ecke
- Anführen im Schritt und eine Volte um Pylone 1
- Danach übertreten lassen auf der Diagonalen zu Pylone 2
- Von Pylone 2 zu Pylone 3 im Schritt
- Von Pylone 3 zu Pylone 4 Seitenwechsel (der Führperson) auf der Diagonalen im Schritt
- Um Pylone 4 eine Volte
- Danach übertreten lassen auf der Diagonalen zu Pylone 3
- Von Pylone 3 hinter Pylone 2 im Schritt zu Pylone 4
- Zwischen Pylone 1 und Pylone 4 abwenden
- Auf Höhe der Stangengasse nach links abwenden
- Im Schritt durch die Stangengasse führen (mit rechts führen)
- Am Ende der Gasse halten und mindestens eine Pferdelänge rückwärtstreten lassen
- Im Schritt aus der Gasse führen
- Volte nach links (ca. 5-7m)
- Über den Stangen halten, sodass die Vorhand zwischen den Stangen steht
- Im Schritt anführen, nach den Stangen nach links zum Hufschlag abwenden und antraben

Gelassenheit:

- Vor der Ecke anhalten (linke Hand)
- Übergang zur Arbeit am langen Seil
- Mindestens zwei Volten im Schritt linke Hand
- Mindestens zwei Volten im Trab linke Hand
- Im Bereich der Bande durchparieren zum Schritt
- Vor der Ecke anhalten, zum Pferd gehen und 1. Führposition einnehmen
- Nach links abwenden und zum Rappelsack führen
- Den Rappelsack von Station zu Station hinter sich herziehen
- Abwenden zu den Regenschirmen
- An den aufgespannten Regenschirmen vorbeiführen
- Danach aufstellen, grüßen

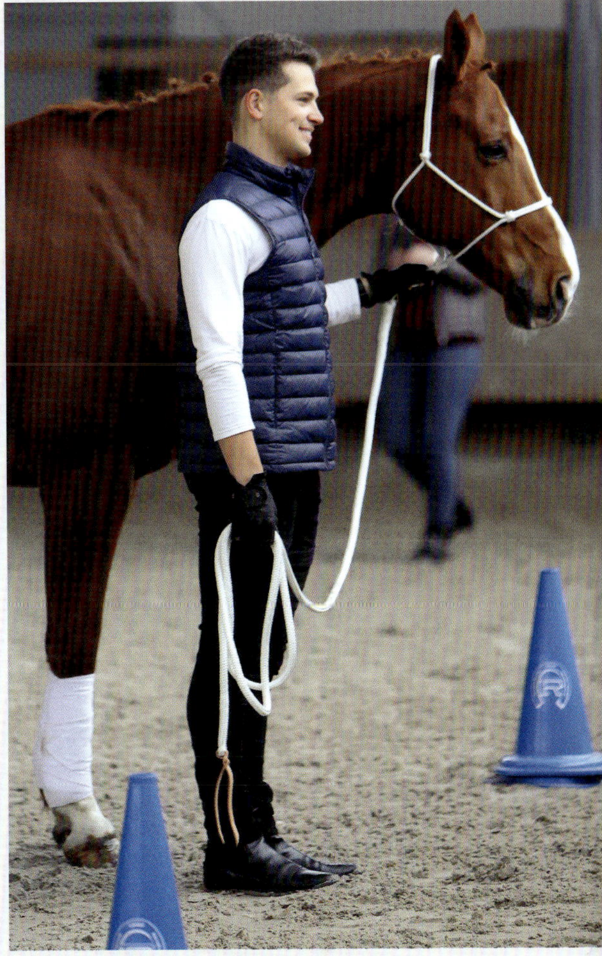

Aufstellung bei der Prüfung zum Abzeichen Bodenarbeit Stufe 1

3 Fortgeschrittene Lektionen

Verbesserung von Gymnastizierung, Koordination und Konzentrationsfähigkeit

(Niveau Abzeichen Bodenarbeit Stufe 2)

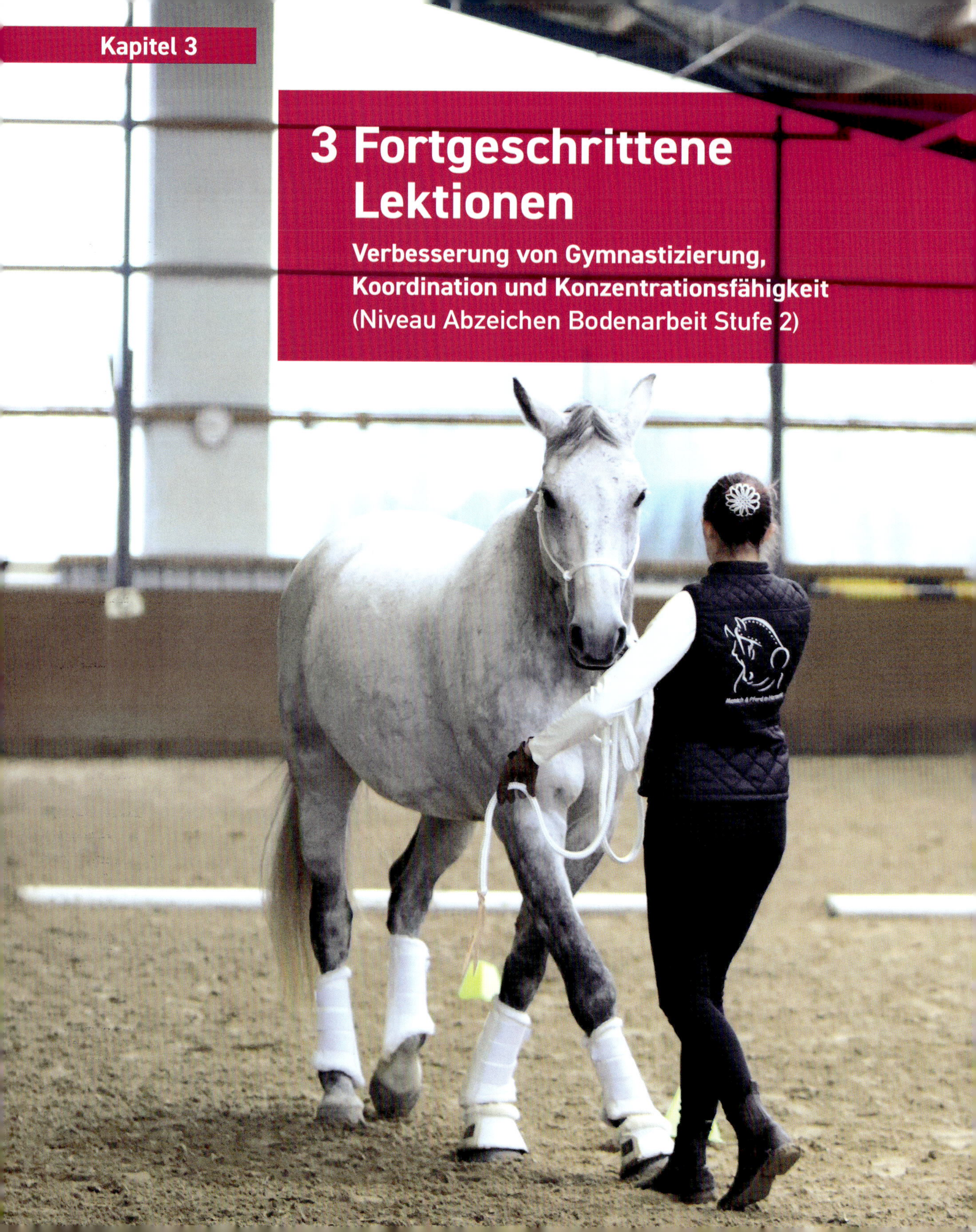

3.1 Fortgeschrittene gymnastizierende Lektionen

3.1.1 Vorwärts-seitwärts-Übertreten im Trab

Aufgabe:

Das Pferd tritt auf einer Diagonalen im Trab vorwärts-seitwärts über.

Zielsetzung:

Das Pferd bewegt sich im Trab gleichmäßig vorwärts-seitwärts. Wir befinden uns in der 1. Führposition und bewegen uns gemeinsam mit dem Pferd vorwärts-seitwärts. Das Pferd ist gegen die Bewegungsrichtung gestellt und Vor- und Hinterhand kreuzen gleichermaßen. Unsere Hilfengebung ist nahezu unsichtbar.

Durchführung:

- Notwendige Voraussetzung für das Vorwärts-seitwärts-Übertreten im Trab ist das sichere Beherrschen des Vorwärts-seitwärts-Übertretens im Schritt (siehe Kapitel 2.3.2) sowie das Traben von Kreisen mit Stellung und Dehnung der Längsachse (siehe Kapitel 2.2.6). Ist das Pferd noch nicht in der Lage, einen Kreisbogen gleichmäßig mit Innenstellung zu traben, kann nicht mit dieser anspruchsvolleren Lektion begonnen werden.
- Das Vorwärts-seitwärts-Übertreten im Trab sollte analog zu der Erarbeitung im Schritt aus einem großen Trabkreis heraus erfolgen. Nehmen wir als Beispiel das Vorwärts-seitwärts-Übertreten auf der rechten Hand: Zu Beginn wird ein großer Kreis bei A getrabt, nach dem Kreis wenden wir wieder auf die gebogene Linie in die Bahn ab, schauen minimal nach links, geben dem Pferd einen Impuls für die Innenstellung, kreuzen selbst unser rechtes über unser linkes Bein, setzen dabei den Schnalztakt für das Übertreten ein und touchieren das Pferd gefühlvoll mit dem treibenden rechten Arm.
- Nun lassen wir das Pferd zunächst nur 2 bis 3 Tritte vorwärts-seitwärts weichen, loben mit der Stimme und traben dann wieder gerade aus. Das Übertreten im Trab steigern wir dann schrittweise, bis beispielsweise das Vorwärts-seitwärts-Übertreten auf der rechten Hand von der Viertellinie zwischen A und K bis zum Hufschlag möglich ist.
- Während des Übertretens müssen wir unsere Hilfengebung immer wieder gefühlvoll einsetzen. Diese Reaktionen müssen natürlich im Trab wesentlich schneller erfolgen als im Schritt. Besonders anspruchsvoll sind das richtige und gefühlvolle Positionieren des Pferdekopfes und das Weichwerden der Führhand. Genauso verhält es sich mit dem treibenden Arm: Treibende Impulse dürfen nur kurz und mit der richtigen Do-

Vorwärts-seitwärts-Übertreten im Trab

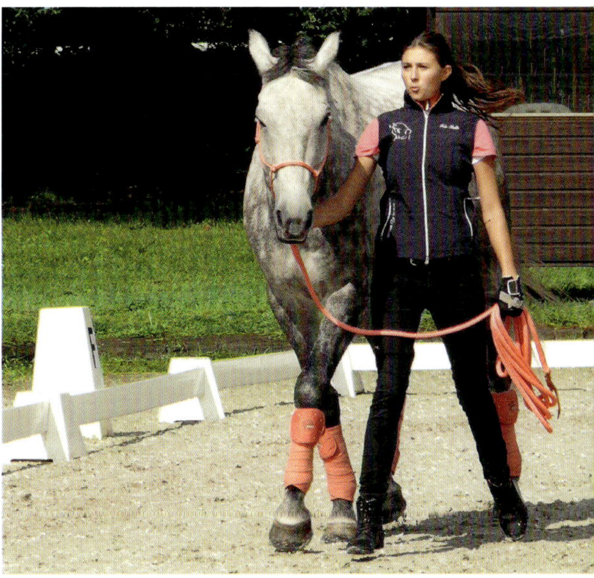

Der Trab an der Hand muss auch auf gebogenen Linien mit Leichtigkeit funktionieren.

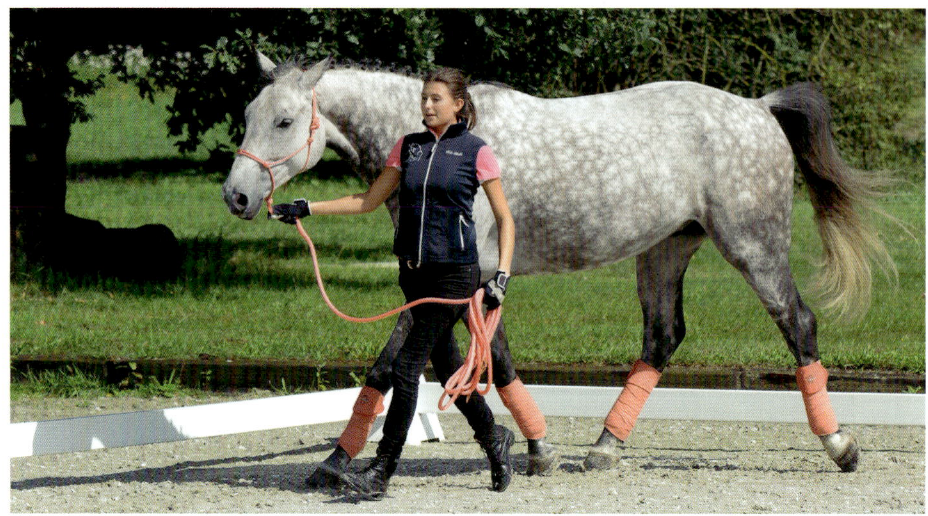

sierung gegeben werden. Im Endergebnis soll das Pferd, parallel zur langen Seite, mit Innenstellung positioniert sein. Vor- und Hinterhand kreuzen im Trab gleichmäßig.

- **Steigerung:**
  Unsere Hilfengebung sollte so verfeinert werden, dass das Vorwärts-seitwärts-Übertreten aus dem Trab direkt von einer geraden Linie aus möglich ist. Dabei sind unser Blick in die Bewegungsrichtung und der Schnalztakt ausreichend.

Mögliche Probleme und Lösungsansätze:

▶ Das Pferd fällt in den Schritt:

Das Vorwärts-seitwärts-Übertreten im Trab ist in puncto Abstimmung der Hilfen relativ anspruchsvoll. Der häufigste Fehler besteht darin, dass wir das Pferd zu steil übertreten lassen. Durch ein zu forsches Signal wenden wir uns zu stark zum Pferd und wirken dadurch extrem bremsend. Das Pferd pariert dann in den Schritt durch. Ganz entscheidend ist also, die Vorwärtsbewegung beizubehalten. Hier gilt der Grundsatz: kein Seitwärts ohne Vorwärts. Insgesamt muss das Pferd natürlich auch flüssig traben. Ist das Grundtempo zu gering, kann die Aufgabe nicht ausgeführt werden.

▶ Das Pferd bricht seitlich aus:

Lieber sehr kleinschrittig steigern, bis wir unsere Hilfen nur noch fein dosiert einzusetzen brauchen.

In diesem Fall sollten wir zunächst überprüfen, ob wir den treibenden Arm zu stark eingesetzt haben oder ob wir ihn dauerhaft nach hinten abgespreizt halten. Gerade in der eigenen Laufbewegung fällt es vielen Menschen schwer, den Arm immer wieder zu lockern und in die neutrale Position zu bringen. Das Gleiche gilt natürlich auch für die Führhand. Halten wir das Pferd am Kopf fest, entsteht eine Überstellung und das Pferd bricht mit der Vorhand nach außen aus. Beim Training des Übertretens im Trab sind zu Beginn kürzere Reprisen besser. Also lieber sehr kleinschrittig steigern, bis wir unsere Hilfen nur noch fein dosiert einzusetzen brauchen.

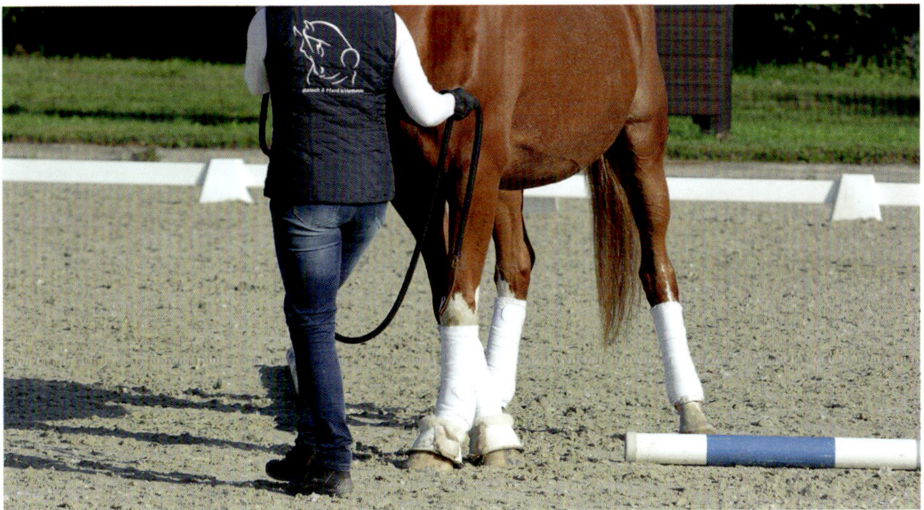

3.1.2 Wendung um die Hinterhand

Aufgabe:

Das Pferd führt eine Wendung um die Hinterhand durch.

Zielsetzung:

Das Pferd soll einen Richtungswechsel mithilfe einer Wendung um die Hinterhand durchführen. Dabei darf das Pferd mit den Hinterbeinen nicht stehen bleiben. Die Wendung um die Hinterhand kann 90, 180 oder 360 Grad betragen. Das Pferd weicht auf unsere kaum sichtbare Signalgebung willig und flüssig mit der Vorhand. Das Ziel dieser Aufgabe besteht darin, dass das Pferd lernt, auf unsere Signale Vor- beziehungsweise Hinterhand separat voneinander zu bewegen.

Zunächst sollte die Übung langsam ausgeführt werden, damit das Pferd das Bewegungsmuster versteht.

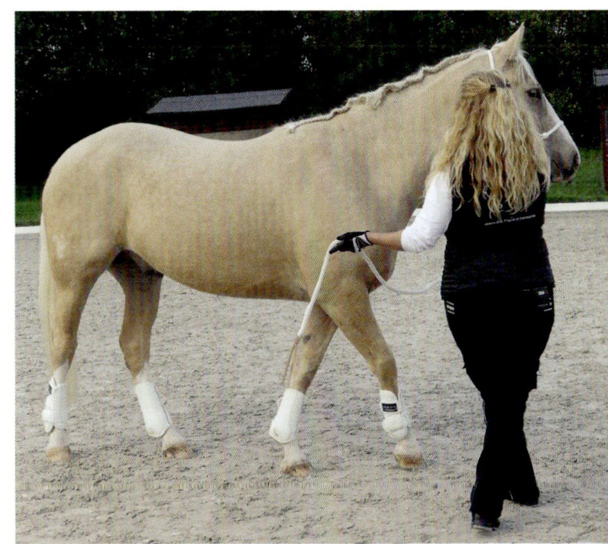

Die Übung erfordert ein hohes Maß an Konzentration von Pferd und Mensch. Das Pferd lernt abzuwarten. Wir wiederum müssen auch lernen, die Hilfe für das Pferd klar verständlich zu geben. Empfehlenswert ist es, derartige Übungen am Boden zunächst Schritt für Schritt und langsam durchzuführen. So versteht das Pferd das Bewegungsmuster am besten. Im weiteren Verlauf sollten wir dann auf eine flüssige Ausführung achten, zu der selbstverständlich die ausreichende Aktivität der Hinterbeine gehört. Das Stehenbleiben eines Hinterbeines während der Drehung ist bei der richtigen Ausführung nicht gewünscht.

Hat das Pferd diese Lektion einmal gelernt, können wir sie später auch auf größere Distanz bei der Arbeit am langen Seil, bei der Freiarbeit oder beim Reiten abrufen.

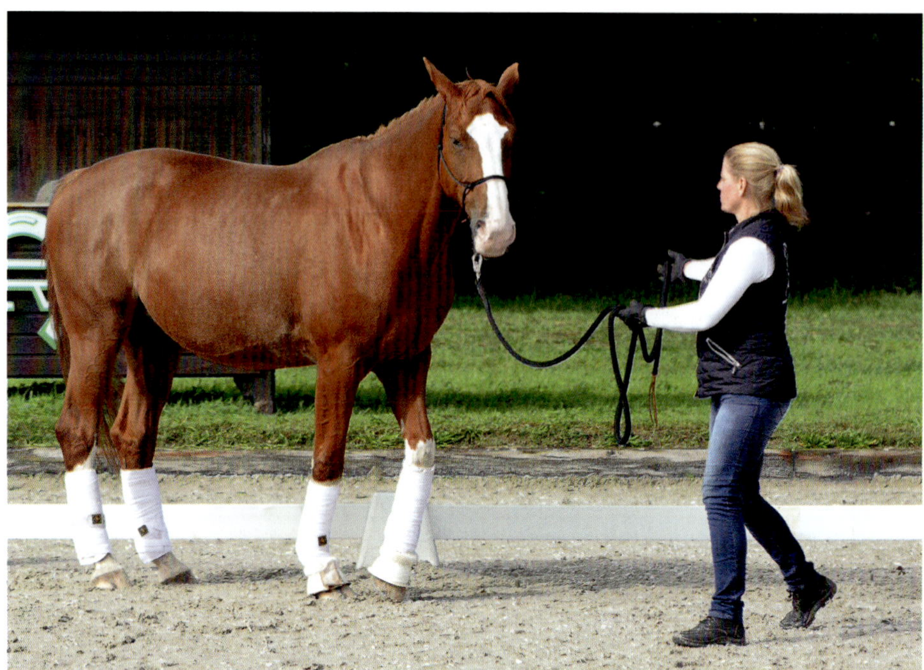

Fortgeschritten: Wendung um die Hinterhand am langen Seil

Durchführung:

Die Position zum Pferd variiert etwas je nach Pferdetyp.

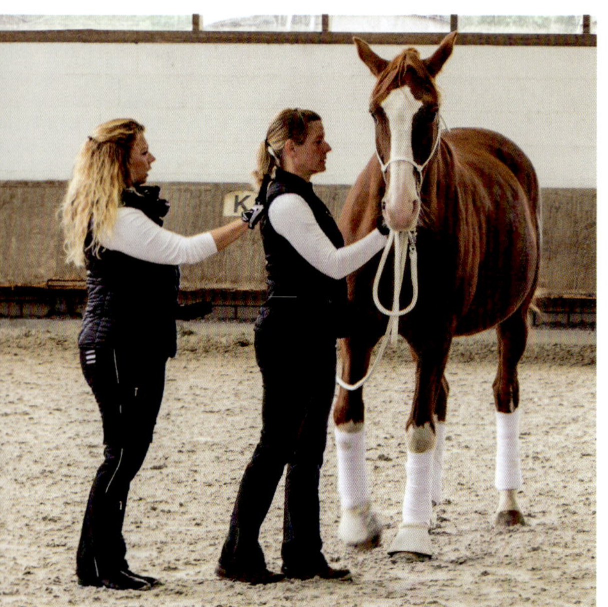

- Ich empfehle, diese Übung zunächst in der Mitte der Reitbahn zu beginnen. Der Handlungsspielraum ist für die Hilfengebung in der Mitte zu Beginn etwas größer als auf dem Hufschlag. Möchten wir eine Wendung um die Hinterhand nach rechts trainieren, so stellen wir uns auf die linke Seite unseres Pferdes mit dem Gesicht zum Genick des Pferdes. Mit der rechten Hand umfassen wir das Seil ca. 30 cm oberhalb des Lederschlags. Mit unserer linken Hand greifen wir in den Diamantknoten und legen uns zwei Schlaufen des Seils über unseren linken Daumen.
- Bei dieser Lektion wird zum ersten Mal eine neue Seilhaltung eingeführt: Das Schwungseil, also das Seilende, wird von den Schlaufen des Seils getrennt. Nur so ist eine sehr feine Einwirkung mit dem Ende des Seils möglich. Wir sollten diese Handhabung des Seils gut üben, da es zum Beispiel auch beim Führen von Seitengängen wie Travers oder Renvers notwendig ist.
- Um dem Pferd den Bewegungsablauf deutlich zu machen, stellen wir den Pferdekopf leicht von uns weg; in diesem Fall nach rechts. Auch hier gilt wie immer: Der Kopf wird nur positioniert, danach muss das Halfter wieder am Pferdekopf „schweben". Mit der rechten Hand touchieren wir die linke Schulter des Pferdes, schnalzen und treten selbst mit unserem rechten über unser linkes Bein.

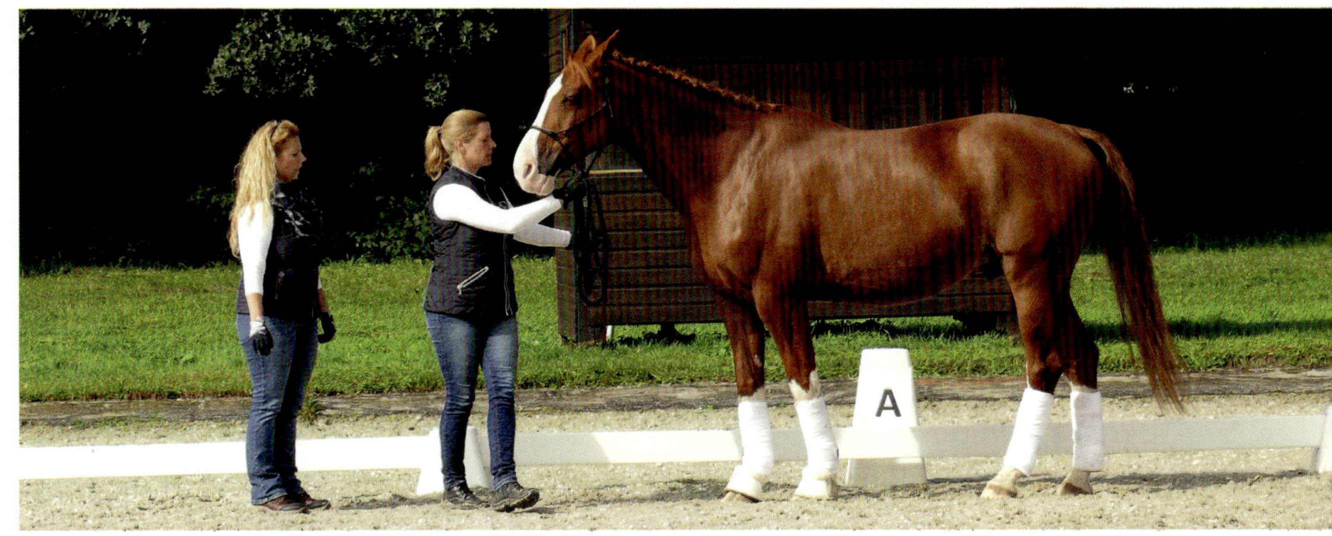

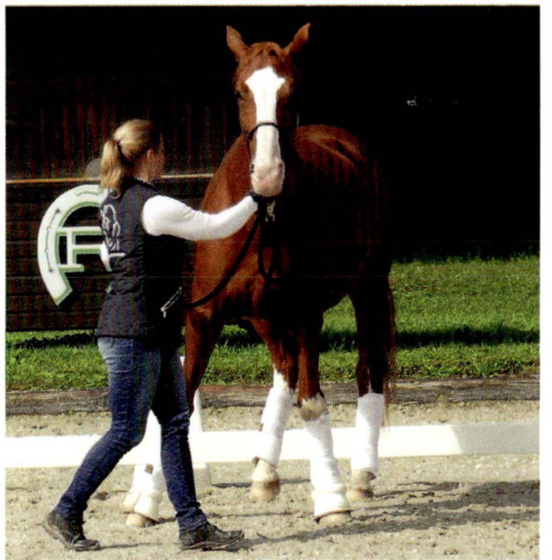

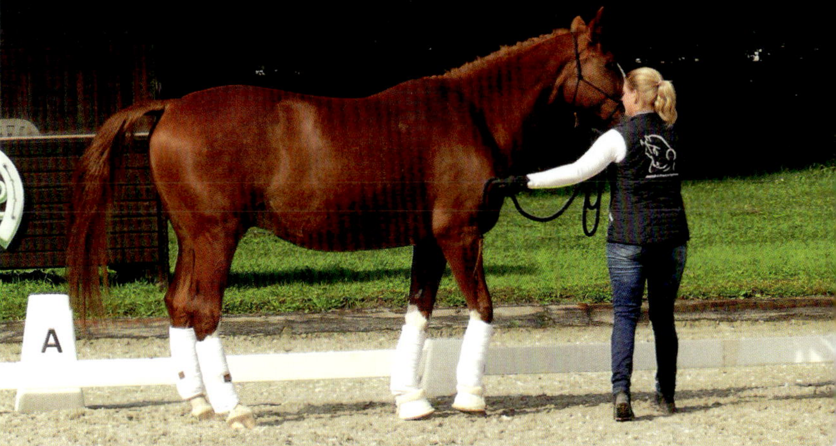

Wendung um die Hinterhand am Hufschlag

- Kreuzt unser Pferd nun ebenfalls mit seinem linken vor sein rechtes Bein, loben wir mit der Stimme, setzen die Hilfengebung aus und machen eine kurze Pause.
- Möchten wir nun das Pferd ca. 180 Grad um die Hinterhand treten lassen, müssen wir im richtigen Winkel mit dem Pferd mittreten, dabei immer wieder den Pferdekopf neu positionieren, die Schulter gegebenenfalls touchieren und darauf achten, dass die Hinterhand nicht stehen bleibt. Grundsätzlich ist mir bei dieser Übung auch wichtig, dass die Führperson jederzeit in der Lage ist, das Pferd anzuhalten. Daher sollte immer wieder in kleinen Schritten geübt werden.
- Selbstverständlich müssen wir alle Lektionen sowohl auf der rechten als auch auf der linken Hand ausführen. Es ist häufig überraschend, wie unterschiedlich die Reaktionen der Pferde sind. Da es sich hier um eine gymnastizierende Übung handelt, zeigen die Pferde uns deutlich, auf welcher Hand ihnen die Übung mehr Schwierigkeiten bereitet, zum Beispiel kann das Kreuzen der Vorderbeine übereilt oder schleppend durchgeführt werden.

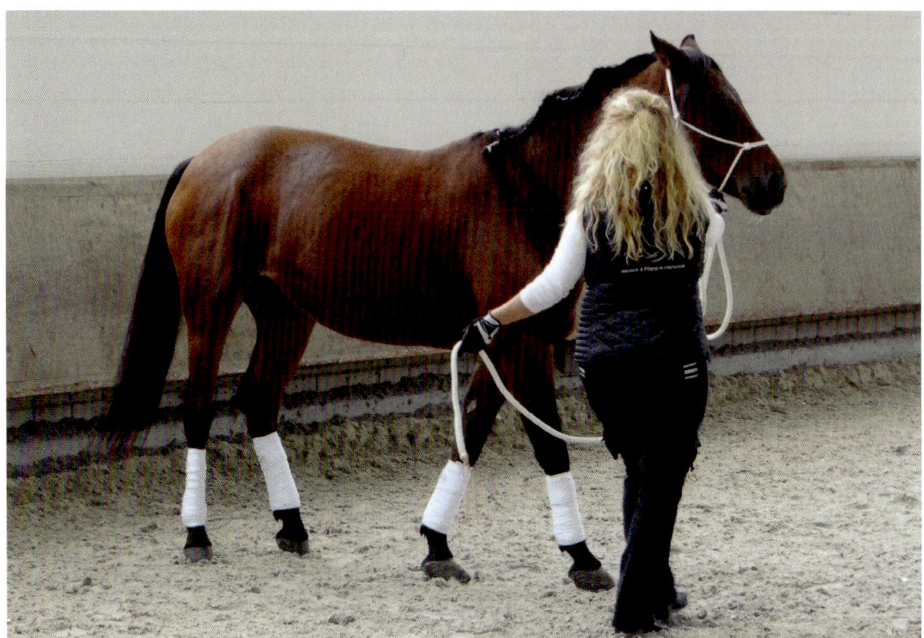

Das Pferd sollte nach jedem Schritt angehalten werden können.

- Das Fernziel der Übung besteht darin, dass kein Touchieren des Pferdes mehr notwendig ist.

- **Steigerung:**
  Das Pferd soll einen Handwechsel auf dem Hufschlag mit einer Wendung von 180 Grad um die Hinterhand absolvieren.

Mögliche Probleme und Lösungsansätze:

▶ Das Pferd tritt nicht mit der Vorhand über, sondern weicht rückwärts:

Bei dieser Lektion kommt es sehr darauf an, dass wir für das Pferd klar verständlich sind und die Bewegungsrichtung zweifelsfrei vorgeben. Häufig stellen wir uns zu frontal vor unser Pferd. Es versteht dies als Signal, nach hinten zu weichen. Die beiden taktilen Hilfen, das Positionieren des Pferdekopfes nach rechts und das Touchieren der Schulter, funktionieren nur in Kombination. Dieses Zusammenspiel muss individuell auf das Pferd abgestimmt sein. Und ganz wichtig: Es muss auch gelingen, dieses Timing während einer 180- oder 360-Grad-Wendung richtig begleitend einzusetzen.

▶ Das Pferd lässt sich nach dem Übertreten nicht anhalten:

Für mich gehört es zu einem wesentlichen Baustein einer gelungenen Ausbildung am Boden, dass ein Pferd nach jedem Schritt wieder angehalten werden kann. Pferde, die nach dem Übertreten nach vorn gehen, sollten nicht mit Krafteinsatz am Halfter gehalten werden. Das führt zum Ausweichen der Hinterhand und es kommt zu einem zu vermeidenden Kräftemessen. In dieser Situation müssen wir es schaffen, genau im richtigen Moment kurz am Halfter zu zupfen und das Pferd anzuhalten.

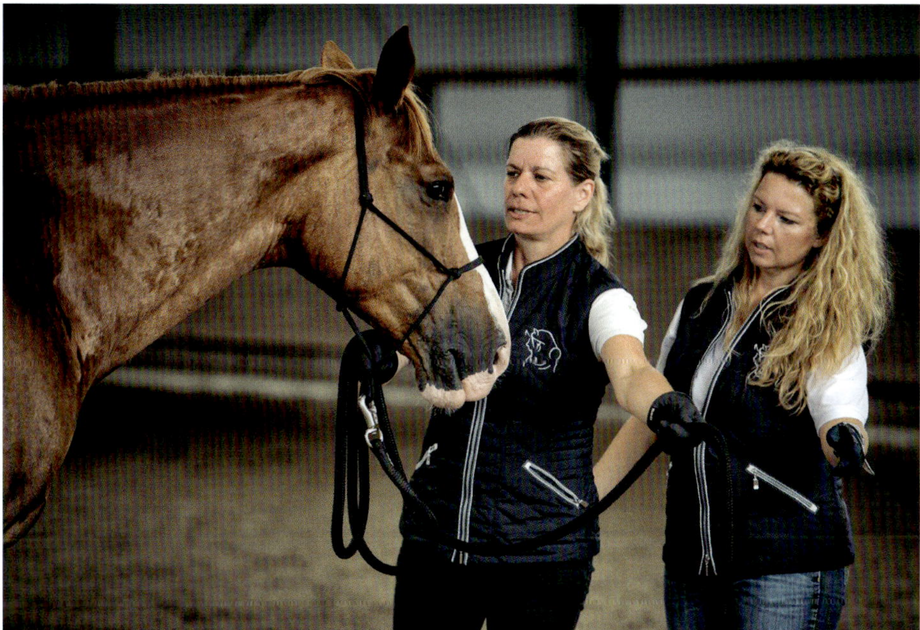

3.1.3 Wendung um die Vorhand

Aufgabe:

Das Pferd führt eine gefolgte Wendung um die Vorhand durch.

Zielsetzung:

Das Pferd soll einen Richtungswechsel mithilfe einer Wendung um die Vorhand vornehmen. Die Wendung um die Vorhand kann 90, 180 oder 360 Grad betragen. Das Ziel besteht darin, dass das Pferd auf unsere kaum sichtbare Signalgebung willig und flüssig mit der Hinterhand hereintritt.

Entscheidend bei dieser Übung ist: Das Pferd soll auf die Hilfengebung des Menschen mit der Hinterhand nicht weichen, sondern folgen. Das weitaus bekanntere Weichen der Hinterhand wird später auch vorgestellt und erläutert.

Entscheidend bei dieser Übung ist: Das Pferd soll auf die Hilfengebung des Menschen mit der Hinterhand nicht weichen, sondern folgen.

Mit der von mir kreierten Lektion verfolge ich ganz bewusst eine andere Zielsetzung. Im Anfangsstadium könnte man sie zum besseren Verständnis auch als Einparken des Pferdes bezeichnen. Die Vorteile dieser Lektion für die gesamte Ausbildung der Pferde sind vielfältig. Zunächst lernt das Pferd natürlich, wieder abzuwarten, eine Lösung auf unsere Hilfengebung anzubieten und seine Hinterhand separat zu bewegen.

Diese Übung führt zu einer immensen Erleichterung beim Aufsteigen (s. Seite 152). Hat das Pferd gelernt, auf minimale Hilfengebung mit der Hinterhand hereinzutreten, kann es perfekt an der Aufsitzhilfe positioniert werden und bleibt dann auch stehen.

Bei der „gefolgten Wendung um die Vorhand" soll das Pferd dem Zurücknehmen der Schulter des Menschen folgen und mit der Hinterhand hereintreten.

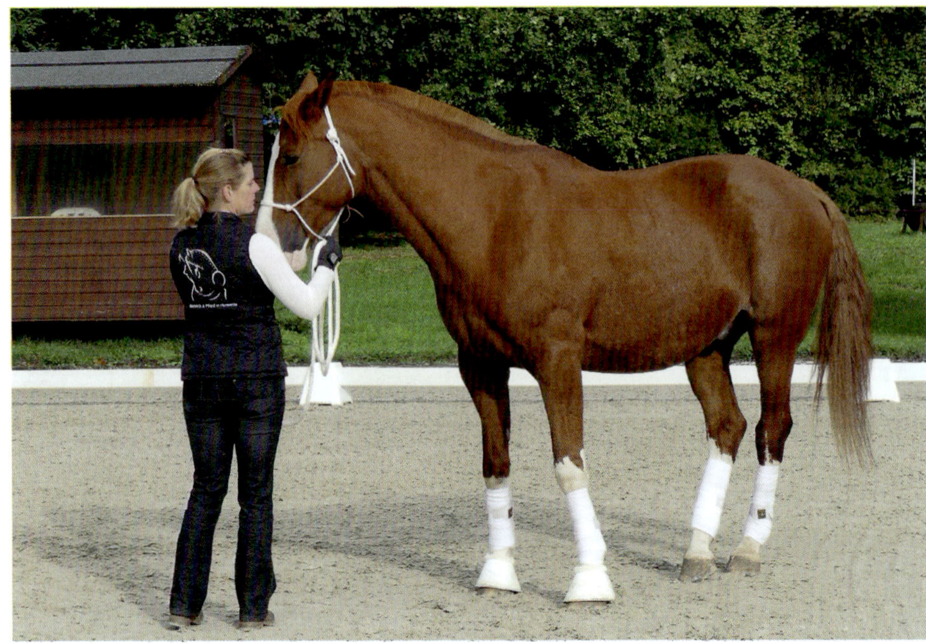

Durch die Sensibilisierung auf die Veränderung der Körperachse des Menschen sind später Seitengänge wie das Travers ohne Gerte möglich.

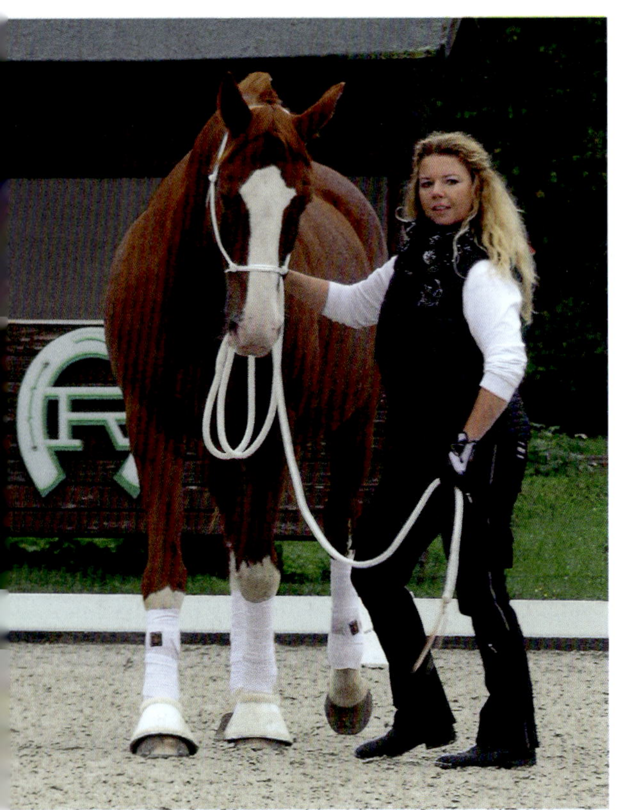

Aus diesem Grund wurde das Element des Einparkens an die Aufsitzhilfe auch in das Abzeichen Bodenarbeit Stufe 2 aufgenommen. Es veranschaulicht gut den praktischen Nutzen der Bodenarbeit für die Ausbildung unter dem Reiter.

Darüber hinaus ist die gefolgte Wendung um die Vorhand, also das Herumtreten der Hinterhand in unsere Richtung, auch die Vorbereitung und Voraussetzung für viele weitere anspruchsvolle Lektionen am Boden, wie das seitliche Folgen oder die Entwicklung der Seitengänge.

Besonders schön lässt sich auch anhand dieser Lektion verdeutlichen, wie achtsam die Pferde gegenüber unserer Körpersprache werden. Die Lehrgangsteilnehmer sind immer wieder begeistert, wie minimale Veränderungen in der Körperhaltung ausreichen, um die Pferde zu bewegen.

Durchführung:

- Die Übung sollte im Bahninneren begonnen werden. Wir stellen uns auf die linke Seite des Pferdes und wenden uns mit unserem Brustbein in Richtung Pferdekopf. Das Ende des Seils befindet sich in unserer linken Hand, mit der rechten Hand greifen wir in den Diamantknoten, wobei eine Schlaufe des Seils über unserem rechten Daumen liegt, damit das Seil nicht den Boden berührt.

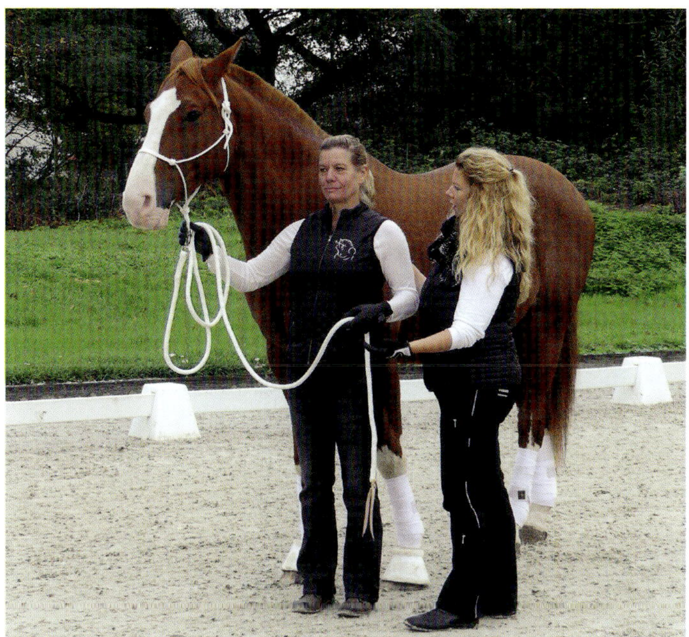

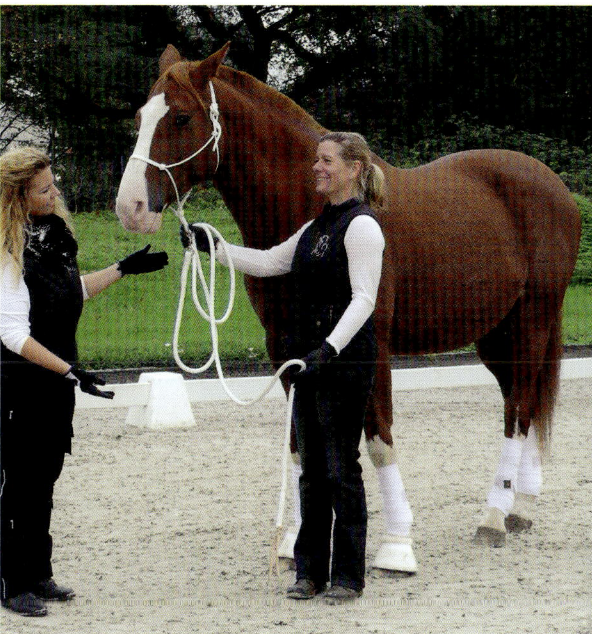

Beginn der Hilfengebung bei der gefolgten Wendung um die Vorhand

Körperhaltung bei der gefolgten Wendung um die Vorhand

- Ziel der Übung ist, dass das Pferd auf eine minimale Hilfengebung mit der Hinterhand nach links tritt, also auf die Seite, auf der wir uns befinden. Dabei sollte möglichst das rechte Hinterbein vor das linke kreuzen.
- Zunächst muss die Hilfengebung etwas deutlicher gestaltet werden, damit das Pferd ein erstes Mal mit der Hinterhand hereintritt.
- Dazu positionieren wir den Pferdekopf etwas nach rechts und unser linker Arm wird unterhalb des Pferdekopfes nach vorn geschoben. Wir nehmen unsere rechte Schulter leicht nach hinten, schnalzen und geben dem Pferd mit der linken Hand einen Impuls in Richtung Hinterhand. Tritt das Pferd daraufhin mit seinem rechten Hinterbein vor das linke, loben wir unmittelbar.
- Um diesen Schritt zu vollziehen, muss sich das Pferd sehr auf unsere Körperhaltung und unsere taktile Hilfe konzentrieren. Entscheidend ist, dass es sich zuerst hinten rechts bewegt.
- Bei weiteren Trainingseinheiten wird die Hilfengebung immer weiter verfeinert. Als Fernziel soll das Zurücknehmen unserer rechten Schulter und der Schnalztakt ausreichend für das Hereintreten der Hinterhand sein.
- Um dieses Ziel zu verwirklichen, muss wieder schrittweise vorgegangen werden. Erst nach und nach verlangen wir mehrere Schritte, sodass eine Wendung um die Vorhand entsteht. Natürlich darf das Pferd auch hier nicht komplett mit einem oder mit beiden Vorderbeinen stehen bleiben. Die Vorderhufe

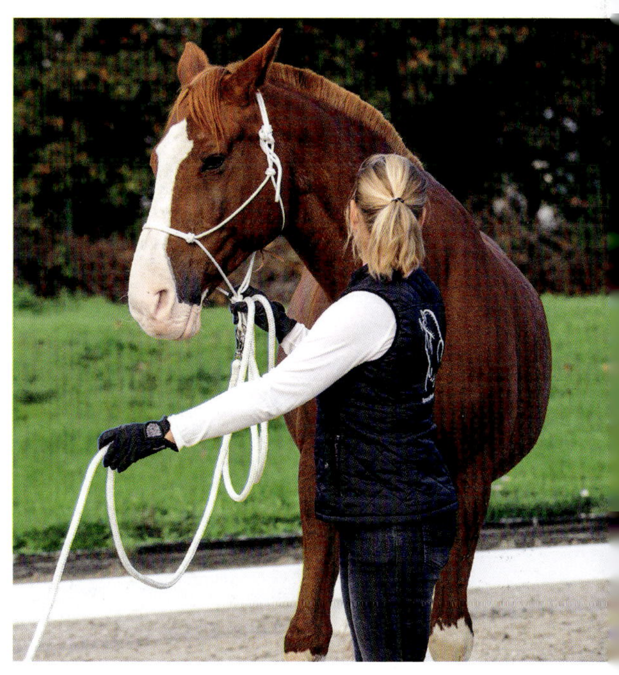

müssen sich entsprechend der Bewegung der Hinterbeine immer wieder neu positionieren.

- Ebenso müssen auch wir uns minimal auf der Stelle mitdrehen und das Pferd mit den Hilfen fein dosiert begleiten.

Mögliche Probleme und Lösungsansätze:

▶ Das Pferd bewegt zuerst die Vorhand:

Die gefolgte Wendung um die Vorhand sieht im Endergebnis sehr einfach aus. Allerdings gestaltet sich das Erlernen dieser Übung individuell sehr unterschiedlich und stellt für viele durchaus eine große Herausforderung dar.

Wir müssen für jedes Pferd die richtige Dosierung innerhalb des Zusammenspiels der Hilfen finden.

Leider gibt es auch kein Schema, welches bei jedem Pferd zum gleichen Erfolg führt. Vielmehr müssen wir für jedes Pferd die richtige Dosierung innerhalb des Zusammenspiels der Hilfen finden. Dieser Weg ist auf jeden Fall sehr lohnenswert, da wir sehr viel über die Gelehrigkeit unseres Pferdes und seine Problemlösungsfähigkeit lernen. Zudem entwickeln wir ein besseres Feingefühl und verfeinern unsere koordinativen Fähigkeiten.

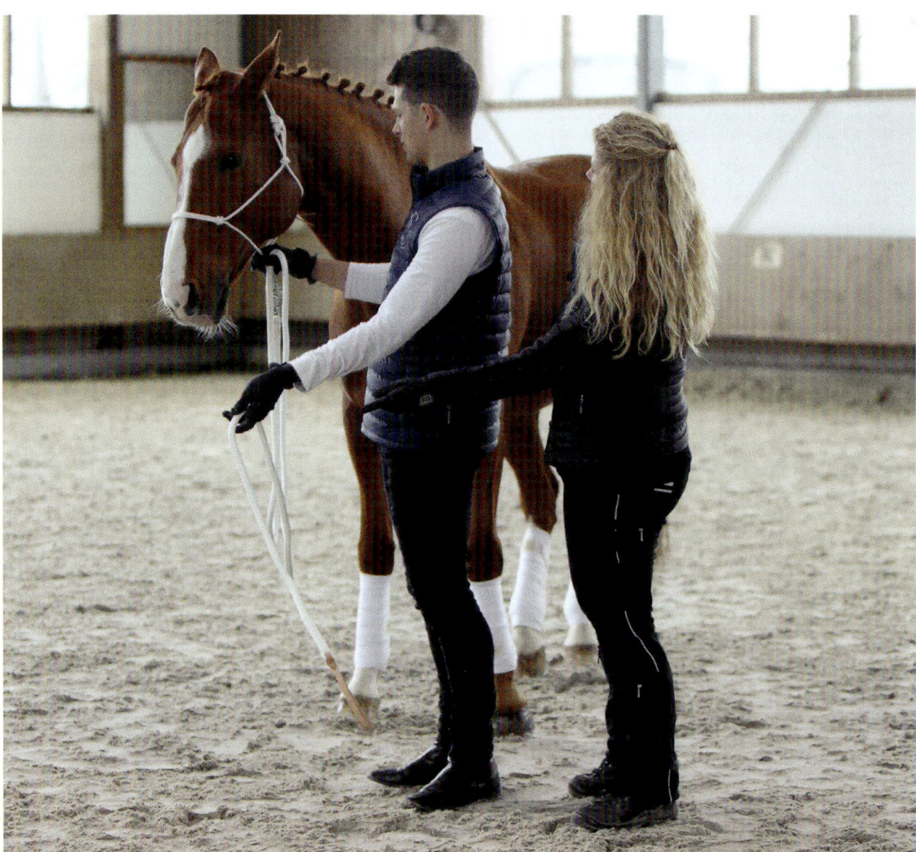

Die Hilfengebung wird immer weiter minimiert.

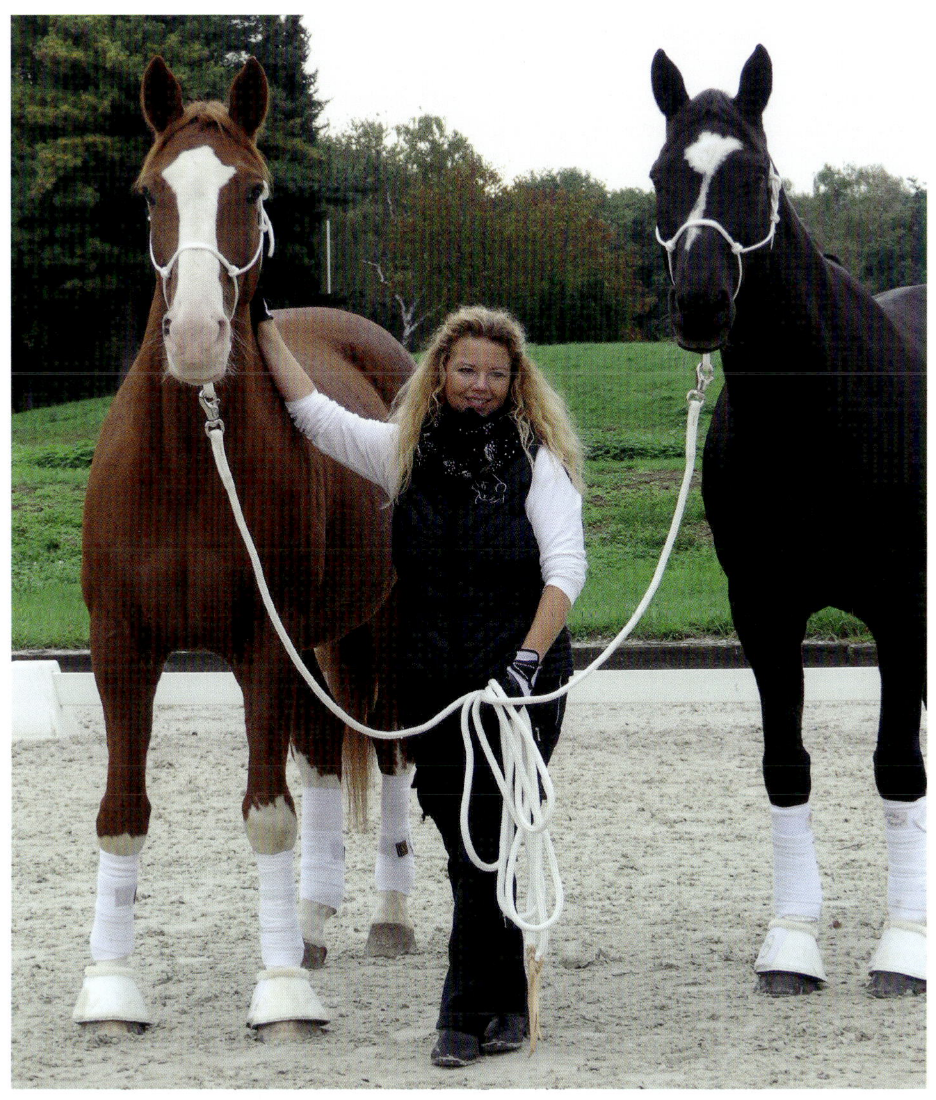

Meine Form der Ausbildung am Boden ist auch für sehr große Pferde geeignet.

Gerade bei dieser Lektion reagieren die Pferde je nach Lerntypus sehr unterschiedlich: Die Reaktionen reichen von Pferden, die nervös alles Mögliche anbieten und sich am liebsten rückwärts entziehen möchten, bis hin zu Pferden, die keinen Lösungsvorschlag für diese Hilfengebung haben und dann mit allen vier Hufen fest auf dem Boden bleiben und sich lieber erst einmal gar nicht bewegen.

Für alle diese Varianten gibt es mithilfe von feinen Justierungen ganz individuelle Trainingsverläufe. Da es ganz vielfältige Schwierigkeiten gibt, kann ein Buch kein allumfassendes Handwerkszeug liefern, sondern nur erste Ansätze bieten: Wenn die Pferde also zuerst die Vorhand nach rechts bewegen, liegt dies häufig an unserer Körperhaltung: Machen wir einen Ausfallschritt in Richtung Pferd, so führt dies in der Regel dazu, dass unser Pferd mit der Vorhand weicht.

Da die Pferde lernen, den Veränderungen der Körperachse des Menschen zu folgen und sich durch minimale Gesten steuern lassen, können wir stets auf eine Gerte verzichten.

Zu betonen ist an dieser Stelle ein weiterer Vorteil meiner Form der Ausbildung am Boden. Da die Pferde lernen, den Veränderungen unserer Körperachse zu folgen und sich durch minimale Gesten steuern lassen, können wir stets auf eine Gerte verzichten. Dies hat zur Folge, dass die Pferde in erster Linie uns beobachten und nicht hauptsächlich auf die Gerte fokussiert sind. Des Weiteren lassen sich diese Lektionen dann auch mit sehr großen Pferden und kleineren Führpersonen durchführen, da wir nicht, wie bei anderen Bodenarbeitsströmungen, über dem Rücken der Pferde mit einer Gerte arbeiten.

Aufgabe:

Das Pferd soll mit der Hinterhand weichen beziehungsweise eine Wendung um die Vorhand ausführen.

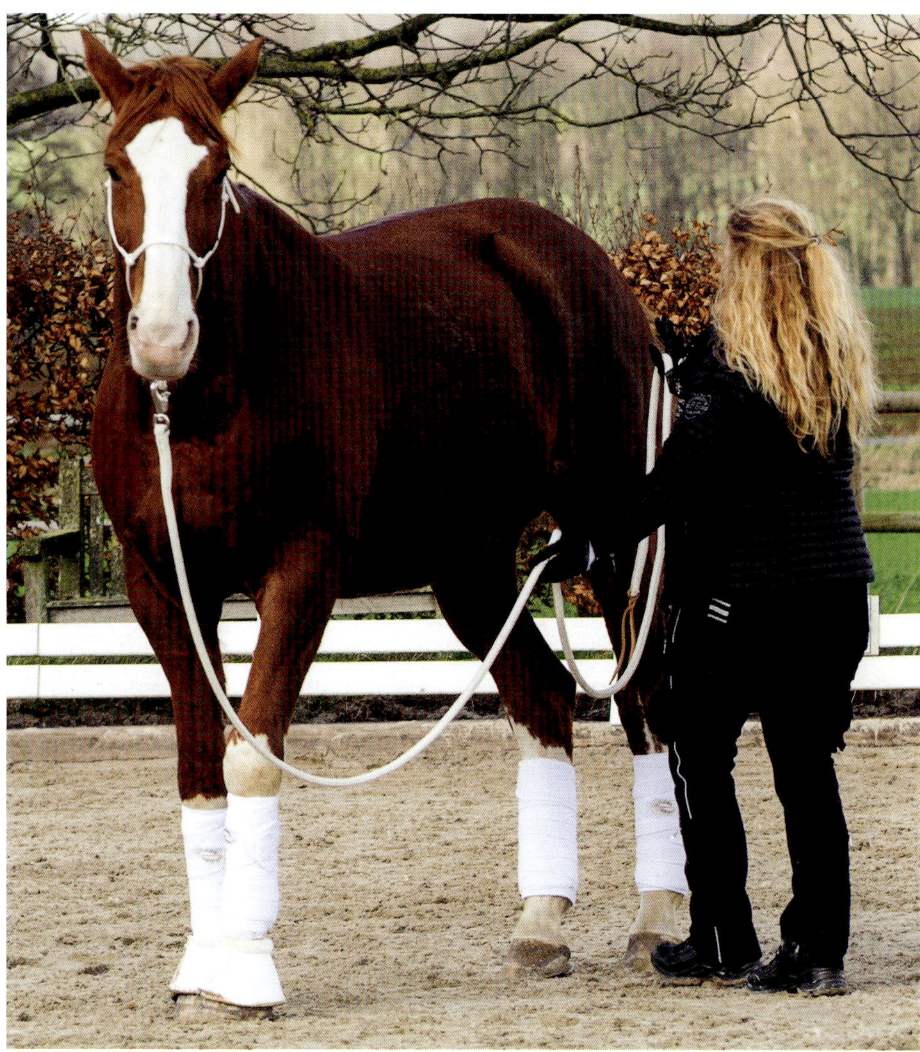

Bei der Wendung um die Vorhand wird zuerst die Hinterhand bewegt.

Zielsetzung:

Das Pferd soll auf ein minimales Signal mit der Hinterhand weichen. Diese Übung führt ebenfalls dazu, dass das Pferd lernt, separat Hinter- beziehungsweise Vorhand zu bewegen.

Das Weichen der Hinterhand findet im täglichen Umgang ständig Anwendung, wie zum Beispiel beim Herumtreten am Anbindeplatz. Es kann aber auch gut mit anspruchsvollen Lektionen, wie dem Side Pass über Stangen, also dem seitlichen Folgen oder Weichen ohne eine Vorwärtsbewegung, kombiniert werden.

Durchführung:

- Möchten wir die Hinterhand nach rechts weichen lassen, stellen wir uns an die linke Seite des Pferdes, sodass sich unser Brustbein der Flanke zuwendet. Unser linker Arme ist leicht seitlich nach links gestreckt und der rechte Arm ist so angewinkelt, dass die rechte Hand mit der Handfläche zur Hinterhand des Pferdes zeigt. Das Seil wird wieder so getrennt, dass sich eine Schlaufe in unserer linken Hand und das Ende des Seils in der rechten Hand befindet. Wir schauen in die Richtung, in die wir die Hinterhand weichen lassen möchten, schnalzen und geben gegebenenfalls einen Impuls mit dem Ende des Seils. Weicht das Pferd mit der Hinterhand, loben wir verbal und machen eine kurze Pause.

Ganz wichtig: Niemals drücken oder schieben!

- Wir müssen darauf achten, dass das Pferd wirklich zuerst sein linkes Hinterbein bewegt. Analog zur Wendung um die Hinterhand sollte auch hier wieder schrittweise vorgegangen werden. Wir gehen mit und halten dabei immer den gleichen Abstand zum Rumpf des Pferdes ein. Die Vorhand soll auch bei dieser Übung nicht stehen bleiben, sondern muss entsprechend mittreten.
- Diese Übung ist ebenfalls gut mit der Arbeit am langen Seil oder dem fortgeschrittenen Stangentraining kombinierbar.

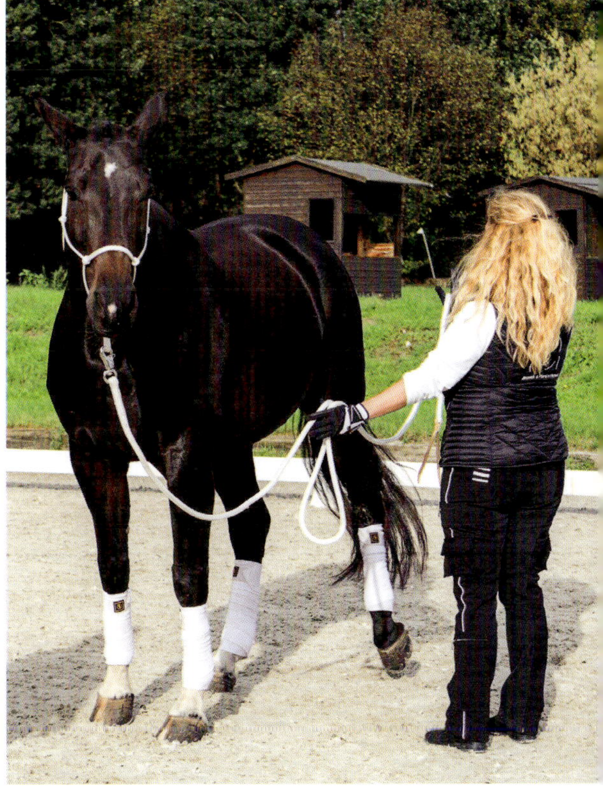

Mögliche Probleme und Lösungsansätze:

▶ Das Pferd weicht mit dem ganzen Körper:

Weicht das Pferd insgesamt seitlich, dann verlagern wir unsere Führposition noch weiter nach hinten in Richtung Schweif. Der linke Arm ist dann schräg nach unten gestreckt. Das Seil hängt leicht durch. Die rechte Hand ist aufgestellt und könnte zur Verdeutlichung des Weichens die Hinterhand kurz touchieren. Diese Form des Signals ist für einige Pferde weniger intensiv als das Berühren mit dem Seil.

Tipp: Ganz wichtig: Niemals drücken oder schieben! Druck erzeugt immer Gegendruck und unsere Hilfengebung sollte bei allen Lektionen auch immer wieder reduziert werden.

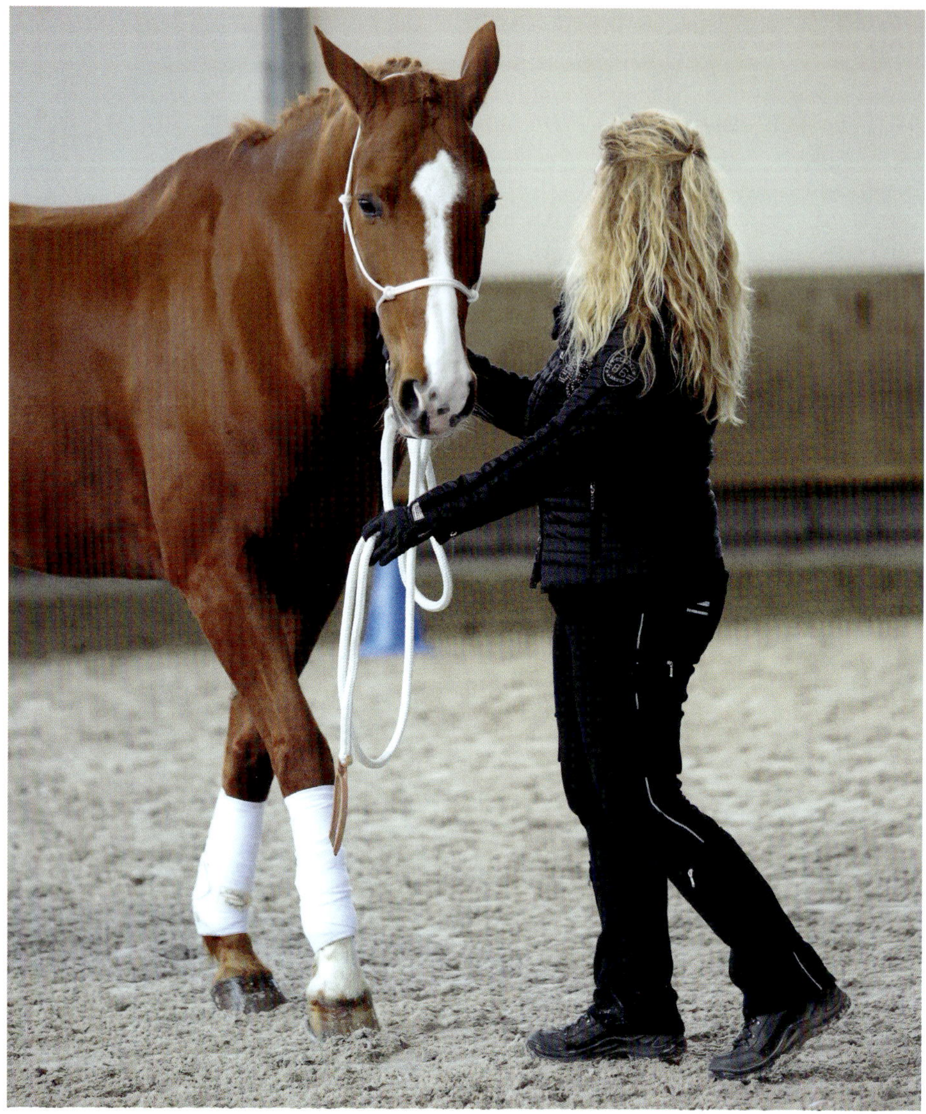

3.1.4 Seitliches Folgen des Pferdes

Mit dem Erlernen einer neuen Aufgabe sollte man erfahrungsgemäß auf der Seite beginnen, die dem Pferd etwas leichter fällt.

Aufgabe:

Das Pferd folgt dem Menschen vorwärts-seitwärts.

Zielsetzung:

Das Pferd soll sich auf einer diagonalen Linie im Schritt gleichmäßig vorwärts-seitwärts bewegen. Neu ist bei dieser Lektion im Vergleich zum Vorwärts-seitwärts-Übertreten, dass das Pferd uns nun folgt. Bewegt es sich vorwärts-seitwärts nach links, so befinden wir uns auch auf der linken Seite des Pferdes. Angestrebt wird eine harmonische Interaktion zwischen dem Pferd und uns, bei der das Pferd uns seitlich bei kaum sichtbarer Hilfengebung folgt, indem Vor- und Hinterhand gleichermaßen kreuzen.

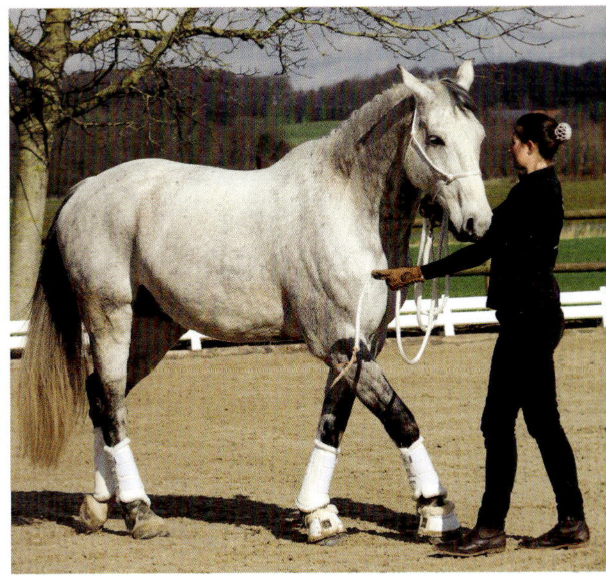

Vorwärts-seitwärts-Folgen

Bei diesem Vorwärts-seitwärts-Folgen ist, wie bei dem zuvor in Kapitel 2.3.2 beschriebenen Vorwärts-seitwärts-Übertreten im Bodenarbeitsrechteck, darauf zu achten, dass die Vorwärtsbewegung beibehalten wird. Diese Lektion ist also nicht mit dem sogenannten Side Pass zu verwechseln, bei dem das Pferd auf einer geraden Linie ohne Stellung und ohne Biegung seitlich verschoben wird oder seitlich folgt.

Das hier vorgestellte Vorwärts-seitwärts-Folgen ist eine vorbereitende Lektion für den Side Pass und kann sehr vielfältig mit anderen Lektionen am Boden kombiniert werden. Dazu zählt beispielsweise das Slalom Niveau 3, welches in Kapitel 3.1.5 vorgestellt wird.

Durchführung:

- Das Vorwärts-seitwärts-Folgen baut auf der „gefolgten Wendung um die Vorhand" auf, wie sie zu Beginn des Kapitels 3.1.3 beschrieben wird. Das bedeutet, dass mit dieser Übung erst begonnen werden kann, wenn das Pferd auf minimale Hilfengebung flüssig mit der Hinterhand um die Vorhand tritt. Entscheidend dabei ist, dass das Pferd mit der Hinterhand in unsere Richtung tritt.
- An dieser Stelle sei nochmals darauf hingewiesen, dass es selbstverständlich ist, dass alle Lektionen auf beiden Händen trainiert werden. Gerade bei den gymnastizierenden Übungen müssen die Seiten des Pferdes gleichmäßig trainiert und gedehnt werden.
- Natürlich kann und sollte man zum Erlernen einer neuen Aufgabe mit der Seite beginnen, die dem Pferd erfahrungsgemäß etwas leichter fällt, aber dann müssen wir auch darauf achten, die andere Seite gleichwertig zu trainieren.
- Um das Vorwärts-seitwärts-Folgen zu beginnen, begeben wir uns in die gleiche Führposition wie bei der gefolgten Wendung um die Vorhand (siehe Kapitel 3.1.3). Zur besseren Nachvollziehbarkeit nehmen wir als Beispiel wieder die Wendung nach links.
- Wir stellen uns auf die linke Seite des Pferdes und wenden uns mit unserem Brustbein in Richtung Pferdekopf. Mit der rechten Hand greifen wir in den Diamantknoten, nehmen unsere rechte Schulter etwas zurück und schieben den linken Arm unterhalb des Pferdekopfes nach vorn.
- Das Seil nehmen wir, wie oben beschrieben, so auf, dass das Ende separat in der linken Hand liegt und die überschüssige Schlaufe vom rechten Daumen getragen wird. Durch diese

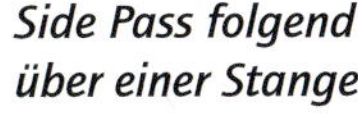

Side Pass folgend über einer Stange

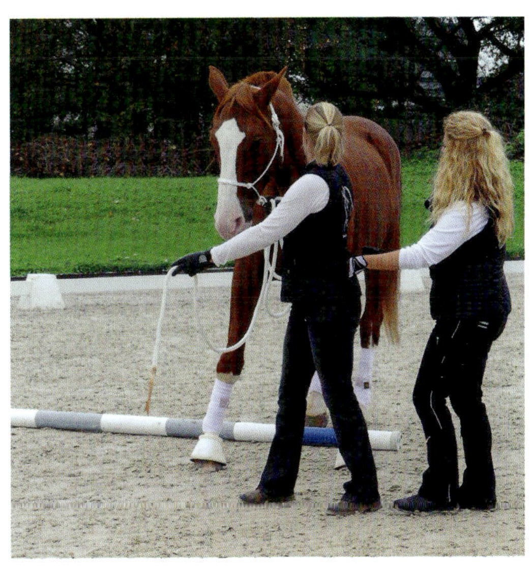

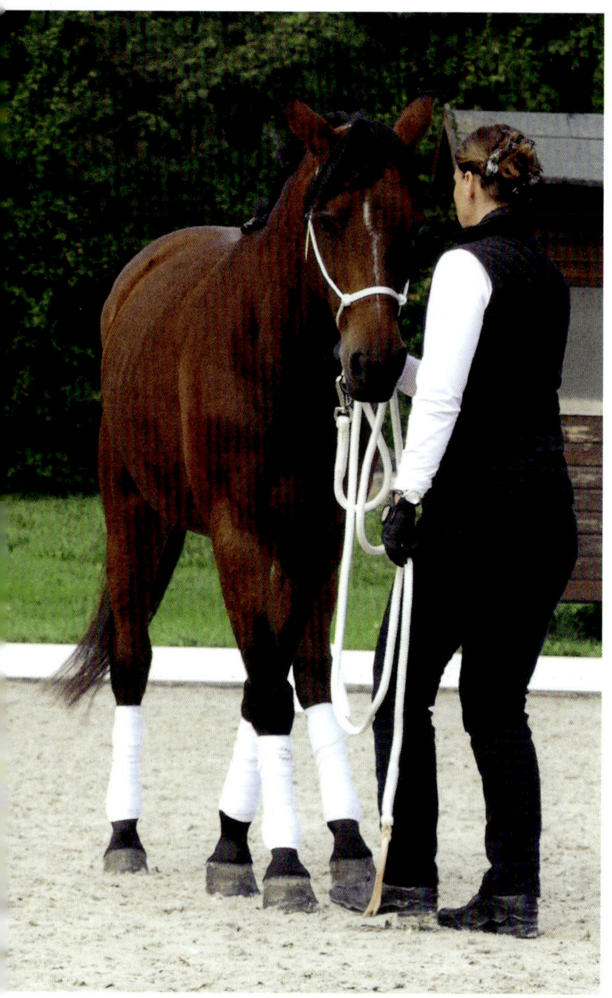

Die Hilfengebung beim Vorwärts-seitwärts-Folgen soll immer weiter minimiert werden, sodass das Pferd nur noch auf den Schnalztakt und das Zurücknehmen der rechten Schulter reagiert.

Seilhaltung kann das Seilende sehr zielgenau und fein abgestimmt eingesetzt werden. Dies wäre in dieser Genauigkeit nicht möglich, wenn sich alle Schlaufen in der linken Hand befinden würden. Auch die feinfühlige Einwirkung des rechten Zeigefingers im Diamantknoten soll nicht durch zu viel Seil beeinträchtigt werden, sodass die eine verbleibende Schlaufe über den Daumen gelegt wird.

- Wir nehmen unsere rechte Schulter zurück, geben nun mit der linken Hand einen Impuls in Richtung rechte Schulter des Pferdes, schnalzen und versuchen, das Pferd vorwärts-seitwärts folgen zu lassen.
- Wir treten erst dann einen Schritt rückwärts, wenn wir spüren, dass das Pferd ebenfalls mit der Vorhand zum Folgen ansetzt. Dabei soll das rechte Vorderbein vor das linke kreuzen. Wir verlangen zuerst einen Schritt seitliches Folgen und lassen erst danach eine leichte Vorwärtsbewegung zu. Wir gehen auf einer diagonalen Linie rückwärts und achten darauf, dass wir das Pferd mit der Hilfengebung so begleiten, wie es zum Gelingen der Lektion erforderlich ist. Wir aktivieren das Folgen durch das Zurücknehmen unserer rechten Schulter und dem vorgeschobenen linken Arm.
- Auch diese neue Übung sollte zunächst eher langsam umgesetzt werden. Gehen wir zu schnell rückwärts, verlieren wir die Verbindung zum Pferd und es hört auf, uns zu folgen. Zudem ist es auch für uns bei einem etwas gemäßigteren Tempo leichter, die feinen Justierungen an der eigenen Körperhaltung und mit dem treibenden Arm abzustimmen.
- Bei weiteren Trainingseinheiten verfeinern wir die Hilfengebung immer weiter, sodass wir im Endergebnis ein Vorwärts-seitwärts-Folgen des Pferdes auf den Schnalztakt und das Zurücknehmen der Schulter erreichen.

Tipps für das Training:

„Alles, was gut gemacht ist, sieht leicht aus“. Dieses Credo gilt nicht nur für das Reiten, sondern auch für die Ausbildung am Boden. Wenn wir möchten, dass unser Pferd uns auf kaum sichtbare Hilfen wie durch einen Zauber folgt, dann müssen wir eine wirklich solide Vorarbeit leisten. Gelingt das Vorwärts-seitwärts-Folgen nicht, liegt dies häufig zunächst daran, dass die gefolgte Wendung um die Vorhand zwar zufriedenstellend, aber eben noch nicht außerordentlich gut funktioniert.

„Alles, was gut gemacht ist, sieht leicht aus“.

Einen roten Faden im Training zu haben und die Lernschritte erst dann aufeinander aufzubauen, wenn das Vorherige wirklich beherrscht wird, ist die Kunst, die es zu erlernen gilt.

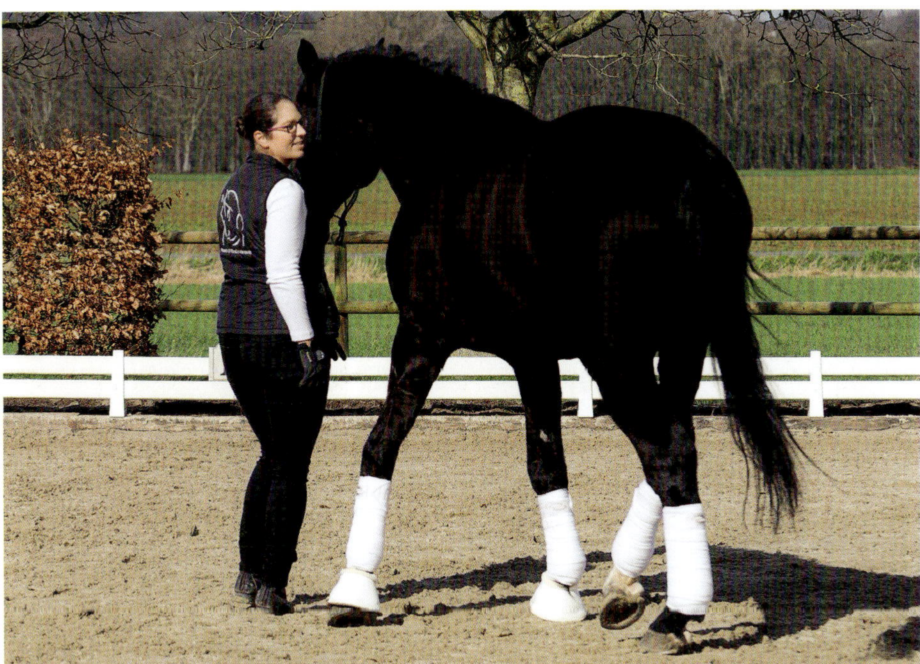

Ein schöner Moment: Das Pferd „parkt" frei ein.

Es gibt durchaus Pferde, die zwischendurch eine Phase der Festigung des Erlernten benötigen. Ich nenne diese Phase dann Lernplateau. Gibt man Pferden diese Zeit, so geschehen häufig ganz erstaunliche Dinge: Wenn Pferde sicher in ihrem Erlernten sind, nutzen sie dies auch gern, um dem Menschen zu gefallen.

Die Phase der Festigung des Erlernten nenne ich Lernplateau.

Es ist herzerwärmend, wenn ein Pferd auf der Wiese herankommt und dann direkt bei einer minimalen Drehung der rechten Schulter mit der Hinterhand seitlich neben seinem Menschen „einparkt". Solche Verhaltensweisen lassen sich ganz häufig beobachten, wenn die Pferde sorgfältig durch den richtigen Einsatz von Lob und Korrektur ausgebildet werden.

Wenn Pferde sicher in ihrem Erlernten sind, nutzen sie dies auch gern, um dem Menschen zu gefallen.

Wir erhalten dann das größte Geschenk: Ein motiviertes Pferd, das mit Eifer und Neugierde bei der Sache ist.

Gerade die gefolgte Wendung um die Vorhand ist eine dieser Lektionen, die Pferde gern anbieten, wenn sie einmal verstanden haben, worum es geht. Bevor wir also mit dem Vorwärts-seitwärts-Folgen starten, sollte sich dieses Gefühl der Leichtigkeit bei den vorbereitenden Lektionen eingestellt haben.

Auch wenn die Basisarbeit sorgfältig war, kann es natürlich sein, dass die Übung nicht direkt gelingt und das Pferd nicht folgt. Das größte Problem stellt meist das Timing beim folgenden Schritt dar. Wir dürfen nicht zu schnell zurücktreten. Dies führt in der Regel dazu, dass das Pferd eher nach rechts ausbricht als uns nach links zu folgen.

Wendungen und seitliches Folgen

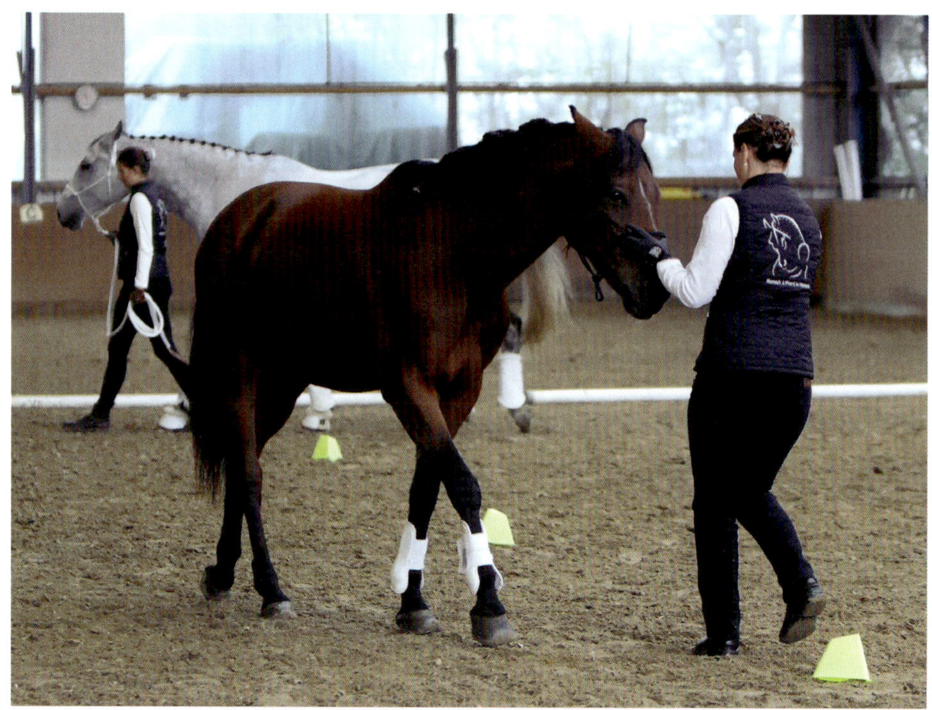

3.1.5 Slalom Niveau 1 bis 3 (Pylonenarbeit)

Aufgabe:

Das Pferd zeigt einen Slalom um Pylonen mit 3 unterschiedlichen Schwierigkeitsstufen.

Zielsetzung:

Verschiedene Lektionen des Führ- und des Geschicklichkeitstrainings sollen mithilfe des Slaloms abwechslungsreich kombiniert werden. Die Pylonen werden in die Arbeit integriert, damit die Wechsel der Lektionen punktgenau ausgeführt werden.

Slalom Niveau 1:
Wir führen das Pferd sowohl mit der linken als auch mit der rechten Führhand in einfachen Bögen im Slalom durch die Pylonenreihe mit vier Pylonen im Schritt und im Trab. Dabei soll die Hilfengebung in der 1. Führposition nahezu unsichtbar sein. Die Bögen sind gleichmäßig, während sich das Pferd uns in seinem Tempo stets anpasst und die, vor allem durch unsere Körperdrehung angekündigten Richtungswechsel, harmonisch durchführt.

Slalom Niveau 2:
Bei dieser fortgeschrittenen Variante soll das Pferd innerhalb der Pylonenreihe einen Wechsel von Vorwärts-seitwärts-Übertreten und einfachen, in der 1. Führposition geführten Bögen, im Schritt zeigen.

Entscheidend ist die exakte Ausführung des Übertretens und der Wechsel zwischen Übertreten und flachem Bogen und erneutem Übertreten. Das Pferd soll in dem Zwischenraum zwischen zwei Pylonen, wie in Kapitel 2.3.2 beschrieben, gleichmäßig vorwärts-seitwärts übertreten und harmonische Übergänge zu den gebogenen Linie zeigen.

Das Ziel dieser Übung ist eine sehr exakte Reaktion des Pferdes auf unsere Hilfengebung. Zwischen den Pylonen sind abhängig vom Pferd meistens nur 4 bis 6 Schritte Übertreten möglich. Um diese Lektion richtig demonstrieren zu können, muss das Pferd also bereits sehr fein auf die Hilfen reagieren. Zudem ist wieder deutlich zu betonen, wie gut diese Lektion für die Förderung des Konzentrationsvermögens des Pferdes ist.

Außerdem lassen sich diese Übungen auch sehr schön unter dem Reiter absolvieren. Pferd und Mensch hilft es zunächst, das Slalom Niveau 2 am Boden zu erarbeiten, sich die Linienführung einzuprägen und dann das Ganze vom Sattel aus zu probieren.

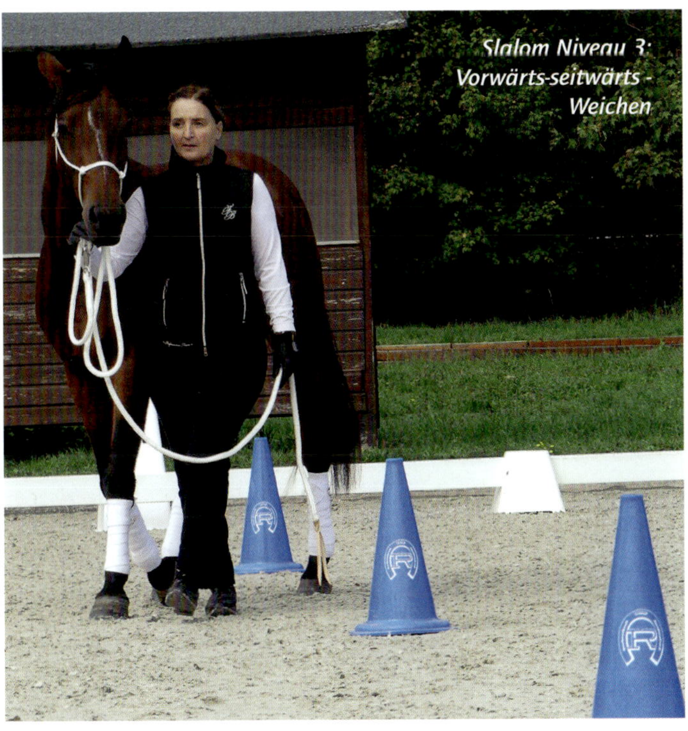

Slalom Niveau 3: Vorwärts-seitwärts-Weichen

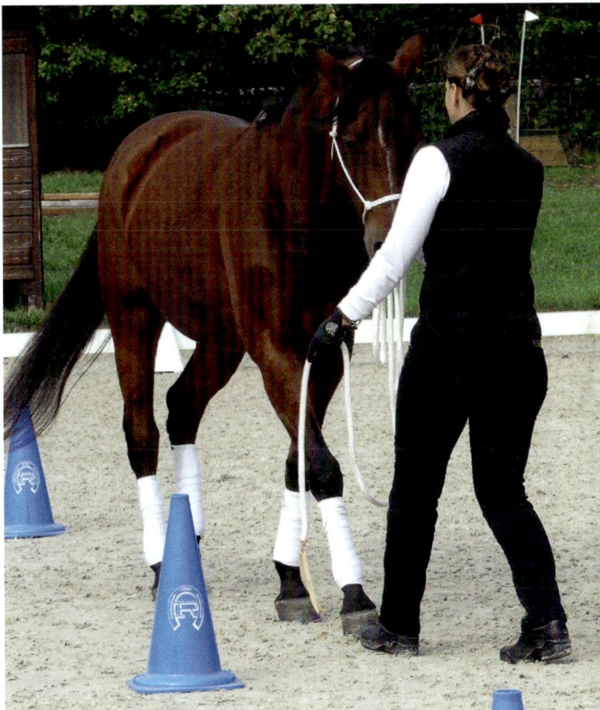

Vorwärts-seitwärts-Folgen

Slalom Niveau 3:

Bei dem Slalom Niveau 3 handelt es sich um die anspruchsvollste Variante, die auch Bestandteil der Prüfung im Bodenarbeitsabzeichen Stufe 2 sein kann. Hier soll ein fließender Wechsel zwischen Vorwärts-seitwärts-Weichen und Vorwärts-seitwärts-Folgen des Pferdes gezeigt werden. Selbstverständlich soll das Ganze ohne einen Seitenwechsel der Führperson erfolgen. Neben der präzisen Ausführung des Übertretens liegt das

Neben der präzisen Ausführung des Übertretens liegt das Augenmerk auf den Wechseln zwischen Weichen und Folgen.

Augenmerk auf den Wechseln zwischen Weichen und Folgen. Das Ziel besteht darin, diese Wechsel so zu trainieren, dass insbesondere die Veränderung unserer Körperachse dazu führt, dass das Pferd die Richtung des Übertretens wechselt.

> Gelingt diese Übung gut, unterstützen wir damit drei wesentliche Ziele in der Pferdeausbildung maßgeblich:
> - Verbesserung der Gymnastizierung
> - Verbesserung der Koordinationsfähigkeit
> - Verbesserung der Konzentrationsleistung

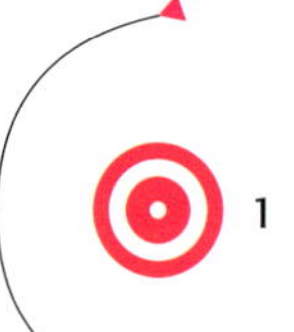
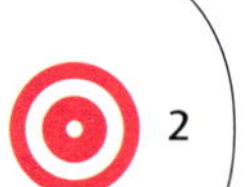
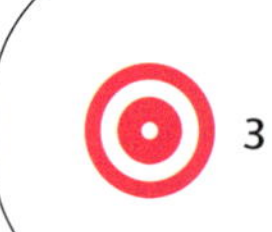
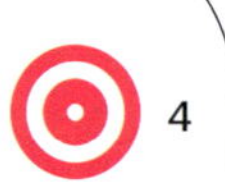

Durchführung:

Aufbau: Die Pylonenreihe wird auf der Mittellinie aufgebaut, wobei zu A oder zu C mindestens 4 m Platz sein sollten. Die 4 Pylonen sind je nach Pferdegröße in einem Abstand von 7 bis 8 m aufzustellen.

Slalom Niveau 1:

- Bei Slalom-Niveau 1 ist es empfehlenswert, auf der linken Hand so nach links zur Pylonenreihe abzuwenden, dass beim Führen des ersten Bogens die Pylone links von uns steht. Wir befinden uns in der 1. Führposition und behalten diese während des gesamten Slaloms bei. Wir führen die Bögen eher flach und so gleichmäßig aus, dass von oben betrachtet eine Schlangenlinie entsteht.

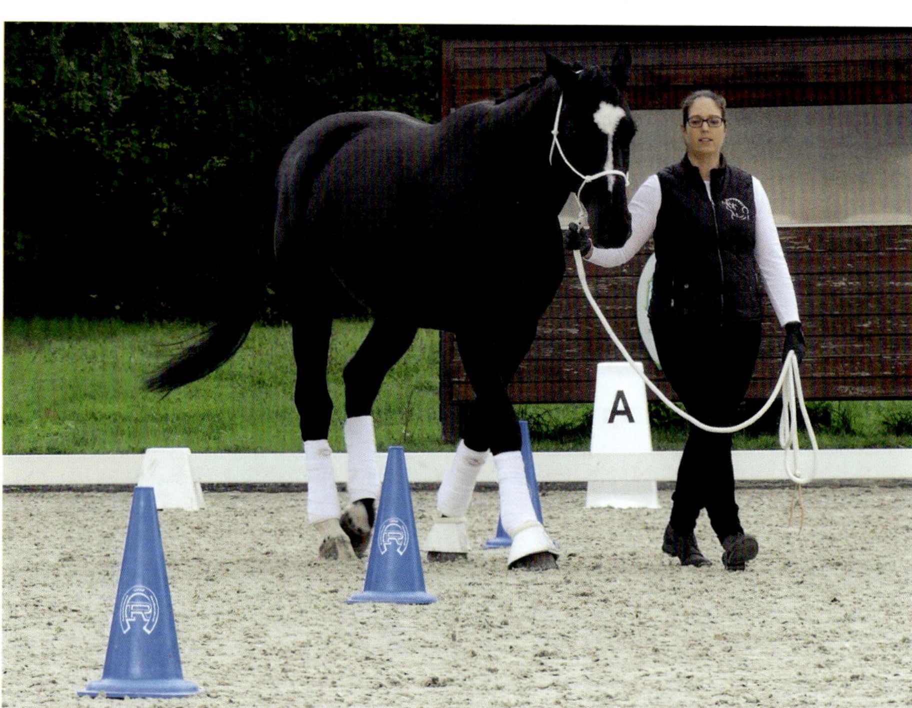

Beim Slalom Niveau 1 werden gleichmäßige Bögen geführt.

- Führen wir mit der rechten Hand, so zeigen sich unsere Köperhaltung sowie unsere Hilfengebung innerhalb des Linksbogens wie beim Führen eines Kreises (siehe Kapitel 2.3.1), nur mit einer entsprechend flacheren Halbkreislinie.
- Den Wechsel zum Rechtsbogen leiten wir fließend ein, indem wir etwas nach rechts schauen, den Pferdekopf gerade ausrichten und unsere Körperachse ebenfalls minimal nach rechts drehen.
- Die Übergänge führen wir fließend ohne Verlust von Tempo oder Takt. Außerdem darf sich der Abstand zwischen uns und dem Pferd nicht verändern. Wir führen die Übung natürlich, wie immer, auch mit der linken Hand.
- Für die Umsetzung im Trab müssen wir selbstverständlich die Kreise sowie die Tempounterschiede im Trab sehr gut auf beiden Händen beherrschen.

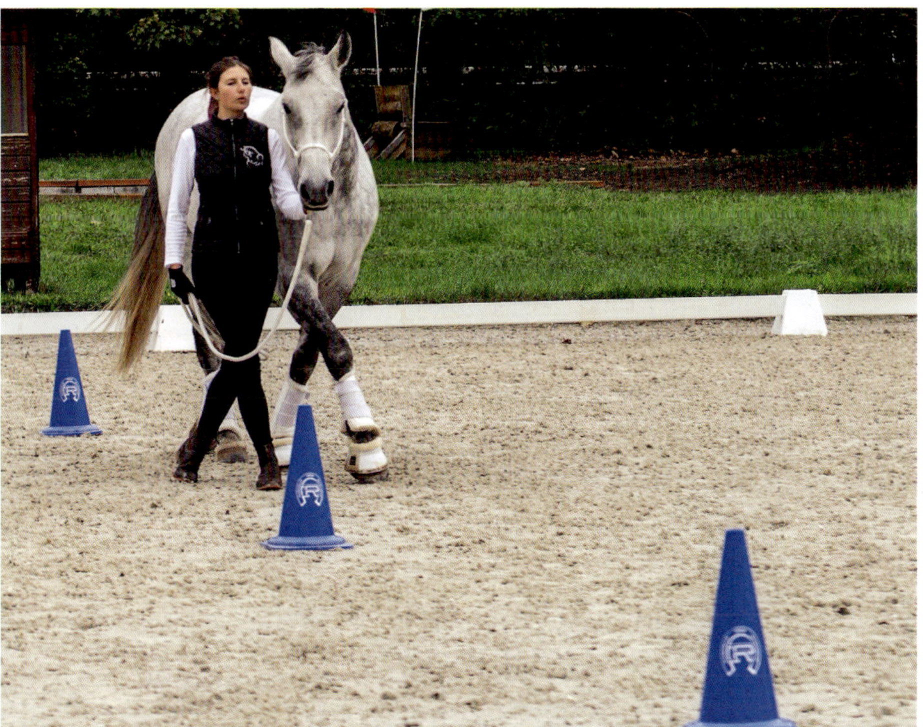

Vorwärts-seitwärts-Übertreten zwischen den ersten beiden Pylonen im Slalom Niveau 2 auf der linken Hand.

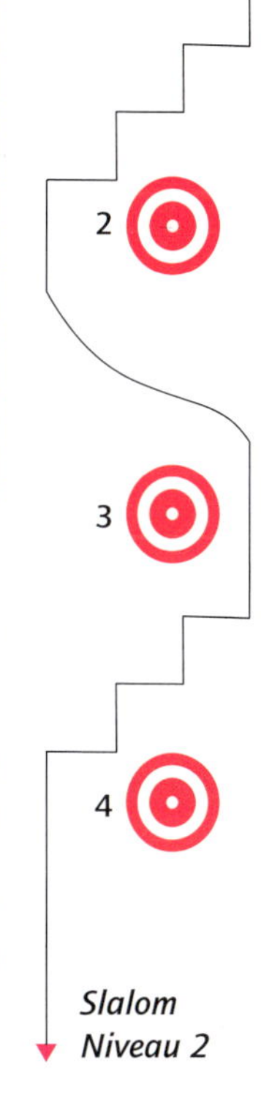

Slalom Niveau 2

Slalom Niveau 2:

- Anders als beim Slalom-Niveau 1 sollten wir mit der Übung so beginnen, dass wir von der linken Hand in Richtung Pylonenreihe abwenden und sich die erste Pylone rechts neben unserem Pferd befindet. Vom Hufschlag aus führen wir in der 1. Führposition eine gerade Linie zur ersten Pylone. Der Abstand zwischen Pylone 1 und Pferd beträgt ca. 1 m. Hat das Pferd die Pylone passiert, beginnen wir, das Pferd nach rechts vorwärts-seitwärts übertreten zu lassen.
- Dazu greifen wir mit der rechten Hand in den Diamantknoten, stellen das Pferd minimal nach links, schauen selbst minimal nach rechts, setzen den treibenden Arm so viel wie nötig ein, schnalzen und gehen gemeinsam mit dem Pferd vorwärts-seitwärts (siehe Kapitel 2.3.2).

- Das Pferd soll in dem Zwischenraum zwischen den Pylonen gleichmäßig mit Vor- und Hinterhand kreuzen, wobei es nahezu parallel zur langen Seite der Reitbahn bleibt. Das Übertreten erfolgt nur bis kurz vor Pylone 2.
- Wir führen das Pferd gerade in einem Abstand von ca. 1 m an der Pylone vorbei, um dann einen Linksbogen einzuleiten. Neben Pylone 3 richten wir das Pferd wieder geradeaus und beginnen das erneute Vorwärts-seitwärts-Weichen nach rechts nach Pylone 3. Nach Pylone 4 führen wir erneut einen Linksbogen.
- Führen wir das Slalom-Niveau 2 mit der linken Führhand, müssen wir auf der rechten Hand vom Hufschlag so abwenden, dass sich Pylone 1 links neben unserem Pferd befindet und zuerst mit dem Vorwärts-seitwärts-Weichen nach links begonnen wird.
- Wir sollten den Unterschied in der Linienführung zum Slalom-Niveau 1 unbedingt berücksichtigen, da das erste Übertreten nach einem geraden Abwenden vom Hufschlag für das Pferd und für uns wesentlich einfacher ist als das zweite Übertreten im Slalom nach einem Bogen.

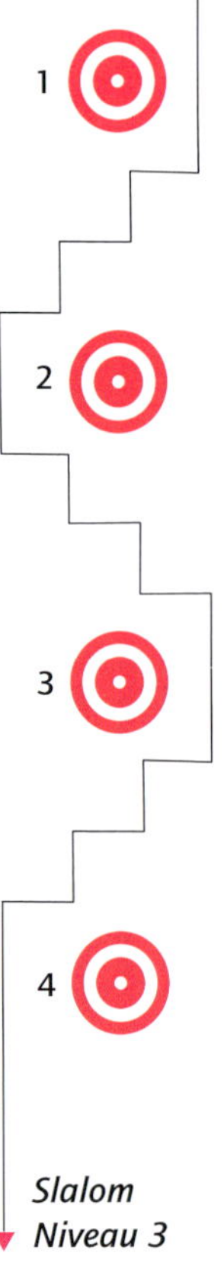

Slalom Niveau 3:

- Das Slalom-Niveau 3 beginnt genauso wie das Slalom-Niveau 2. Die Linienführung ist vergleichbar. Allerdings werden die einfachen Bögen durch das Vorwärts-seitwärts-Folgen ersetzt. Entscheidend ist ein Unterschied in der Seilhaltung: Wir nehmen das Seil schon vor Beginn des Slaloms, wie in Kapitel 3.1.3 bei der gefolgten Wendung um die Vorhand, auf. Wenn wir auf der linken Hand beginnen, greifen wir also mit unserer rechten Hand in den Diamantknoten, während eine Schlaufe über dem rechten Daumen und das Ende des Seils in der linken Hand liegt.

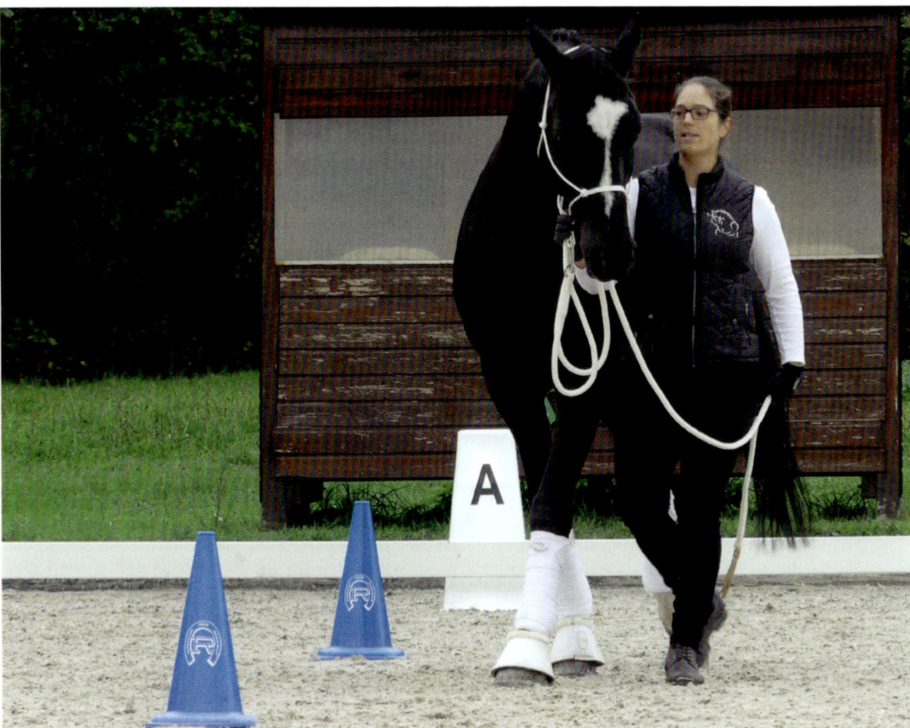

Erstes Vorwärts-seitwärts-übertreten-Lassen beim Slalom Niveau 3 zwischen den Pylonen 1 und 2

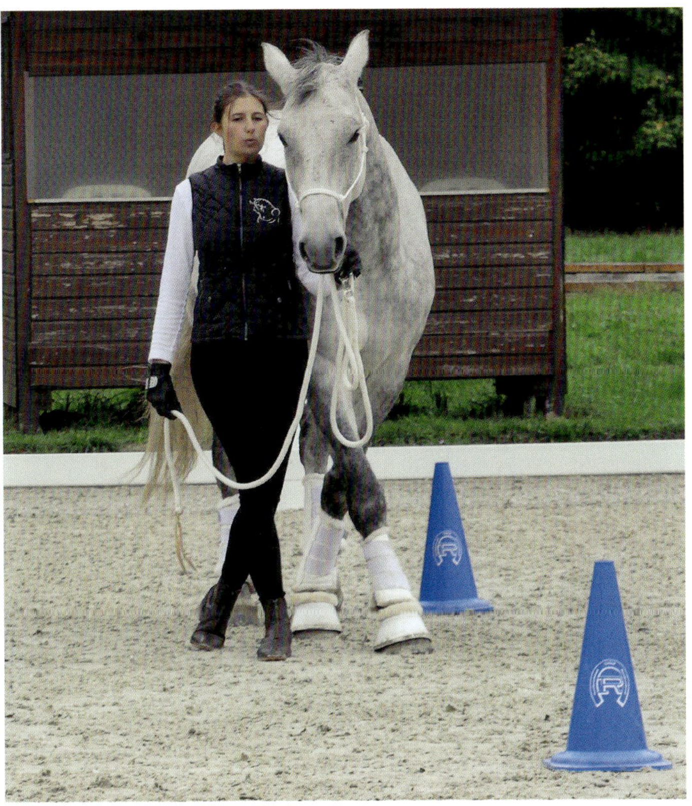

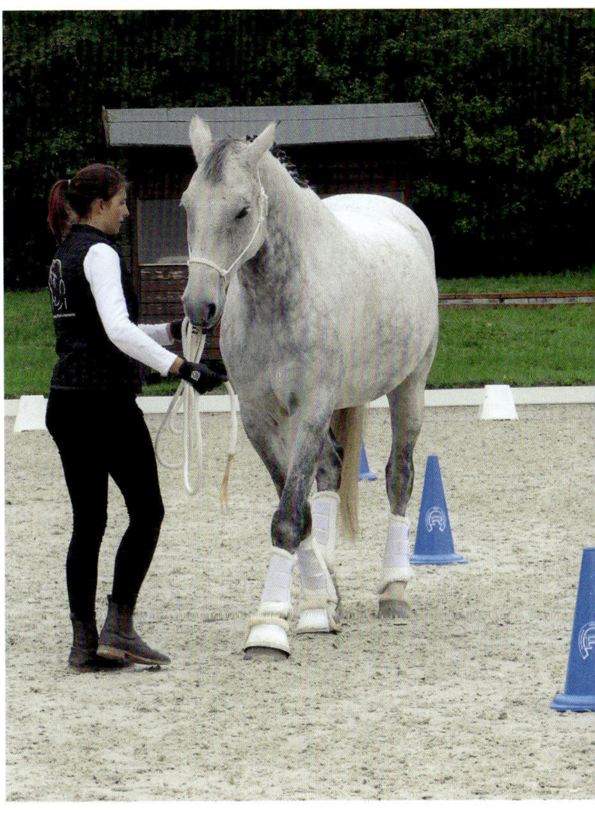

Slalom Niveau 3 auf der rechten Hand

- Wir wenden in gerader Linie nach links vom Hufschlag ab, sodass wir, nachdem wir die Pylone 1 passiert haben, direkt mit dem Vorwärts-seitwärts-Weichen bis Pylone 2 beginnen können. Kurz vor Pylone 2 richten wir das Pferd wieder geradeaus.
- Nach Pylone 2 leiten wir das Vorwärts-seitwärts-Folgen, wie in Kapitel 3.1.4 beschrieben, ein. Dabei befinden wir uns selbstverständlich weiterhin auf der linken Seite des Pferdes und gehen selbst auf der Diagonalen zwischen den Pylonen 2 und 3. Das Pferd soll uns vorwärts-seitwärts folgen und dabei parallel zur langen Seite der Reitbahn bleiben. Vor- und Hinterhand kreuzen gleichmäßig und der Abstand zu uns bleibt konstant. Kurz vor Pylone 3 nehmen wir wieder die 1. Führposition ein, schauen nach vorn, begradigen das Pferd und passieren die Pylone 3. Nach der Pylone leiten wir ein weiteres Mal das Vorwärts-seitwärts-Folgen ein. Nach Pylone 4 können wir erneut das Vorwärts-seitwärts-Folgen abfragen oder gerade zum Hufschlag führen.

Mögliche Probleme und Lösungsansätze:

In der Regel ist das **Slalom Niveau 1** nach einem sorgfältigen Training der Basislektionen ohne große Schwierigkeiten möglich. Wir sollten darauf achten, dass der Führarm im Bogen nach außen nicht durchgestreckt wird, sondern wie immer leicht gebeugt ist, damit eine weiche Einwirkung der Führhand ermöglicht wird.

Slalom Niveau 1-3

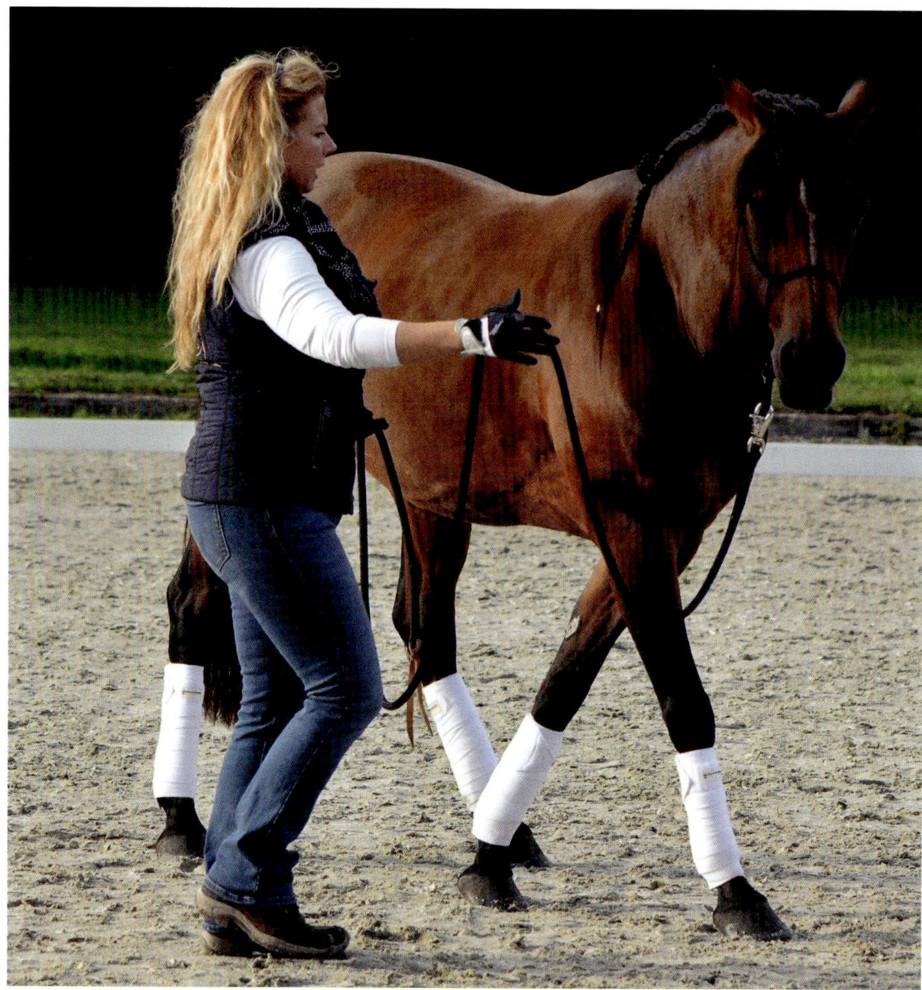

Beim seitlichen Verschieben gibt es später viele Variationsmöglichkeiten.

Beim **Slalom Niveau 2** ist das zweite Übertreten schwieriger als das erste, da nur wenig Zeit bleibt, um das Pferd beispielsweise auf der linken Hand nach einem Rechtsbogen wieder zu einem sauberen Übertreten zu positionieren. Empfehlenswert ist es, die Pferde neben Pylone 3 ausreichend lange gerade zu führen, bis die Hilfen für das Übertreten gegeben werden. Dies gelingt am besten, wenn die Bögen flach sind und der Abstand zu den Pylonen nicht zu groß wird. Bei dem zweiten Übertreten ist außerdem die Gefahr häufig größer, dass die Pferde zu stark gestellt werden. Selbstverständlich können wir auch mit der Führhand die Stellung korrigieren, indem wir den Pferdekopf wieder etwas gerade ausrichten.

Das **Slalom Niveau 3** dürfen wir erst anstreben, wenn sowohl das Vorwärts-seitwärts-Weichen als auch das Vorwärts-seitwärts-Folgen und das Slalom Niveau 2 mit Leichtigkeit und Präzision verlässlich abrufbar sind. Die besondere Schwierigkeit liegt dann in dem fließenden Wechsel und der richtigen Linienführung. Gerade beim Vorwärts-seitwärts-Folgen geht häufig die Vorwärtsbewegung verloren.

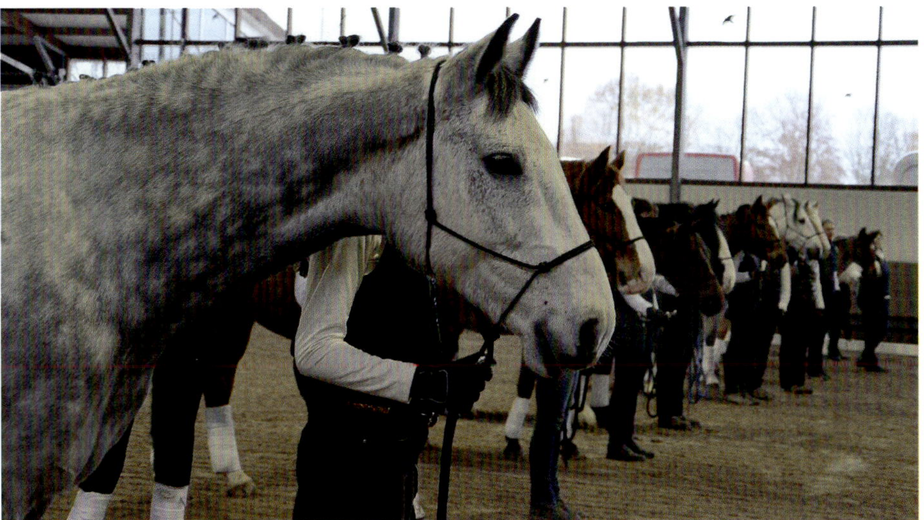

Prüfung zum Pilotprojekt Bodenarbeitsabzeichen Stufe 2 in der Landesreit- und Fahrschule in Langenfeld 2017

Inhalte Abzeichen Bodenarbeit Stufe 2 (Auszug aus der APO 2026)

§ 2008 Lehrgangs- und Prüfungsinhalte

Es werden folgende Inhalte erarbeitet (beide Teile werden gemäß FN-Merkblatt geprüft):

Teil 1: Theoretische Inhalte:

Vertiefende Kenntnisse im Bereich der Verhaltensbiologie bzw. Zusammenhang von Ethologie und Ausbildung am Boden, insbesondere

- individuelles Lernverhalten,
- Deutung von Ausdrucksverhalten,
- Sozialverhalten,
- Zusammenhang von Pferdetypen und Ausbildungswegen,
- kognitive Fähigkeiten,
- Übertragbarkeit der Erfahrungen am Boden auf das Reiten/Fahren/Voltigieren,
- Betrachtung unterschiedlicher Ausbildungsmethoden am Boden,
- verschiedene Umweltreize.

Teil 2: Praktische Bodenarbeit:

Geschicklichkeit und Arbeit am Leitseil/Arbeit an der kurzen Longe

- gymnastizierende Lektionen
- Arbeit am langen Bodenarbeitsseil, Acht im Schritt oder im Trab
- „Geschicklichkeitskreuz", gebogene Linien über Stangen (Schritt und Trab)
- Halten über Stange, Seitenwechsel der Führperson
- Stangengasse: Trab – Rückwärtstreten-Lassen – Trab
- Einparken an der Aufsitzhilfe
- Wendung um die Hinterhand
- vorwärts-seitwärts-Übertreten
- Arbeit mit Pylonen

Aus den Übungen können wahlweise eine oder zwei Prüfungsaufgaben entwickelt werden (siehe FN-Merkblatt QR-Code, Seite 139).

Prüfungsaufgabe für das Abzeichen Bodenarbeit Stufe 2: Gymnastizierende Lektionen

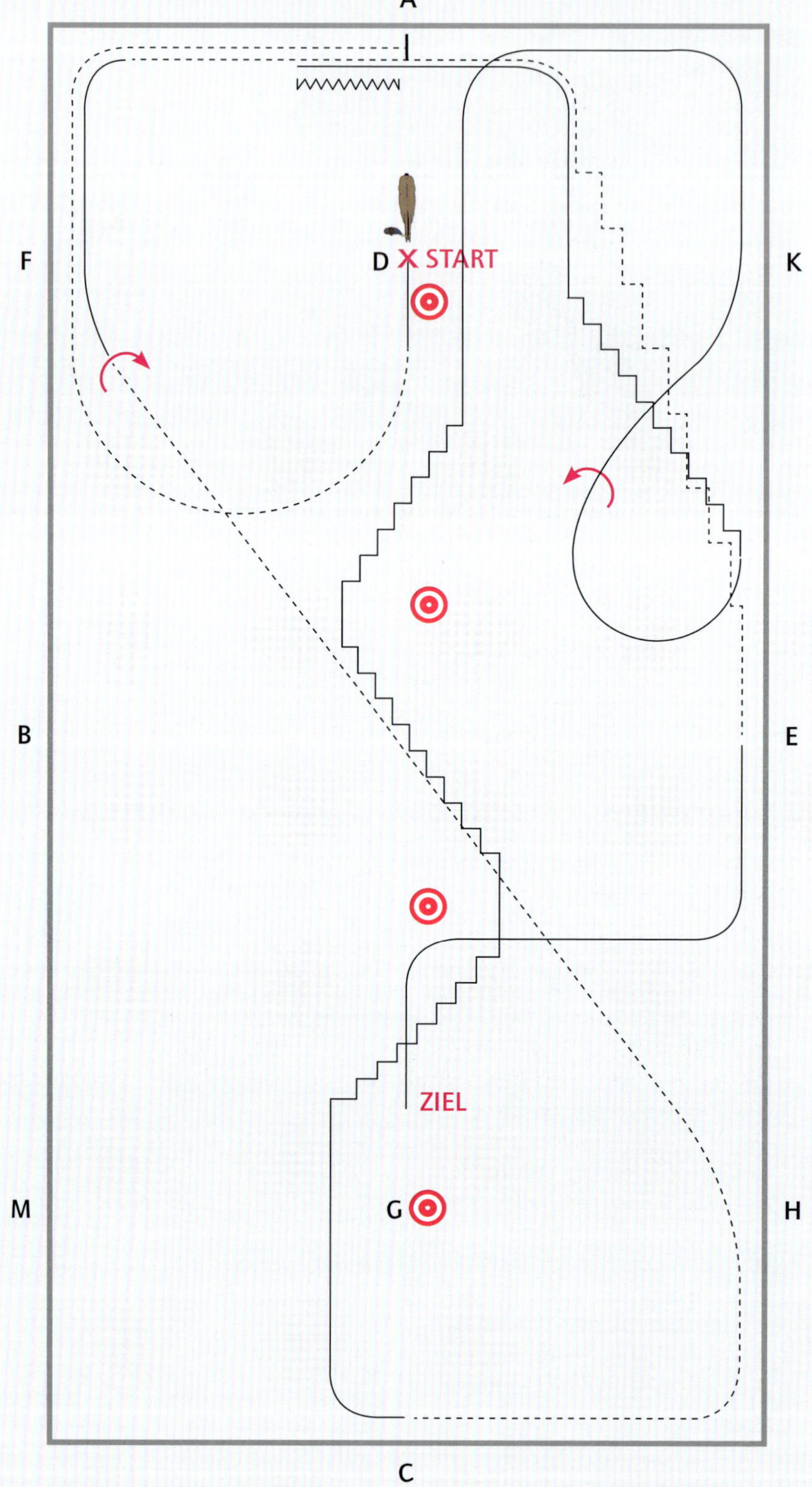

Schritt
Trab
rückwärts
vorwärts-seitwärts
Seitenwechsel der Führperson
Pylone

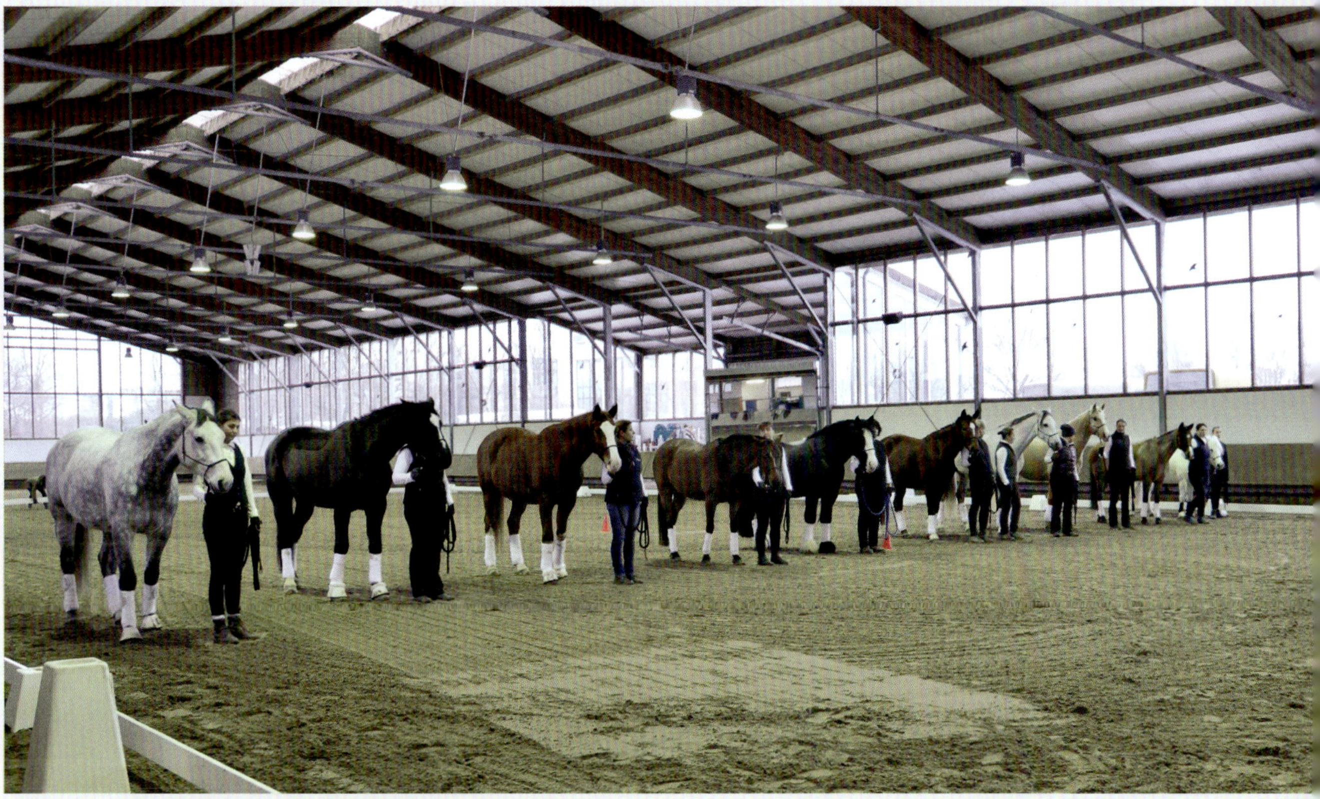

1. Prüfungsaufgabe Abzeichen Bodenarbeit Stufe 2 aus dem FN-Merkblatt Bodenarbeit 2020: Gymnastizierende Lektionen

- Aufstellen bei D, grüßen (Führen mit der linken Hand)
- Zwischen D – X antraben
- Halbe Volte nach rechts zum Hufschlag
- Bei A anhalten und 1-2 Pferdelängen rückwärtstreten lassen
- Nach A auf die Viertellinie abwenden und seitwärtsweichen lassen im Schritt
- Kehrtvolte und Handwechsel der Führperson
- Bei A zur Pylonenreihe abwenden
- Slalom durch die Pylonenreihe: Beginn Seitwärtsweichen im Wechsel mit Vorwärts-seitwärts-Folgen (Slalom Niveau 3)
- Nach dem Slalom geradeaus zum Hufschlag, linke Hand, nach C antraben
- Von H nach F durch die ganze Bahn wechseln, zulegen im Trab
- Vor F durchparieren zum Schritt und Handwechsel der Führperson im Schritt
- Nach der Ecke antraben
- Nach A auf die Viertellinie abwenden und seitwärtsweichen lassen im Trab nach links
- Durchparieren zum Schritt
- Nach rechts zur Mittellinie abwenden, aufstellen, grüßen

FN-Merkblatt Bodenarbeit 2020

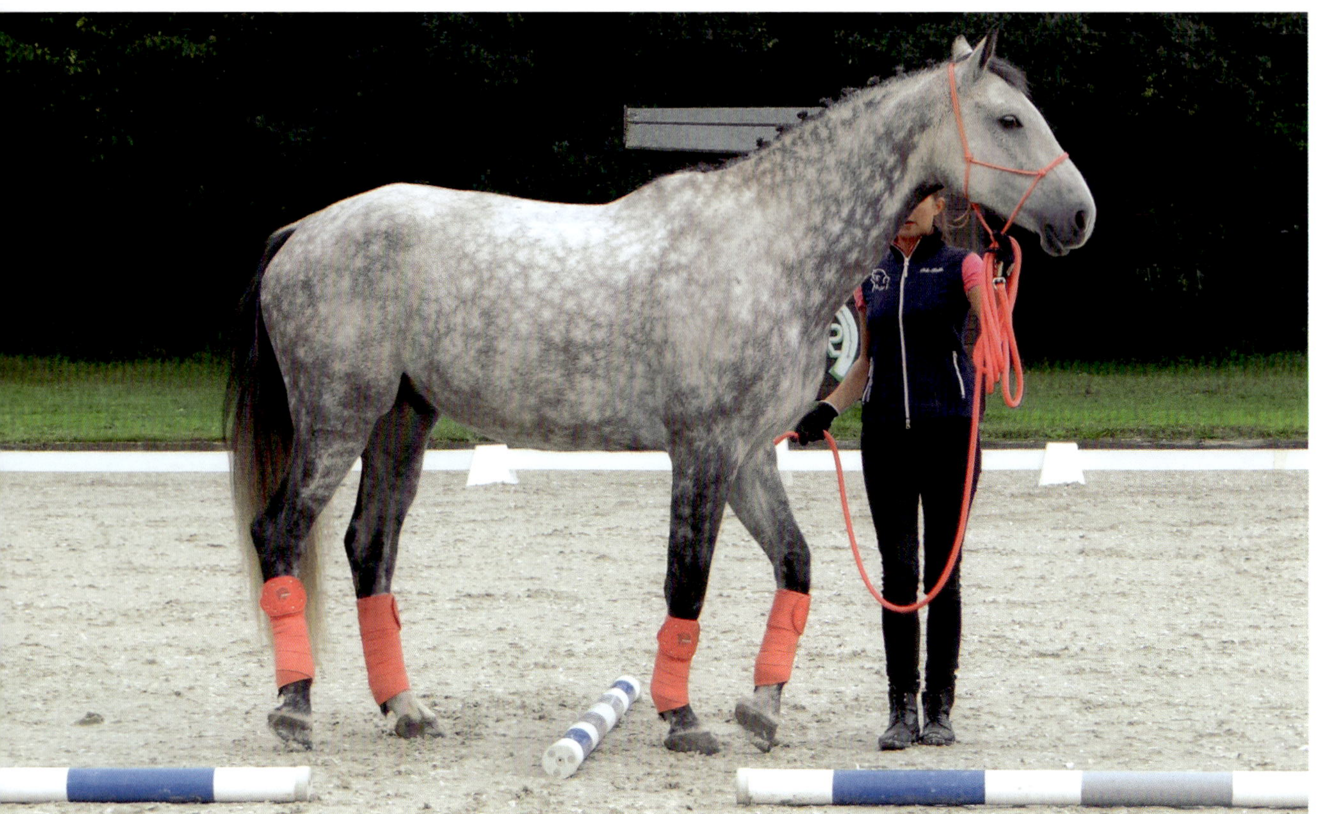

3.2 Verbesserung von Balance und Koordinationsfähigkeit – Geschicklichkeitstraining mit Stangen

3.2.1 Geschicklichkeitskreuz – gebogene Linien im Schritt und Trab über Stangen

Aufgabe:

Das Pferd wird im Schritt und Trab auf gebogenen Linien über Stangen geführt.

Zielsetzung:

Das Geschicklichkeitstraining mit Stangen sollte einer klaren Systematik in der Steigerung des Schwierigkeitsgrades folgen. Im Rahmen des Grundlagentrainings auf Niveau des Bodenarbeitsabzeichens Stufe 1 überschreiten wir Stangen nur auf geraden Linien. Die nächste Steigerung liegt darin, das Pferd auf gebogenen Linien, das heißt mit entsprechender Stellung und Dehnung der Längsachse, über unterschiedliche Stangenformationen treten zu lassen.

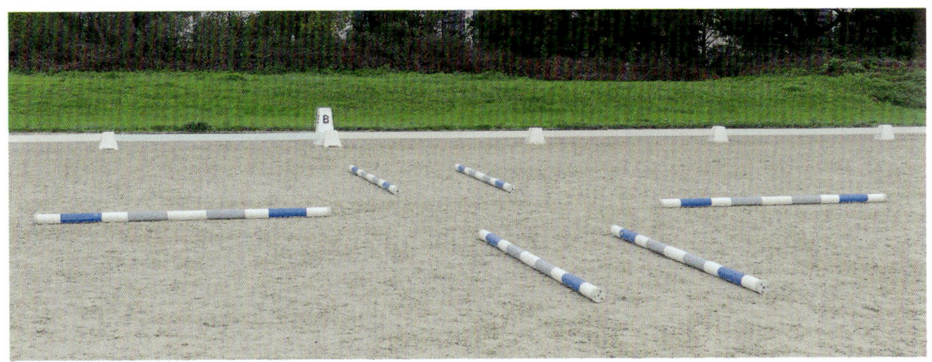

Aufbau des Geschicklichkeitskreuzes

Ziel ist hier also nicht nur das fehlerfreie Überschreiten der Stange, sondern auch die korrekte Stellung und Dehnung der Längsachse auf den gebogenen Linien. Diese Aufgabe erfordert von den Pferden ein erhöhtes Maß an Geschicklichkeit und Koordinationsvermögen. Um möglichst vielfältige Aufgaben mit dem Aufbau einer Stangenformation durchführen zu können, habe ich das sogenannte „Geschicklichkeitskreuz" konzipiert.

Das „Geschicklichkeitskreuz" besteht aus 6 Stangen. Das Pferd soll sowohl im Schritt als auch im Trab auf gebogenen Linien (Oval bzw. Kreise) über die Stangen treten. Das Ziel ist ein flüssiges und achtsames Stangenübertreten des Pferdes, die fließenden Wechsel der Lektionen und eine nahezu unsichtbare Signalgebung der Führperson.

Ziel ist ein flüssiges und achtsames Übertreten der Stangen.

Ähnlich wie bei vorherigen Lektionen eignet sich auch das Geschicklichkeitskreuz gut, dieses in die Arbeit unter dem Reiter einzubauen. Der Reiter wird den Nutzen der Bodenarbeit sehr deutlich wahrnehmen, da die Pferde die Stangen achtsamer überschreiten und auch viel Motivation bei dieser Arbeit zeigen. Es sorgt so für schöne Abwechslung im Trainingsalltag.

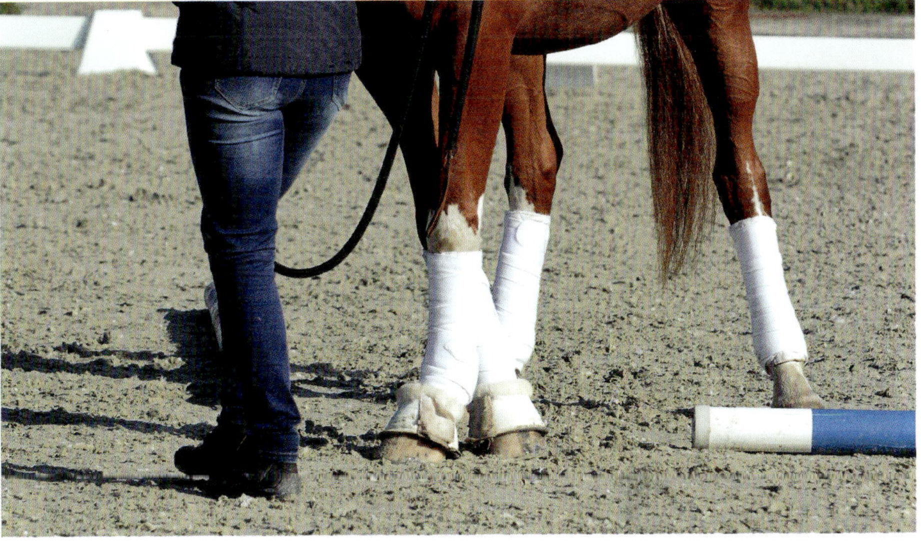

Arbeit mit Stangen verbessert die Geschicklichkeit.

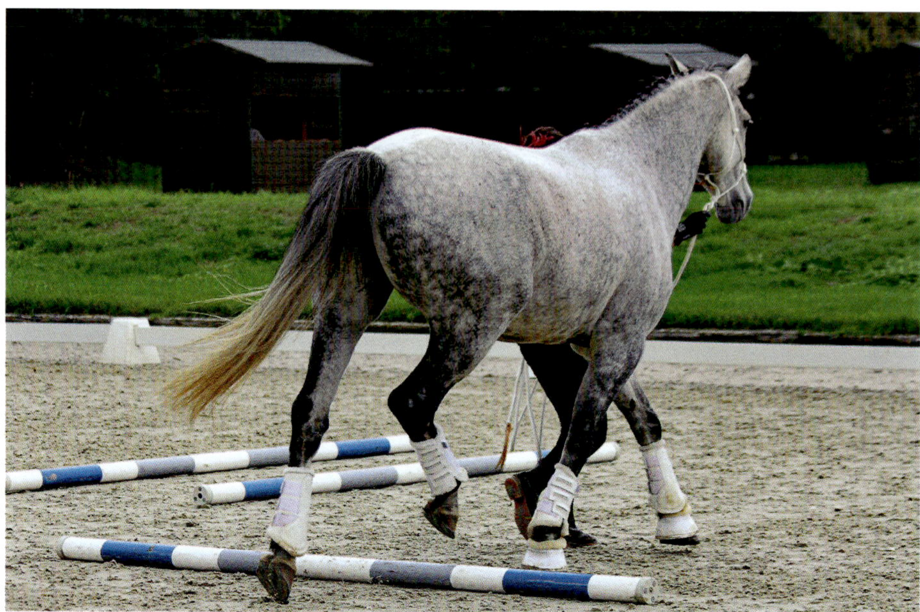

Trabarbeit im Geschicklichkeitskreuz

Durchführung:

- Der Anspruch des Geschicklichkeitskreuzes besteht in der Aneinanderreihung bestimmter Aufgaben. Zum Training empfiehlt es sich natürlich, die Übungen zunächst separat zu trainieren.
- Wir beginnen daher erst einmal mit dem Übertreten des Stangenkreuzes im Schritt. Die Grundlage, dass unser Pferd achtsam über eine Stange tritt und offensichtlich erkennbar ist, dass es sich Mühe gibt, die Stange nicht zu berühren, muss sicher gefestigt sein. Auch hier gehen wir zunächst wieder schrittweise vor, indem wir erst eine Stangenecke aufbauen. Wir führen nun in der 1. Führposition einen Kreis in der bewährten Manier und lassen das Pferd nur über zwei Stangen treten. Gelingt dies gut, ist das Stangenkreuz mit vier Stangen die nächste Etappe.
- Das Geschicklichkeitskreuz mit den sechs Stangen ist dann die nächste Steigerung. Beherrscht das Pferd die Kombination von Dehnung der Längsachse und Trittsicherheit im Schritt, führen wir die Übung im Trab aus.
- Das Geschicklichkeitskreuz bietet uns die Möglichkeit, im Trab zunächst ein Oval zu laufen, wobei sich die Stangen auf den geraden Linien befinden. Erfahrungsgemäß stellt dies bereits eine anspruchsvolle Aufgabe dar, die aber durchaus im Rahmen des Bodenarbeitsabzeichens Stufe 2 bewältigt werden kann.

Das Geschicklichkeitskreuz kann u.a. mit folgenden Aufgaben verknüpft werden:

Oval im Trab über Einzelstangen:

- Wir führen das Pferd in der 1. Führposition auf der linken Hand auf dem Hufschlag. Zwischen F und B traben wir an, um dann nach B zum Geschicklichkeitskreuz abzuwenden und im Trab ein Oval über die Einzelstangen zu absolvieren. Der Hufschlag sollte jeweils bei E und bei B berührt werden, wobei das Pferd auf den beiden Halb-

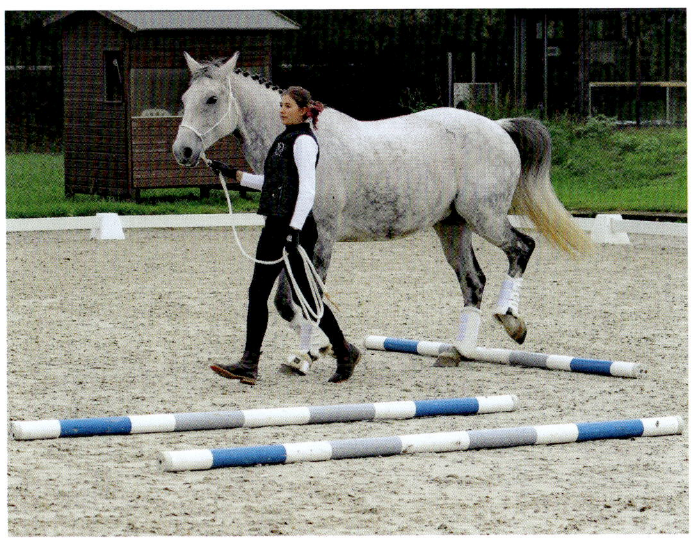

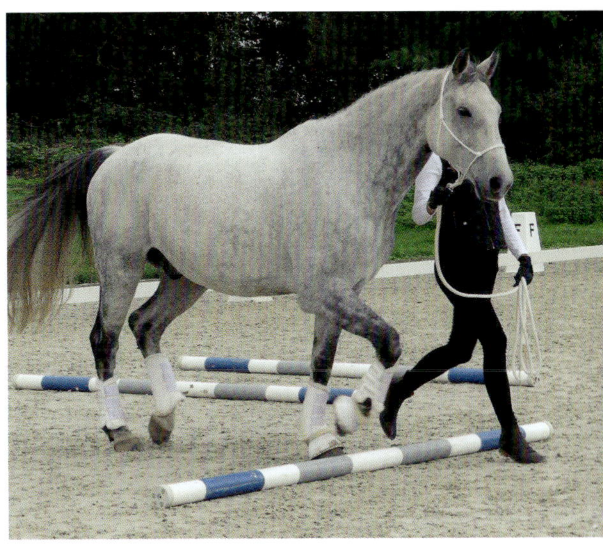

Oval im Trab über die Einzelstangen im Geschicklichkeitskreuz

kreisen gestellt und in der Längsachse gedehnt sein soll. Nach dem Halbkreis trabt das Pferd wieder gerade über die nächste Stange. Ist uns ein Oval mit exakter Linienführung ohne das Berühren der Stangen gelungen, parieren wir bei B zum Schritt durch. Bei der gesamten Übung sollte sich das Pferd an unserem Tempo orientieren und den Zweitakt, sowohl auf den gebogenen als auch auf den geraden Linien beibehalten. Anschließend trainieren wir diese Übung auf der rechten Hand.

Kreise im Schritt über sechs Stangen:

- Wir führen das Pferd in der 1. Führposition auf der rechten Hand auf dem Hufschlag. Nach B wenden wir im Schritt in Richtung Einzelstange ab. Nach dem Übertreten der Einzelstange übertreten wir die Stangengasse, dann wieder eine Einzelstange und erneut eine Stangengasse. Wurden alle sechs Stangen fehlerfrei überquert, führen wir das Pferd nach der Einzelstange durch die Mitte des Stangenkreuzes, absolvieren dort einen fließenden Wechsel im Schritt vor dem Pferd und führen auf der linken Hand über das Geschicklichkeitskreuz. Trotz der unterschiedlichen Abstände zwischen den Stangen soll das Pferd die Übung flüssig absolvieren und deutlich erkennen lassen, wie achtsam es beim Übertreten der Stangen vorgeht.
- Wir sollten darauf achten, dass die Stangen immer mittig überschritten werden und dass das Pferd auf den gebogenen Linien gestellt und in seiner Längsachse gedehnt ist. Die Führtechnik sollte soweit verfeinert sein, dass sich das Pferd auf beiden Händen durch minimale Impulse am Knotenhalfter nach innen stellen lässt. Wir greifen nur in den Diamantknoten, wenn dies zur Unterstützung notwendig ist.
- Beim Übertreten der Stange achten wir darauf, dass keinerlei Druck auf den Pferdekopf ausgeübt wird. Allerdings sollte, falls notwendig, der treibende Arm so eingesetzt werden, dass die Hinterhand aktiviert und ein höheres Abfußen des Pferdes gefördert wird.
- Eine Schwierigkeit stellt unser Seitenwechsel in der Mitte des Geschicklichkeitskreuzes dar. Hier kommt es auf die richtige Linienführung an: Nach der Einzelstange gehen wir noch so lange geradeaus, bis das Pferd auch wirklich mit der Hinterhand

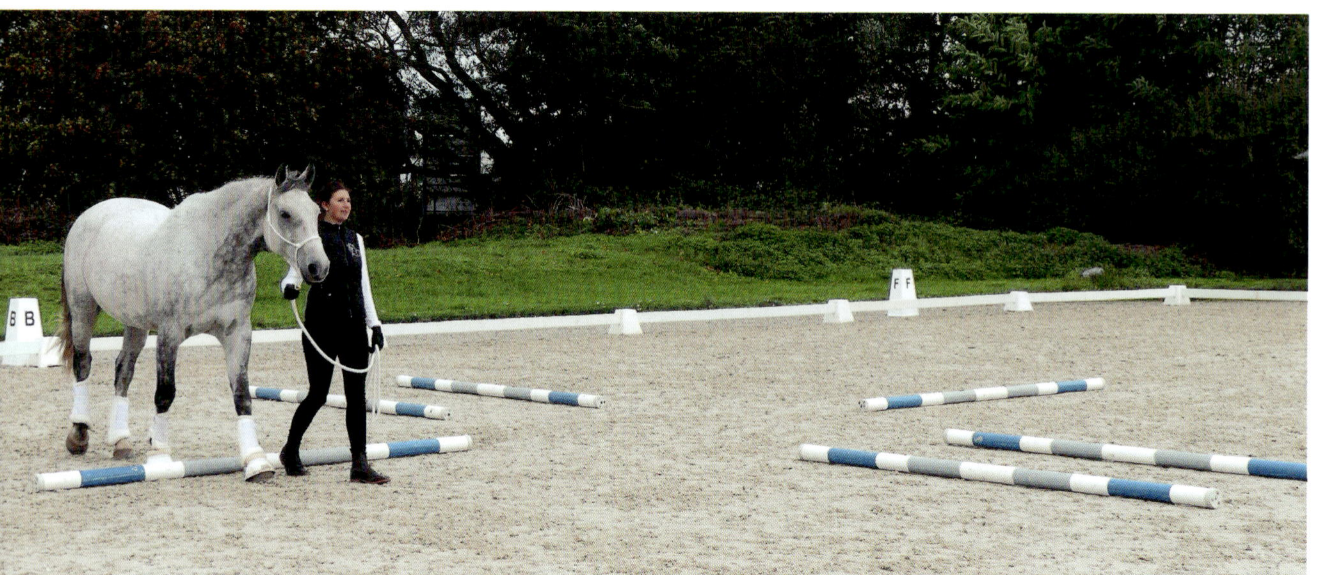

Im Schritt über alle sechs Stangen

die Stange passiert hat. Würden wir zu früh abwenden, bestünde die Gefahr, dass ein Hinterhuf die Stange touchiert. Ebenso müssen wir nach dem punktgenauen Wechsel bei X im Stangenkreuz, etwas nach rechts ausholen, damit wir das Pferd ausreichend vorbereiten können, um die nächste Stange auf der neuen Hand fehlerfrei zu überqueren. Demnach kombinieren wir hier gleich mehrere Basislektionen aus Kapitel 2, wie der fließende Wechsel vor dem Pferd und das Führen von gebogenen Linien sowie das Stangenübertreten in kurzer Abfolge miteinander.

Mögliche Probleme und Lösungsansätze:

▶ Das Pferd berührt die Stangen:

Hier sollten wir in der Lage sein, die Leistung unseres Pferdes richtig einzuschätzen: Handelt es sich bei dem Touchieren einer Stange um einen Flüchtigkeitsfehler und ist ansonsten deutlich erkennbar, dass das Pferd sehr aufmerksam über die Stangen tritt, können wir mit dem Training der Stangenformationen im Geschicklichkeitskreuz fortfahren.

Ist allerdings deutlich sichtbar, dass unser Pferd nicht die notwendige Sorgfalt erkennen lässt, sollten wir unbedingt wieder das Grundlagentraining zum Übertreten einer Stange (siehe Kapitel 2.3.3) wiederholen, bis das Pferd einzelne beziehungsweise mehrere Stangen fehlerfrei überwindet.

Bei dieser Aufgabe darf auch nicht vergessen werden, dass wir uns, ebenso wie das Pferd, koordinieren und konzentrieren müssen, um nicht zu stolpern. Wir müssen daher sehr vorausschauend agieren und dürfen keinesfalls auf den Boden schauen. Nur wenn wir unsere geplante Linienführung frühzeitig anvisieren, kann auch die Hilfengebung für das Pferd rechtzeitig erfolgen.

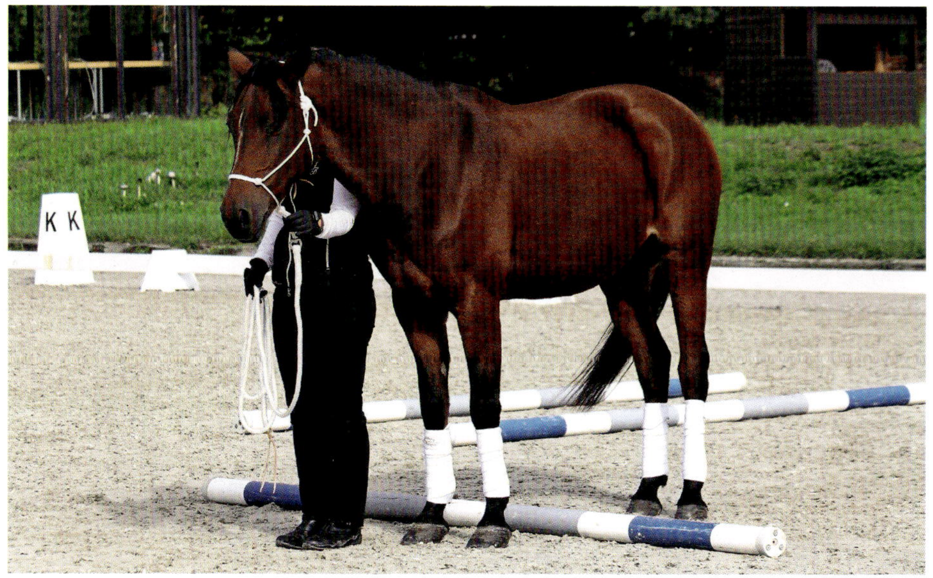

3.2.2 Halten über einer Stange mit Seitenwechsel der Führperson

Aufgabe:

Wir wechseln im Halten über der Stange die Seite.

Zielsetzung:

Das Pferd soll über einer Stange halten und so lange stillstehen, bis wir vor dem Pferd mit Blickrichtung zum Pferd die Führseite gewechselt haben und wieder die 1. Führposition mit korrekter Seilhaltung eingenommen haben. Anschließend tritt das Pferd

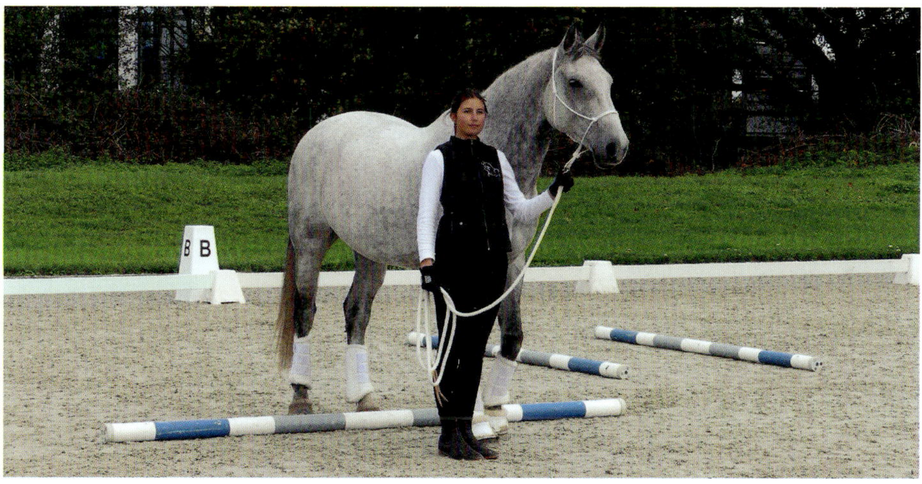

Mithilfe dieser Übung sollen die Pferde das Abwarten trainieren.

gemeinsam mit uns an und überquert fehlerfrei die Stange. Das Ziel dieser Übung besteht insbesondere darin, das Abwarten zu trainieren. Entscheidend ist: Das Kommando „Whooa" steht über allem. Das Pferd soll also auch stehen bleiben, wenn wir unsere Führposition verlassen und uns vom Pferd entfernen.

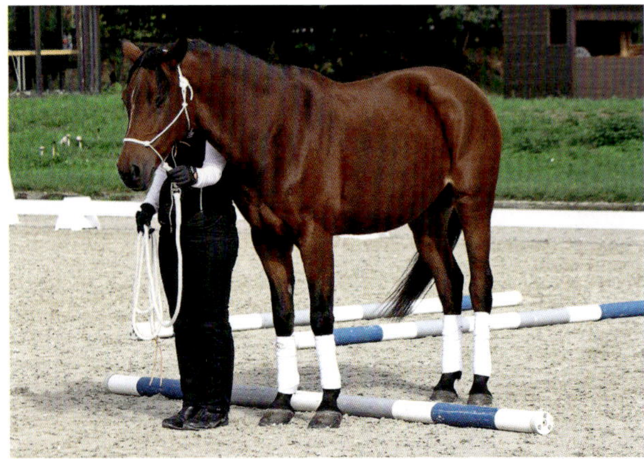

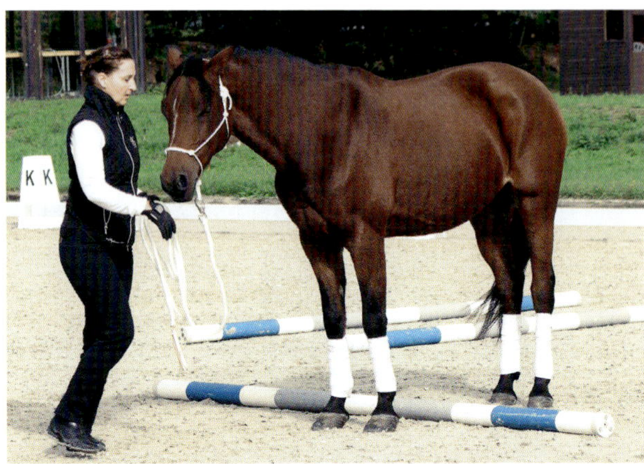

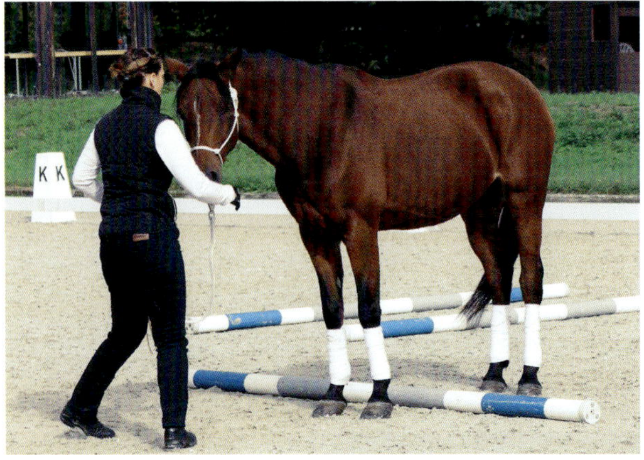

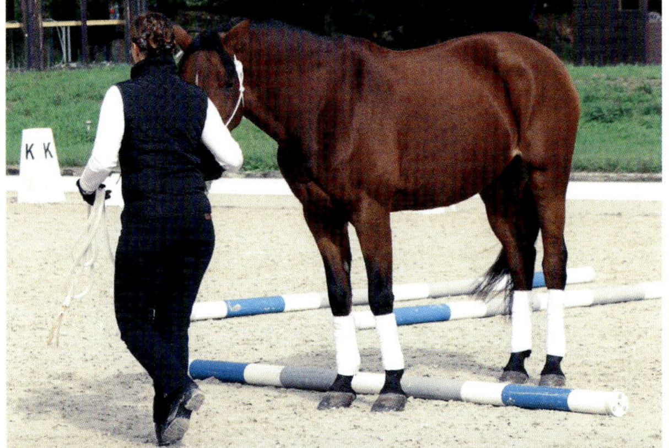

Während des Seitenwechsels muss das Pferd die ganze Zeit still über der Stange stehen bleiben.

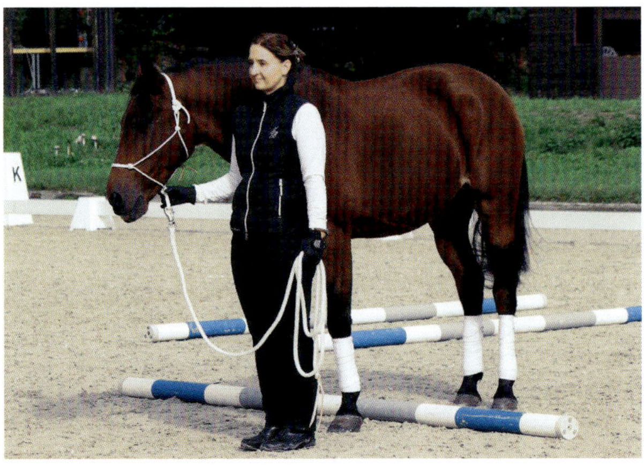

Auch wenn diese Übung vermeintlich leicht erscheint, so zeigt sich doch immer wieder, wie schwierig das Stillstehen über einem Hindernis ist. Gerade innerhalb einer Prüfungssituation mit erhöhter Anspannung stellt diese Aufgabe durchaus eine Herausforderung dar. Es lohnt sich also, sorgsam zu trainieren. Ein Pferd, das, egal wo, wirklich still stehen bleibt, wenn es das Kommando dazu erhalten hat, ist im Alltag ein Geschenk und macht den Umgang sicherer und entspannter.

Durchführung:

- Der Seitenwechsel über einer Stange wird von uns analog zu dem in Kapitel 2.2.5 beschriebenen Wechsel vor dem Pferd im Halten durchgeführt. Zunächst sollten wir das Pferd so über der Stange anhalten, dass sich die Vorhand etwas näher an der Stange befindet als die Hinterhand.

- Wir wechseln die Seite mit dem Gesicht zum Pferd, treten selbst flüssig vor dem Pferd herum in die 1. Führposition auf der anderen Seite, übergeben dabei das Seil in die andere Hand und umfassen mit der neuen Führhand den Haken. Bei diesem Seitenwechsel soll das Pferd entspannt stehen bleiben und abwarten, bis wir auf der neuen Seite ein Signal zum Antreten geben, um dann zeitgleich mit uns, ohne Stangenkontakt, anzutreten.

Das Pferd muss abwarten, bis es ein Signal zum Antreten bekommt.

Mögliche Probleme und Lösungsansätze:

▶ Das Pferd bleibt nicht stehen, wenn die Führperson antritt:
Es gibt zwei Ursachen, die zu Schwierigkeiten führen können. Zum einen bereitet es vielen Pferden Unbehagen, wenn sich eine Stange zwischen ihren Hufen befindet. Zum anderen hat das Pferd ja gelernt, sich stets unserem Tempo anzupassen und mit uns gemeinsam anzutreten. Stehen zu bleiben, obwohl wir losgehen, ist also nicht selbstverständlich. Unser Pferd muss nun lernen, dass das verbale Kommando für Halten und Stillstehen das vorrangige Signal ist.

Hier handelt es sich um ein grundsätzliches Ausbildungsziel am Boden. Daher ist es auch ratsam, dieses mit Hilfe der unterschiedlichsten Lektionen zu festigen. Gut geeignet ist dazu das in Kapitel 2.4.1 beschriebene Entfernen der Führperson am langen Seil. Der Übungsaufbau unterstützt den Lernerfolg, da das Pferd vor der Ecke angehalten wird und wir uns in einer bremsenden Position vom Pferd entfernen. Gelingt uns diese Übung vor der Ecke, kann sie auch an einer beliebigen Stelle auf dem Hufschlag trainiert werden. Die übergeordnete Bedeutung des Kommandos „Whoa" machen wir dem Pferd systematisch verständlich.

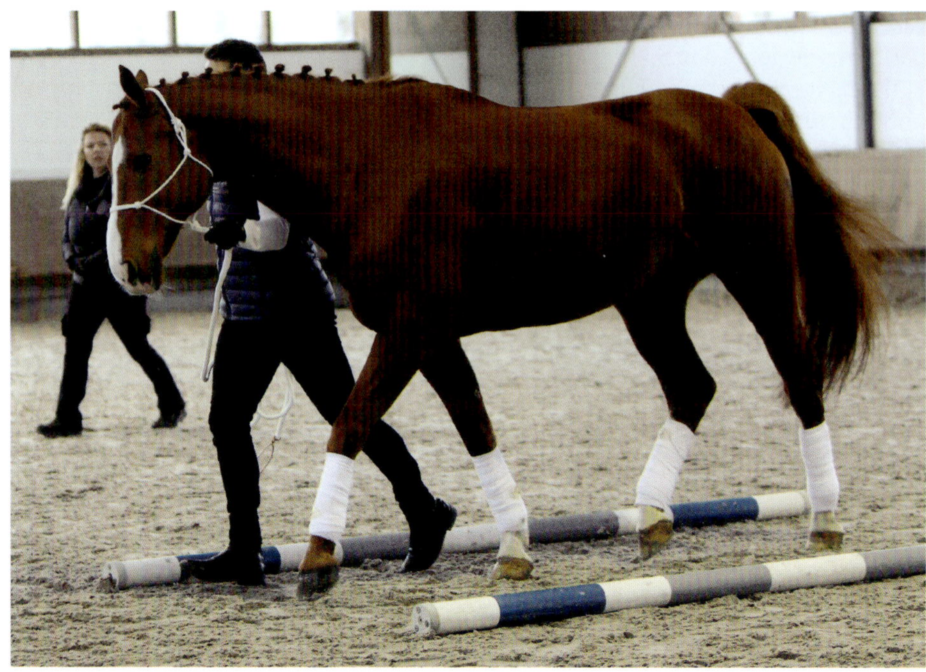

3.2.3 Stangengasse: Trab – Rückwärtstreten-Lassen – Trab

Aufgabe:

Stangengasse: Trab – Rückwärtstreten-Lassen – Trab

Zielsetzung:

Das Pferd soll in die Stangengasse traben, auf ein kaum sichtbares Signal aus dem Trab halten, direkt flüssig rückwärtstreten und aus dem Rückwärtstreten wieder antraben. Ein besonderes Augenmerk liegt hier auf den fließenden Übergängen. Sowohl das Halten aus dem Trab als auch das Antraben aus dem Rückwärtstreten-Lassen sollen mit kaum sichtbarer Hilfengebung möglich sein. Keinesfalls dürfen wir am Knotenhalfter ziehen. Bei der gesamten Übung befinden wir uns in der 1. Führposition und lassen das Knotenhalfter am Pferdekopf „schweben". Für das Antraben kann es notwendig sein, den treibenden Arm einzusetzen. Dies sollte aber exakt getimt und dosiert sein, sodass das Pferd in der gewünschten Manier kraftvoll antritt.

Die Qualität des Rückwärtstretens orientiert sich selbstverständlich an den fünf Kriterien (s. Seite 85):

- prompt
- flüssig
- gerade
- aufgewölbter Rücken und
- taktrein (Zweitakt)

Gelingt diese Lektion tadellos, so macht sie die Pferde nicht nur sehr aufmerksam, sondern trainiert auch in besonderem Maße unterschiedliche Körperzonen. Wie bereits erörtert, stärkt das korrekte Rückwärtstreten sehr gut sowohl die Bauch- als auch die Rückenmuskulatur des Pferdes. Allerdings müssen dazu die fünf Kriterien erfüllt werden. Ein Rückwärtsweichen mit weggedrücktem Rücken bringt keinen Nutzen für die Muskulatur.

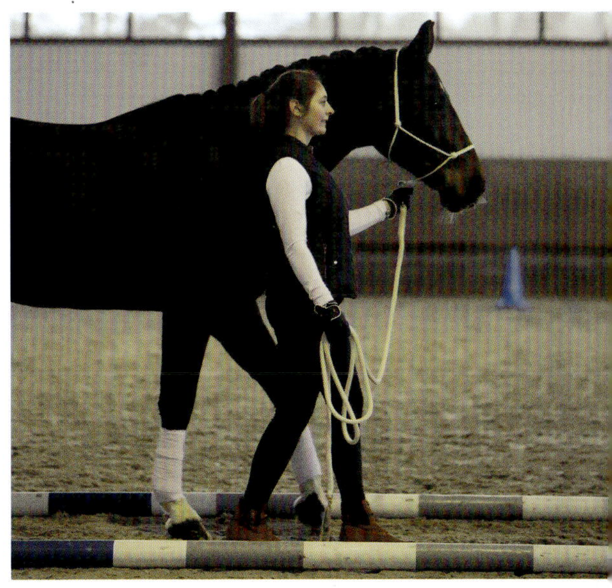

Das Antraben aus dem Rückwärtstreten trainiert und kräftigt die Hinterhand. Auch hier kommt es auf die richtige Ausführung an. Wir müssen die Hinterhand des Pferdes gezielt aktivieren. Im Laufe des Trainings kann dies nur mithilfe des treibenden Armes und des Stimmkommandos erfolgen. Als Fernziel sind unser Antreten und unser Stimmkommando ausreichend.

Auch diese Lektion können wir in den Aufbau des Geschicklichkeitskreuzes integrieren, so sorgen wir wiederum für Abwechslung und lassen anspruchsvolle Kombinationen der Aufgaben zu.

Durchführung:

- Bei der Kombination Trab – Rückwärtstreten-Lassen – Trab handelt es sich um eine fortgeschrittene Lektion, die, wenn sie mit Leichtigkeit in einer Stangengasse erfolgen soll, einige Vorarbeit erfordert:
  - → Das Pferd muss sich problemlos aus dem Trab anhalten lassen,
  - → das Rückwärtstreten funktioniert bereits sicher gemäß den fünf Kriterien an der Bande und
  - → das Pferd lässt sich aus dem Stand sowohl an der Bande als auch in der Mitte der Reitbahn antraben.

- **Aufbau:** Es empfiehlt sich, das Geschicklichkeitskreuz so aufzubauen, dass zwei Stangengassen auf der Linie zwischen B und E liegen.

- Erst wenn die oben genannten Elemente erlernt wurden, ist es sinnvoll, die Übungsreihe in einer Stangengasse zu trainieren. Die Erfahrung zeigt immer wieder, dass Pferde, die diese Grundelemente sicher auf dem Hufschlag beherrschen, sehr schnell und ohne große Probleme dieselben Abläufe in der Stangengasse zeigen. Sind die Grundelemente nicht gut gefestigt und ist die Hilfe nicht sicher verankert, stellt die Stangengasse eine schwierige Aufgabe dar. Somit handelt es sich bei dieser Kombination um eine gute Überprüfung des Ausbildungsstandes von Pferd und Mensch.

- Wir traben mit unserem Pferd in der 1. Führposition auf dem Hufschlag, linke Hand. Kurz vor B wenden wir nach links in die erste Stangengasse ab. Wir laufen gemeinsam mit dem Pferd durch die Stangen. Ende der zweiten Stangengasse parieren wir zum Halten durch und setzen unmittelbar zum Rückwärtstreten an. Das Pferd muss mindestens 2 Pferdelängen rückwärts treten. Als Fernziel streben wir an, unmittelbar aus der Rückwärtsbewegung gemeinsam mit uns anzutraben. Als Teilziel kann

Training im Geschicklichkeitskreuz

zunächst das Rückwärtstreten beendet werden, um das Pferd aus dem Halten anzutraben.

- Wir sollten während der gesamten Übung zu E schauen und uns in der 1. Führposition hinter dem Genick des Pferdes befinden. Nach dem Verlassen der Stangengassen traben wir gerade zum Hufschlag und wenden nach links ab. Analog zu allen Aufgaben am Boden soll auch hier alles mit der linken Führhand trainiert werden.

- Die Übung in der zweiten Stangengasse durchzuführen, ist in der Regel für die Pferde etwas einfacher, da sie beim Halten aus dem Trab die Bande als optische Begrenzung wahrnehmen. Zur Variation kann die Kombination auch in der ersten Gasse durchgeführt werden.

- Die Stangen dürfen zu keinem Zeitpunkt von uns oder dem Pferd berührt werden. Dies bedeutet, dass unser Pferd beim Halten aus dem Trab wirklich exakt auf allen vier Beinen stehen bleibt und nicht seitlich mit der Hinterhand ausweicht. Beim Rückwärtstreten muss gewährleistet werden, dass das Pferd gerade rückwärtstritt. Hier ist darauf zu achten, dass wir den Kopf des Pferdes gerade positionieren. Weicht das Pferd doch mit der Hinterhand seitlich aus, müssen wir umgehend die richtige Korrektur, wie in Kapitel 2.3.3 beschrieben, durchführen.

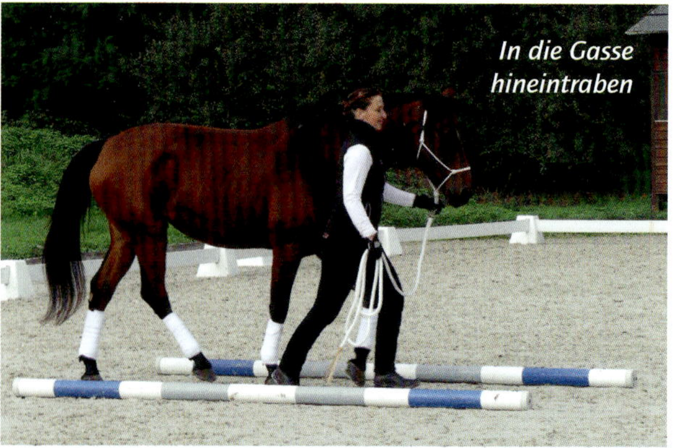

In die Gasse hineintraben

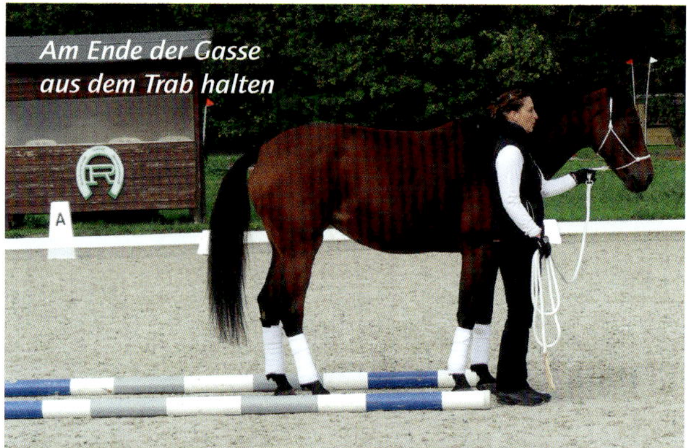

Am Ende der Gasse aus dem Trab halten

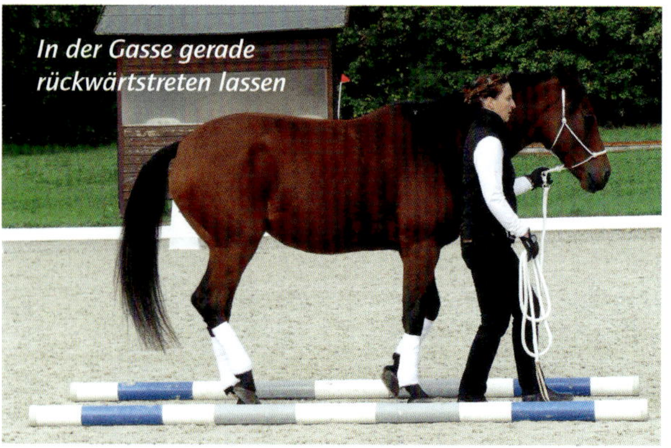

In der Gasse gerade rückwärtstreten lassen

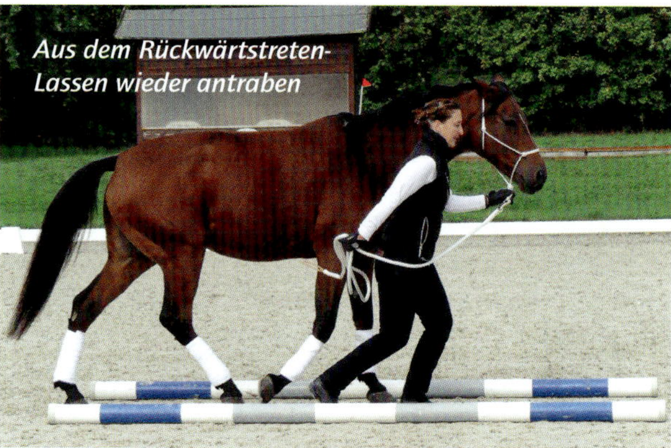

Aus dem Rückwärtstreten-Lassen wieder antraben

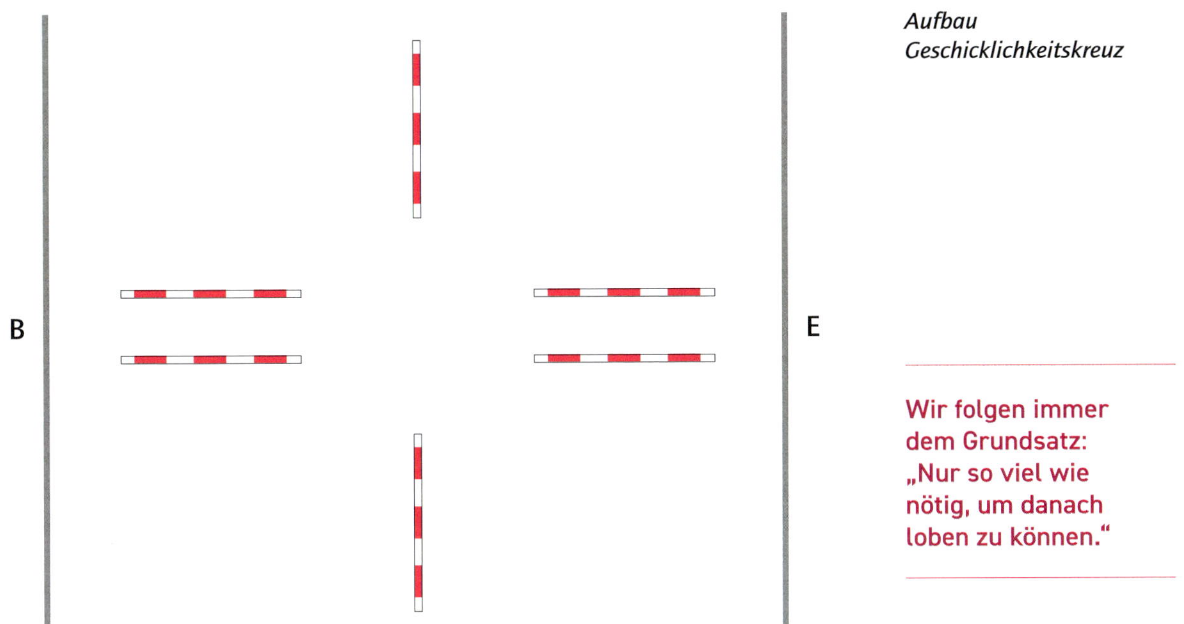

Aufbau Geschicklichkeitskreuz

Wir folgen immer dem Grundsatz: „Nur so viel wie nötig, um danach loben zu können.“

Mögliche Probleme und Lösungsansätze:

Anspruchsvoll ist die kurze Abfolge der Lektionen. Darum können wir im Training zunächst einzelne Elemente üben. Zur Vorbereitung auf das Halten in der Stangengasse halten wir mehrmals auf dem Hufschlag aus dem Trab an. Reagiert unser Pferd gut auf das Stimmkommando „Whoa“ und den feinen Zupfer am Knotenhalfter, müssen wir in der Stangengasse darauf achten, dass Pferdehals und Pferdekopf beim Halten gerade ausgerichtet sind. Würden wir den Pferdekopf zu uns ziehen, bestünde die Gefahr, dass die Hinterhand nach außen weicht. Hat das Pferd korrekt in der Stangengasse angehalten, loben wir unmittelbar und führen im Schritt heraus.

Ebenso können wir im Schritt in die Gasse führen und anhalten. Nach einem kurzen Stillstehen soll das Pferd gemeinsam mit uns antraben. Unterstützend zum Stimmkommando für Trab setzen wir den treibenden Arm ein, um die Hinterhand des Pferdes zu aktivieren. Dabei kommt es auf die richtige Dosierung an. Wir folgen immer dem Grundsatz: „Nur so viel wie nötig, um danach loben zu können.“

Die Intensität der benötigten Hilfe ist von Pferd zu Pferd sehr verschieden. Unser Ziel muss es immer sein, ein Gespür für die richtige Dosierung zu entwickeln.

Das Training sollte immer wieder für einen Moment unterbrochen werden.

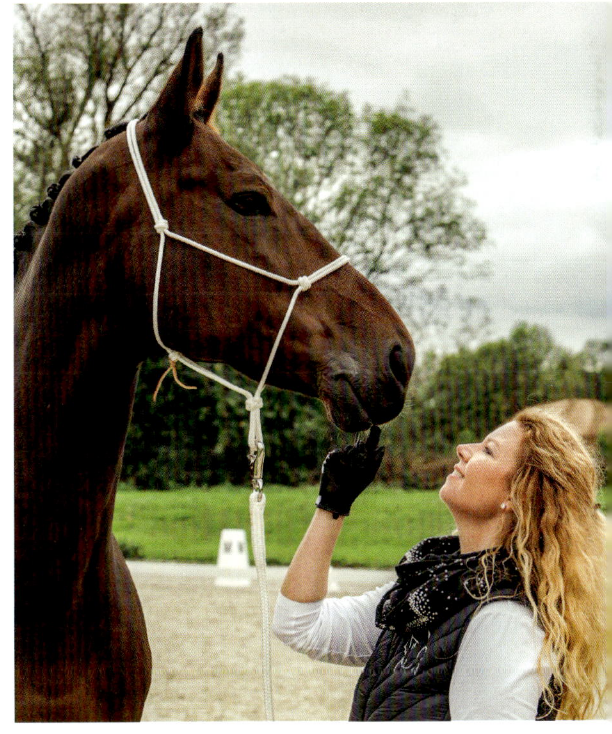

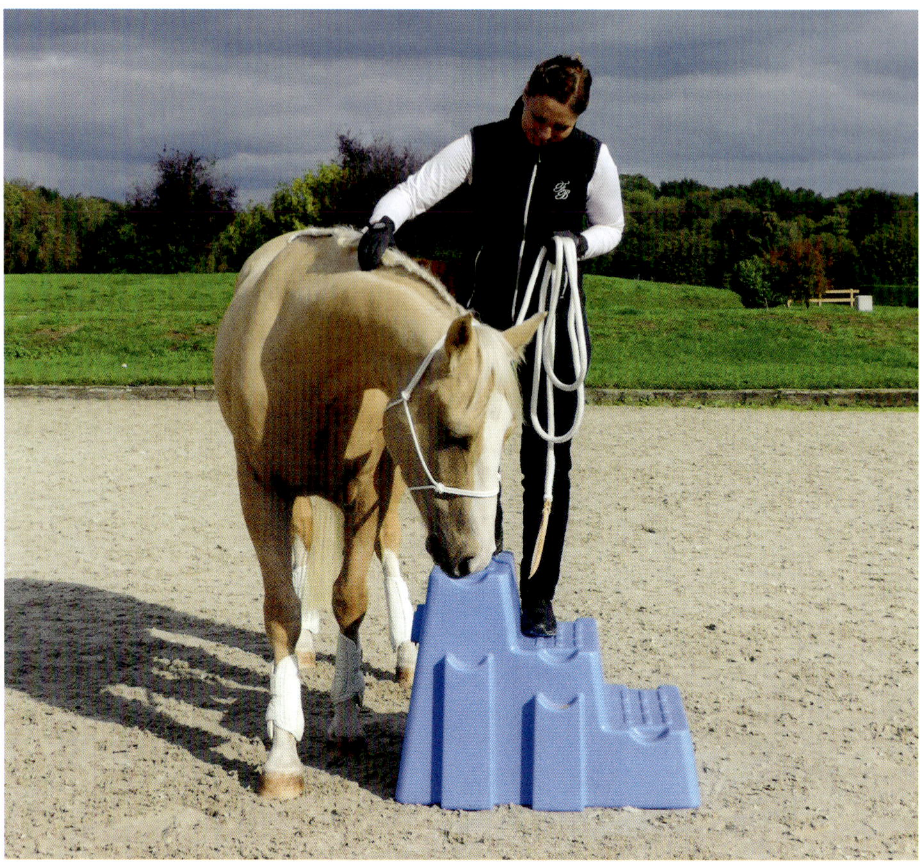

3.2.4 Einparken des Pferdes an einer Aufsitzhilfe

Aufgabe:

Das Pferd wird an der Aufsitzhilfe mit einer gefolgten Wendung um die Vorhand „eingeparkt" und steht still.

Zielsetzung:

Das Pferd soll leicht versetzt an eine Aufsitzhilfe geführt werden, anhalten und auf ein Signal an der Aufsitzhilfe „einparken". Im Idealfall soll es auf unsere minimale Hilfengebung eine gefolgte Wendung um die Vorhand an der Aufsitzhilfe zeigen. Wir befinden uns dabei ausschließlich auf der Seite der Aufsitzhilfe. Steht das Pferd exakt neben der Aufsitzhilfe, soll es so lange stillstehen, bis wir auf die Aufsitzhilfe gestiegen sind, unser Pferd von oben gelobt haben und wieder abgestiegen sind.

Diese Übung ist absolut praxisnah. Jeder kennt das Problem, dass ein Pferd beim Aufsteigen nicht stillstehen bleibt oder dass es sich nur schwerlich an der Aufsitzhilfe positionieren lässt.

Da das korrekte Einparken an der Aufsitzhilfe mittels einer gefolgten Wendung um die Vorhand den Alltag sehr erleichtert und das Aufsteigen so viel angenehmer und sicherer macht, ist diese Lektion Bestandteil des Abzeichens Bodenarbeit Stufe 2.

Das Fernziel besteht darin, dass wir auch ohne Gerte, also nur durch die Drehung unserer Körperachse, unser Pferd näher an die Aufsitzhilfe herantreten lassen können. Gleichzeitig trainieren wir ein verlässliches Stillstehen, auch wenn wir unsere Position verlassen.

Die Pferde sollen lernen, dass es sich bei dem Stimmsignal „Whoa" um das übergeordnete Kommando handelt, welches so lange Bestand hat, bis ein neues Signal erfolgt.

Grundvoraussetzung ist das sichere Beherrschen der gefolgten Wendung um die Vorhand. Für einige Pferde stellt dann das Herantreten an ein Hindernis noch eine besondere Herausforderung dar. Es wird selbstverständlich nur an einer sicheren Aufsitzhilfe ohne Verletzungsgefahr für das Pferd trainiert. Beherrscht das Pferd diese Übung verlässlich, tritt das Pferd zum Aufsteigen im Gelände auch an Bänke oder Baumstämme heran und bleibt sicher stehen, bis der Reiter aufgestiegen ist.

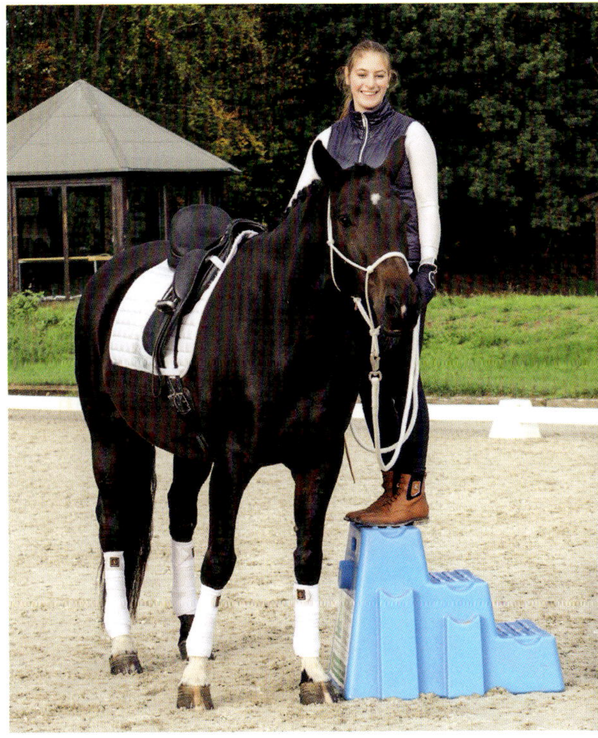

Das Pferd soll so lange stillstehen, bis die Reiterin wieder von der Aufsitzhilfe abgestiegen ist.

Durchführung:

- Das Pferd wird in der 1. Führposition auf der linken Hand etwas versetzt an die Aufsitzhilfe geführt. Wir wählen den Winkel zur Aufsitzhilfe so, dass ein Schritt mit der Hinterhand nach links ausreicht, damit sich unser Pferd in der perfekten Position zum Aufsteigen befindet. Die Vorhand sollte sich während des „Einparkens", wenn überhaupt, nur minimal bewegen.
- Steht das Pferd in dem leicht versetzten Winkel zur Aufsitzhilfe, leiten wir die Hilfengebung zur gefolgten Wendung um die Vorhand, wie in Kapitel 3.1.3 beschrieben, ein. Zunächst greifen wir also das Seil um, indem wir die Schlaufen über unseren rechten Daumen legen und mit dem rechten Zeigefinger in den Diamantknoten des Kontenhalfters greifen. Das Ende des Seils ruht in unserer linken Hand.
- Der erhöhte Schwierigkeitsgrad gegenüber der Basisübung besteht darin, dass der Schritt mit der Hinterhand exakt das richtige Maß haben und das Pferd dann auch nach diesem einen Schritt direkt wieder innehalten muss.
- Die Kombination der Hilfengebung, das Zurücknehmen der rechten Schulter und der Einsatz der linken Hand mit einem treibenden Impuls und das verbale Kommando, ist daher, je nach Pferd, sehr unterschiedlich und muss gefühlvoll austariert werden. Unschön ist es, wenn wir das Pferd zu stark antreiben und es rückwärtsweicht oder an der Aufsitzhilfe vorbeitritt.
- Ich empfehle deshalb bereits im Vorfeld, das schrittweise und exakte Herumtreten zu üben.

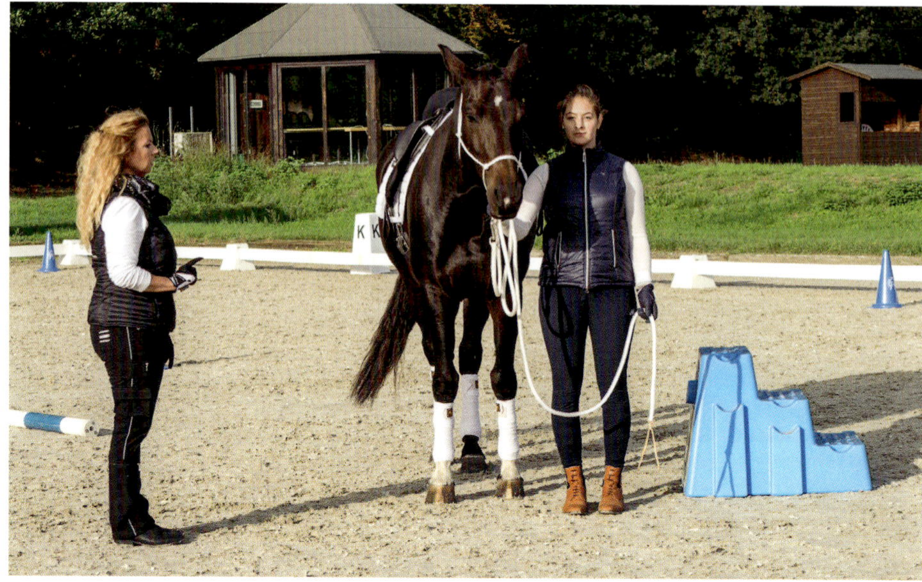

Zum Gelingen der Übung muss das Pferd im richtigen Winkel an die Aufsitzhilfe geführt werden.

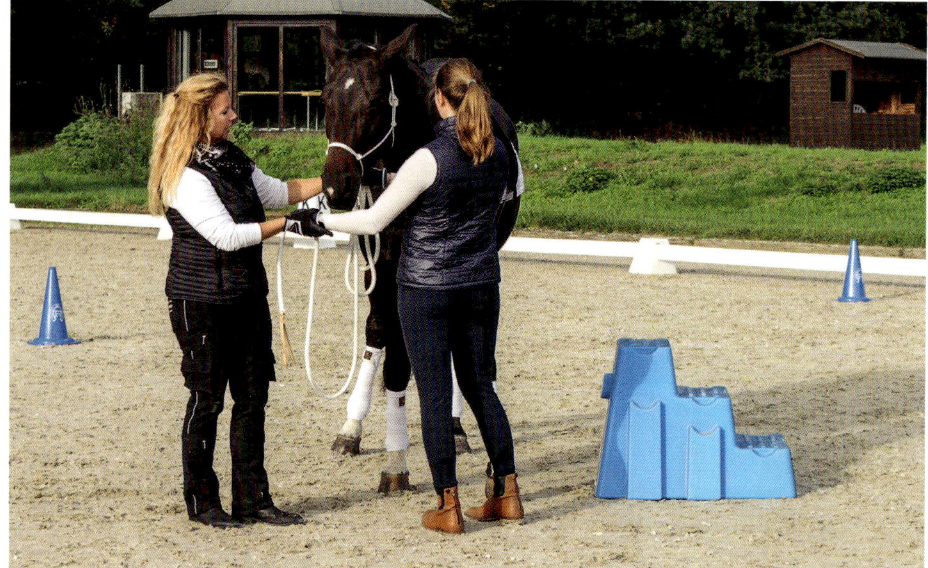

Das Pferd muss sehr genau auf die Hilfen reagieren und darf keinesfalls einen zu großen Schritt mit der Hinterhand machen.

- Ist das Pferd präzise an die Aufsitzhilfe herangetreten, erfolgt der ebenso wichtige zweite Teil der Übung:
  Wir verlängern das Seil, nehmen die Schlaufen in unsere linke Hand, geben dem Pferd das verbale Kommando zum Halten und steigen bis oben auf die Aufsitzhilfe. Oben angekommen, beugen wir uns zum Pferd, loben und streicheln es. Dann steigen wir wieder herab, nehmen die 1. Führposition ein und führen im Schritt an.
- Während dieser gesamten Übung soll unser Pferd auf seinen vier Beinen stillstehen.
- Selbstverständlich sollten wir diese Übung dann auch mit der linken Führhand, also auf der rechten Hand trainieren.

- An dieser Stelle kann nicht genug betont werden, wie viel sicherer das Aufsteigen wird, wenn die Pferde diese Lektion verlässlich beherrschen. Gerade beim Aufsteigen ereignen sich sehr viel Unfälle, da die Pferde die so wichtige Lektion des Stillstehens und Abwartens nicht gelernt haben. Bei vielen Pferden erfordert es viel Geduld und zahlreiche Wiederholungen, bis dieses Prozedere wirklich sicher sitzt. Die Mühe lohnt sich bestimmt und macht den Umgang mit dem Pferd einfacher und stressfreier.
- Das Ziel der Ausbildung sollte immer darin bestehen, dass wir unsere Hilfengebung soweit minimieren können, dass das Zurücknehmen der rechten Schulter das ausschlaggebende Signal ist. Die Hilfengebung ist dann wieder fast unsichtbar und für Außenstehende kaum erkennbar.
- Ganz entscheidend ist aber, dass es auf diese Weise auch mit der Trense und den über den Hals gelegten Zügeln funktioniert. Eine Gerte benötigen wir dazu nicht. Im fortgeschrittenen Niveau ist es sogar möglich, dass der Reiter, der oben auf der Aufsitzhilfe steht, das Pferd nur durch Zurücknehmen der Schulter und dem Schnalztakt an die Aufsitzhilfe herantreten lässt. Dann kann gelobt und entspannt aufgestiegen werden.

Die Hilfengebung sollte fast unsichtbar und für Außenstehende kaum erkennbar sein.

Mögliche Probleme und Lösungsansätze:

▶ Das Pferd tritt nicht an die Aufsitzhilfe heran:

Die Erfahrungen aus meinen Lehrgängen zeigen immer wieder, dass die Pferde, die die gefolgte Wendung um die Vorhand tadellos in der freien Bahn beherrschen, diese aber nicht in Richtung einer Aufsitzhilfe durchführen möchten. Hier empfehle ich, sich Schritt für Schritt näher an die Aufsitzhilfe heranzutasten. Zuerst wählen wir den Abstand zur Aufsitzhilfe so groß, dass unser Pferd mühelos mit der Hinterhand hereintritt. Beim nächsten Mal wiederholen wir es etwas näher usw. Wir können also, gemäß meinem Grundsatz „von Lob zu Lob trainieren", die Pferde stressfrei an die Übung heranführen.

Wir können also, gemäß meinem Grundsatz „von Lob zu Lob trainieren", die Pferde stressfrei an die Übung heranführen.

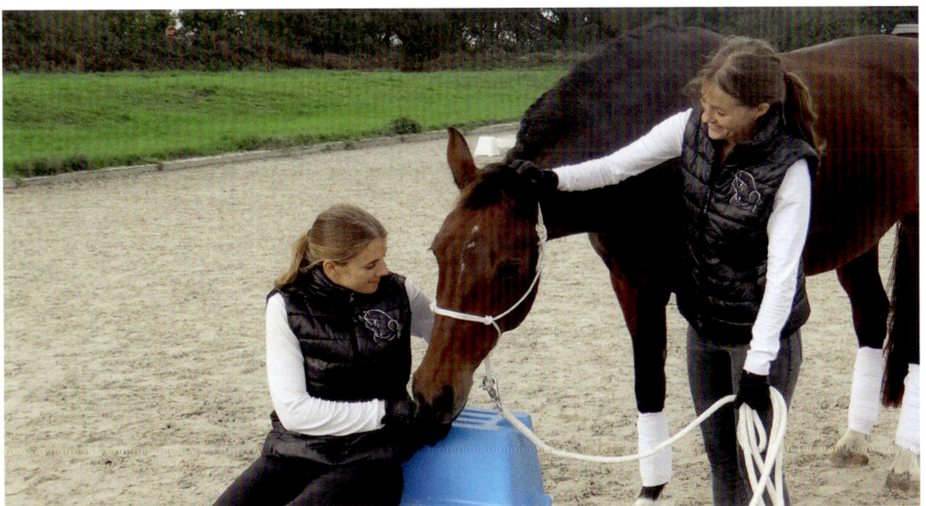

Neues sollte vertraut werden.

Nur wenn wir viel Loben stärken wir die Motivation.

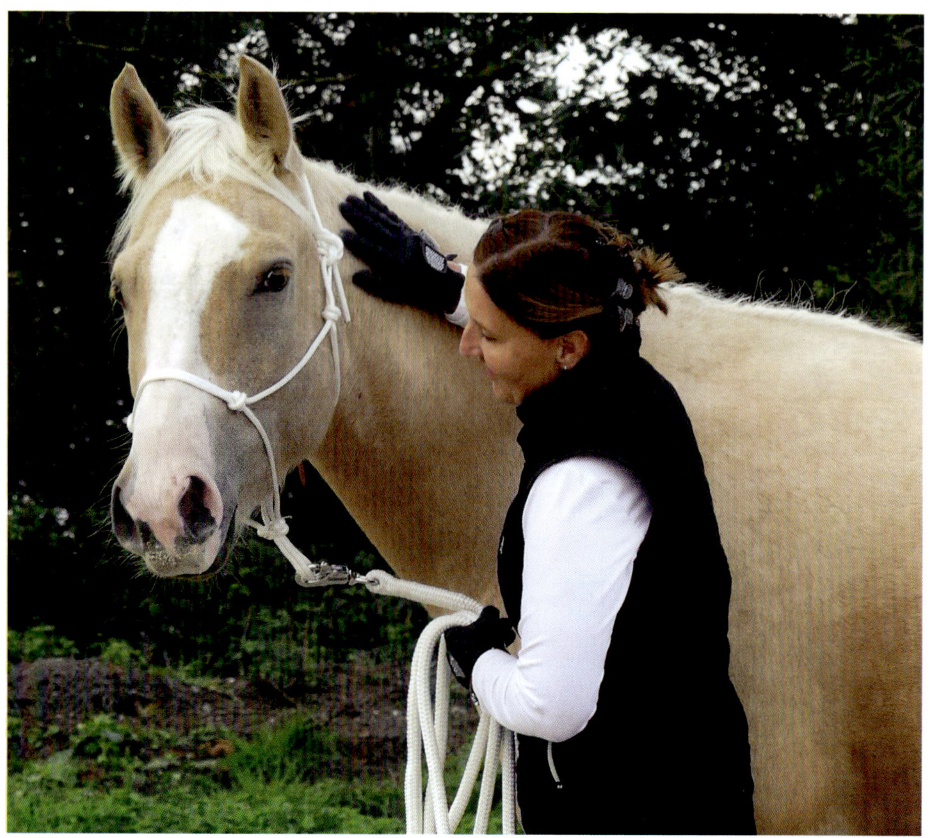

▶ **Das Pferd bleibt nicht stillstehen:**
Ähnlich wie die zuvor genannte Schwierigkeit, lässt sich dieses Problem auch nur schrittweise lösen. Das Stillstehen in vielen unterschiedlichen Situationen in der Bodenarbeit sollte Routine werden. Dazu gehört das Stillstehen über einer Stange, einer Plane, unter einem Flatterbandvorhang oder in einem Engpass usw.
Nicht unbedingt zu empfehlen ist der Einsatz von Leckerlis an der Aufsitzhilfe. Die Gabe von Leckerlis kann niemals grundsätzlich bejaht oder verneint werden. Sie ist immer abhängig vom Pferd, vom Ausbildungsstand, von der Lektion und vom Zeitpunkt.

Gerade bei dieser Übung ist aber darauf zu achten, dass das Pferd sich nicht in Erwartung eines Leckerlis mit dem Kopf zu uns dreht und dann mit der Hinterhand nach außen weicht. Damit wäre die Aufgabe nicht erfüllt und wir müssen erst wieder von der Aufsitzhilfe absteigen und von vorn beginnen. Pferde merken sich meist erstaunlich gut, wann sie ein Leckerli erwarten dürfen.
Zählt dann nur noch die Fixierung auf das Leckerli und nicht mehr das Lesen unserer Signalgebung, haben wir an der Zielsetzung vorbei trainiert. Auf der anderen Seite gibt es durchaus sehr gute Pferd-Mensch-Teams, bei denen das Leckerli eben nicht eingefordert wird, sondern unmittelbar nach der guten Ausführung der Übung als schöne positive Verstärkung eingesetzt wird.

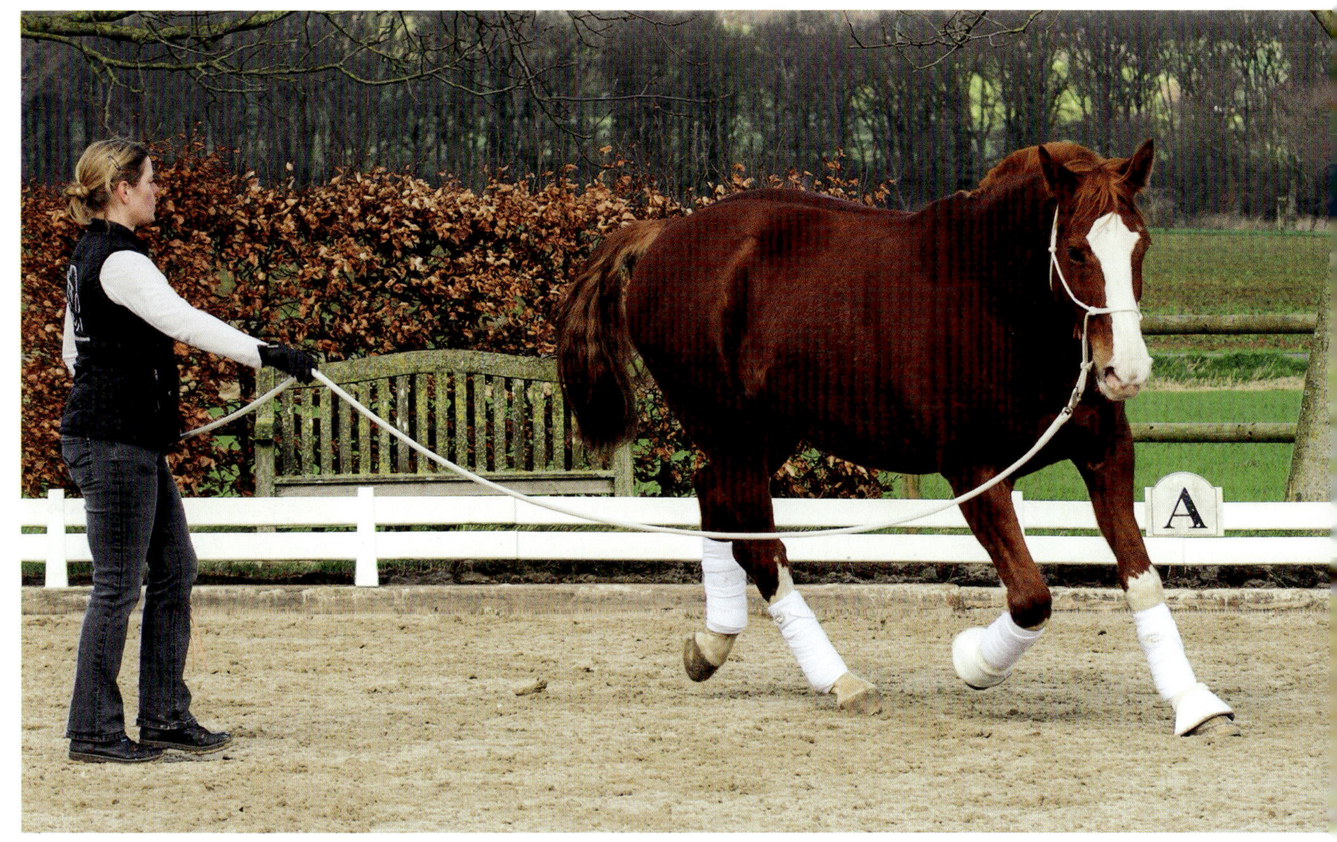

3.3 Lösende und vertrauensbildende Lektionen – Arbeit am langen Seil

3.3.1 Arbeit am langen Seil: Achten im Schritt und im Trab

Aufgabe:

Das Pferd führt am langen Seil fließende Handwechsel in Form von Achten im Schritt und Trab durch.

Zielsetzung:

In die Arbeit am langen Seil sollen harmonische Handwechsel in Form von Achten integriert werden. Dabei müssen sowohl die Wechsel von der linken zur rechten, als auch von der rechten zur linken Hand einer gleichmäßigen Linienführung folgen. Das Pferd soll sich durch kaum sichtbare Signale nach einem Kreis am langen Seil auf uns zu bewegen und vor uns auf die neue Kreislinie wechseln. Von oben betrachtet soll das Bild einer Acht entstehen.

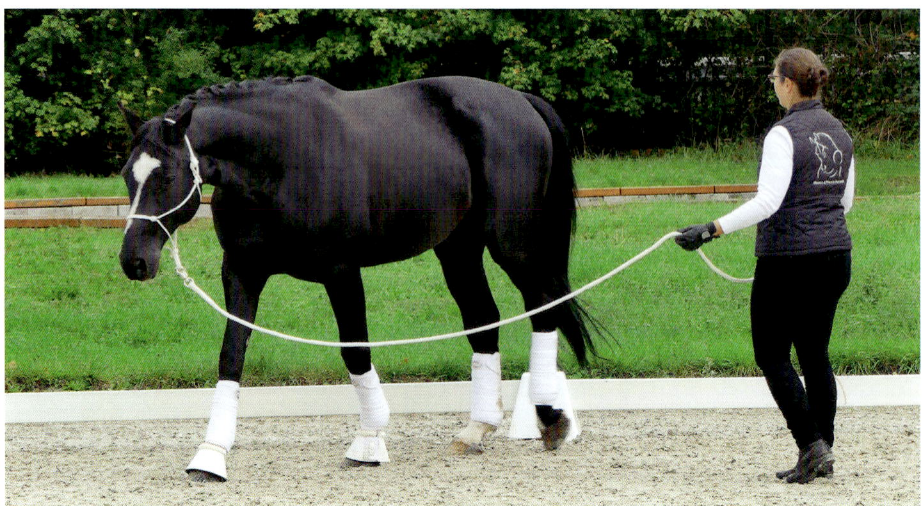

Die Acht wird aus einem Kreis im Schritt entwickelt.

Eine Acht sollte immer beide Handwechsel beinhalten, das heißt nach dem ersten Wechsel wird die Acht auch wieder zurück zur Ausgangsposition vollendet. Das Pferd soll sich in einem Abstand von mindestens 2,5 m am langen Seil bewegen, ohne dass das Seil verkürzt wird. Bei einer exakten Ausführung sind beide Kreise gleich groß und wir gehen auf einer geraden Linie rückwärts, während unser Pferd vor uns auf ein Signal flüssig die Hand wechselt. Diese Form des Handwechsels ist Bestandteil des Bodenarbeitsabzeichens Stufe 2.

Mithilfe der Achten können wir zahlreiche Handwechsel in die Arbeit am langen Seil einbinden.

Mit fortgeschrittenem Ausbildungsstand führen wir die Achten auch im Trab durch. Hier handelt es sich um eine schöne lösende Arbeit, die wir gut mit gymnastizierenden Übungen kombinieren können. Eine Trainingseinheit am Boden sollten wir also ab einem gewissen Niveau immer so gestalten, dass wir mehrere Führpositionen miteinander verbinden. Dann erhalten wir ein ganz abwechslungsreiches Trainingsprogramm am Boden.

Besonders zu betonen ist, dass diese Durchführungsform der Achten auch als gute Vorbereitung für die Handwechsel an der Doppellonge oder am Kappzaum dienen kann.

Durchführung:

- Die Grundvoraussetzung dieser Lektion ist die sichere Beherrschung der Kreise am langen Seil in der Ecke auf beiden Seiten (siehe Kapitel 2.4.1). Entscheidend ist, dass beide Seiten gleichermaßen gut funktionieren und sich das Pferd mühelos aus größerer Distanz beschleunigen, verlangsamen und anhalten lässt.
- Da es bei einer Acht insbesondere auf die saubere Linienführung ankommt, entwickeln wir die Acht zunächst aus einem Kreis in der Ecke. Aus der Vogelperspektive betrachtet, liegt die zu beschreitende Acht dann diagonal in der Ecke.

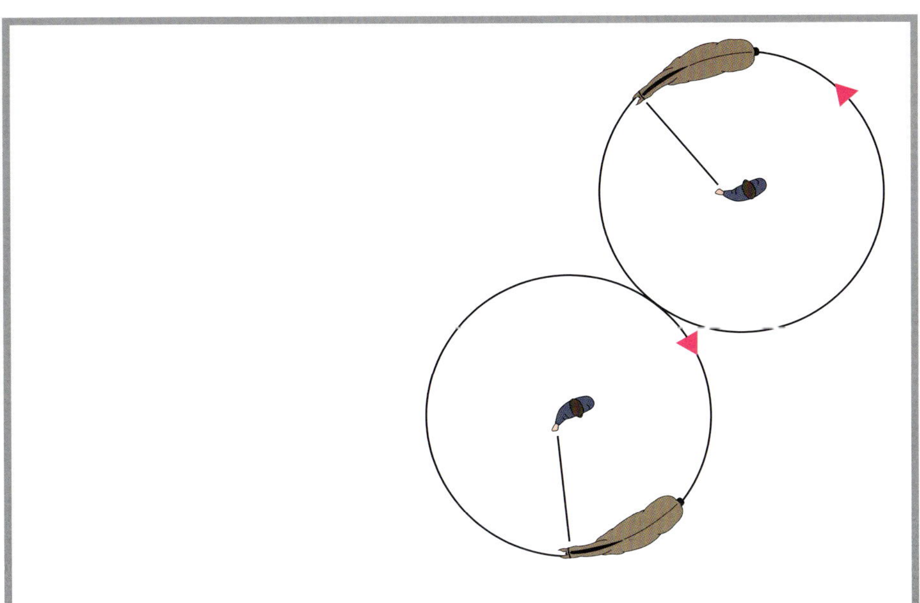

Die Acht am langen Seil

- Bei einem Wechsel von der linken zur rechten Hand sollte unser Pferd zunächst auf einem Kreisbogen auf der linken Hand in der Ecke gehen. Wir müssen darauf achten, dass wir uns nur minimal auf der Stelle mitdrehen und uns genau in der Mitte des Kreises befinden. Wir müssen also zu beiden Banden genau den gleichen Abstand haben. Das Geheimnis der fließenden Achten sind die richtigen Winkel des Abwendens und unsere korrekte Positionierung zum Pferd. Beachten und trainieren wir diese Elemente im Schritt präzise, funktionieren die Achten später auch im Trab oder sogar im Galopp mit fliegenden Wechseln.
- Befindet sich unser Pferd also auf der linken Hand, müssen wir abwarten, bis es die Ecke passiert hat, erst dann können wir das Pferd zum Abwenden in die Mitte auffordern.
- Für eine bessere Orientierung im Raum gebe ich gern den Tipp, sich den Scheitelpunkt des Kreises als 12 Uhr vorzustellen. Um jetzt das Pferd im richtigen Winkel zum Abwenden aufzufordern, visieren wir auf der linken Hand 10 **vor** 12 Uhr an. Wendet das Pferd in diesem Winkel ab, wird es nicht durch eine zu abrupte Wendung gebremst, sondern kann flüssig auf unser Signal in das Innere des Kreises abwenden.
- Wir selbst gehen auf einer geraden Linie rückwärts und wechseln während des Rückwärtsgehens das Seilende in die linke und das Führseil in die rechte Hand. Unterstützt durch das verbale Schrittkommando und den treibenden linken Arm wird das Pferd in den Kreis auf die rechte Hand geschickt. Das Ziel besteht darin, dass wir das Pferd auf die neue Kreislinie entsenden und in diesem Moment selber stehen bleiben.
- Auf der neuen Hand führen wir zunächst mindestens einen Kreis durch, bis wir das Pferd zu einem erneuten Handwechsel auffordern.

Das Geheimnis der fließenden Achten sind die richtigen Winkel des Abwendens und unsere korrekte Positionierung zum Pferd.

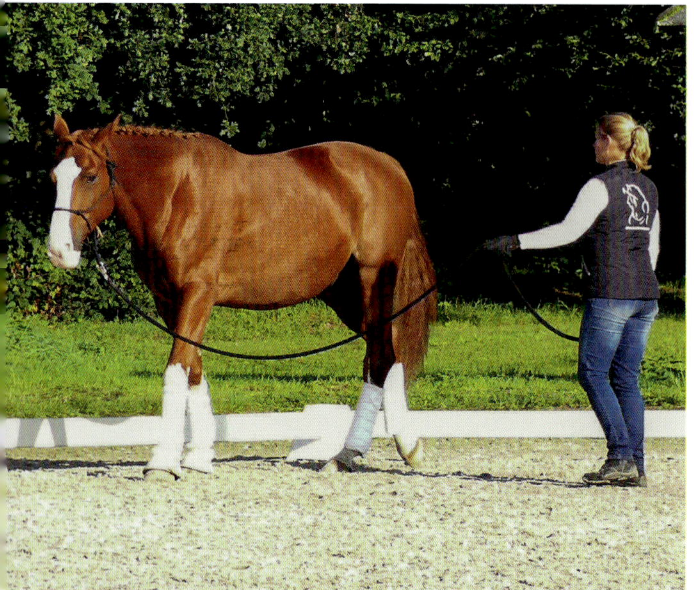

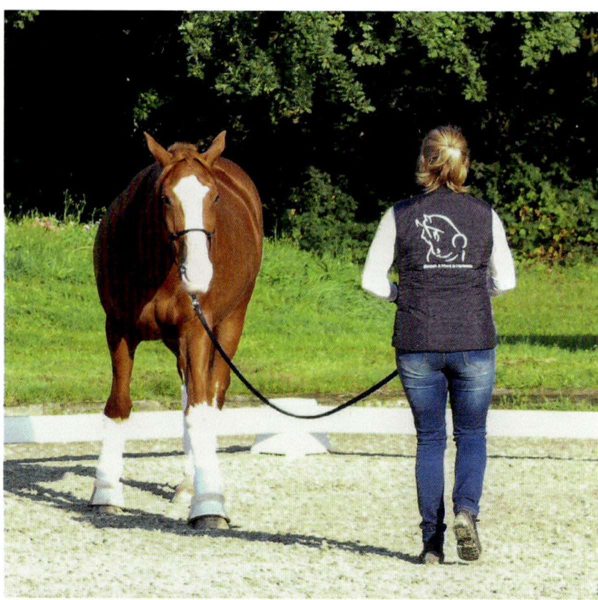

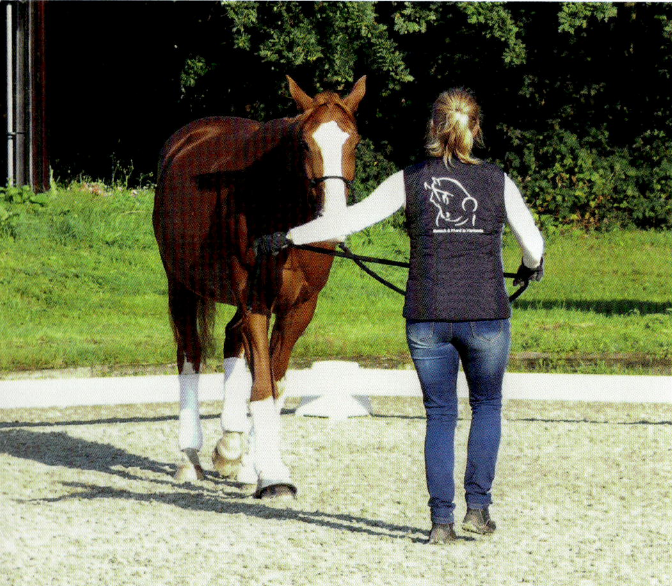

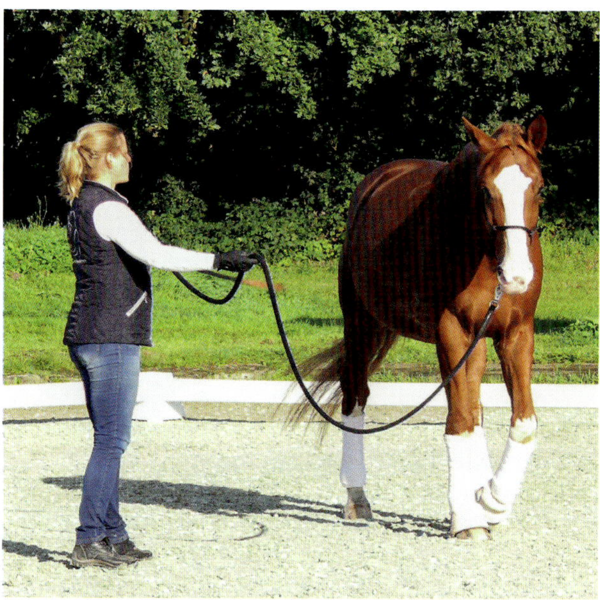

Die Acht am langen Seil im Schritt

- Analog zur ersten Acht stellen wir uns jetzt erneut am Ende der diagonalen Linie die 12 Uhr vor. Auf der rechten Hand fordern wir das Pferd nun um 10 **nach** 12 Uhr zum Abwenden auf. Wir gehen gerade rückwärts, wechseln das Seil in unseren Händen, bleiben stehen und senden es auf einen Linkskreis in die Ecke. Im Idealfall stehen wir wieder an unserer ursprünglichen Ausgangsposition.
- Wie bei der einführenden Beschreibung der Arbeit am langen Seil bereits erwähnt, kann es ratsam sein, für die Arbeit im Trab ein längeres Seil zu verwenden.

Mögliche Probleme und Lösungsansätze:

▶ Das Pferd bleibt nach dem Abwenden stehen:

So harmonisch und leicht die Achten mit einem Pferd in ihrer Vollendung auch aussehen, so schwierig ist es manchmal, einigen Pferden die Übung beizubringen. Wenn ein Pferd nach dem Abwenden stehen bleibt, so ist dies aus Sicht des Pferdes erst einmal nachvollziehbar. Wir sind in diesem Augenblick dem Pferd frontal zugewandt und blicken es an. Damit wirken wir unbestreitbar bremsend auf das Pferd.

Die Kunst besteht also darin, bereits in der Vorarbeit dem Pferd die Hierarchie der Kommandos zu vermitteln. Die Stimmkommandos sind immer die übergeordneten Signale. Beim Thema Halten und Abwarten wurde bereits ausführlich dargestellt, dass das Pferd auch stehen bleiben muss, wenn wir uns entfernen oder eine andere Führposition einnehmen. Nun muss unser Pferd lernen, dass das Küsschen für Vorwärts den Erhalt der Vorwärtsbewegung bedeutet, auch wenn wir uns in einer eher bremsenden Position befinden.

Ist das Pferd stehen geblieben und lässt sich durch das Stimmkommando nicht wieder zum Antreten bewegen, wiederholen wir die Übung nochmals, wobei wir jetzt exakt auf die Linienführung und einen flüssigen Schritt während des Kreises achten.

▶ Das Pferd wechselt vor dem Menschen nicht die Hand, sondern läuft seitlich vorbei:

Selbstverständlich sind die Probleme, die beim Training der Achten auftreten können, sehr facettenreich und lassen sich auch häufig durch Korrekturen der Körperhaltung und unserer Hilfengebung beheben. Allerdings lässt sich schon feststellen, dass zumindest die Pferde mit viel Bewegungsdrang es doch alle einmal versuchen, einfach nach dem Abwenden aus dem Kreis seitlich neben uns vorbeizulaufen. Bei einem Wechsel von der linken zur rechten Hand würde dies also so aussehen, dass das Pferd nicht wie gewünscht vor uns die Seite wechselt, sondern einfach gerade links neben uns vorbei. Gern beschleunigen die Pferde dazu noch, und ehe man sich versieht, ist das Pferd an einem vorbeigelaufen und die Übung kann nicht mehr durchgeführt werden.

Leider ist es auch so, dass Pferde diese Vermeidungsstrategien ganz schnell lernen und es dann gern immer wieder versuchen. Deshalb gibt es für dieses Problem, wenn es auftritt, nur einen wirklich nützlichen Tipp: Wir müssen extrem schnell reagieren und verhindern, dass das Pferd an uns vorbeizieht. Dies gelingt insbesondere durch ein schnelles Rückwärtsgehen beziehungsweise -laufen, den zeitgleichen Wechsel des Seils in der Hand und eine deutliche Hilfe für den Richtungswechsel.

Hat das Pferd die Hand gewechselt, loben wir sofort mit der Stimme und schicken es in den Kreis am langen Seil. In der Regel treten diese Schwierigkeiten nur auf einer Hand auf. Die Gründe dafür sind vielschichtig, deshalb sollten wir die Achten dann auch immer wieder vollenden und von beiden Händen aus gleichermaßen trainieren.

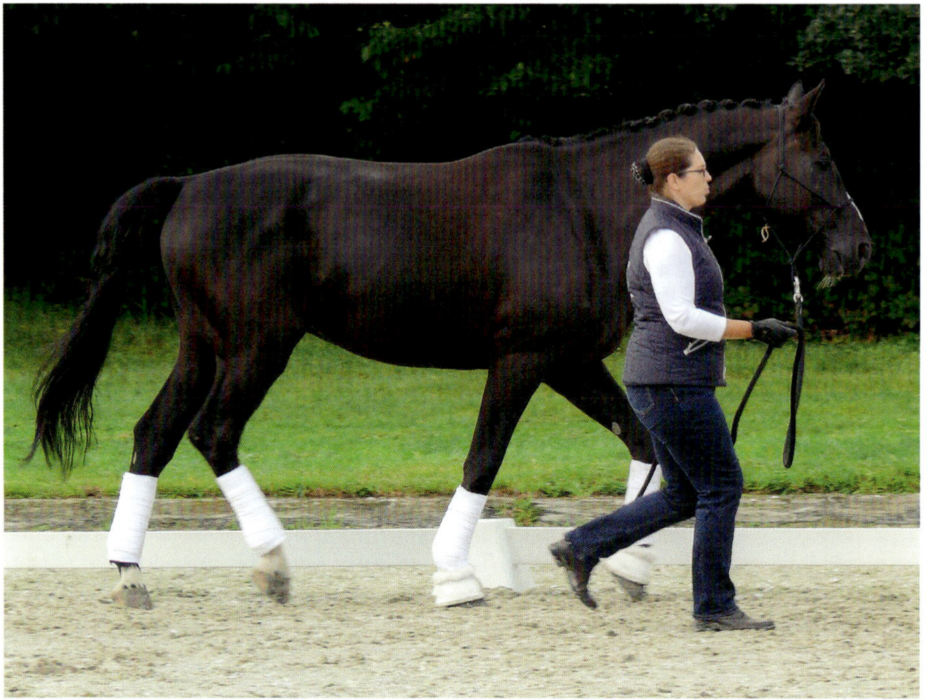

3.3.2 Arbeit am langen Seil durch die ganze Bahn im Schritt und im Trab

Aufgabe:

Die Arbeit am langen Seil erfolgt durch die ganze Bahn im Schritt und Trab.

Zielsetzung:

Wie bereits angedeutet, ist der Radius der Kreise am langen Seil nur dafür geeignet, einige wenige Kreise hintereinander durchzuführen. Das Ziel der Arbeit am langen Seil besteht also insbesondere darin, sich mit seinem Pferd harmonisch durch die ganze Reitbahn bewegen zu können. Dabei orientiert sich das Pferd, wie in der 1. Führposition beim Basisführtraining, an unserem Tempo. Wie beim Führtraining soll alles möglich sein: Beschleunigen, Verlangsamen, Halten, Rückwärtstreten und vieles mehr, aber eben aus einer Distanz von mindestens 2,5 m zum Pferd. Wir wechseln, je nach gebogener oder gerader Linie, die Position zum Pferd, behalten die Distanz aber immer bei, sodass das Seil leicht durchhängt und niemals unter Spannung kommt.

Das Bewegen des Pferdes am langen Seil ist also eine konsequente Weiterentwicklung der Elemente aus dem ersten Abzeichen Bodenarbeit Stufe 1 und wurde daher auch Bestandteil des Abzeichens Stufe 2 für Fortgeschrittene. Kombiniert wird diese Form der Bodenarbeit dann selbstverständlich mit den Handwechseln, die später ebenfalls im Trab oder im Galopp von Bande zu Bande ausgeführt werden können.

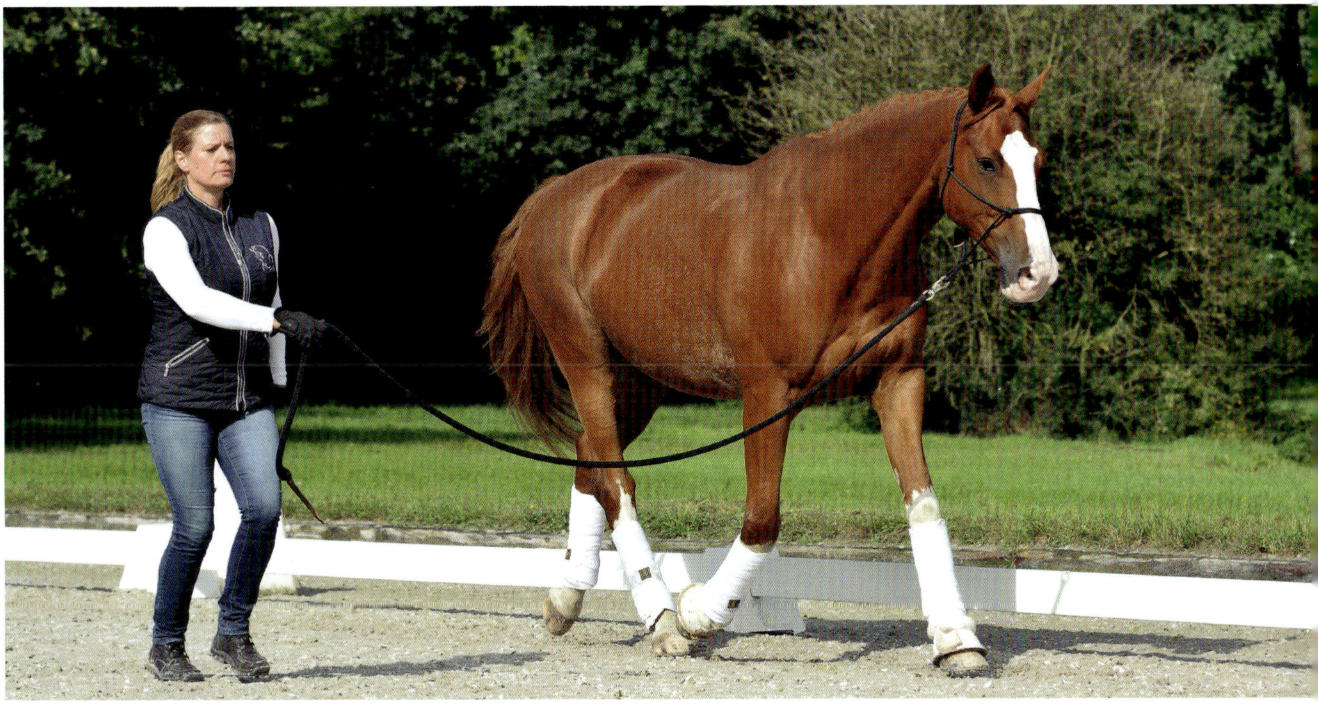

Auch bei einer größeren Distanz soll sich das Pferd immer am Tempo des Menschen orientieren.

Mit dieser Verständigung aus der größeren Distanz zum Pferd erhalten wir eine sehr facettenreiche Form, unser Pferd zu trainieren. Diese Arbeit ist nicht nur sehr wertvoll als lösendes Element innerhalb der Trainingseinheit, sondern kann mit fortgeschrittenem Ausbildungsniveau ebenso wunderbar mit Pylonen, Stangen, Dualgassen und vielen Lektionen kombiniert werden.

Gelingt diese Arbeit mit der stets angestrebten Leichtigkeit und Verlässlichkeit, sind die Grundlagen für den Beginn der Freiarbeit im Longierzirkel beziehungsweise Round Pen gelegt. Außerdem ist von hieraus die Hinzunahme der Arbeit an der Doppellonge oder am Kappzaum für Pferd und Mensch sehr gut umsetzbar: Die Pferde haben gelernt, sich auch ohne Hilfszügel oder Gerte gemeinsam mit uns auf geraden Linien zu bewegen, die „Spur" zu halten, zu beschleunigen, sich auf einen Kreis schicken zu lassen, einen Handwechsel zu absolvieren und vieles mehr.

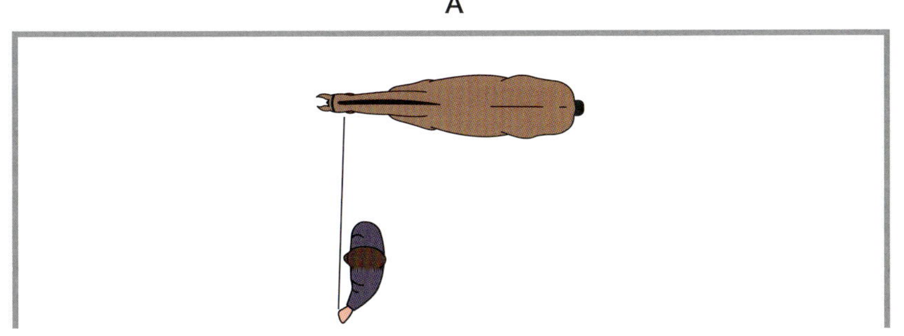

Führposition beim Führen am langen Seil

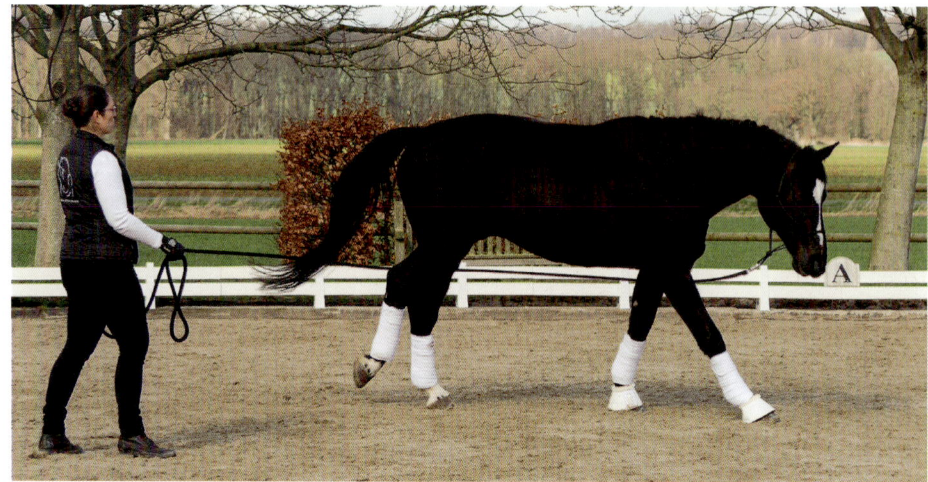

Die Arbeit am langen Seil ist mit viel Übung sogar im Galopp möglich.

Anhand der Arbeit am langen Seil lässt sich wunderbar veranschaulichen, wie gut sich bestimmte Ausbildungsformen, wie beispielsweise die Doppellongenarbeit, durch meine Ausbildung am Boden vorbereiten lassen, um diese dann auch mit in den abwechslungsreichen Trainingsplan des Pferdes aufzunehmen. Nach meiner Erfahrung ist es für viele Menschen leichter, sich zunächst mit wenig Ausrüstung, also quasi nur mit einem Seil und ihrer korrekten Körperhaltung und Hilfengebung, beschäftigen zu müssen. Ist dieses sicher erlernt, kann darauf aufbauend gut das Handling von Doppellonge und der Einsatz der Peitsche hinzugenommen werden.

Durchführung:

- Beim Führen am langen Seil auf geraden Linien befinden wir uns, wie bei der 1. Führposition, zwischen Genick und Schulter des Pferdes, nur eben in einem Abstand von mindestens 2,5 m. Unsere Köperhaltung entspricht weitgehend der bekannten Führposition aus dem Führtraining: Wir blicken nach vorn in die Bewegungsrichtung

Die Arbeit am langen Seil durch die ganze Reitbahn

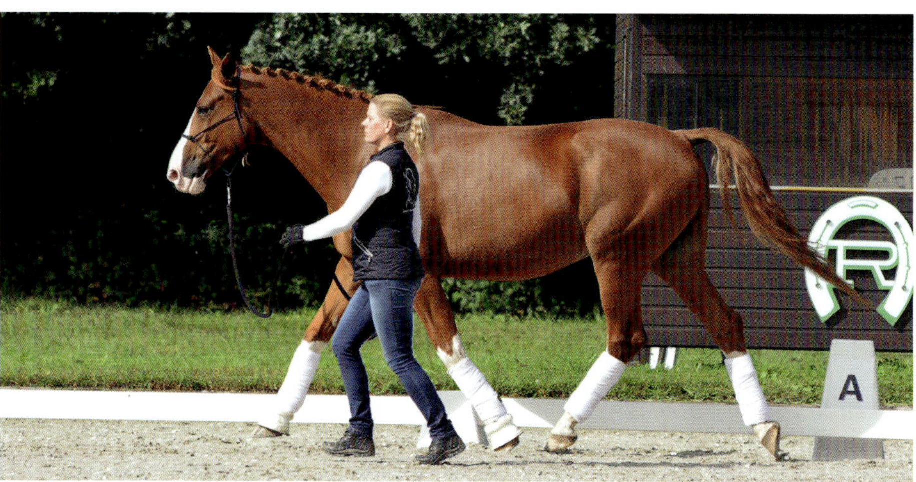

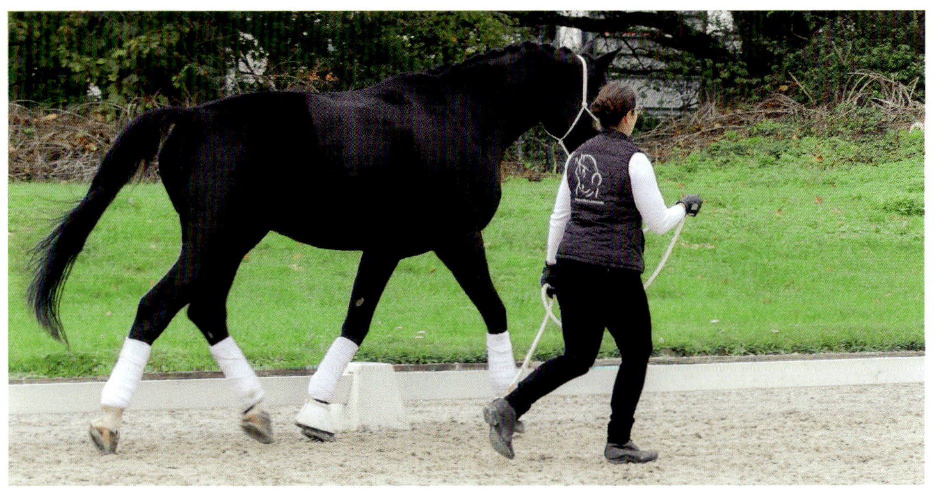

Beim Mitlaufen am langen Seil muss genau auf die Position zum Pferd geachtet werden.

und befinden uns in einem rechten Winkel zum Pferd, dabei zeigen Schultergürtel und Hüfte nach vorn. Wie beim präzisen Führen nahe am Pferd soll sich das Pferd auch bei größerer Distanz immer an unserem Tempo orientieren und sich durch kaum sichtbare Hilfen delegieren lassen.

- Wir streben einen fließenden Wechsel zwischen Kreisen und geraden Linien auf dem Hufschlag an. Es soll möglich sein, dass wir nur durch Drehung unserer Körperachse das Pferd aus dem Kreis auf die Gerade und umgekehrt von der Geraden in den Kreis schicken.
- Das Führen am langen Seil wird immer aus einem Kreis heraus begonnen: Befindet sich das Pferd auf einem Kreisbogen auf der linken Hand, soll es nach dem Passieren der Ecke auf den Hufschlag linke Hand geschickt werden. Dazu verlassen wir die dem Pferd zugewandte Führposition während des Kreises und drehen uns nach der Ecke mit unserem Schultergürtel in Bewegungsrichtung und geben das verbale Kommando für Schritt.
- Wir müssen darauf achten, dass wir uns in der Distanz von ca. 2,5 m zwischen Genick und Schulter unseres Pferdes befinden. Dabei schauen wir geradeaus und nicht zum Pferd. Wir fassen das Seil während des Wechsels auf die Gerade nicht um: Das Führseil liegt weiterhin in unserer linken Hand.
- In der rechten Hand befindet sich das Seilende. Der rechte Arm befindet sich grundsätzlich in der neutralen Position seitlich neben unserem Körper. Nur wenn eine vorwärtstreibende Hilfe notwendig wird, gibt das Seilende in Verbindung mit dem Stimmkommando einen Impuls in Richtung Schenkellage.
- Das Führseil hängt immer leicht durch, gerät niemals auf den Boden und kommt auch nicht unter Spannung.
- Während des Führens der geraden Linie muss auf die genaue Einhaltung der Positionen geachtet werden. Wir halten immer die gleiche Distanz zu unserem Pferd, das sich auf dem Hufschlag befindet. Auch bei Gangmaß- oder Gangartwechseln verlassen wir nicht die Position zwischen Genick und Schulter des Pferdes.
- Wo genau wir uns befinden müssen, ist individuell je nach Pferdetyp verschieden. Bei einigen Pferden ist es ratsamer, etwas weiter hinten zu sein, da wir weiter vorn zu stark bremsend wirken würden. Andere Pferde wiederum beschleunigen zu sehr,

sobald wir uns deutlich hinter dem Genick befinden. Vor diesem Hintergrund ist es nachvollziehbar, dass beim Training dieser Übung vor allem ein feines Gespür für Positionierung und eigenes Gehverhalten notwendig ist. Laufen wir aus dem Kreis zu schnell voraus, stoppt das Pferd. Ich sage gern, dass Bodenarbeit auch gerade Beinarbeit für den Menschen ist. Neben der Beachtung von Körperhaltung, verbalen Kommandos und taktilen Hilfen, müssen wir auch sehr flexibel und reaktionsschnell unser Gangmaß entsprechend verändern.

- Unterstützen wir das Pferd verlässlich auf der geraden Linie und loben es immer wieder, wenn es sich zunehmend an uns orientiert, führt dies recht schnell dazu, dass das Pferd auch auf größere Distanz das bekannte Verhalten aus der 1. Führposition übernimmt und sich in seinem Tempo nach uns richtet.
- Möchten wir das Pferd auf den Kreis schicken, bleiben wir selbst stehen und schauen in Richtung Schweif des Pferdes, um wieder treibend zu wirken. Möglicherweise müssen wir die Vorwärtsbewegung nicht nur durch ein Stimmsignal für Vorwärts (Küsschen), sondern auch durch ein Schwingen mit dem Seilende in Richtung Hinterhand unterstützen. Nach dem Kreis schicken wir das Pferd wieder, wie eben beschrieben, gerade auf den Hufschlag.
- Erst wenn diese Wechsel zwischen geraden Linien und Kreisen absolut verlässlich beherrscht werden und das Pferd bereits gut auf beiden Händen am langen Seil trabt, können wir mit dem Mitlaufen auf geraden Linien im Trab beginnen. Gerade bei dieser Lektion ist mir die Einhaltung der Ausbildungsschritte sehr wichtig, da bei falscher Ausführung des Mitlaufens auf gerader Linie ein erhöhtes Sicherheitsrisiko besteht: Dreht sich der Mensch nach dem Kreis zu spät in die Bewegungsrichtung, so befindet er sich auf Flankenhöhe oder noch weiter hinten. In dieser Zone dürfen wir uns keinesfalls aufhalten.
- Die Arbeit am langen Seil im Trab präzise und punktgenau durchzuführen, erfordert eine weit fortgeschrittene Kommunikation zwischen uns und dem Pferd. Vor dem Hintergrund des oben erwähnten Sicherheitsrisikos sollte diese Lektion nur im Trab in die Prüfung zum Abzeichen Bodenarbeit Stufe 2 aufgenommen werden, wenn sie bei allen Prüflingen sicher funktioniert.

Mögliche Probleme und Lösungsansätze:

▶ Das Pferd bleibt nicht auf dem Hufschlag, sondern kommt zum Menschen:
Entscheidend dafür, dass das Pferd wirklich auf dem Hufschlag bleibt, sind unsere Körperhaltung und Positionierung zum Pferd. Ein häufiger Fehler besteht darin, dass wir das Pferd anschauen und dabei unsere Schulter, die zum Pferd zeigt, zurücknehmen. Durch diese Körperhaltung laden wir das Pferd quasi unbewusst dazu ein, hereinzukommen. Es kostet schon einiges an Übung, nicht zum Pferd zu schauen und selbst gerade ausgerichtet zu bleiben.

Absolut vermeiden sollten wir eine schiefe Köperhaltung.

Absolut vermeiden sollten wir eine schiefe Köperhaltung, bei welcher wir neben dem Pferd herlaufen und es mit schräg gelegtem Kopf die ganze Zeit anblicken. Dies ist auf Dauer schädlich für die Haltung und auch ganz schlecht wieder korrigierbar. Also versuchen wir immer wieder, wirklich gerade zu sein, nach vorn und nicht auf den Boden zu schauen und in diesem Fall eher kurz hinter dem Genick des Pferdes mitzulaufen.

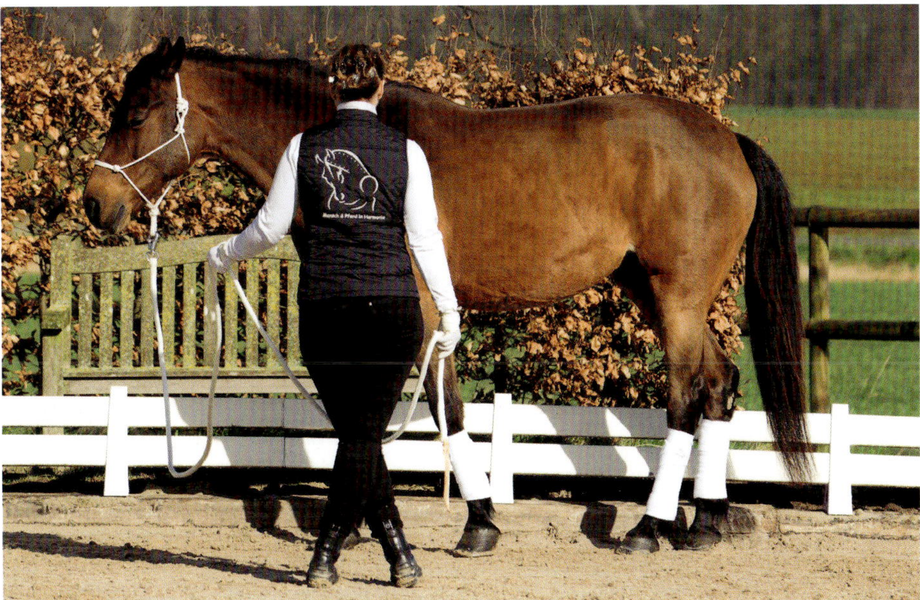

3.3.3 Halten und Rückwärtstreten-Lassen am langen Seil

Aufgabe:

Das punktgenaue Halten und Rückwärtstreten-Lassen erfolgt mit einer Distanz von mindestens 2 m.

Zielsetzung:

Meine Ausbildung am Boden folgt einer sehr klaren Logik in punkto Trainingsaufbau. Die Lektionen werden immer zuerst in der 1. Führposition erlernt und gefestigt. Im weiteren Verlauf kann einiges bereits am langen Seil trainiert werden, bis es schließlich gelingt, auch sämtliche Übungen ohne Seil durchzuführen.

Wenn das Halten und Rückwärtstreten am langen Seil ausgeführt werden sollen, gelten selbstverständlich dieselben Bewertungskriterien wie bei der 1. Führposition: Auch am langen Seil soll das Pferd präzise mit kaum sichtbarer Einwirkung halten und dann prompt, flüssig, gerade, mit aufgewölbter Oberlinie und taktrein rückwärtstreten. Die Verfeinerung des Rückwärtstretens ist für die gesamte Ausbildung der Pferde so wertvoll, dass dies auch Bestandteil des Bodenarbeitsabzeichens Stufe 2 ist.

Auch am langen Seil soll das Pferd präzise mit kaum sichtbarer Einwirkung halten und dann prompt, flüssig, gerade, mit aufgewölbter Oberlinie und taktrein rückwärtstreten.

Gelingt das Rückwärtstreten in dieser Manier, ist es auch relativ bald möglich, das Pferd ohne Seil in korrekter Form rückwärtstreten zu lassen. Und außerdem verbessern sich Fluss und Takt mit reichlich Übung so sehr, dass diese Ergebnisse deutlich beim Reiten zu spüren sind. Beachten wir beim Rückwärtstreten die Zielsetzung aufgewölbter Rücken und Taktreinheit, handelt es sich um eine hervorragende Übung für das Training von Bauch- und Rückenmuskulatur.

Durchführung:

- Für das Rückwärtstreten-Lassen auf Distanz behalten wir die Position und die Körperhaltung nach dem Signal für das Halten bei: Wir befinden uns also auf Höhe des Pferdekopfes, wobei Schultern und Hüftgürtel parallel zur Bande beziehungsweise zum Pferd zeigen (vgl. Kapitel 2.4.1). Befinden wir uns auf der linken Hand, ist der linke Arm seitlich auf Schulterhöhe ausgestreckt und der rechte, ehemals treibende Arm, hängt entspannt in der neutralen Position seitlich neben dem Körper.
- Aus dieser Position geben wir das verbale Kommando für das Rückwärtstreten-Lassen, den Schnalztakt. Ist das Stimmkommando gut etabliert, bewegt sich unser Pferd rückwärts auf dem Hufschlag. Wir müssen darauf achten, dass wir auf Kopfhöhe des Pferdes bleiben und uns gleichmäßig mit dem Pferd bewegen. Da das Rückwärtstreten direkt aus der Führposition des Haltens am langen Seil entwickelt wird, lassen sich mit der Zeit schöne fließende Übergänge zwischen Halten, Rückwärts und Antreten einbauen.
- Das Pferd soll, begleitet durch den Schnalztakt, gerade und flüssig auf dem Hufschlag rückwärtstreten. Selbstverständlich soll auch bei dieser Führposition im Laufe des Trainings der Rücken aufgewölbt und ein Zweitakt erkennbar sein. Wir befinden uns dabei stets in einer Distanz von ca. 2 m vom Pferd entfernt. Das Pferd soll innehalten, wenn der Schnalztakt nicht mehr gegeben wird. Nun geben wir entweder das Kommando zum Verharren, also „Whoa", oder wir schicken unser Pferd sofort wieder in den Schritt. Zu Beginn ist es ratsam, dass wir uns dazu wieder in die treibende Position bei der Arbeit am langen Seil in einen Kreis begeben. Wir drehen uns mit unserem Brustbein zum Schweif, geben das verbale Kommando für Schritt, setzten gegebenenfalls den treibenden rechten Arm ein und senden das Pferd auf einen Kreis.
- Ein Argument dafür aus dieser Position heraus das Rückwärtstreten auf Distanz zu trainieren, ist die Möglichkeit, dass wir trotz eines erweiterten Abstandes Einfluss auf die Kopfposition des Pferdes nehmen können. Schaut das Pferd beispielsweise nach außen, kann auch am längeren Seil mittels eines feinen Impulses der Pferdekopf wieder gerade positioniert werden. Dies wirkt sich dann unmittelbar, wie in Kapitel 2.2.4 beschrieben, auf das gerade Rückwärtstreten aus.

Rückwärtstreten-Lassen am langen Seil

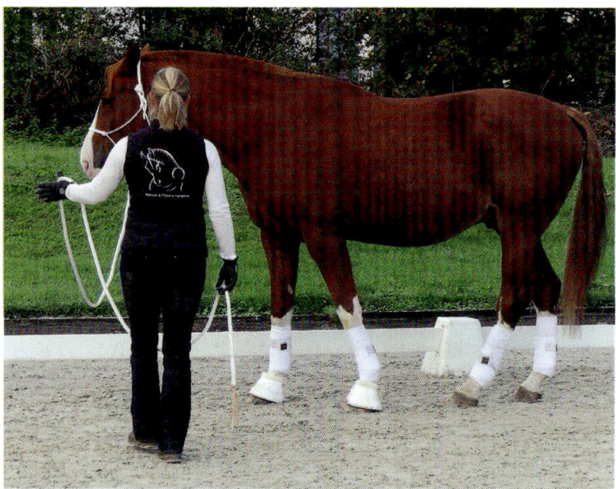

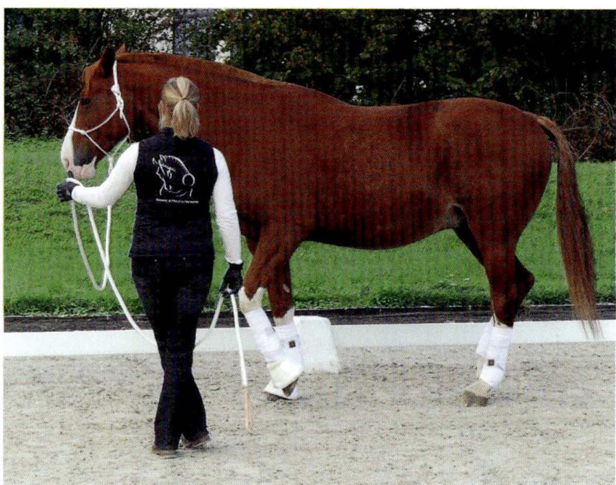

- Mit weiterer Verfeinerung der Hilfengebung gibt es noch zahlreiche Führpositionen, in denen das Rückwärtstreten möglich wird. Wichtig ist mir dabei immer, dass es sich um ein harmonisches, an den fünf Kriterien orientiertes Rückwärtstreten und eben nicht um ein Rückwärtsweichen oder gar Rückwärtsrennen mit weggedrücktem Rücken des Pferdes handelt.

Mögliche Probleme und Lösungsansätze:

▶ Das Pferd tritt auf das verbale Kommando nicht rückwärts:

Natürlich passiert es im Training immer wieder, dass wir in der richtigen Führposition in einiger Distanz zum Pferd stehen, das Schnalzkommando geben und das Pferd sich dennoch nicht rückwärts bewegt. Wie immer sollten wir uns zunächst fragen, ob die Lektion Rückwärtstreten-Lassen wirklich schon so gut beherrscht wird, dass wir in der 1. Führposition von einer nahezu unsichtbaren Hilfengebung und einer annähernden Erfüllung der fünf Kriterien sprechen können. Ist dies nicht der Fall, dann müssen wir noch etwas mehr Sorgfalt und Genauigkeit bei der Basisarbeit einbauen.

Gelingt dies tatsächlich gut, kann es selbstverständlich sein, dass das Pferd durch die neue Führposition zunächst verunsichert ist. Dann müssen wir noch etwas besser erklären. In diesem Fall behalten wir einfach die Ausrichtung zum Pferd bei, treten aber näher an das Pferd heran. Geben wir nun erneut das verbale Signal zum Rückwärtstreten, reicht die Verringerung der Distanz in den meisten Fällen aus, um unser Pferd zur Rückwärtsbewegung zu veranlassen. Nach wenigen Tritten loben wir es verbal und führen die Aufgabe erneut, vielleicht mit ein wenig mehr Abstand, durch.

Gerade am Beispiel dieser Lektion möchte ich nochmals betonen, dass es in unserer Hand liegt, wie fein die Pferde mit der Zeit wirklich an den Hilfen stehen. Gelingt es uns, die Hilfen immer weiter zu minimieren, bis sie schließlich unsichtbar sind, ist eine wirklich harmonische Ausbildung am Boden gelungen.

Es liegt in unserer Hand, wie fein die Pferde mit der Zeit wirklich an den Hilfen stehen.

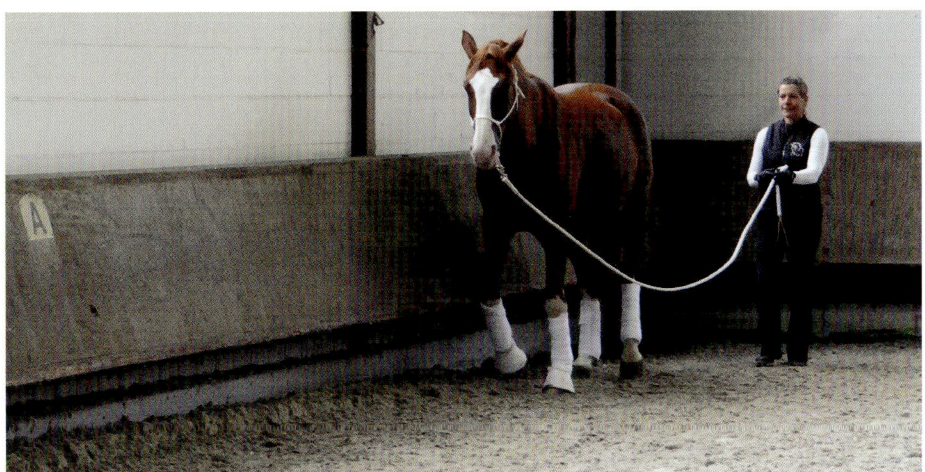

Weit ausgebildete Pferde lassen sich später aus allen Positionen heraus verlässlich rückwärtstreten.

Fortgeschrittene Lektionen am langen Seil

Prüfungsaufgabe für das Bodenarbeitsabzeichen Stufe 2: Geschicklichkeit mit Stangen und Arbeit am langen Seil

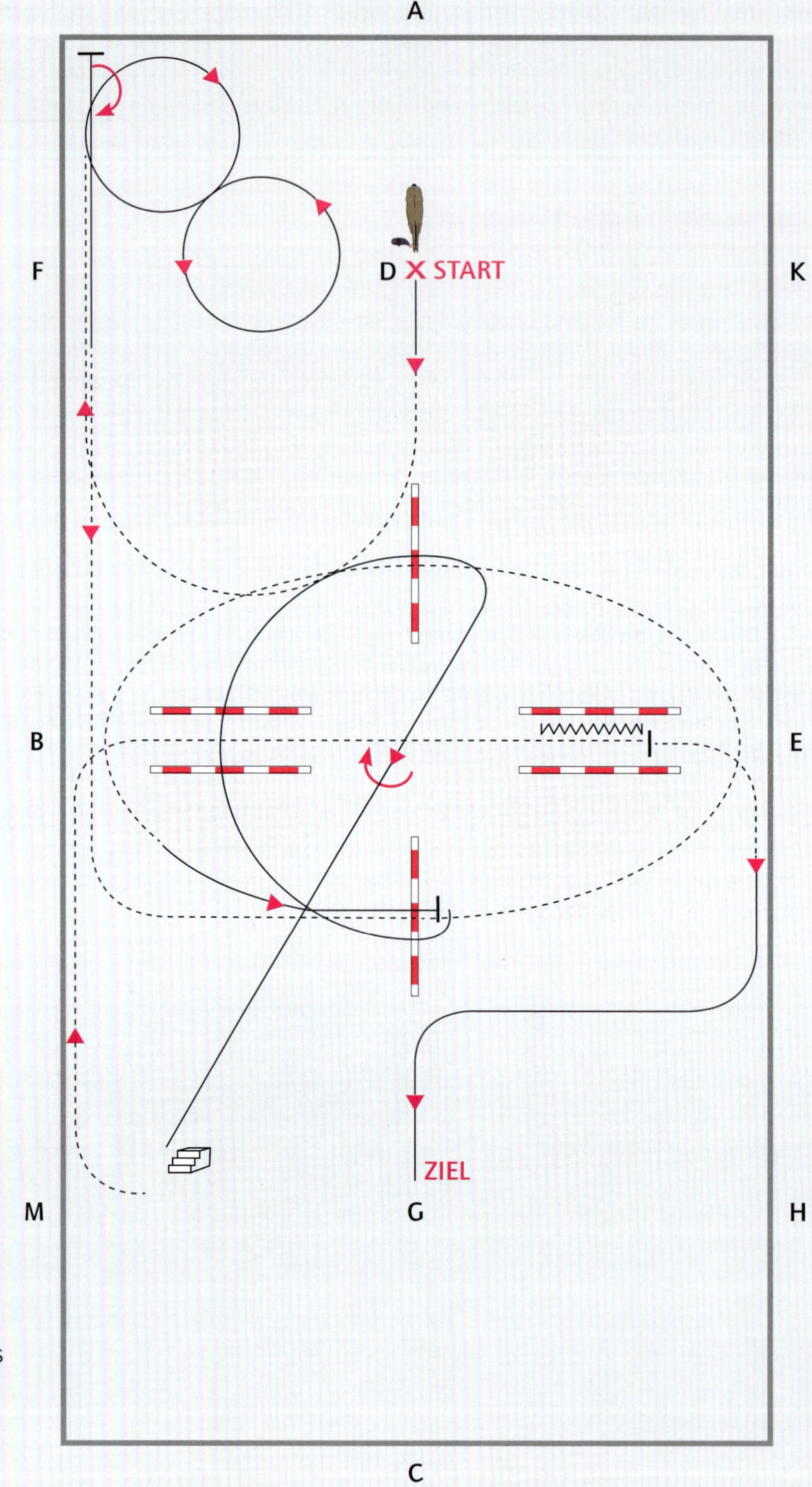

Schritt
Trab
rückwärts
vorwärts-seitwärts
Seitenwechsel der Führperson

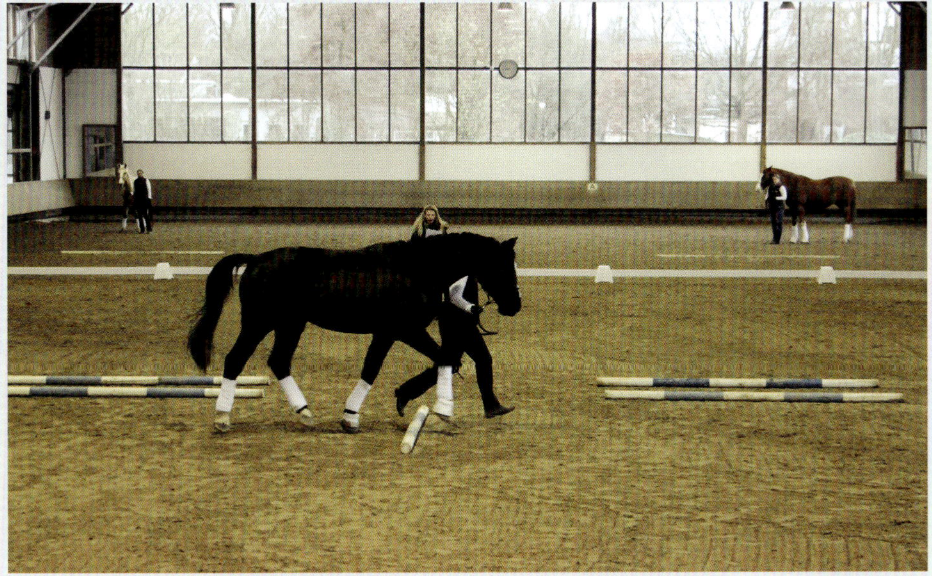

2. Prüfungsaufgabe Bodenarbeitsabzeichen Stufe 2 aus dem FN-Merkblatt Bodenarbeit 2020 Prüfungsaufgabe: Geschicklichkeit mit Stangen und Arbeit am langen Seil

- Aufstellen bei D, grüßen (Führen mit der linken Hand)
- Zwischen D – X antraben und halbe Volte nach rechts zum Hufschlag
- Vor der Ecke anhalten, Übergang zur Arbeit am langen Seil
- Eine Volte in der Ecke
- Eine Acht im Schritt auf der Diagonalen und wieder zurück
- Eine Volte in der Ecke
- Vor der Ecke halten, 1. Führposition einnehmen
- Wendung um die Hinterhand 180 Grad
- Auf dem Hufschlag zwischen F und B antraben
- Nach B zum „Geschicklichkeitskreuz" abwenden, im Trab ein Oval über die einzelnen Stangen, dabei den Hufschlag bei E und B berühren
- Nach B durchparieren zum Schritt
- Über der Einzelstange halten, Seitenwechsel der Führperson im Stehen, nach rechts abwenden
- Eine halbe Volte über das „Geschicklichkeitskreuz" im Schritt, rechte Hand
- Nach der Einzelstange abwenden, in der Mitte des Kreuzes Seitenwechsel der Führperson im Schritt
- An die Aufsitzhilfe führen, einparken, auf die Aufsitzhilfe steigen, kurz verharren
- 1. Führposition rechte Hand einnehmen, anführen und antraben
- In die Stangengassen traben, Ende der zweiten Gasse aus dem Trab halten, 1-2 Pferdelängen rückwärtstreten lassen, wieder antraben
- Zwischen E und H Schritt, abwenden zur Mittellinie halten, aufstellen, grüßen

4 Fazit und Ausblick

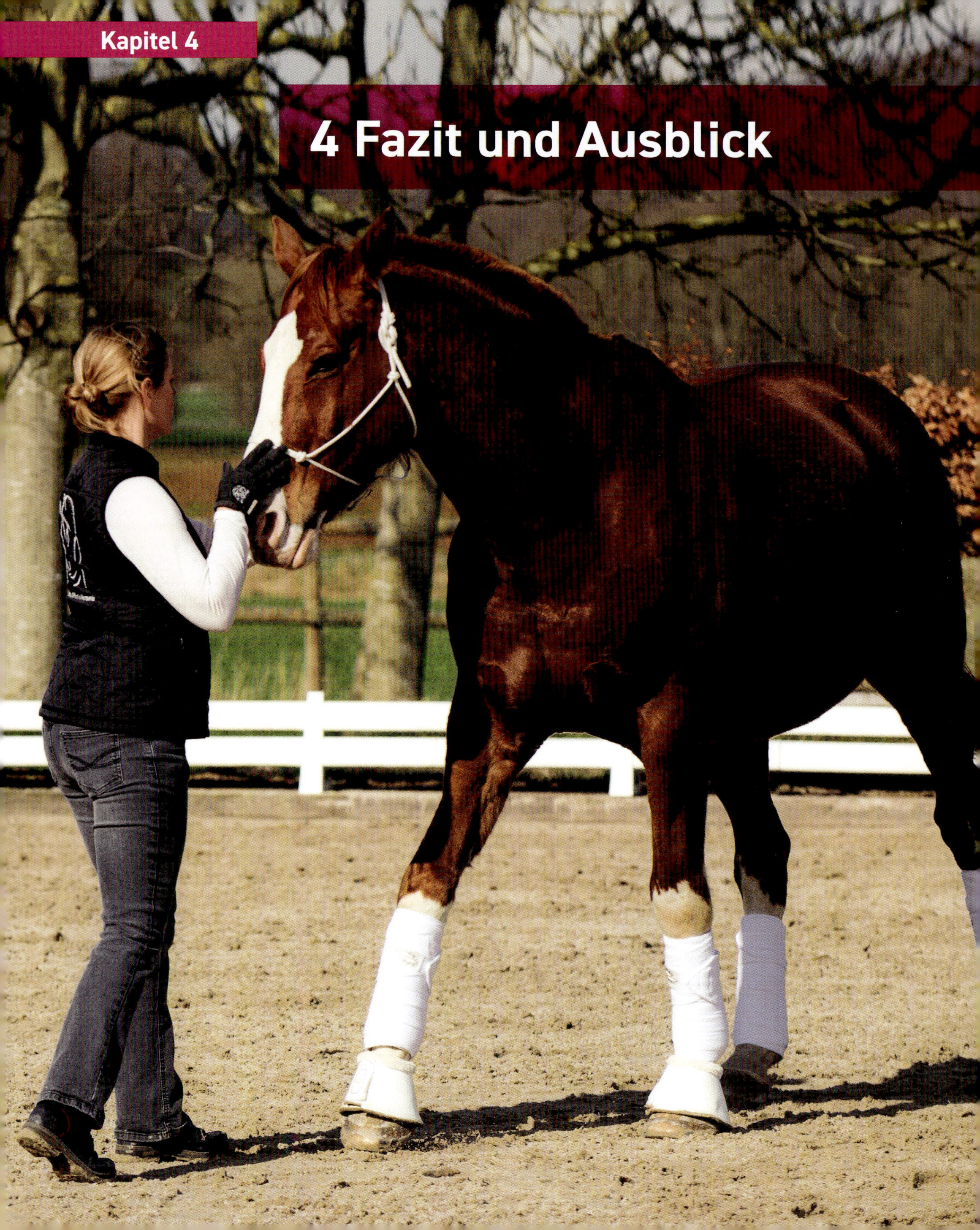

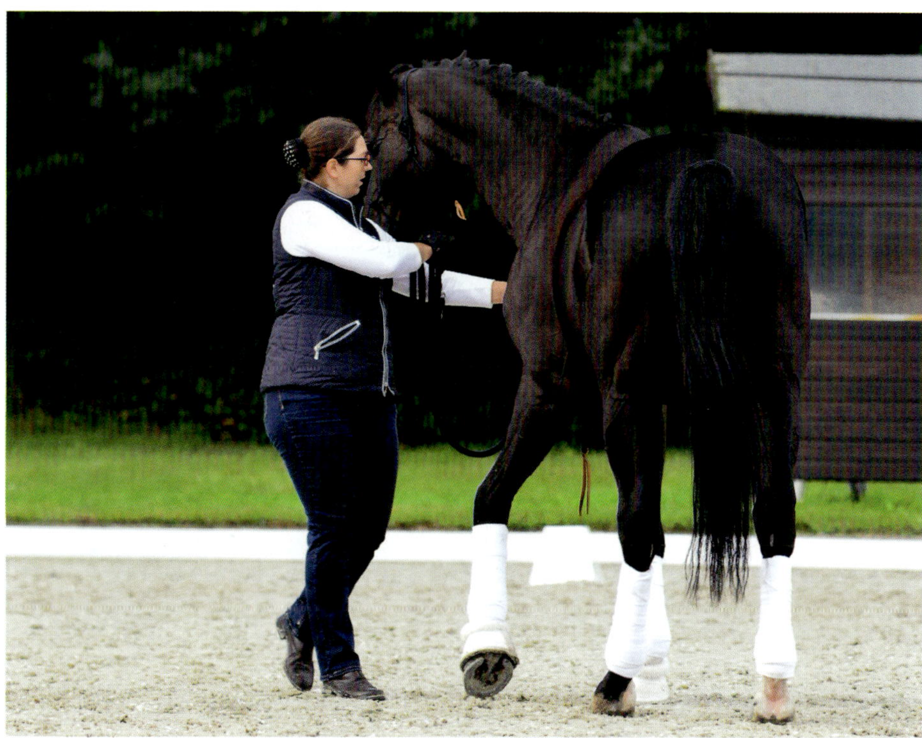

Traversale

Das Ende dieses Buches ist zugleich ein Anfang: Die hier aufgeführten Lektionen bilden das Fundament für zahlreiche anspruchsvollere Trainingsinhalte. Dabei möchten wir uns immer weiter unserem Ziel der fast unsichtbaren Signale nähern. Unser Pferd hat gelernt, sich ganz selbstverständlich von beiden Seiten führen zu lassen, sich unserem Tempo immer anzupassen, mit uns punktgenau anzuhalten, flüssig rückwärtszutreten, sich aus verschiedenen Distanzen heraus arbeiten zu lassen, seitliches Verschieben und seitliches Folgen auf minimale Signale hin zu zeigen und vieles mehr.

Die Lektionen aus diesem Buch sollten so gut gelingen, dass sich alles völlig mühelos anfühlt. Für Außenstehende sollten die Hilfen kaum noch sichtbar sein. Wenn dieses Ziel erreicht ist, öffnet sich der Weg für ganz viel Neues.

Je nach eigenen Interessen oder Talenten bzw. Vorlieben des Pferdes kann die Bodenarbeit nun noch mehr erweitert werden. Jeder kann sich bei der Weiterentwicklung der Bodenarbeit aussuchen, was für seine persönliche Situation oder seine Ziele besonders hilfreich ist. Sehr viele ambitionierte Reiter möchten ihren Pferden gern eine sinnvolle Abwechslung im Trainingsalltag bieten. Dabei soll das Pferd etwas „Denksport" bekommen, aber trotzdem auch gedehnt und gymnastiziert werden.

Anspruchsvolle Lektionen – Seitengänge und mehr

Die hier vorgestellte Ausbildungsmethode zielt insbesondere darauf ab, mit den Pferden auch am Boden Seitengänge wie Schulterherein, Travers, Renvers oder Traversale zu erarbeiten. Das Außergewöhnliche daran: Auch diese Lektionen funktionieren später ohne den Einsatz von Zügeln oder Gerte.

Traversale

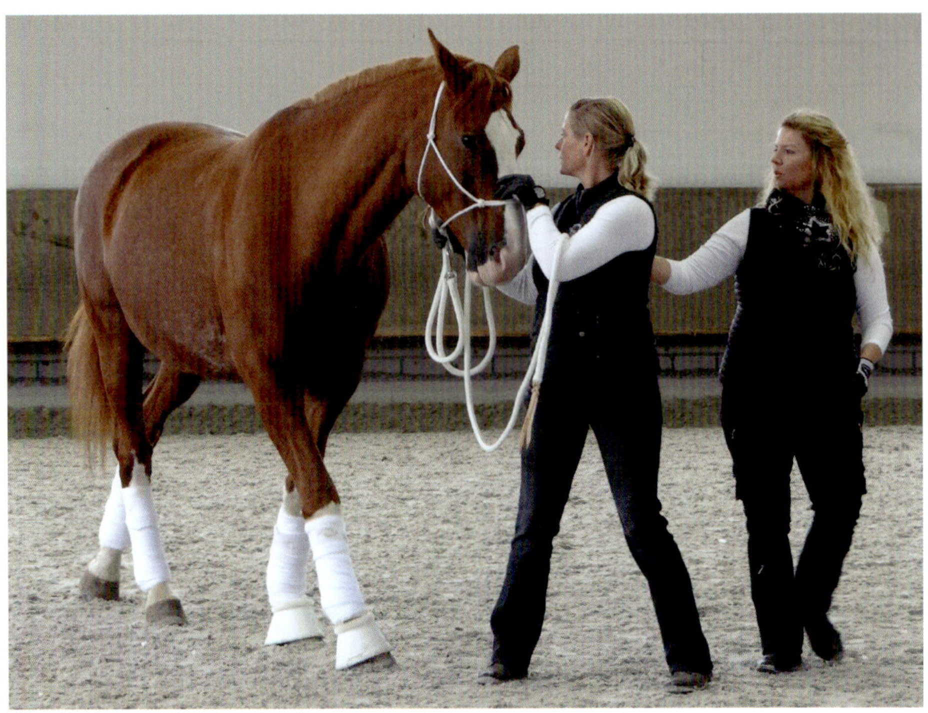

Das Ergebnis sind Pferde, die gelernt haben, die Körpersprache ihres Menschen ganz genau zu lesen. Sie schauen auf die Veränderungen in unserer Körperhaltung und hören auf unsere Stimmkommandos. Diese feine Arbeit ist zum einen für die Pferde wirklich psychisch anstrengend. Zum anderen führt sie aber auch dazu, dass sich die Pferde besser konzentrieren können und weniger schnell abgelenkt werden.

Pferde kommen freudig auf Pfiff im Trab.

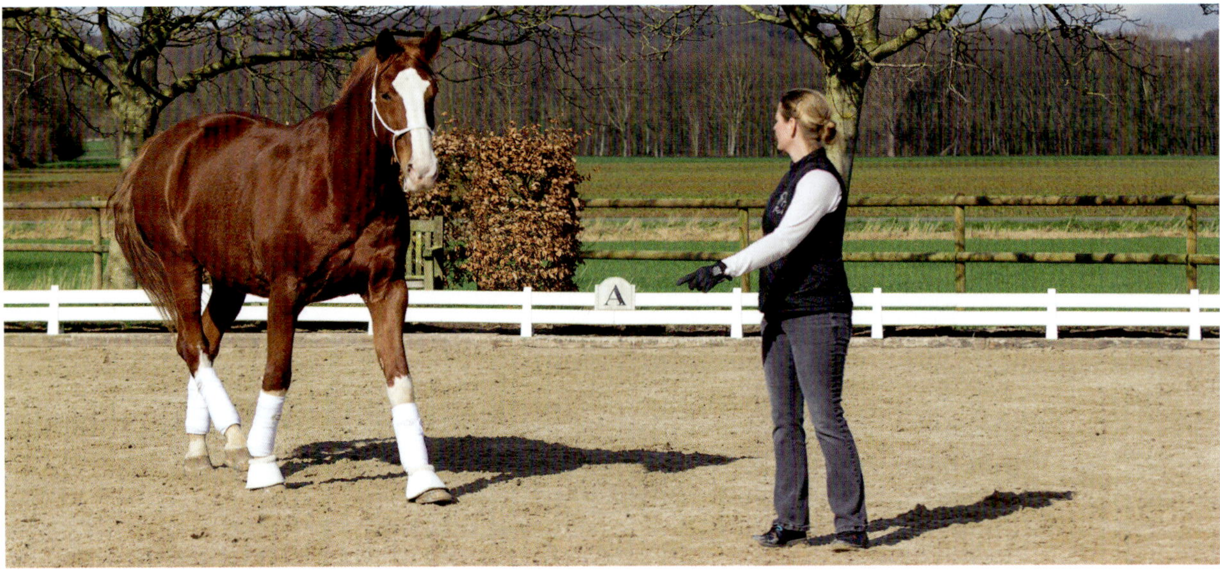

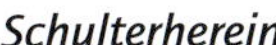

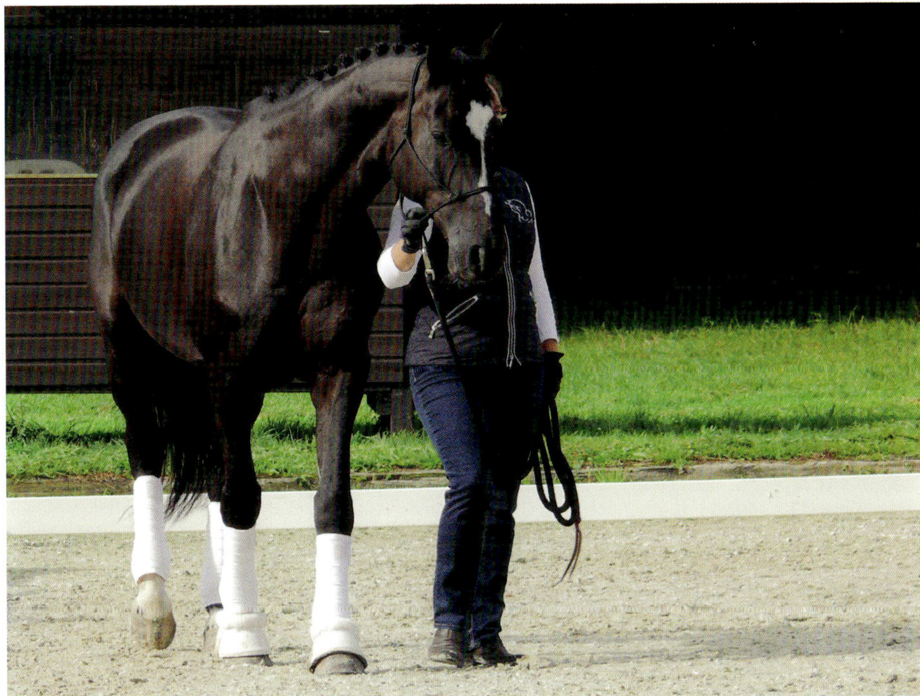

Schulterherein

Viele erfolgreiche Reiter machen inzwischen die Erfahrung, dass einige Trainingseinheiten Bodenarbeit in der Woche nicht nur Abwechslung bringen, sondern ihre Pferde auch mit viel Eifer und Motivation bei der Sache sind.

Wenn ein Pferd diese Lektion beherrscht, liegt die Konzentration ganz bei seiner Führperson.

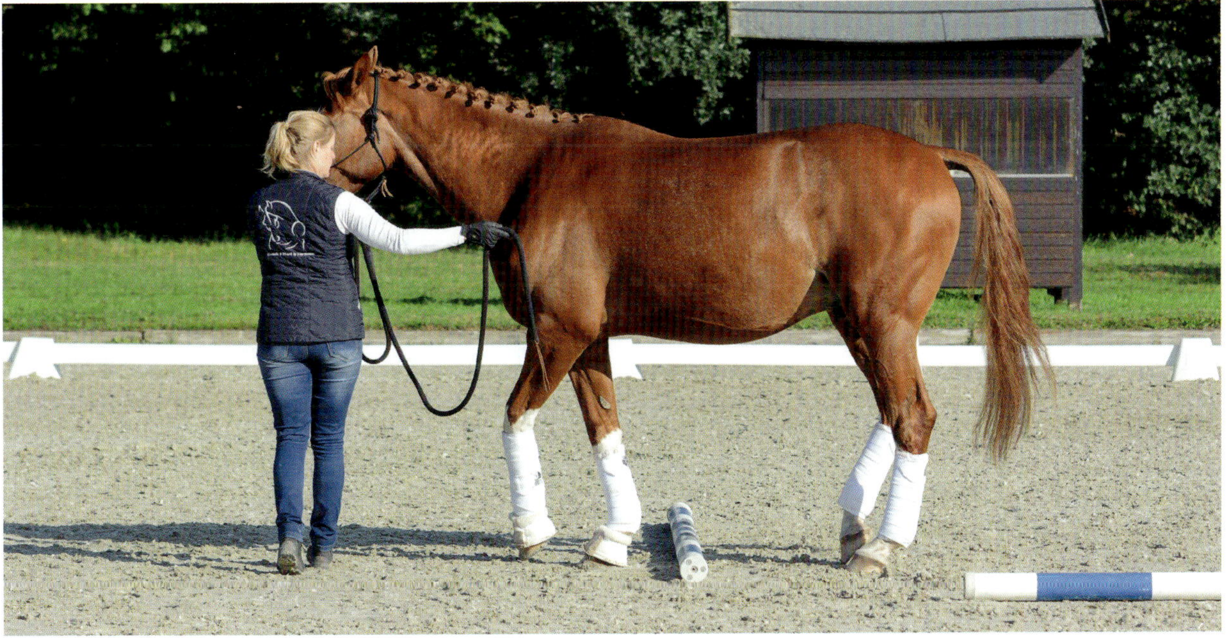

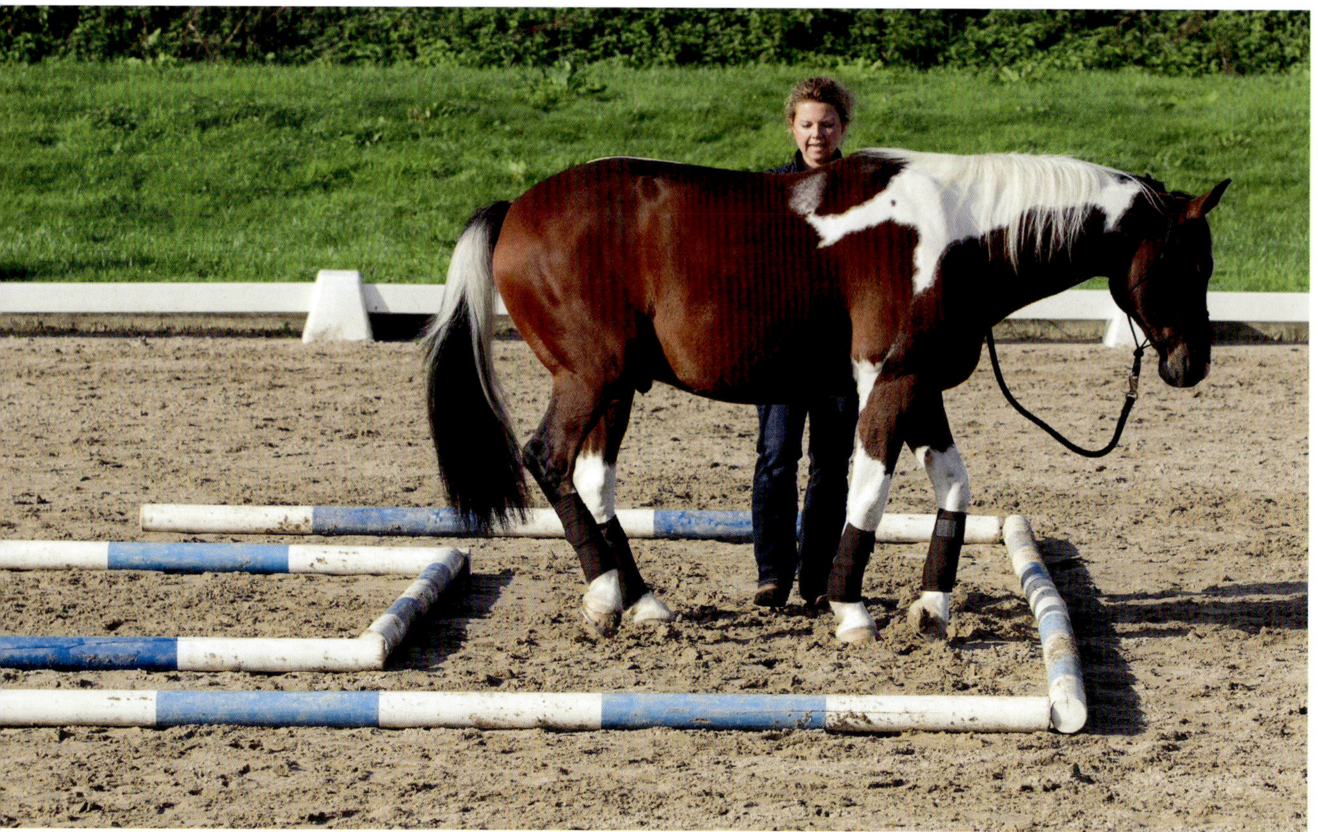

Das seitliche Verschieben in einer Stangengasse ist ein ausgezeichnetes Training für Bauch- und Rückenmuskulatur.

Selbstverständlich ist es hilfreich, Pferden am Boden zunächst bestimmte Bewegungsmuster beizubringen. Hat das Pferd den Bewegungsablauf verstanden, gelingen die Lektionen beim Reiten viel müheloser. Jungpferde verstehen zum Beispiel das „Schulterherein" häufig leichter unter dem Reiter, wenn sie es am Boden schon sicher beherrschen.

Aber auch älteren Pferden oder Pferden, die nicht mehr geritten werden können, hilft die regelmäßige gymnastizierende Arbeit am Boden, beweglich und fit zu bleiben. Dabei können auch die Führpositionen zunehmend variiert werden.

Neben der gymnastizierenden Bodenarbeit lässt sich auch die koordinative Arbeit mit Stangen noch sehr weit vertiefen: Das Ziel sind Pferde, die verstanden haben, dass sie die Stangen nicht berühren sollen und sichtbar achtsam darüber treten. Dies trainiert nicht nur die Balance, die Trittsicherheit und Rücken- beziehungsweise Bauchmuskulatur, sondern fördert auch noch einmal mehr die Konzentrationsleistung. Dazu gibt es ein großes Repertoire an Stangenformationen, die später auch im Side Pass überquert werden können.

Der Side Pass über Stangen ist beispielsweise ein Prüfungselement in der „Working Equitation" oder beim „Trail" und lässt sich am Boden hervorragend vorbereiten, sodass es sowohl mit als auch ohne Reiter durchgeführt werden kann.

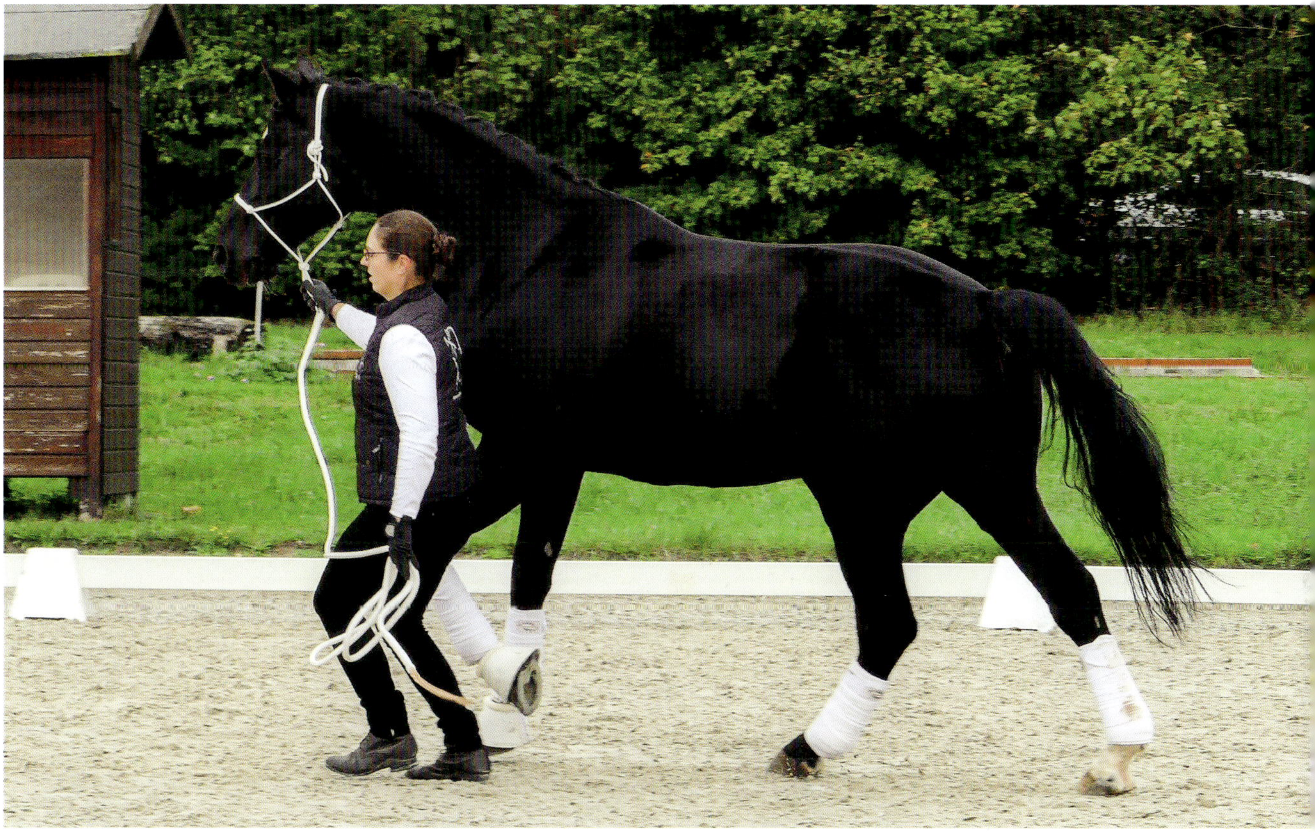

Galopp an der Hand

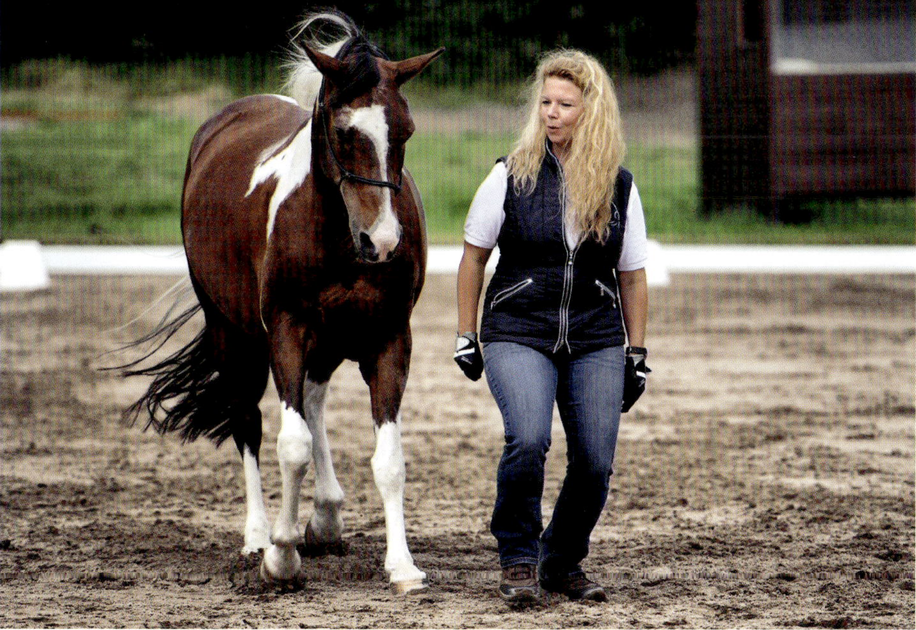

In der seillosen Bodenarbeit gelingen alle Lektionen ohne Verbindung zum Pferd.

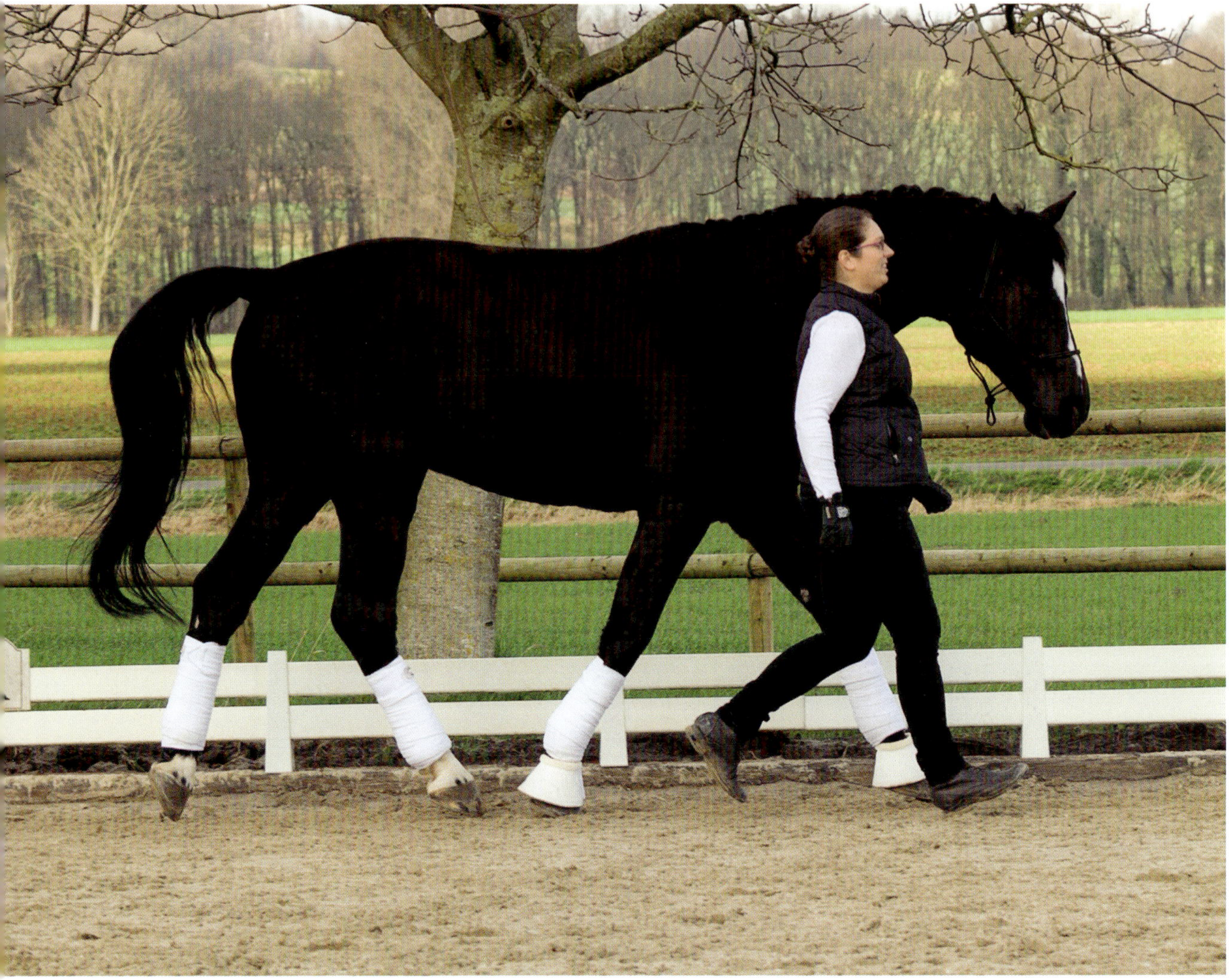

Weit ausgebildete Pferde bleiben auch frei an der Seite des Menschen.

Ein Pferd, das sich biegen und dehnen soll, muss sich im Training auch immer wieder lösen. Deshalb ist es mir so wichtig, dass auch die höheren Gangarten in die Bodenarbeit eingebaut und weiter verfeinert werden. So sollte das Führtraining wie selbstverständlich auch im Trab oder im Galopp funktionieren.

Natürlich hat unsere Laufleistung auch Grenzen und deshalb sollte in jedem Fall auch eine Weiterentwicklung der Arbeit am langen Seil stattfinden. Sich mit seinem Pferd am langen Seil durch die ganze Halle zu bewegen und Achten von Bande zu Bande im Trab oder sogar Galopp durchzuführen, ist wunderbar lösend und macht viel Freude.

Lektionen fürs Herz

Ich habe mein Bodenarbeitstraining im Laufe der Jahre so konzipiert, dass es auch die Grundsteine für weiterführende Ausbildungsformen, wie die Freiarbeit und die seillose Bodenarbeit legt.

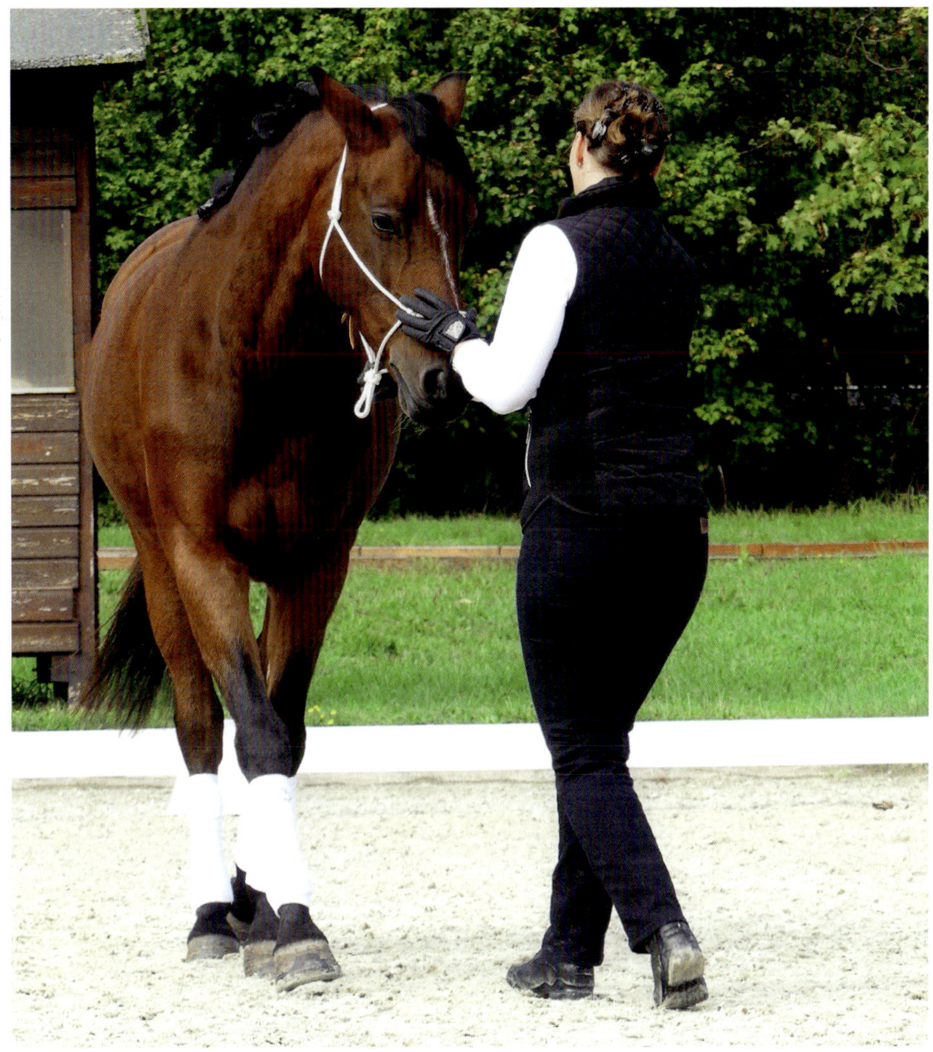

Die Pferde reagieren bereits auf unsere minimalen Berührungen.

Sogar für die Entwicklung der Seitengänge benötigen wir später nicht einmal mehr ein Seil. Leichte, impulsartige Berührungen und eine exakte Körpersprache sind ausreichend.

Zu unterscheiden sind die Freiarbeit im Longierzirkel/in der Halle und die seillose Bodenarbeit. Im Longierzirkel oder in der Halle bewegen wir das Pferd kontrolliert in allen drei Grundgangarten. Das Pferd soll in mehreren Metern Abstand auf kleinste Signale u.a. Gangart- und Richtungswechsel, Rückwärtstreten oder seitliches Verschieben durchführen.

Die „Hohe Schule" ist dann die seillose Bodenarbeit. Ist dieses Ausbildungsniveau erreicht, führen die Pferde alle Übungen aus dem Führtraining auch ohne Verbindung zum Menschen aus.

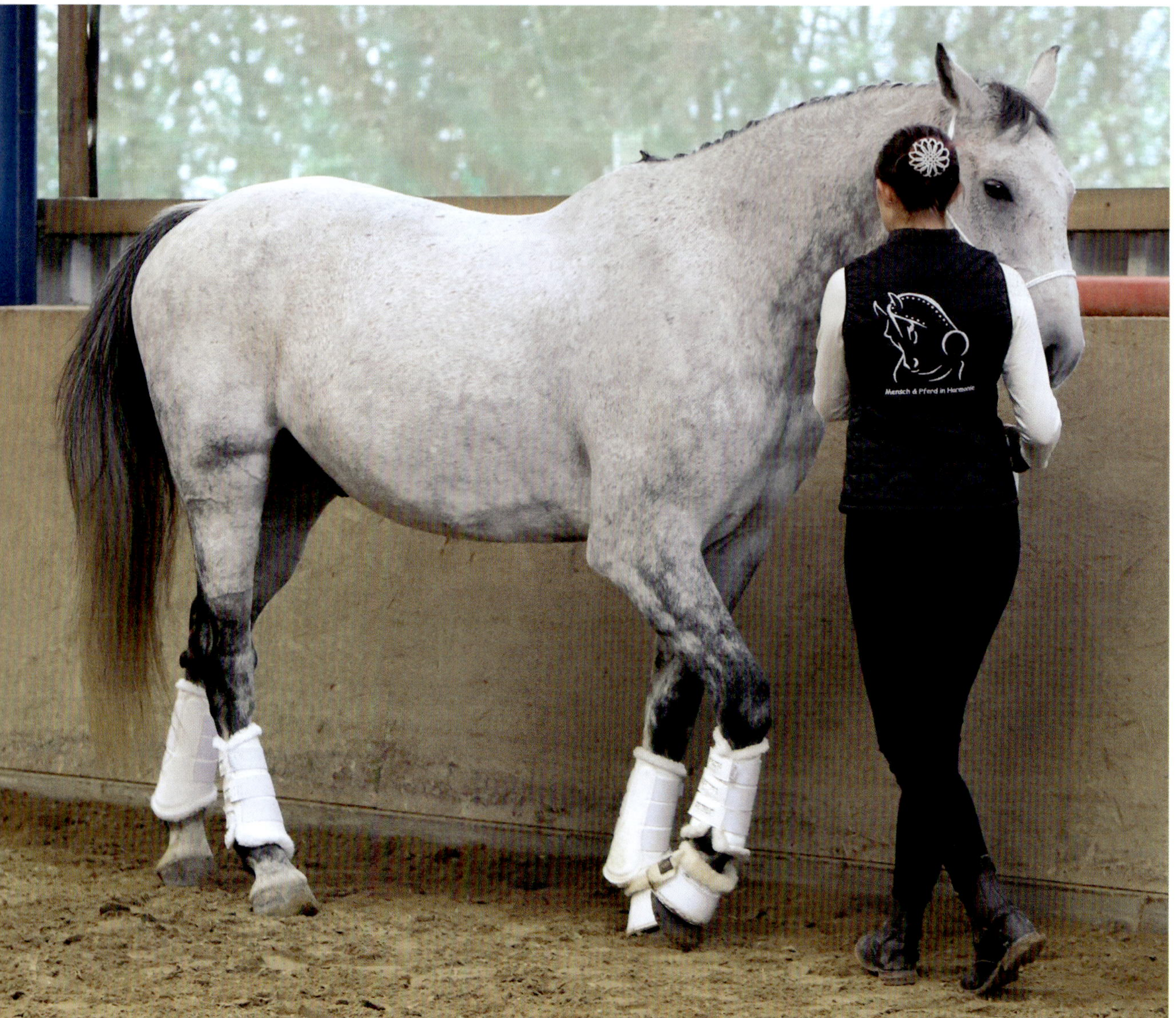

Das Pferd konzentriert sich auf unsere feinen Signale.

Sie lernen in allen Gangarten, an der Seite des Menschen „bei Fuß" zu gehen, mit ihm anzuhalten sowie rückwärts und seitwärts zu gehen.

Zu guter Letzt dürfen wir dann auch die ein oder andere Lektion fürs Herz einbauen. So kann ein Pferd lernen, sich nach getaner Arbeit auf ein Signal hin abzulegen und zu wälzen oder ein Kompliment zu machen.

Solche Lektionen müssen sorgfältig vorbereitet werden und es muss immer darauf geachtet werden, dass die Pferde nur aufgrund eines Signals eine Lektion ausführen. Damit ist es nur etwas für Fortgeschrittene.

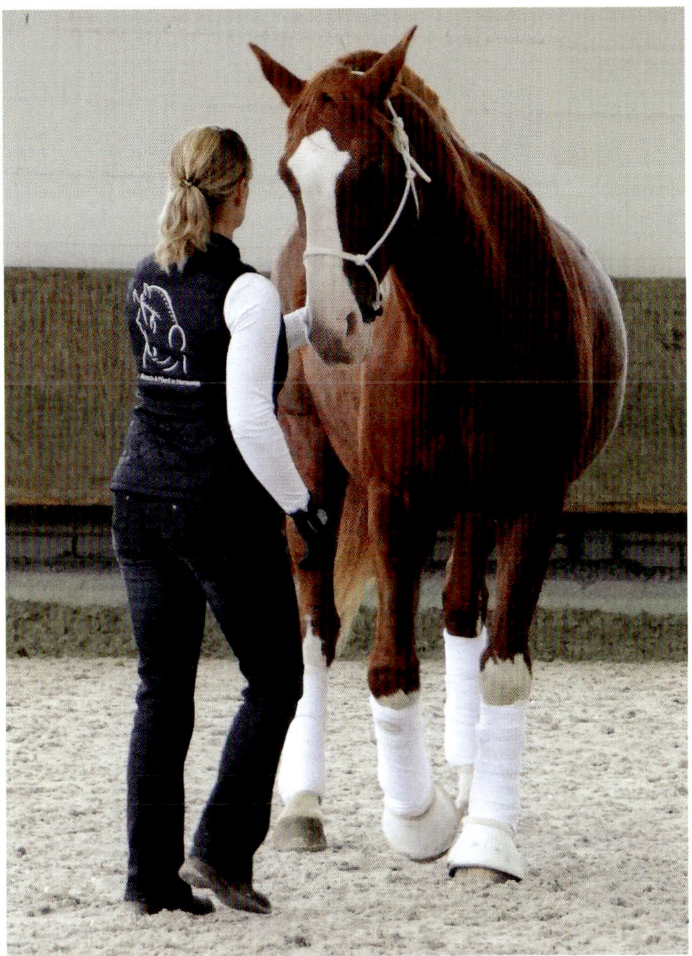

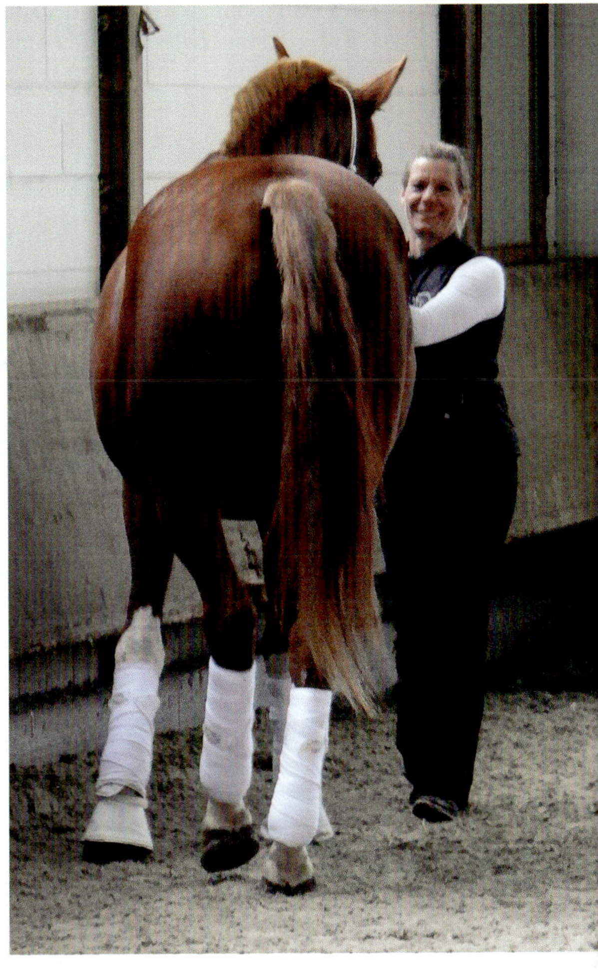

Travers ohne Seil

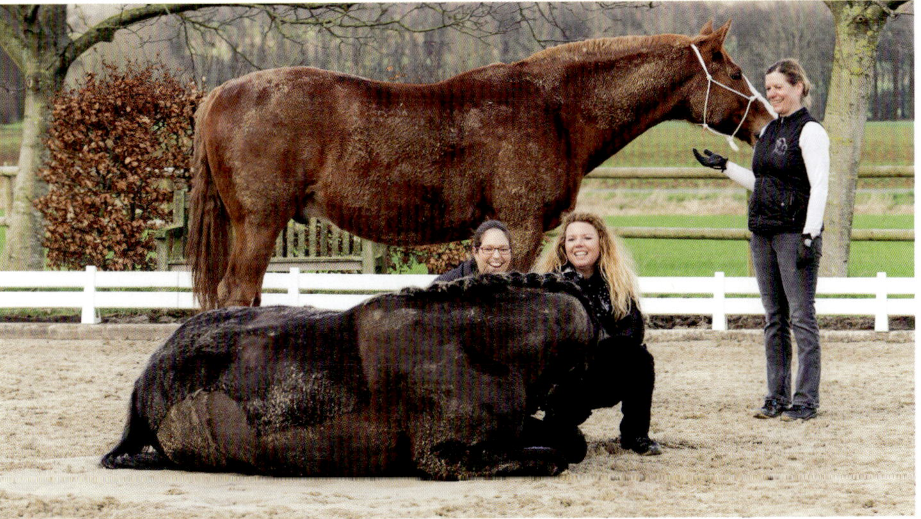

Wälzen nach der Arbeit macht glücklich.

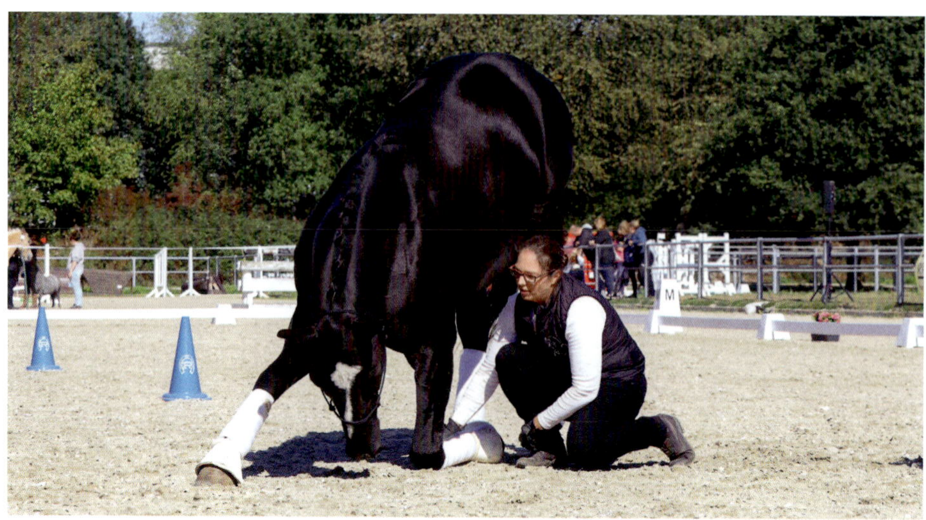

Kompliment

Wenn wir einen Teil dieser Arbeit in das Leben mit unserem Pferd integrieren, werden wir bald merken, wie sehr sich das Verhältnis zu unserem Pferd verändert. Die Pferde „Lernen das Lernen“ und haben Freude daran. Und das sehen wir dann in ihren leuchtenden Augen und in ihrem gesamten Ausdruck.

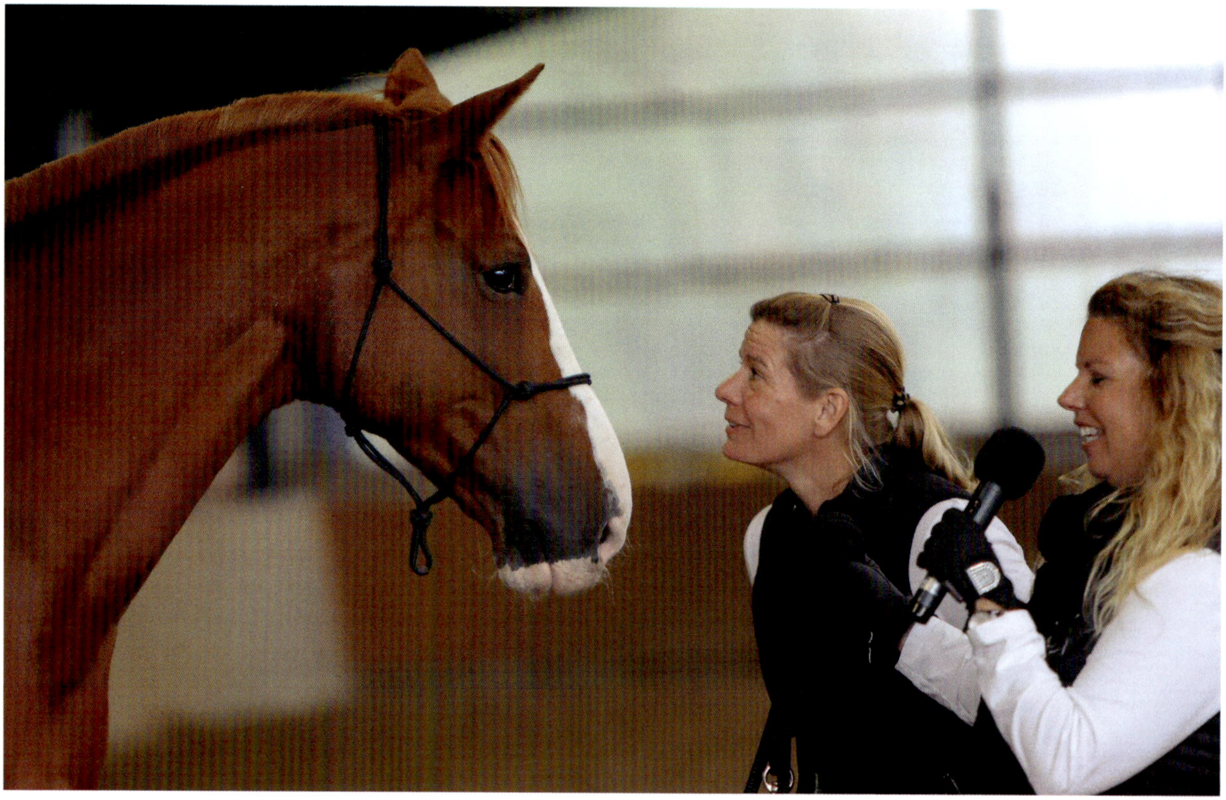

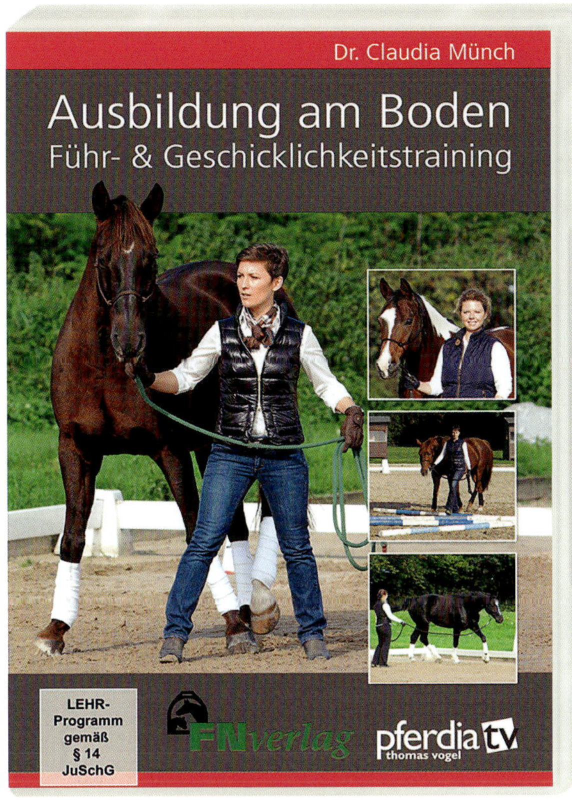

Ausbildung am Boden

Führ- und Geschicklichkeitstraining

DVD
Laufzeit: 70 Minuten
ISBN: 978-3-88542-852-7

Aus dem Inhalt:

- Grundlagen und Ziele der Bodenarbeit, insbesondere Nutzen der Bodenarbeit für das Reiten
- Anforderungen und Inhalte des Abzeichens Bodenarbeit der FN
- Erläuterung von Ausrüstung, Hilfengebung und Ausbildungsmethode
- Schrittweise Vorbereitung einzelner Lektionen, wie punktgenaue Gangmaßwechsel, Trab an der Hand, Rückwärtstreten lassen, seitliches Verschieben des Pferdes, Geschicklichkeitstraining mit Stangen, Arbeit am langen Seil und vieles mehr
- Trainingstipps und praxisorientierte Lösungsvorschläge
- Demonstration einer Abzeichenprüfung mit Erläuterungen zu Anforderungen und Bewertungskriterien
- Ausblick in die weiterführende Bodenarbeit

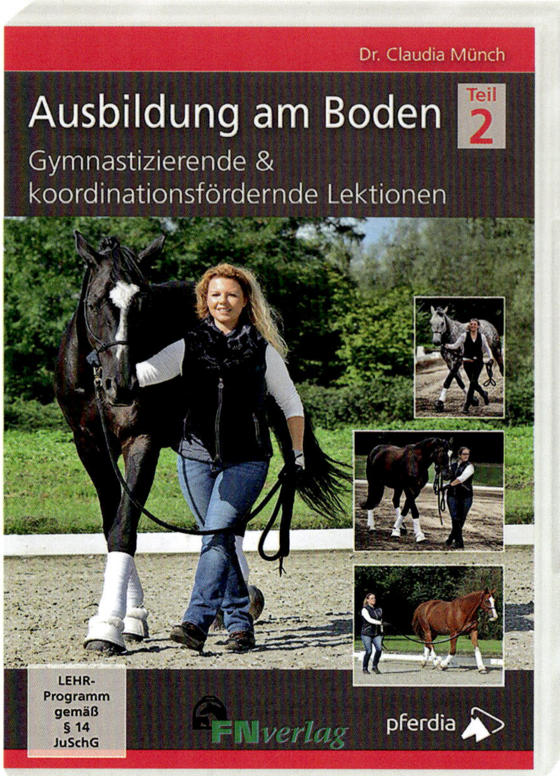

Ausbildung am Boden – Teil 2

Gymnastizierende &
koordinationsfördernde Lektionen

DVD
Laufzeit: 64 Minuten
ISBN: 978-3-88542-856-5

Aus dem Inhalt:

- Gymnastizierende Lektionen wie Vorwärts-seitwärts-Übertreten, Schulterherein, Wendungen um Vor- bzw. Hinterhand, Sidepass, Travers, Taversale
- Verbesserung von Balance und Koordinationsfähigkeit mit vielfältigem Stangentraining
- Aufgaben an der Pylonenreihe bis Niveau 3
- Lösende Lektionen: Variationen der Arbeit am langen Seil sowie vertrauens-fördernde Rituale
- Demonstration von geführten Dressuraufgaben mit Bewertungshinweisen

Die DVD baut auf dem Führ- und Geschicklichkeitstraining in Teil 1 auf und liefert eine systematische Erläuterung von anspruchsvolleren Lektionen.